中等专业学校教学丛书

建筑应用文写作

谭吉平　周　林　编

中国建筑工业出版社

图书在版编目（CIP）数据

建筑应用文写作/谭吉平，周林　编．-北京：中国建
筑工业出版社，1998
（中等专业学校教学丛书）
ISBN 978-7-112-03403-1

Ⅰ．建…　Ⅱ．①谭…　②周…　Ⅲ．建筑-应用文-写作-专
业学校-教材　Ⅳ．H152.3

中国版本图书馆 CIP 数据核字（98）第 00643 号

　　本书共分九章。主要内容是：应用文写作概述，日常类应用文，公文
类应用文，事务类应用文，告示类应用文，合同类应用文，诉讼类应用文、
报道类应用文，学业类应用文。本书注重理论联系实际。为便于教学和自
学，在重点章节例文中配有阅读训练题，特别是建筑工程合同配有签订某
些合同条款必须注意的有关事项的说明，每章后面还附有思考题与练习。

　　本书既可作建筑类或开设建筑类专业的普通中专、职工中专、技校、
职业高中及短训班的基础教材，也可作建筑行业各级岗位人员培训、自学
的参考用书。

中等专业学校教学丛书
建筑应用文写作
谭吉平　周　林　编

*

中国建筑工业出版社出版、发行（北京西郊百万庄）
各地新华书店、建筑书店经销
北京建筑工业印刷厂印刷

*

开本：787×1092毫米　1/16　印张：17½　字数：426千字
1998年6月第一版　2013年9月第二十一次印刷
定价：**30.00**元

ISBN 978-7-112-03403-1
(21044)

前　言

随着我国社会主义市场经济的不断拓展，人才市场化及教育面向市场已大势所趋，不可逆转。市场的效益性和竞争性对人才的知识和素质结构提出了更高的要求，教育转轨的重要性和紧迫性已显而易见。为了适应这一变化，我们根据建筑类中专学校培养"中等专门人才"的目标，以及围绕岗位的职业资格标准对人才的知识结构、能力结构和职业基本技能的要求，及时地探讨了中专文化基础课应向专业倾斜这一课题，并根据专业教学及教材的特点，组织了一批骨干教师编写了与建筑专业知识相关的文化基础课程的系列教材，建筑应用文写作即是其中之一。

本教材主要表现为四个特点：一是时代性，它有很明显的时代特征，无论是应用文的写作理论及其内容所涵盖的范围，还是选择的例文，都在很大程度上反映了建筑企业及其市场在当今社会的变革与发展；二是实用性，它注重把技能培养摆在课程设置的突出位置，在内容上具有较高的参考价值，尤其是对那些刚走出校门的毕业生和在建筑行业初次涉及应用文写作的同志，该书的例文，既可作为范文以帮助理解写作理论，又可做为样本，作模仿之用；三是专业性，它在应用文写作普遍理论的基础上，由浅入深，从内容结构到知识范围上都突出了建筑企业各个方面的专业需求；四是通用性，它既可作为全日制学校（包括普通中专、职工中专、技校、职业高中）及短训班专业基础教材，也可作建筑行业各级岗位人员岗位必备参考用书。

本书由江西省建筑工程学校谭吉平、周林编写。其中一、二、三、四、五、八章由谭吉平编写，六、七、九章由周林编写，全书由《建筑报》社赵刚主审。

当然，我们也承认，该书在编写过程中，由于人力、经验不足，时间较紧，肯定有不少纰漏和失误，敬请各位专家及读者批评指正。

目　录

第一章 应用文写作概述

第一节 应用文的概念

一、应用文的涵义

应用文是国家机关、企事业单位、社会团体、人民群众来办理事务、沟通信息、进行社会活动,具有某些惯用格式的一种文体。

任何单位为了完成工作或生产任务,需要制定相应的措施,并作出具体任务分解,限定完成任务的日期,就要写"计划";工作一个阶段后,需要分析研究,作出指导性的结论,就要写"总结";为了使职工同心同德,保证正常的工作或生产秩序,就要写"规章制度";工作或生产中有了特别的情况,或是必要的事情,需要向上级陈述,就要写"报告";若是需要上级审批的事情,就要写"请示"。

从事建筑行业工作的人员,根据自身工作的特点,还经常需要写"建筑动态"、"市场调查与预测"、"建筑招标与投标书"、"建筑经济分析"、"建筑工程(经济)合同"等等。企业单位中要使用应用文,个人生活中也都经常使用应用文,如书信、条据等。可以说,应用文是日常工作、生活中不可缺少的文体。

二、应用文的种类

应用文的使用范围极为广泛,几乎渗透社会生活的各个角落。其种类十分繁多,在不同领域、不同行业、不同部门和不同对象中,均有各自不同的应用文。并且,应用文的分类,也不象文学分类那样成熟和统一。应用文中除了公文,国家有明确的规范以外,其他大都是约定俗成,论者见仁见智,缺乏统一的标准。在一般情况下,可作如下的区分。

按涉及的专业门类区分,有行政、企业、经济、文教、科技、司法、军事、外交、日常生活等类应用文。

按作者身份和行文性质区分,有以组织名义发文,用以处理公务的公务文书类应用文,有以个人名义行文,用以处理个人事务的私务文书类应用文。

若按不同种类应用文不同的性质、特点、使用范围和格式区分,则可分为三类:

1. 日常应用文类。它是机关、团体、企事业单位和个人在日常生活中所运用的各种应用文,如书信、条据、启事、读书笔记、演讲稿等,使用频率最高,范围最广。

2. 机关事务文书类。它是机关、团体、企事业单位处理事务时使用的文书。主要用于内部事务的有:计划、总结、通讯、报道、简报、调查报告、经济活动分析、会议纪要、规章制度等。主要用于对外事务的有:招标公告、投标书、协议、合同、意向书、先进事迹介绍、广告、产品说明书等。

3. 公文类。它是党政机关、人民团体、企事业单位处理公务的文书,是传达贯彻党和国家的方针、政策,发布行政法规和规章,施行行政措施,请示和答复问题,指导、布置和商洽工作,报告情况,交流经验的重要工具。按国务院办公厅 1993 年 11 月 21 日颁布的

《国家行政机关公文处理办法》的规定，共有十二类十三种。

本书作为建筑专业应用文教材，无论从涉及内容还是涉及种类来看，都只是应用文的一小部分，但从格式上看，涉及面则覆盖了应用文的大部分。本教材主要选择了与建筑专业有关的一些文种，按中专学生的实际情况和教学的基本要求，大体分为日用、公文、事务、告示、合同、报道、司法、学业等八类应用文。

第二节　应用文的特点与作用

一、应用文的特点

应用文与一般文章比较，具有以下特点。

1. 实用性

应用文，顾名思义，就是为了应用。其实用性指的就是文章都是应用到处理事务，解决实际问题上去的。条据、合同可作凭证应用，便条、书信、广告可作传递信息应用；一份通知、一则通告、一项规定，往往要成千上万的干部群众遵照执行，甚至制约几亿人的行动；一份报告，一件材料往往是上级机关处理问题的根据，或为制定方针、政策的重要参考。总之，应用文讲究现实目的和效用，据实起文，解决实际问题。

2. 程式性

应用文有它惯用格式和语体风格。有的是在长期使用过程中，根据实际需要不断发展而形成的；有的是约定俗成，随大流形成的；有的是国家统一规范的。每种应用文都有相应的特定格式，这是一种表现形式，具有相对的稳定性。若格式无规范，就会缺乏流通性，从而影响它的工具作用。

3. 时效性

应用文一般是用来在特定时间处理特定问题的，时效性很强，在一定时间内有效，超过或未达到这一时间往往无效。如公文要及时处理，不失时效，否则会贻误工作；又如合同，都有生效或履行的期限；再如市场调查和预测，都写明写作日期及调查的时间范围，从而成为决策的重要依据。马后炮式的应用文，一般都会丧失其实用价值。

二、应用文的作用

简要地说，应用文是社会生活中处理公私事务不可缺少的工具。具体作用主要表现在以下四个方面：

1. 宣传贯彻党的方针、政策。党和政府通过各类应用文，向有关组织和人民群众广泛宣传方针、政策，各组织和团体也需要通过各类应用文，制订计划、汇报情况、请示工作等，达到贯彻党的方针、政策的目的。其他文体也有宣传贯彻功能，但都不及应用文的这种功能的直接性和权威性。

2. 总结经验，指导工作。每个企业，每级组织，每个人在实际工作中都会创建好的方法和经验，这些方法和经验对于提高整体管理水平，提高社会效益和经济效益都有重要的意义，为了交流所获得的经验，指导今后的工作，就需要通过应用文。

3. 增强联系，促进信息交流。社会是一个整体，各种组织、团体之间都会发生各种各样的事务联系，需要通过应用文建立和加强纵横各方面的联系，拓宽经营门路，促进信息交流，掌握市场动向等。

4. 积累和提供凭证资料。应用文如实地记录和反映了单位和个人各个时间的工作、交往的实际，有些应用文本身就是某个时期情况的客观记载。通过应用文可以把各个时期的资料积累起来，作为今后工作的参考。另外，许多公私事务需要书面的凭证，应用文就是凭证文书，对历史和现实中问题的解决起着凭据和参考作用。

第三节　写作基础知识简介

在应用文中，由于其文种、体例繁多，故对写作者掌握写作知识的程度要求较高。又应用文中的较多文种，往往在此为应用文，在彼则为其他文体，如产品说明书，对于厂家、作者来说是应用文，而对于顾客及商品知识来说，则成了说明文；又如调查报告、经济活动分析、市场预测等，对于企业、作者来说是应用文，而其写作特点、文章性质又是议论文。由此看来，尽管应用文在写作时有特殊要求（主要是公文类和部分事务类、书信类），但其基本原理与一般文章的写作是一致的。所以，这里有必要简单介绍一下写作的基本知识。

一、材料

材料是作者为着某一写作目的，从生活中搜集、摄取以及写入文章的一系列事实或论据。材料也可称为素材，一篇文章好坏，直接受到作者收集的素材数量和质量的影响，如果说，一篇文章的主题是人的灵魂，那么，材料则是这篇文章的"血肉"，"血肉模糊"、"缺血少肉"都会使文章失去魅力。

整个"材料"的工作由占有和积累、鉴别和选择、使用这三个环节构成。

1. 占有和积累材料

占有材料的途径主要两条：一条是直接经验，即用自己的全部感官去认真地体验生活，通过自己的分析、综合能力去发现问题，提出问题，对事物作出科学的判断，从而占有或得到能说明问题的各种材料。一条是间接经验，即通过调查采访，参加有关会议，阅读有关文件去获取各种材料。

勤笔免思，为了把占有的材料积累起来，以免遗忘，要通过勤记笔记，建立起自己的材料仓库，为写作作好准备。

材料的收集应围绕本单位和本人的业务工作进行。

2. 鉴别和选择材料

鉴别材料宜"精"，即要对所占有材料"精鉴"，把材料的表象和实质、本质意义和旁属意义、轻和重、大和小、主和次、真和伪、典型和一般都弄清楚和搞透彻，为选择材料做到胸中有数。

选择材料宜"严"，一般要遵循以下四点原则：

第一，要围绕主题选择材料。和主题有关即能说明、烘托、突出主题的材料都应属于选择的范围。

第二，要选择典型的材料。凡是能够深刻揭示事物本质，具有广泛的代表性和强大的说服力的材料，称典型材料，属选择范围。

第三，要选择真实、准确的材料。材料的真实性，一是指材料不是生编乱造，弄虚作假的，一是指材料不是个别的偶然的现象。材料的准确性，就是要求材料确凿无疑，可靠无误，不是道听途说，穿凿附会的东西。

第四，要选择新颖生动的材料。新颖的材料具有时代气息，材料新，是文章立意新、构思新的基础；生动的材料，能引起读者的兴趣。

3. 使用材料

使用材料，重在一个"活"字。材料吃得透，运用就灵活，笔下功夫深，材料就活脱。使用材料时要做到以下三点：

第一，决定材料叙述的先后顺序。很多材料，不能杂然并陈，要根据材料的内在逻辑关系给材料分类、排队，决定其叙述的先后顺序。

第二，确定材料叙述的详略程度。其原则是：重要的详，次要的略；具体的详，概括的略；新的详，旧的略；人所难言者详，人所易知者略。

第三，显示材料的"活力"。同样的材料，在不同作者的笔下，往往有不同的效果，这就是驾驭"材料"的功力不同所致。要将材料叙述得处处紧扣主题、生动活脱、入耳动心，从而显示材料的"活力"，就要加强"文字"方面的修养。

二、主题

主题是作者在说明问题、发表主张或反映生活现象时，通过全部文章内容表达出来的基本的意见或中心思想。在记叙文体中主题叫中心思想，在说明文体中主题叫说明中心或中心意思，在议论文体中叫中心论点，在文学作品以及音乐绘画中仍称主题。

主题也称主旨，是文章的灵魂。不论是谁，只要动笔写作，总会有"目的"、"意图"、"宗旨"的，总会表达对事物的认识，对生活的理解，表达赞成什么、反对什么的倾向，这些，就构成了文章所谓的主题了。

1. 主题的提炼

主题是蕴含在材料中的，一个主题的产生和确立，都是以与主题相关的材料为基础和依据的。没有材料（或事实、或生活），任何主题都不可能产生。有了材料也要通过提炼才能产生。主题的提炼须遵循如下原则：

第一，掌握全部材料。主题具有它的客观性，它是全部材料思想意义的概括。从这种意义上说，材料对主题的提炼起着制约、确定的作用，亦即一定的材料只能"提炼"出一定的主题。材料的缺残将能导致主题的片面和浅陋。脱离材料的限制，乱贴"标签"，随意"拔高"主题的作法也是不可取的。

第二，要有正确的思想指导。主题又具有它的主观性，它是材料（现实生活）和作者心灵相撞击的产物，是材料（客观事物）和作者思想相感应的结果。同一材料，不同作者作出的判断和评价不尽相同，甚至截然相反，这就说明主题的形成受到作者立场和世界观的制约，因此，在提炼主题时，要自觉以马列主义为指导，以党的路线、方针、政策为依据。

第三、要运用科学的分析方法。主要抓住以下四个环节：

①材料分类。就是把占有的材料按一定的标准分类，这是一个去粗存精，去伪存真的过程。

②寻找共性。在分类基础上，深入分析材料，寻找各材料的内部联系即共同点。找到了事物的共同点就把握了事物的本质，主题就具有能统率材料的共性。

③抓住特点。就是用比较分析的方法，抓住事物的特点，使主题统率下的各个材料都

有自己的个性特色，这是文章新颖生动的基础。

④准确概括。力求主题思想和全部材料相吻合，用准确的语言概括出管得住全部材料的中心思想。

2. 主题的表现

主题表现得当，一般可显示出主题的或正确、鲜明，或深刻、新颖，为文章增色。

①表现主题手法。不同体裁文章主题的表现手法是不同的。一般说来，记叙文体是靠形象来表现主题的，议论文体是通过论证事理来表现主题的，说明文体是通过解说事理来表现主题的，应用文体是通过务实来表现主题的。

②表现主题的要求。第一，要求鲜明。首先要对主题有明确的认识和坚定的信念，对一些根本性或敏感性的问题有鲜明的态度；其次要把握事物的个性特点，体现主题鲜明的特色。第二，要求集中。行文目的要求单一，一篇文章一般只应表现一个主题，若是多主题，则意多乱文。在行文时要紧扣主题，做到不离题，不跑弦。

三、结构

结构，就是文章的组织安排、内部构造。材料，解决文章的"言之有物"；主题，解决文章的"言之有理"；结构，则是解决文章的"言之有序"。如果把材料比作文章的血肉，主题比作文章的灵魂，那么，结构则是文章的骨架。

文章的结构形式有二：表现为思维形式的叫做逻辑结构，表现为语言形式的为篇章结构。写作者一般先形成逻辑结构，再形成篇章结构；阅读者一般先了解篇章结构，然后理清逻辑结构。

文章结构的原则有以下三条：

1. 文章的结构要正确地反映客观事物的发展规律、内在联系。任何事物都有一个发生、发展的过程，反映在记叙文体中就有"开端——发展——高潮——结局——尾声"这样一个完整的情节结构的形式。任何问题都有成因、现状和变化发展，反映在议论文体中就有"提出问题（现状）——分析问题（成因和变化发展方向）——解决问题（指明性质、提出方法）"这样一个完整的说理结构的形式。

2. 文章的结构应服从、服务于表现主题的需要。一篇文章究竟是顺叙，还是倒叙；是开门见山，还是最后归纳；是对比成文，还是意识流向，都应该根据表现主题的需要决定。

3. 文章的结构应适应不同体裁的特点。逻辑结构多适用于议论文体，篇章结构偏重于记叙文体，纲目相序、甲乙丙丁的结构则多用在说明文体和应用文体中。

文章结构的要求是严谨、自然、完整、统一。严谨，指的是结构精严细密，无懈可击；自然，指的是结构顺理成章，行止自如；完整，指的是结构首尾相接，匀称饱满；统一，指的是结构浑然一体，格调一致。

文章结构的具体内容包括：层次、段落、过渡、照应、开头、结尾。

层次，文章思想内容的表现次序，是人们认识和表达问题的思维进程在文章中的反映，体现了作者思路开展的步骤。

段落，是构成文章的基本单位。是文章思想内容表达时由于转折、强调、间歇等情况所造成的文字的停顿。具有"换行"另起的明显标志。

过渡，是指上下文之间的衔接、转换。所谓承前启后，脉络贯通，指的就是过渡得好，过渡得自然。

照应，是指前后内容上的关照、呼应。开头和结尾相照应，称"首尾呼应"；前伏和后垫相应，称"前后呼应"；行文和标题相照应，称"照应题目"。

开头和结尾，是文章的有机组成部分。由于它们在文章中所处的部位重要且显著，所以，历来为写作者所重视。一般要求开头要象放炮，骤然而响，使人耳目为之一震；结尾要象敲钟，清音缭绕，使人掩卷为之长思。

四、语言

语言是人类进行交际，表达感情和交流思想的工具。语言，一般分为口头语言和书面语言。书面语言是一切文章宜事达理，表情写意的唯一工具和手段。语言是文章的基础，离开了语言文字，任何深刻的思想，丰富的内容、精巧的结构，都是无法表达、体现出来的。准确、明白、精炼、朴素是各类文章语言的基本要求。

1. 准确

准确，就是要用语精当。是否具有"分寸感"、"精确感"，这是各类文章最基本的要求。古人说："一字贴切，全篇生色"，"一字乖僻，全篇震惊"。这就要求我们一要真正准确把握常用汉字的"音"、"形"、"义"，正确规范地使用汉字。二要仔细辩析词义，认真区别词的感情色彩，精心选择词语，恰当地把握词的应用范围，精心推敲，选取最恰当，最贴切的词语来反映客观事物和表达思想感情。三要切合生活实际，只有对生活实际认识正确，语言的准确才有了前提。

2. 明白

明白，首先是语言清楚易懂，要求表达意思深入浅出，将深刻的思想、复杂的道理、纷繁的事物，用浅显易懂的语言表达出来，不故作高深，不故弄玄虚；其次是语言明确，含义严谨周密、前后照应，不自相矛盾、模棱两可，含糊不清。

3. 精炼

精炼，就是"文约而意丰"或言简意赅，语言简洁、利落。要求写作时不拖泥带水，节外生枝，少用曲笔，不转弯抹角；要求学会删除繁文，对那些与基本观点无直接关系的、不是说明观点所必需的、字句重复累赘的要统统删除。要精炼，就应取真意，去粉饰，切忌堆砌词藻、装腔作势。

4. 朴素

朴素，指的是语言修辞恰如其分，不矫揉造作，以辞害意，与"浮华"相对。朴素并不等于简陋寒碜和语言文采的贫乏，朴素要求使用语言形式表达时，必须保证文章内容的明确和思想含义的正确表达。所以说，真正朴素的风格并不是不费气力就能达到的，必须是长期运用语言文字工具到十分纯熟的程度才行。

第四节　应用文写作的具体要求

应用文种类繁多，在写作过程中不仅要涉及记叙文、议论文、说明文等文体的写作知识，还要涉及到作者本人的政治理论水平、实践知识、专业素质及语言能力。因此，要写好应用文，首先应该做到以下三点：

1. 努力提高政治理论水平，以便更好地理解和掌握党和国家的方针政策，分析好现实生活中的新情况、新问题，准确地传达和体现上级精神。

2．努力实践，丰富社会阅历，扩大专业知识面，使所写的应用文能切合实际，反映现实。

3．重视学习语言，提高写作水平。主要是要掌握大量的事务性词汇和专业术语，以及通过经常性的"练笔"以熟练掌握写作上的一些常识和技巧。

对于应用文的写作，其具体要求主要有以下五点：

1．材料要真实

应用文写作的取材十分严谨，主要是选取现实的，与本部门有关的材料。文学作品的题材也要求真实，但那是艺术真实。它允许虚构，虚构的内容在现实中可能存在或应该存在，但不一定实有其人、实有其事。而应用文，材料必须绝对真实，不允许有一点虚构和"合理想象"，这样，才有利于问题的解决，才有说服力。

2．主题要专一显露

一般地说，应用文要求一文一事，尤其是公文。就是较长的文件，也要求只有一个中心思想。这样，可以使重点突出，防止行文关系混乱，提高工作效率，利于问题的解决。写作时，要扣紧主题，围绕中心，一气贯通。应用文要求开门见山，不能含蓄隐晦，主题要明确显露，观点要鲜明。

3．结构要完整，条理要清楚

应用文十分讲究结构，尤其是格式结构。在格式的要求下做到结构的完整，不能丢三拉四，将有格式的应用文弄得面目全非。在动笔前，就要认真理清思路，进行构思，以保证条理清楚。

4．文字要准确简明扼要

正确的思想，要通过准确的语言来表达。应用文的特殊用途，要求它在文字表达方面，要有节制，有分寸，要准确、简明，要用最少的文字表现最丰富的内容，切忌错别字连篇及滥用华丽的词藻，也切忌连篇累牍，口若悬河。

5．行文风格要求庄重

应用文政策性很强，往往是以政策为准绳，根据政策去分析问题，解决问题，制订措施，执行计划等。这一特点决定了应用文的行文必须是庄重、典雅、朴实、自然的风格，对于幽默、含蓄深沉、委婉华丽、豪迈雄奇等行文风格是不能用于应用文的。

思 考 与 练 习

一、名词解释

应用文　材料　主题　结构　层次　段落　过渡　照应　开头　结尾　语言

二、填空

(1)应用文按涉及的专业门类区分，有＿＿＿、＿＿＿、＿＿＿、＿＿＿、＿＿＿、＿＿＿、＿＿＿、日常生活类应用文。按不同性质、特点、使用范围和格式区分，有＿＿＿类、＿＿＿类、＿＿＿类。本教材主要学习＿＿＿、＿＿＿、＿＿＿、＿＿＿、＿＿＿、＿＿＿、＿＿＿等七类应用文。

(2)应用文主要有＿＿＿性、＿＿＿性、＿＿＿性等特点。

(3)整个"材料"的工作由＿＿＿、＿＿＿、使用这三个环节构成。

（4）确定材料叙述详略程度的基本原则是：_____详，_____略；_____详，_____略；_____详，_____略；_____详，_____略。

（5）文章的结构形式有二：表现为思维形式的叫做_____，表现为语言形式的为_____。写作者一般先形成_____，再形成_____；阅读者一般先了解_____，然后理清_____。

（6）文章结构的具体内容包括_____、_____、_____、_____、_____、_____等六个方面。

三、简答题

（1）应用文有何作用？具体表现在哪些方面？

（2）写作时如何选择好材料？

（3）写作时怎样做才能使用好材料？

（4）提炼主题的三个原则的什么？

（5）不同文体主题的表现手法有何不同？

（6）文章结构的三个原则是什么？

（7）各类文章对语言的基本要求是什么？

（8）应用文写作的具体要求是什么？

第二章 日 常 类 应 用 文

第一节 书 信

一、书信的含义与种类

书信是生活、学习和工作中普遍使用的，以个人或单位名义，向对方致以问候、传达信息、联系事宜、讨论问题、表明态度、确定业务关系的一种应用文体。书信的种类繁多，涉及内容广泛，目前尚无明确的归类标准。一般情况下，将单位间行政事务的书信的来往归类于公文中的"函"，将意向书、契约书等归类于合同，将招标书（附投标书、产品说明书）归类于告示类……，剩下的基本归类于日常书信。在建筑行业中，日常书信可根据其用途分为以下五类：第一类用于个人的私事交往，如个人信件；第二类可用于宣传张贴，如表扬信、感谢信、慰问信、决心书、倡仪书等；第三类可用于人事往来，如介绍信、推荐信、聘请书、邀请书等；第四类可用于处理上下级的业务联系，如建议书、申请书等；第五类可用于处理单位间的业务联系，如公证书、索赔书等。

二、书信的一般格式与写法

既为书信，就有书信的形式。书信的格式要求和写法要求基本是一致的。一般由称谓、主体、结束语、具名、日期等五个部分组成。

1. 称谓。称谓写在首行顶格的位置上，以示对收书信人（或单位）的尊敬。后面加上冒号，以表示下面有话要说。完整的称谓，由姓名（或单位名称）、称呼（或单位某范围的人）、修饰语三个部分组成。如尊敬的（修饰语）公司（单位名称）领导（称呼）、小王（姓名）好（修饰语）友（称呼）。称谓的得体与否主要表现在称呼上。称呼如何写，由书信人与收书信人的关系而定。个人之间的书信来往，一般是当面怎样称呼，书信中也怎样称呼；个人与单位或单位之间的书信来往，一般要注意称呼所限定的范围，要保证称呼的范围与书信内容的统一。称谓的礼貌与否主要表现在修饰语上，对某些特定的收书信人，多加上"尊敬的"、"亲爱的"等词语。

2. 主体。主体另起一行，前空两格。这是书信的主要部分，是对收受书信一方说的话、谈的事。主体部分由引语、正文、结语三部分组成。

引语部分主要是阐述写书信的缘由，以导引正文。

正文部分主要是表明写书信的目的。每段开头空两格，要求一层意思一个段落，保持段落与意思的完整性和统一性。

结语部分主要是归纳书信内容，以加深收信人的印象。

3. 结尾。要写上祝颂敬语，以表示礼貌。祝颂敬语在一般书信中用得较多的是"此致敬礼"。在私人信件往来中，由于相互间关系的复杂，祝颂敬语则较丰富（见常用致敬、祝颂语表）。无论何种祝颂语，在格式上一般都要求分成两行书写，先写的（如此致、祝您等）应紧接正文，也可另起一行，空两格书写；后写的（如敬礼、健康等）应另起一行顶格写。

4. 具名。另起一行或与祝颂敬语隔1～3行，在信的右下方写上写书信人（或单位）的姓名（或名称），单位具名后要加盖公章。

5. 日期。日期在书信的最后标明，写在具名的下一行靠右一点的位置上，最好是年、月、日全写出来。

附：

常用祝颂敬语表

对 单 位		对 长 辈		对同志和平辈		对 晚 辈	
此致	敬礼	祝您	长寿	此致	敬礼	望	努力学习
祝	事业兴旺发达	祝您	康安	祝你	工作顺利	祝你	学习进步
祝	百尺竿头更进一步	祝您	幸福	祝你	进步	祝你	健康
祝	前程似锦	祝您	全家安好	祝你	成功	祝你	愉快
祝	财源茂盛	祝您	万事如意	祝你	前程似锦	祝你	近安

三、写一般书信的注意事项

1. 书信的内容要求和写书信的目的一致。目的明确，内容才能明白清楚。内容明白清楚，就可避免造成对方的误解或疑问，耽误事情，达到写书信的目的。

2. 书信的语言要求和写书信的目的一致。目的不同，语言表达也不同。是褒，还是贬；是介绍推荐，还是举报控诉；是询问事情，还是传递信息；是由写书信的目的所限制的。偏离这一限制，语言表达则会造成错误；语言表达不注意分寸，则达不到写书信的目的。

3. 书信内容、语言表达要求和写、收信人双方关系一致。由于写、收信人关系不同，书信内容和语言表达就应各异。给上级的书信与给下级的书信，给个人的书信和给单位的书信，给长辈的书信和给晚辈的书信，给同事的书信和给朋友的书信都应有所不同。

4. 语言表达要求有公关意识。无论写何种书信，措辞均要求委婉，给人以亲切、自然、有礼貌的感觉。

5. 要按照书信的一般格式来写，邮寄书信要注意信封的格式，张贴书信要注意开头和结尾的格式。字迹要清楚，以免发生误会。

四、几种常用书信的写作

1. 私人书信

私人书信指的是个人间的书信往来。因其有特定的交流对象，所以私人书信具有针对性强的特点。私人书信的内容可以包罗万象，多涉及生活、学习、工作及政治、学术、文艺、家务、时代风俗、人情世故、思想感情等各个方面。可以应用包括叙述、描写、抒情、说明、议论在内的所有文章表达方式，除格式固定和不允许虚构外，与文章的写法几无二致。

【例文一—1】给同学的三封信

芳：

你好！

车站一别，不觉已一个多星期了，近来好吗？我可想你了。

芳，你知道吗，自我来南昌后，一直觉得心里空荡荡的，一种从未有的失落感似幽灵般充斥着我的日日夜夜。原以为凭着761分的高分进入这所学校是件很荣耀的事，自己的前途，当无限光明，但现在觉得一切都是幻想泡影——我的专业足以让我心灰意冷。

我的"道路桥梁设计"专业，只有一个班，36人，试想如果这是一个热门专业，还会如此冷清，凄凉吗？看看那些装潢专业、工民建专业的人满为患，我直慨叹命运怎么把我抛在一个尚待开发，几乎荒废的小岛上。凭我的实力，完全可以进高中，上大学，如今，唉！

芳，我真觉得怅然、迷茫，无法想象四年后，我一个女孩子怎么用自己纤弱的身躯在荒天野地与烈日抗争，怎么用自己纤长的十指架桥筑路……

你能理解我的苦楚和无奈吗？芳，我希望你能谈谈你的看法和建议，好吗？

祝

快乐！

心情迷茫的朋友　霞

1995年10月14日

芳：

见信好！

来信已阅，感谢你的安慰！放心，我会好好珍重自己的。你也请保重。

芳，这段时间，我有所思，有所悟，又有所得，因为我听到看到了几件真实的事。

第一件事是老师说的，说的是一法国客商到我国某地洽谈生意，临走时留下四句意味长的话："进不去（交通不方便），出不来（打不通长途电话），受不了（膳宿服务不佳），陪不起（办事效率低，时间陪不起）。"

第二件事是在外省的某个娱乐活动中，以"江西省的公路"为谜面猜江西的一个地名，谜底是——"永修"！这说明我省的公路建设是多么的落后呀！

第三件事是最近观看了中央台播出的专题片《大京九》，在播放江西段时，记得一位经济学家把江西铁路建设比成高截位瘫痪，整个江西只有浙赣线呈东西走向连接内陆、沿海，从赣北穿过，赣中、赣南腹地几乎处于瘫痪状态。这正是制约江西经济发展的重要因素之一。如今，京九线的贯通，使得近百年来苦于交通闭塞的江西，转眼一变成为"九省通衢"。此情此势，着实让我们每个江西人深深感到从未有过的兴奋和任重道远。

芳，要知道，这几件事给我心灵的震憾是难以言表的。也许你难以体会当时我的心情。我还有什么理由感慨命运的不公，还有什么理由羡慕别的专业呢？我知道了自己的责任和义务，懂得了家乡父老的殷殷渴望，我别无选择！

好了，就此搁笔，下次再叙。

祝你

进步！

心情开朗的朋友　霞

1995年12月5日

芳：

你好！

很久没有与你写信了，想我吗？

还记得吗，初来南昌，被分在道桥专业里，我曾一度抱怨、沮丧。现在，我已从迷茫无奈中走出来，战胜了旧我。

尽管我的专业在别人眼里，甚至在过去的我的眼里，是劳累，是肮脏，是荒郊野外，是风餐露宿，但是，他们不知道那凝聚我们汗水的无悔选择和追求的一条条宽敞平坦的大道，一座座新颖奇特的桥梁，会给家乡父老带来多少欢笑和欣慰！

芳，告诉你一个好消息，我参加了"我爱我的专业"演讲比赛，现在一切都在紧张的筹备之中。我想通过演讲，将我所听到看到的那几件事告诉给每一位同学，也要把自己这段时间的思想历程述说出来，我相信听的人一定会感动的。

你知道吗，这几个星期以来，我时常梦见自己学业有成。经常戴着头盔，穿着工作服，搂着图纸，穿梭于桥梁建筑工地之间，在我身后是一条条伸向远方的道路和桥梁……

芳，我已经不再是毫无目的在长空搏击的小鸟了。我相信四年以后，在这片前辈曾经撒下鲜血的红土地上，也将撒下我的辛勤的汗水，结出我所希冀的硕果——新的道，新的桥。

请分享我的快乐。祝你
前程似锦！

心情愉快的朋友　霞
1996 年元月 5 日

【例文 1—2】给家长的一封信

爸爸：

一片片黄叶落满心间，我已不再是青春少年。爸爸，请您相信我的选择，我知道我的选择一直使您很失望。面对着我的来信，您又会用烟酒来折磨自己吗？

爸爸，您为我们已经付出了很多，成年累月，不停地干。当初，您厚着老脸，带着一生的血汗钱，找到了在省里当大官的舅舅，您受够了舅妈的白眼，陪尽了笑脸，终于打动了舅舅，帮我进入了招生名额紧张的建校，并安排到您所冀望的工民建专业。我很矛盾，但我还是使您失望了，我不得不选择了激动我内心灵魂，点燃我圣灯的给排水专业。

爸爸，为什么您一直对给排水存在着偏见？为什么您一直认为给排水是一个无足轻重的角色？是啊，学工民建，一幢幢高楼大厦，出于自己的手，多自豪。但一栋房子没有给水排水，它又能有什么用？一个城市没有给排水，光有一些鳞次栉比的大楼，还不是一个肮脏的让人悲哀的世界？我无法忘却，我们喝的那浑浊、有严重漂白粉味的自来水；我无法忘却，每年夏天我们为了洗一个澡凌晨两三点爬起来的情景；我无法忘却，无法忘却那被宋代大诗人苏东坡誉为"九曲缎子"，给我童年带来欢乐的上犹江，如今，她那秀媚的胸脯上泛起了细腻的白沫，漂浮着腐烂的菜叶，散发着恶心的气味。在一个夏日的晚

阅读训练

1. 该信属于
（　　）
A. 私事交往
B. 宣传
C. 人事往来
D. 业务联系

2. 指出第一段中写此信的缘由。

上，您不是望着灯光辉映的上犹江，叹道："我可怜的父老乡亲，什么时候你们才能喝上一口干净的水；我美丽的上犹江，什么时候您才能让您的儿女重新投入您静谧宽容的怀抱。"

爸爸，您常教育您的学生要树立为人民服务的思想，服从祖国的需要，为什么到了您儿子身上您却是如此"自私"（请您原谅我用词的不敬）。改革开放带来了中国城镇的繁荣，人民的生活水平也得到了日益提高。但全国648座城市，却只有89座污水处理厂，城市污水处理量只占城市总排污量的3.2％。而德国，146座城市，却有216座污水处理厂，处理量达到87％。我国只有18.9％中小城市的自来水符合国家卫生标准。这是一组触目惊心的数字。现在全国有一千多所高等院校，只有26所高等院校设置了给排水专业。据建设部统计，中国需要二十四万懂给排水技术的大军，而目前却只有8万人……。爸爸，请让儿子再次作出自己的选择，请您相信我的选择。

3. 你认为写此信的目的是什么？内容与目的是否一致？为什么？

进校三年，为了自己郑重的选择，为了自己真诚的梦想，我一直没有懈怠过。我不敢尝试那所谓"潇洒"的中专生活。因为，我身后有6百万同胞，由于喝了不洁净的水而经常痛苦地躺在床上；有400万西北同胞，有时几天才能喝上一口甜水。这些善良可怜的人们在激励着我，要努力学习，努力学好我的给排水。不能为60分高呼万岁，不能为学到课本上的那点知识而满足，要把全部心思与生命投入到她之中去，为人民创造一个更干净、更美好的世界。进校三年，我都泡在了教室、实验室，泡在了图书馆。在这里面，我悟出了青春的真谛，给排水的精髓。

4. 此信的语言表达是否体现了公关意识？为什么？

爸爸，您还记得去年寒假我是腊月二十五才回来的吗？可其他同学，早就回家和亲人团聚了。我一个人留在空荡荡的校园里搞课程设计。我不能为一时的轻松随便选取一个数据，而不考虑这家商场的自动喷水灭火系统的科学性……，人民的生命，国家的财产是宝贵的。我们不能敷衍了事而给人民造成莫大的痛苦，给国家造成巨大的损失，我爱我的专业，也爱我的人民。

5. 此信内容、语言表达是否和写、收信人关系一致？请予以说明。

三年来，我虽没有别人常有的快乐，可书本给了我更多的乐趣。清丽的月光给了我充实的夜晚，晶莹的露珠给了我希望的早晨。爸爸，如果您看到儿子在课堂上慷慨的陈辞，阐明精辟的见解时；如果您读了儿子《中南给排水》杂志中洋洋三千字的"论学校节水措施"文章时。相信您会为儿子骄傲，相信您会支持儿子的选择！

今年寒假回家，您用长满老茧的手抚摸我的脸说："儿子，瘦了。"当时，我看见您眼里闪着晶莹的泪光。当时，我不敢告诉你，为了学电脑我花费了大半部分的生活费。去年岁末，我读了比尔. 盖茨写的《未来之路》，我被他所描绘的信息高速公路而感慨，为他所描述未来人类精彩的世界而惊叹。"未来的世界是计算机的世界"。给排水要随着人类社会的发展而发展，给排水也将毫无选择地进入计算机时代。为了到××大学学给排水 CAD 语言，我放弃了诱人的红烧肉，吃菠菜、青菜。爸爸，您不要责怪自己，这不是您的不尽责。儿子为了自己热爱的事业，我可以做物质的"乞丐"，但一定要做精神的"贵族"。爸爸，我在计算机里找出了一个神奇的世界，看到了一个更远的世界——计算机绘图必将代替手工绘图；人工操作、人工检验必将被计算机自动控制逐出时代的舞台。虽然给排水计算机管理在我们中国还是一个空白，但这空白正是需要我们这些热血青年去弥补。也正是要靠我们这些跨世纪的青年用自己的智慧和勤奋来发展。南京秦淮河、北京龙须沟、日本"水俣病"的人类历史悲剧，决不能让它再在我们身边重演。

"水，建筑的血液，工业的脉搏。"要让一个强大的中国跨入辉煌的 21 世纪，中国一定要大力发展给排水。爸爸，我不敢面对您苍老的眼睛，阡陌纵横的额头，但为了儿子的热爱，为了民族的繁荣，就请原谅儿子的不孝，请让儿子再次作出自己的选择吧！

我的梦很美，但我的梦更远。爸爸，请您相信我的选择！

勇儿
199×年 4 月 15 日

6. 请按格式要求，将"祝您幸福长寿"填在信的结尾。

2. 感谢信

是对某个单位或个人的关心、支持和帮助表示感谢的一种书信。

感谢信必须具体写明，在什么时间和地点，因为什么事情，得到对方的什么帮助与支援，以说明致谢的原委。要以诚恳、真挚的感情表达自己的谢意和自己的态度决心。

【例文二】　　　　　　　**感　谢　信**

××市××建筑设计院：

我校工民建专业的×××、×××等 22 位学生，在贵院进行毕业实习期间，得到了贵院领导和设计院技术人员的热情关怀和悉心指导。因此，他们在短短的三个月实习中，学业上有了长足的进步，取得了很大的收获，达到了预期的目的。我们特向贵院表示衷心的感谢！

此致
敬礼

××省建筑工程学校（公章）
19××年××月××日

3. 表扬信

是对好人好事进行表扬、褒奖的一种书信。

表扬信与感谢信有相同的一面，即都有对对方提供的帮助表示感谢之意；也有不同的一面，即表扬信本身是一种感谢的手段，且侧重于宣传教育。写表扬信时，要写清所表扬事件的人物、时间、地点、事件过程等，要求事迹确实无误，措辞恰如其分。

【例文三】   表　扬　信

××省××桥工程指挥部：

今日上午 10 时左右，我校道桥专业实习生×××同学，在贵部工地实习时，不慎被风刮入江中。幸得贵部工程人员×××、民工×××纵身跳入寒冷的江水中，积极救助方得以脱险。救上岸后，工程人员×××、×××又将自己御寒的衣服脱下给实习生×××同学穿上。他们这种奋不顾身、舍己救人、热心助人的精神，值得我们学习。请贵部给予公开表扬。

　　此致
敬礼

××省××城市建设学校

19××年××月×日

4．决心书

是个人或集体在响应某一号召和接受某项任务时，向组织或群众表明态度、提出保证、显示决心的一种书信。具有鞭策自己，鼓舞别人的作用。

决心书的内容主要包括两个部分：一是为什么写决心书，二是决心怎么做，其中一般需包括完成任务的具体措施和时间。

写决心书时，要有实事求是的精神，切不可为鼓舞人心而说大话，放空炮。完成任务与响应号召的具体措施要切合实际，切实可行，提出的目标、口号要说到做到。若决心书代表集体或单位的，还需经过大家充分讨论，取得一致意见。

决心书中的具体措施一般需要分条列写。

【例文四】   决　心　书

××道桥建筑公司党委：

×××国道今天顺利破土动工了，它的建设对发展我地区的经济有极为重要的意义。由于在长达 62 公里的沿途线上，地质状况复杂，环境条件恶劣，工程人员和民工们的吃住及工作条件均十分艰苦，为此，我全体承建×××国道×路段的施工人员经过认真热烈的讨论，决心发扬不怕死，不怕苦的敢打善拼的精神，努力奋斗，决不拖×××国道九×年元旦通车的后腿，力争在九×年元旦前十天完成筑路通车任务。

为了实现这一决心，我们的措施是：

一、将×路段划成若干段，各工段责权利到人。

二、坚持质量第一，速度第二的原则。在搞好质量的基础上，全力加快速度。

三、制定奖惩细则，做到奖罚分明。

四、做好后勤服务工作，保障第一线工程施工人员的生活和施工。

五、……

六、……

×××国道×路段全体施工人员

19××年×月×日

5. 倡议书

是个人或集体为更好地完成某项任务或倡导某种好的社会风气，向一定范围的群众或有关单位，提出一些合理化的建议或措施，以求共同推行的一种书信。

倡议书是倡议者带有号召性的公开建议，起着鼓动的作用。可以公开张贴和广播，也可以在报刊上发表。

倡议书的内容应包括倡议目的、倡议条件、倡议措施。倡议目的要有积极意义，倡议条件和措施要切实可行。

【例文五】　　　　　　　　　　倡　议　书

×××国道全体工程施工人员：

万众瞩目的×××国道已于×月×日上午十时破土动工了，这是我地区经济生活中的一件大事。为了使×××国道早日竣工，尽快发挥经济效益，促进我地区经济建设的腾飞，我路段施工人员特提出如下倡议：

一、坚持"百年大计，质量第一"的方针，确保工程质量。建立完善的质量管理制度，坚持每一道工序都有记录，有责任人，质监人。不使用任何没有出厂证明、不符合使用要求的原材料。

二、认真贯彻执行"安全生产"的方针，建立安全生产责任制度，做到安全生产，文明施工。每工段配备一名安全生产员，努力消灭事故隐患，力争不出事故，消灭人身伤亡之类的重大事故。

三、坚持科学态度，不断改进施工技术和改善施工管理，以提高施工效率，促使工期缩短，争取提前十天完成施工任务。

四、……

五、……

×××国道×路段全体施工人员

19××年×月×日

6. 介绍信

是党政机关、社会团体、企事业单位的所属人员到有关单位联系工作，接洽事宜，了解情况，参观学习或出席会议时所用的一种书信。具有介绍和证明的双重作用。介绍信有两种形式：

（1）固定式。即根据介绍内容与一定格式印刷成册，有编号、存根，以备查询。

（2）信函式。即根据实际需要随时以信函书写。一般按书信体格式书写，无编号和存根。介绍信一般都应有六项内容：

（1）标题。一般在第一行正中写上"介绍信"三字。

（2）收信对象名称。凡收信对象是单位或团体，必须写全称。若属领导，应写明其职务。

（3）被介绍人姓名、随行人数，必要时还应注明其政治面貌、职务、级别等。

（4）需接洽的具体事项和要求。

（5）出具介绍信单位全称、日期、公章。

（6）介绍信的有效期限。

【例文六】   介　绍　信

××省第一建筑总公司党委：

　　兹介绍×××同志等二人（均党员，人事处干事）前往你处理处理调查×××同志在贵公司工作时的表现。请予接洽是荷。此致

敬礼

××省××建筑机械设备厂（公章）

19××年×月×日

（有效期20天）

　　附：固定式介绍信

介绍信存根

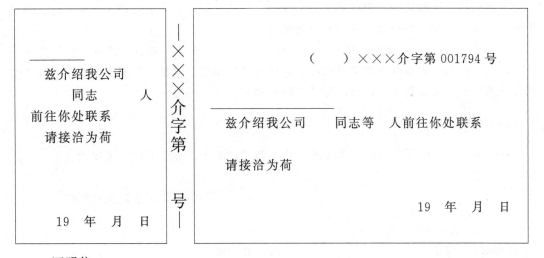

　　（　）×××介字第001794号　　　　　　　　××省××××公司介绍信

　　7. 证明信

　　是机关、团体证明有关人员身份、经历或某件事情真实情况的一种书信。简称证明。

　　出具证明必须认真负责，实事求是，对被证明对象有确切清楚的了解；证明用语要简明、肯定，不能模棱两可；字迹端正清楚，不得涂改。若有涂改，则须加盖印章。紧接正文，一般要写"特此证明"的字样。

　　证明信多由单位组织书写。如果需要个人证明某一情况时，由证明人写成材料，签字或盖私章后，再由所在单位党政组织签注意见并加盖公章（起证明证明人身份作用），转交给要求证明的单位，才能生效。

　　证明信有两种写法，一种是有明确的收信单位，一种是无收信单位，如长期在外人员的身份证明和长途出差人员的为解决乘车、船及住宿问题而出具的证明。前一种证明信格式与介绍信相类似，后一种证明信只要写明被证明人的姓名、性别、民族、年龄及在外目的即可，由被证明人随身携带。目前已多为居民身份证所替代。

【例文七—1】   证　　明

××市城建局：

　　你局建筑设计处×××同志的配偶×××同志，是我公司项目经理，××年×月×日毕业于××大学工民建系。情况属实。特此证明。

××市建筑安装公司（公章）

19××年×月×日

【例文七—2】   证　　明

　　我公司×××同志，男，现年 32 岁，前往哈尔滨，呼和浩特等地采购建筑装饰用的材料。特此证明。

××市有色金属建筑装饰材料厂（公章）

19××年×月×日

　　8. 聘请书

　　是单位或个人邀请别人担任职务的一种书信。亦称聘书。企业如缺少专业人才、营销人才等，往往需要向外聘请，这就需要聘请书。

　　聘请书主要写明聘请谁，聘请原因，任何种工作。现在，有的聘请书，实际上已是"聘请合同"，其中含有双方的义务和权利，应聘者的职责、报酬、期限等内容，并在正文部分分条列出。正文结束后，可以写"此聘"两字，也可不写。

【例文八—1】   聘　请　书

　　兹聘请×××工程师为厂技术顾问，协助我厂解决生产技术上的重大问题。

此聘

××市建筑材料厂

19××年×月×日

【例文八—2】   聘　请　书

　　本公司因发展生产需要，特聘×××高级工程师为公司技术顾问。现将商定的有关事项记述如下：

　　一、我公司不干涉×××同志的正常工作，不增加除技术以外的业务工作。

　　二、我公司给×××同志每月酬金 500 元，不另付其他补贴。如对本公司作出重大贡献，另行酌情发给奖金。

　　三、聘期自 19××年 1 月至 19××年 1 月，暂定一年。到期后，如需聘请，另发聘书。

　　四、聘期内，未经双方同意，任何一方不得中断聘约。

　　五、本聘书一式三份。受聘人、聘请单位、监证单位各执一份。

受聘人　　　　　　　　　　　　聘请单位

×××（盖章）　　　　　　　　××市建筑装潢材料制造公司（盖章）

监证单位

××市建委公证处（盖章）

19××年×月×日

　　9．邀请书

　　是单位和个人邀请别人出席会议、参加活动等所写的一种书信，亦称请柬或请帖。邀请书主要要写明在什么时间、到什么地点、做什么事情。结尾常用"敬请光临指导"、"敬请莅临"、"敬候光临"等带有邀请语气的敬语字样。

【例文九】　　　　　　　　邀　请　书（或请柬）

　　×××同志：

　　兹定于×月×日（星期×）上午九时在××市××开发区××工地举行开工典礼仪式，敬请莅临。

　　　此致

敬礼

××市××开发区组委会（公章）
19××年×月×日

　　10．推荐信

　　是向有关个人或单位推荐人才或产品的一种书信。可分三种情况：

　　（1）推荐人才。推荐人才这一类信要求态度诚恳，言辞委婉，对被荐人的才能技艺可以适当赞扬，以便对方录用。具体写法主要是，在信端推荐人要作自我介绍，写明通讯地址，现任职务，与被推荐人的关系，被推荐者的从业计划，专业范围等。在正文里要着重介绍被推荐人的学历、成绩、业务能力、能否胜任将被推荐的职务等。

【例文十一—1】

　　推荐者：吴逢刚

　　被推荐者：杨哲明，男性，31岁

　　职务：本公司基建科副科长

　　专业范围：建筑设计、建筑安装与装潢

　　从业计划：建筑设计与管理

　　推荐人与被推荐人的关系：经理与职员

××建筑企业集团洪日晟董事长先生：

　　欣闻贵集团急需建筑设计人才，本公司基建科副科长杨哲明自己也前往贵集团应试，并取得了合格成绩。现尊重其本人意愿，兹推荐如下：

　　杨哲明19××年毕业于××大学建筑设计系。任基建科副科长期间，工作勤恳，业务娴熟，胜任建筑行业的从图纸设计到工程施工、安装装潢等多项工作。到贵集团将能发挥更大的作用。为此，本人乐于推荐他到贵集团任职。顺颂先生一切顺利。此致

敬礼！

××省东风陶瓷公司总经理吴逢刚
19××年×月×日

　　（2）自我推荐。即本人向用人单位进行自我推荐。自荐要求如实向对方介绍自己的情

19

况，不卑不亢，给人以诚恳、朴实、谦虚、大方的印象。

【例文十一—2】

尊敬的洪日晟董事长先生：

欣闻贵集团要招收建筑设计人员，特投书自报。我叫杨哲明，今年 31 岁，现在××省东风陶瓷公司工作。本人大学文化程度，毕业于××大学建筑设计系，是××市××大厦的主要设计人员。因在东风陶瓷公司基建科工作，专业不太对口，难以发挥自己的一技之长，故投书贵集团。愿为贵集团的发展和繁荣尽绵薄之力。盼能给一个效力的机会。等待您的回复。

此致

敬礼

××省东风陶瓷公司基建科
杨哲明
19××年×月×日

（3）推荐产品。推荐产品着重介绍的是产品特点，包括产品的历史特点、性能特点、工艺特点。类似于产品说明书，不同的是这是信函形式。要有公关意识，根据对方的心理要求和适用要求，如实加以介绍。

【例文十一—3】

汤海龙先生：

来信收悉。

先生询问玻璃幕墙以何类为佳。据我看，以不锈钢型材玻璃幕墙为好。因为国内外玻璃幕墙从单一的铝合金型材框格结构镶嵌玻璃，发展到铝合金型材框格结构镶嵌金属复合板玻璃，再发展到用不锈钢型材框格结构镶嵌金属复合板玻璃，这是建筑金属幕墙发展到今天的结果，属第三代产品。不锈钢玻璃幕墙格调高雅、明快醒目、安全可靠。它以多元材料的组合结构代替了单一的铝合金材料，机械强度高，抗震能力强、变形小，装饰效果豪华美观。但由于不锈钢玻璃幕墙的成本较铝制品的玻璃幕墙要大，究竟选用何类玻璃幕墙，抉择当由先生自定。

此致

敬礼

××建筑装潢金属制品厂
万晓辉
19××年×月×日

11. 建议书

是单位或个人向上级就某个方面的问题、工作提出建议、方案，以供上级领导或主管部门审核研究、作出决策、采取措施的一种书信。建议书中必须写明所提建议的原由、依据、内容、实行方法等，对于较重大的，牵涉面广的建议还需附上预期结果方面的内容。

建议书的表现形式有提案（一定会议范围限制下的建议书）和议案（用于讨论的建议

书),有一般性建议书和专项性建议书等。一般性建议书多是针对单位内部管理和协调各部门关系所提的建议,专项性建议书则牵涉面广,关系重大,是有关处理单位之间业务关系而向上级或主管部门提的建议。

建议书要求一事一提,主要用说明的表达方式,介绍情况,说明缘由和措施,预测结果等。要求思路周密,内容完备,层次清晰,措词准确无歧义,所提措施切实可行。

【例文十一】 关于筹建合资××耐力板
制造有限公司项目建议书

××市人民政府:

××省建材制品总公司经过市场调查,欲在我市发展 XLI 耐力板的生产。经过与我厂的友好商谈,双方本着平等互利、共同发展的原则,决定利用我厂一闲置车间(约 300m²)建办生产 XLI 耐力板的专业公司,旨在引进先进设备技术和资金,填补我市耐力板生产的空白。

一、合资企业名称:××市××耐力板制造有限公司

二、项目主办单位:××市建筑器材制件厂

三、项目负责人:×××(我方副厂长,初拟)

四、项目总说明:(具体内容省略,下同)

五、我厂基本情况:

六、××省建材制品总公司基本情况及与我合作的态度:

七、生产规模、国内市场分析及各方销售比例:

八、合营方式及年限:

九、投资总额估算、注册资金及各方出资比例、资金构成等:

十、招工人数及办法:

十一、土建概况:

十二、原材料供应:

十三、工艺流程及环境保护:

十四、承办项目的有利条件:

十五、经济效益和社会效益:

十六、项目实施进度:

××市建筑器材制件厂
19××年×月×日

附:双方关于筹建××市××耐力板制造有限公司的意向书一份。

12. 申请书

是单位向上级主管部门或个人向组织提出愿望和要求,希望得到批准时所使用的一种书信。

在个人向组织递交的申请书中,一般内容较单一,所涉及的问题多是生活、工作中遇到的难题。而在单位向上级主管部门递交的申请书中,内容单一的有,但更多的是牵涉到企业管理的方方面面,一份申请书从酝酿到产生,有一个较为复杂的查证过程,要做搜集材料、分析整理等许多细致工作。

申请书无论内容单一或繁杂，一般均要求写明向谁申请、申请什么、申请理由、谁申请的等几个方面。对所提要求所陈理由，要合情合理，明白晓畅，态度诚恳，意图分明。

【例文十二—1】　　　　　　　申　请　书

公司党委：

我是一名中专毕业生，分配来公司近两年，在公司后勤部门干行政杂务，自己所学工民建专业的知识已渐荒废。现特申请下到工地锻炼，以丰富实践经验，巩固自己的专业知识。请组织上予以考虑，批准我的请示。此致

敬礼

申请人：膳食科

陈明民

19××年×月×日

【例文十二—2】　　　　　　关于要求购买一台
混凝土搅拌机的申请

建筑公司：

我施工队今年接手的工程较多，大工程 2 个，小工程 5 个，施工面积达 1.2 万 m^2。我队现有每盘出料量 $0.4m^3$ 和 $1m^3$ 的搅拌机各一台，在工程同时铺开的情况下，经测算还需增加一台混凝土搅拌机，才能保证工程按期竣工。为此，特要求购买一台每盘出料量 $1m^3$ 的搅拌机，请领导予以批准。此致

敬礼

第二施工队

19××年×月×日

附：企业升级申报书的格式和写法

企业升级申报书是申请书中的一个种类。在建筑企业中，企业的技术资信等级和企业先进等级是企业在市场中竞争力的一个重要标志，一般等级越高，竞争力越强，故各建筑企业很重视企业技术等级资信和先进等级的升级申报工作。企业升级申报书的内容一般由企业情况综合报告和企业升级申报表组成。

（一）企业情况综合报告

这部分要求将企业在经营管理过程中与企业升级有关的情况，全面如实地向上级汇报。

1. 概况。这部分将企业的性质、资产、人员、产品、设备、产值、利润以及企业的发展过程，作扼要介绍。

2. 企业升级工作情况汇报。这部分是主体，主要应说清以下这些问题：

① 如何根据国家等级标准落实各项升级措施的。如组织定期进行的等级达标的自检活动；具体将等级标准分解落实到分公司、施工队、班、组或车间、班级等。

② 如何实现等级标准的。如实行项目经理责任制、经理或厂长任期目标责任制；搞好职工专业培训工作，以提高职工的文化技术素质；做好企业管理基础工作和各项专业管理工作等。

③ 等级达标的具体情况。把等级达标的过程及结果、成绩，作较详尽的介绍。

3. 今后打算。在等级达标升级有望的情况下，也要把企业在等级达标过程中存在的矛盾和问题作自检，而后提出整改措施。

撰写综合报告，既要全面介绍企业情况，又要重点介绍企业等级达标的工作；既要肯定达标工作中的成绩，又要实事求是地找出差距；既要理直气壮地摆出等级达标的事实，又要委婉有理有节地提出升级的申请要求。

（二）企业升级申报表

该表由上级主管部门统一制发，先进企业升级申报表和技术资信升级申报表尽管考核的内容侧重点不同，但也有一些共同的项目。

1. 封面：有企业名称、申报级别、厂长（或经理）姓名、报送日期等项。

2. 企业基本情况：包括企业地址、建厂时间、归口部门、所有制性质、原等级及批准日期、近年来产值利税情况、固定资产、职工人数、曾获国家、省级荣誉称号情况等项目。

3. 主要考核指标情况：包括主要产品、产品质量、物质消耗、经济效益、工程技术人员素质构成等项目。

4. 企业管理工作考查情况：包括企业自检情况、考核组对企业的考查情况、对管理工作的综合评价等项目。

13. 公证书

主要用来证明人们在社会生产或事务活动中某些重要的权利和人际关系的一种书信。与证明信一样，具有证明的性质，不同的是公证书是由国家公证机关出具的具有法律效力的证明，而证明信则个人、团体、单位均可出具，且一般只具有行政效力。在企业里，公证书主要用来证明企业间业务来往时，契约、合同、协议等合约的真实性和合法性。故在各类合约的最后往往都要加上一条：本文件公证后生效。

公证书的格式固定。标题，直接写"公证书"，位置居中，下面要标出文号。正文，既需要肯定有关问题或文件内容的真实、合法，还要证明当事人立约和签名盖章活动本身的属实（并非作伪或受胁迫）。结尾，要有公证处和公证员的签名盖章，以及公证日期。

公证书需附在它所能证明的材料一起。

【例文十三】 公 证 书

（95）×证字第 009 号

兹证明××县第一建筑公司法定代表人×××与××县教育局法定代表人的代理人×××，于 1995 年×月×日，签定了××大楼建筑承包合同。经审查，内容合法，签章属实。

××县公证处（盖章）

公证员：×××（签章）

1995 年×月×日

14. 索赔书

是向造成己方损失，不遵守合约的对方提出赔偿要求的一种书信。在企业业务交往中，经常会出现一方不遵守合约，或未按合约规定，保证产品的数量、质量、规格、交货的日期，以至于造成另一方的损失。对于所造成的损失，作为损失一方，应当根据事实，索取赔偿。

索赔书的写法是：标题，一般居中写"关于××××的索赔"。将要求索赔的名称写上，下一行顶格写上被索赔人的姓名（合约的签定人）或单位（合约签定单位）。正文，主要说明索赔的理由和索赔数额，要求有理有节，言之有据。结尾，按一般书信写法即可。

【例文十四】　　　　　　关于单方面不履行合同的索赔

××市××机电厂：

　　近获悉贵厂的新建装配车间主体基建工程已交给××市第二建筑安装公司施工，并将我建筑公司已打好的基础全部拆毁、推倒，令我们深感意外。在去年四月，我建筑公司与贵厂原法定代表人×××签订了装配车间主体工程的建筑承包合同，并予以公证。工程于同年五月开工，七月时已将基础工程完工，只是因贵厂基建资金未按合同规定到位，才致使我建筑公司于八月停工。现贵厂在没有和我建筑公司协商的情况下，单方面不履行合同，擅作主张将该工程转包给别的公司，造成了我建筑公司的很大的损失，据初步测算，仅基础工程施工的材料人工费就达 23.4 万多元。为此，我建筑公司提出索赔要求，具体索赔金额待查清全部开支后最后确定。

　　此致

敬礼

××县第一建筑公司

19××年×月×日

思 考 与 练 习

一、词语解释

书信　　私人书信　　感谢信　　表扬信　　决心书　　倡议书　　介绍信　　证明信
聘请书　　邀请书　　推荐信　　建议书　　申请书　　公证书　　索赔书

二、填空题

1. 书信的种类繁多，涉及内容广泛。一般情况下，将单位间_____的书信来往归类于公文中的"_____"，将意向书、契约书等归类于_____，将招标书、投标书、产品说明书等归类于_____，剩下的基本归类于_____。

2. 私人书信可以应用包括叙述、_____、_____、_____、_____在内的所有文章表达方式，除_____和_____外，与文章的写法几无二致。

3. 推荐信一般有三种：_____、_____、_____。

4. 建议书的表现形式有_____和_____，有_____建议书和_____建议书。

三、简答题

1. 在建筑行业，日常书信根据用途可分为哪五类？

2. 写一般书信应注意些什么？

3. 决心书与倡议书有何内容和写作要求？

4. 写作自我推荐信时应注意些什么？

5. 企业升级申报表包含哪些内容？

6. 公证书与证明信有何异同？

四、根据所学专业，为某公司拟写一份建议书。

第二节 条 据

条据是指在日常工作和生活中，需要将有些事项留作凭证或向别人说明的一种简单的应用文。条据分为两类，一类是凭证性条据，也称单据，一类是说明性条据，也称便条。条据看似普通，但应用范围很广，并具有极大的法律价值。当出现纠纷、发生争议时，这种条据就是最有力的证明。条据的特点是简明、速效，无论何种条据，文字均简单明了，并一般是立刻写好，很快发挥作用、解决问题的。条据是工作和生活中值得重视的一种文体。

一、凭证条据（单据）

凭证条据是单位之间、个人之间、单位与个人之间在发生了财物往来，借到、收到、领到钱或物品时，写给对方的字据，是方便对方作为收入、支出、报销、保存、查考的根据。常用的有借条、收条、领条、欠条等。

各种单据的写法都差不多。在第一行的正中写上表明单据性质的标题，若是借物，则写"今借到（或借到）"，若是领物，则写"今领到（或领到）。字略大于其他字。在第二行空两格起，写对方单位、部门或个人名称，接着写物件名称、数量或金额。结尾另起一行，在当中偏左处写上"此据"二字，以示"以此为据"。最后，在单据的右下方写上经手人姓名及所属部门或单位，如果是代借、代收、代领的，则要在此处标明"代"字，用括号在经手人姓名的后面。在经手人姓名的下行具明日期。

写单据的注意事项主要是：

1. 条据中的数字要大写。0到10的大写数字是：零、壹、贰、叁、肆、伍、陆、柒、捌、玖、拾。数字前面不留空白，数字后面要加"整"字。

2. 写条据要字迹工整。若有涂改，应在改动的地方加盖图章，以示负责。

3. 写条据一般要求用钢笔、毛笔、圆珠笔，不得用红墨水及铅笔。

【例文一】

借 条

今 借 到

×市建筑设计院××大厦建筑设计施工图纸壹套计贰拾陆张整（副本）。壹周内归还。

　　　　　此据

××县第二建筑公司

经手人：×××

19××年×月×日

【例文二】

收 条

今 收 到

某砖瓦厂运来两车红砖（240mm×115mm×53mm、75号）共计柒仟块整。

　　　　　此据

××市××机床厂建筑工地

经手人：×××

19××年×月×日

【例文三】

领　条

今　领　到

×工地建筑储料仓库Ⅳ级钢筋（螺纹）叁仟零伍拾玖公斤整，冷拉Ⅰ级钢筋肆仟壹佰陆拾肆公斤整。

此据

×工地第五工段施工队

经手人：×××

19××年×月×日

【例文四】

欠　条

今　欠　到

××建筑机械设备厂款捌佰柒拾壹元整（购混凝土搅拌机两台所汇款不足）。

此据

××县建筑安装公司

经手人：×××

19××年×月×日

二、说明条据（便条）

说明条据是一种最简单的书信，目的在于把某一件事对人说明。在日常工作和生活中，常会遇到有事而不能直接面谈的情况，往往要写一张字条以告知对方。便条的写法：

1．写明收条人的称呼或单位名称；

2．写明要说的事情；

3．写明写条人的姓名；

4．注明写条时间。

常用的便条有：请假条、留言条、托事条等。

便条要求简明扼要。请假条一般要求在第一行中间标明，其他各类是否要标明便条性质不作要求。

【例文五】

请　假　条

请　假　条

×××经理：

今日下午我要前往市建委质监科取有关资料，不能参加下午的消除建筑隐患技术讨论会，特此请假。此致

敬礼

×××（签字）

19××年×月×日上午×时

【例文六】   留 言 条

供销科×科长：

上午我来找你研究有关进货事宜，不巧你出去办事了，下午三时我再来，请在办公室等我。

此致

敬礼

×××（签字）

19××年×月×日上午×时

【例文七】   托 事 条

×××同志：

你到上海出差办事时，请到××贸易股份有限公司（上海市××区×××路×××号）查询一下，×月×日我厂的购货汇票收到与否，若收到请催发货。

此致

敬礼

×××托

19××年×月×日

思 考 与 练 习

一、填空题

1. 条据是指在日常工作和生活中，需要将有些事项留作_____或向_____的一种简单的应用文。分为两类，一类是_____条据，也称_____；一类是_____条据，也称_____。

2. 凭证条据是_____之间、_____之间，_____之间在发生了财物往来，_____、_____、_____钱或物品时，写给对方的字据，是方便对方作为_____、_____、_____、_____的根据。

3. 说明条据的目的在于_____。其写法要求是：写明_____，写明_____，写明_____，注明_____。

二、简答题

1. 条据有何作用和特点？

2. 各种单据的格式写法有什么内容？

3. 写单据的注意事项有哪些？

三、说明条据含请假条、留言条、托事条等，请根据专业特点，各拟写一份。

第三节　电　报

电报是当前文字通讯中传递最快的工具之一（另有明码传真）。它的特点是传送速度快、保密性强。企业常利用电报开展业务活动，如订货供货、催拨调运等。电报按传递速度分，可分为普通电报和加急电报。目前，国家电信部门规定，加急电报一般在 24 小时内送达；普通电报一般在三天内送达（视收电邮局的投递点远近而定，按普通邮件传递）。

电报要按固定格式填写。拍写电报时，要填写由电信部门统一印制的电报稿纸。电报稿纸的填写内容分两部分，上部分由电信部门填写，下部分由发报人填写。发报人填写部分可分为三项内容：

一、收报人地址、姓名或电报挂号

填写这部分要注意：

1. 地址填写要详细周全有序。省、市、县、镇或乡、村或街道名称、信箱或门牌号码、单位名称等，均要详尽填写，不能用习惯简称，也不要位置颠倒调换。

2. 地址填写要准确规范，要按国务院统一规定的地理名称填写。

3. 一般企业均有电报挂号，给企业单位拍发电报时，可有电报挂号代替具体地址，以节省发报费用。

二、电报内容和署名

填写这部分应做到：

1. 简炼。因为电报是按字数收费的，所以写电文时，要逐句逐字推敲，删枝节，留主干；去重复，除繁杂，用简称及单音词，其中数字用阿拉伯数字表示。

2. 明确。写电文时，一定要设身处地替对方着想，尽时做到使对方不产生误解。电文的简炼是以明确为基础和前提的，不明确，则失去了拍电报的作用。电文一般没有标点，更增加了"明确"的难度。如电文"会议延期八日再开"，可以是"会议延期，八日再开"，也可以是"会议延期八日，再开"，显得不够明确。电文中的限制词语使用要恰当，限制范围表达要明确。如电文"速派二三班组长来总公司开会"，究竟是要二三名班长或组长去开会，还是让二班三班组长去开会，让人难以捉摸。

三、发报人姓名、地址和电话

这部分不拍发，也不计费，但也要详细填写，以便查存。

收报人收到电报后，如发现电文有错误和疑问之处，可打电话或持电报到邮电局，由邮电局免费代为查询。

附：电报稿纸图样：

发 电 须 知

1. 发往城镇的电报，自交发时间起，普通电报六小时左右，加急电报四小时左右送达收报人，请斟酌使用，以免误事。其中普通电报按规定夜间停止投送，如内容紧急，需夜间照送，请使用"加急"业务。

2. 发往农村部分地区的电报，根据目前条件，在传到收报地点附近的邮电局（所）后，要改按信件邮寄，一般需要 1～3 天送达收报人，少数边远地区需时更长，如同意交发，请写明"邮送"字样。

3. 为了防止电报因名址欠详而投送不到，请详细书写收报人住址和收报单位名称。发给各厂矿、企事业、商业、服务业等单位（注：应包括个体经营的厂、店、铺）的电报，请加写详细地址。

电 1001

计费字数		
报费 译费		
营业员		

电　　　　报

机上流水	
发出时间	
值机员	

报　类	发报局名	原来号数	字　数	日　期	时　间
	北京 BEIJING				
备　注					

以下由发报人填写　　　　　　　　　字体要清楚正规

加急或邮送业务：	收报地名　省　　市　　县	以下顺序按格填写

收报人住址姓名 或 电报挂号

电报内容和署名

10

20

30

40

50

因收报单位地址或收报人住址书写不详，造成电报投送不到，延误责任用户自负。
（以下各项供联系用，请详细填写，不拍发，不计费）

发报人签名或盖章　　　住址　　　　　电话

请注意背面"发电须知"

成批交发时间	份数

29

4. 电报在传递、处理过程中，由于邮电局的原因，造成电报稽延或错误，以致失效的，邮电局应按规定退还报费，但不承担其他赔偿责任。

思 考 与 练 习

一、填空题

1. 电报的特点是_____、_____。电报按传递速度分，可分为_____电报和_____电报。

2. 写电文时，要简炼，要删_____，留_____；去_____，除_____，用简称及_____词，其中数字用_____表示。电文的简炼是以_____为基础和前提的。

二、简答题

1. 发电报时，要填写哪三项内容？

2. 填写电报内容时，有什么要求？为什么要这样要求？

三、根据专业性质，为所在实习单位拟写一份订货或供货电报。

四、请根据所列条件，拟电报文。

1. 向上海××建筑机械设备厂发购货电报。

(1) 购中型起重机一台、大型搅拌机一台；

(2) 现金汇票 6 万元，货到验收付；

(3) 电汇 15 万元，要求款到及时发货。

2. 给吴建军总工程师发报。

(1) 吴建军总工程师在广州市参加桥梁工程现场会，住××宾馆；

(2) 所承包工程××大桥第四号、五号桥礅下沉速度不一，已形成高差 3cm；

(3) 是迅速返回还是用电话告知如何处理此类问题。

第四节　记　　录

记录是反映企业及人的活动的重要文字材料，是不允许想象和主观评论，用文字即时反映客观情况的应用文体。根据使用的范围不同，记录可分为会议记录、大事记、生产施工记录（日志）、备忘录、电话记录等。记录的根本特点是客观性，主要特征是纪实。因此可以说，在所有应用文体中，记录是唯一不受执笔人主观思想影响（受文化程度及素质影响）的应用文体。

记录的作用主要是为检查工作，分析研究和总结工作提供根据，为领导或个人自己掌握与分析情况提供资料，以及帮助记忆等。

一、会议记录

把会议基本情况、讨论的问题及决议内容如实地记录下来，称会议记录。会议记录一般有讨论会、座谈会和工作会议记录等三种。无论何种会议记录，均由以下两部分组成：

1. 记会议的基本情况

写明会议的名称（写在第一行的中间）、时间、地点、主持人、出席人、列席人、记录人等。有时要将缺席人员及原因记载下来。讨论会和座谈会一般要求将讨论座谈的提纲记载下来。这一部分可在会议开始前进行。一般会议记录本有固定格式，包括上述各项内容，照实填写即可。

2. 记会议内容

要求依次记下每个人的发言要点，这是记录的主要部分。有时会议十分重要，则要借助录音机，以笔录为主，详细记录每个人的发言；大多数会议只要记录发言的要点和中心内容即可。

会议结束后，要及时整理会议记录，记错、记漏的地方要加以更正和补全。

对会议记录的要求是：准确、真实、清楚、完整。发言时有其他人的重要插话，应当加括号标明。会议主持人在会上所作的提示、转换议题和总结性发言等均应记录清楚。会议作出的决论，记录必须准确完整。对于分歧意见、投票时的赞成、反对和弃权人数要真实、完整地记录下来。

二、大事记

大事记是企业各种活动及临时发生的有影响事件的记录。它的特点在于可全面系统地反映企业的整体面貌，主要是企业生产和工作情况。大事记对于了解本企业的发展历史，提高企业的管理水平，为年终总结和向上级汇报提供必要的材料，都是十分有益的。

大事记是一项细致又繁琐的工作，一般由企业的办公室负责，指定专人记录整理。

1. 大事记内容：

大事记，顾名思义，记录的应该是大事，没必要事事都记。既要做到大事不漏记，又要避免巨细不分，内容庞杂。一般有以下四方面的内容需要记录：

①企业的主要生产和工作情况。如新项目的筹建、新产品的试制、新设备的投入、新工艺的采用、生产成果、基建项目、中外合资项目、以及订立的各种经济合同等。还有，企业发出的重要文件、企业领导的对企业大政方针方面的指示、企业内发生的重大问题（包括各类事故），及采取的措施，各种规章制度的制定、外事活动等。

②企业的重要会议。包括上级在本企业召开的会议。会议的名称、日期、主要议题、决议（纪要）、出席人员等。

③企业的重要人事、组织变动情况。中层干部以上负责人或领导人的任免、变动，企业干部、职工的奖惩情况；企业机构的变动，职权范围的调整，主要干部的任务、分工、人员编制情况，等等。

④上级机关及主管部门对企业的管理活动。上级及主管部门发来的重要文件（发文号、日期、标题及主要精神），上级及主管部门领导来企业检查、指导生产和工作的情况（日期、事由、领导人姓名、职务、所作指示，以及意见、建议等）。

2. 大事记的写法及基本要求

①大事记应一事一记，分条按日组合。如一天之内有几件大事，就记几件。而后以年度为单位，按月、日、时序排列，就成了企业一年的大事记了。

②大事记应由两部分组成，事件或活动发生的具体时间和基本情况。缺一不可。

③大事记要求准确、真实、完整和简明。大事发生的时间、地点、起因、过程、结果、涉及的部门、人员以及必要的数据，都要反复核实，切忌主观臆想，杜撰事实。对于漏记和不详之处，一旦发现即刻向有关人员询问，进行补记。记录的内容，既要具体，又须简明，文字要精炼、朴素。

三、生产施工记录（日志）

在建筑企业中，有时为加强企业管理，使企业生产（施工）正规化、规范化、需要作生产或施工记录；有时为了帮助记忆，便于查考、积累资料，也要作生产或施工记录。前者多为表格式，有固定的项目填写。后者多为日志式，为记录体日记。

1. 表格式

表格式记录是按照专业生产或施工的要求，用数字或文字逐项填写，对企业的生产或施工活动所作的最初的直接记录。生产记录的表格种类很多，有以产品质量、生产消耗、施工进度、操作工人、设备使用等为记录对象的各种记录表。各种表格的格式和所填项目内容。随着不同企业的不同性质和情况而有所差异。表格的制作和填写需要有一定专业知识的人负责进行。

这里介绍两种表格。

表格 1　　　　　　　　　　　施 工 进 度 表

进度日程		分项工程名称	机械投入情况			劳动力投入			完成工程量		计划定额	定额完成情况%	定额完成计划%
月	日		名称	台班数	每天工作班	每班工人数	工种	数量工日	单位	数量			

表格 2　　　　　　　　　　　班 组 生 产 记 录

班组：　　　　　　　　　　年　　月　　日　　班

操作人员姓名	产品名称	产品规格（批号）	产量		质量			实际生产工时	缺勤工时			非生产工时	停工工时	备注
			计划	实际	正品	副品	废品		病假	事假				

2. 日志式

日志式记录是把自己及所管辖范围的业务活动，清楚扼要地记录下来。所记内容受记录目的的限制。记录的目的不同，所记录的内容也不同。有的人为了便于汇报，所记内容则是以具体数据为主；有的人为了积累资料，所记内容则以生产过程与产品的关系为主；有的人为了便于查考，明确责任，所记内容则以生产过程中人与事的关系为主。

日志式记录的一般格式，第一行写上日期、气候，第二行写正文。在写法上要注意行文要简约，重点要突出，语言要通顺，事情要真实，并要坚持天天记录，尤其是施工日志。

【例文八】　　　　　　　　　施 工 日 志 一 则

19××年 6 月 29 日　　星期五　　　大雨

连日大雨，地基隐蔽工程的施工受阻。抽水机两台日夜抽水，仍积水严重，地槽倒塌淤埋，不知在大雨前浇灌的网式地基层会不会报废。今早八时左右，一台抽水机出故障。请示指挥部王指挥，他说，停工，待雨停定后再作打算。

四、备忘录

备忘录，顾名思义，就是帮助记忆，避免遗忘的记录。随着企业活动范围的拓展，企业间业务往来的初始阶段，往往以备忘录的形式，敲定合作项目，这时的备忘录就具有了意向书的部分性质了。

一般生产施工的管理人员，对于人员情况、材料来源、用工统筹、产品质检、工程进度等等，都要自己处理。企业的领导，在缺少专职文秘人员的情况下，许多经营决策、生产业务、行政厂务、内部管理、劳动人事、思想工作，等等，也都要亲自动手处理。这样，就需要合理安排时间，善于抓大事，抓关键，做到忙而不乱，紧张有序，提高效率。要做到这一点，就要养成记录的习惯，随时写备忘录。这也是合理安排时间，统筹兼顾各项工作的一种基本功。

备忘录同一般的笔记、日记、生产施工日志等是有区别的，备忘录是记录需要办、必须办、应该办而还未办的事项，而其他一些记录则是记录已办或已经过的事项。

备忘录没有固定的格式，关键是要把要办的事及其要求、缓急程度记录下来即可。备忘录要求一事一录（或一条），简明扼要，准确可靠。

【例文九】 　　　　　　　××ｘ厂经理备忘录

19××年 11 月 14 日　　星期二　　　阴

1. 接电话通知，于 11 月 20 日上午八时在总厂会议室开会，要求业务副经理、车间主任各一人同去。带三季度财务报表。

2. 今日下午二时，到三车间参加"11 月 9 日生产事故"分析会。

3. 近期开会检查落实今年目标管理还存在的问题和不足。

4. 告诉司机小李，今日上午十时，到火车站接赵总工程师。

……

思 考 与 练 习

一、词语解释

记录　会议记录　大事记　备忘录

二、填空题

1. 根据使用的范围不同，记录可分为_____、_____、_____、_____、_____等。记录的根本特点是_____，主要特点是_____。在所有应用文体中，记录是唯一不受执笔人_____影响的应用文体。

2. 会议记录一般有_____、_____和_____记录三种。其记录主要是记会议的_____和记会议的_____。

3. 大事记有四个方面的内容需要记录。第一，_____；第二，_____；第三，_____；第四，_____。

4. 表格式生产施工记录是按照_____或_____的要求，用_____或_____逐项填写，对企业的_____或_____活动所作的最初的直接记录。

5.备忘录和其他记录是有区别的，备忘录是记录_____办、_____办、_____办而_____办的事项，而其他记录是记录已办或已经过的事项。

三、简答题

1.记录主要作用有哪些？

2.对会议记录有何要求？

3.大事记有什么作用？

4.大事记的写法要求有哪些？

5.为什么要养成写备忘录的习惯？

第五节 演 讲 稿

一、演讲稿的性质和作用

演讲稿是在各种集会发表讲话时的文稿，是企业在社会交往中经常使用的一种应用文体。

演讲稿具有宣传、教育、鼓动的作用，可以用来交流思想、感情，表达主张、见解，介绍学习、工作情况，传播社会科学知识等。随着我国现代化建设的进程，企业、人们之间的交往与交流会日渐频繁，而加上传播媒介的发展与发达，许多方面的文字表达，逐步被"说"所取代，对演讲能力的要求，将愈来愈高。因此，掌握演讲稿的写法，写好演讲稿，对我们具有十分重要的现实意义。

二、演讲稿的种类和格式

演讲稿包括致词（欢迎词、欢送词、告别词、贺辞）、演说、讲话（发言）等三类。致词一般用于仪式和庆祝集会上，如欢迎仪式、告别仪式、开工和竣工典礼仪式；演说一般用于经验介绍及思想交流的集会上；讲话一般用于一般性会议上。

演讲稿的一般格式包括题目、称谓、正文、署名、日期。

1.题目。主要是表明演讲稿的性质内容和种类。

2.称谓。指演讲时的听众。有的演说，称谓不写入文稿，在演说前开场白时将称谓说出。而致词是一定要称谓的。

3.正文。正文分为开头、主体、结尾三部分：

开头。一般致词和讲话是开门见山提出全文的主要内容，说明演讲的意图。而演说采用的开头一般比较含蓄，往往采用举例的方法，用引申论证诱导听众接触讲题。无论何种开头，都要求能使听众抓住要领。

主体。这是演讲稿的重点，要求突出讲话的中心，阐明观点。是致词，则要注重语言的精炼，提纲挈领地突出讲话中心。是演说，则要注重论证条理。是讲话，则要注重阐述层次。涉及内容较多的演讲稿，要分条列项分别表述。

结尾。致词结尾要热情诚恳，形成高潮。演说结尾要给听众以启示和鼓舞。讲话的结尾要总括全文，使听众对讲话内容有个完整的印象。

4.署名。演讲稿只有形成正式交流的文字材料，才署名。一般情况下，是由集会主持人向听众报告演讲人的姓名。

5．日期。与署名一样，只有形成正式交流的文字材料时才标明日期。

三、写演讲稿的基本要求

1．看准听众对象

演讲是面对面交流思想感情、进行宣传教育、总结经验和阐明见解的一种口头表达形式，演讲要达到上述目的，就不得不了解听众对象。一般情况下，对听众对象的思想状况、文化层次、风俗习惯、愿望兴趣，以及所关心和迫切需要解决的问题，要有个基本的了解。而有些致词如欢迎词、欢送词等则还要了解对象的身份地位、使命情况等。看准了听众对象，才能确定讲什么和怎么讲，才能根据实际要求，写出有针对性的演讲稿。

2．突出重点

演讲稿的内容要求重点突出。致词稿要有明确的中心，演说稿要有鲜明的观点，讲话稿要有集中单一的主题。表达什么思想，表露什么感情，主张什么，反对什么，讲话、演说稿要清楚明白，致词要委婉诚恳，切忌回避。

3．精选典型事例

演讲稿中的讲话、演说对所选事例要求甚严，首先要求所选事例和要表达的主题、观点相统一，不能南辕北辙；其次要求所选事例有典型意义，能够代表同类型事物的性质特点，具有说服力；最后要求所选事例能使人兴感动情，听众为之吸引。

4．具有鼓动性

演讲稿要有鼓动性，尤其是演说，这样才能动人心弦，感染听众。一篇好的演讲稿，既要有诚挚的感情和强烈的爱憎，也要有理智的分析和富于哲理的概括。要善于抓住典型事例，用自己深厚的感情和广博的学识去点燃听众的热情之火，去强烈地打动听众，鼓舞听众。

5．语言通俗、生动

演讲稿要多使用通俗、生动的语言，只有这样，才能使演讲深入浅出，生动活泼、通俗易懂。语言通俗要防止讲话过于随便，以至于失体；语言生动要防止滥用形容词，以至于产生无实在内容的空话。

【例文十】 在××室内装潢公司开业典礼上的致词

欢 迎 词

朋友们，同志们：

今天，我们能在这里欢迎各有关单位来的朋友，感到非常荣幸。对朋友们为我公司的开业所带来的祝贺，表示衷心的感谢。

我公司的开业，得到了上级部门的指导和资助，也得到了在座朋友们的关心和支持。我公司是以××市建筑安装总公司第一分公司为主体，吸纳了社会上30多个有一技之长的技术人员而组成的，在市场上有很强的竞争力，因此，我公司的开业，标志着我们的事业在改革开放的大环境中又上了一个台阶。

过去，我们和朋友们有过长期合作的良好基础，我们相信，今后将会愉快地进行新的合作。请各位多加关照。

在此，对各位朋友的到来表示热烈的欢迎。

谢谢！

【例文十一】 ××市城建局宣传科长
在××市城建局推行社会服务承诺制小结会议上的讲话

同志们：

新近，山东省烟台市建委首开先河，推出了"社会服务承诺制"，旨在改善服务质量，以诚相待，取信于民，重塑行业企业形象。随即建设部又决定在全国 36 个大中城市实施公用事业社会服务承诺制度。日前，省建设厅也相应制定出方案，在××、××、×× 3 个城市的 14 个公用事业"窗口"单位推行社会服务承诺制度。我局作为全国全省先行实施社会服务承诺单位的行业主管部门，深知此项工作的至关重要。

大家知道，"吃、拿、卡、要、推、拖、压、顶"是近年来许多服务行业，尤其是建设系统"窗口"单位的少数职工采取行业垄断和以权谋私的惯用手段。其恶劣行径给广大用户造成诸多不便，产生了不良影响，还不同程度地有损于党和政府在人民群众中的形象。因此，我局党委一班人决计使在公用服务行业的职工以一种全新的姿态出现在广大市民面前。我们没有头脑发热地搞"一蹴而就"；没有图形式上走过场搞"口惠而实不至"，而是统一思想，形成共识，把承诺服务建立在规范服务的"基本要领，人人执行"之中。我们结合不同行业的特点，围绕市民普遍关心和迫切需要解决的"热点"、"难点"问题，制定出切实可行、易于监督、便于操作的内容标准，首先在直接与广大市民打交道的公交、出租、供水、供气的单位实施社会服务承诺。市公共交通总公司在开班、收班、发车、停站的时间上，在司售人员的安全行驶、车辆保养，服务热情等方面均有承诺；出租汽车在路线、安全、文明、收费、计程等条款中均明确奖罚细则；市自来水公司更是略高一筹：专门召开实行社会服务承诺制新闻发布会，从 8 月 16 日起，分 8 个方面自我加压，公布了详细的违诺赔偿办法。在给全市自来水用户的公开信中，在回答中央省市 20 多家新闻记者的提问中，其言之凿凿，情恳意切，令人心悦诚服。

随之而来，我局又把视点投向客管处、节水办、公用监察中队等重点部门，责成他们公开办事内容，办事标准和办事程序，并明确办事时限、投诉程序、设立监督机构和举报电话，明确赔偿标准和违约责任。

目睹实施承诺后的逐一兑现，市民们满意了、高兴了。一封封表扬稿飞向电台、报社，一面面锦旗挂上了窗口单位的墙壁。今日我局隆重推出的 10 名"城建之花"就是千万名城建职工默默奉献的杰出代表。我们把建立并实施社会服务承诺制与落实市委、市政府"政风行风基层评、"领导干部形象工程"有机结合，当作纠正行业不正之风的重大实践。我们深知，制定承诺制度仅仅是一个良好的开端，大量的

阅读训练

1. 指出该标题的性质内容和种类。

2. 开头部分有何特点？意图是什么？

3. 该段主张什么？重点是什么？选取了哪些典型事例？

4. 该段是（　）
A. 交流思想、感情。
B. 表达主张、见解。
C. 介绍工作情况。
D. 传播社会科学知识。

5. 读完这段，你能判断出该讲话的基本听众的成人吗？

艰巨的工作还在于抓好制度的落实，还在于持之以恒，常抓不懈。

言必行，行必果。我们言而有信，一诺千金：市的东、南、西、北四湖改造按期拉开序幕，市政管理部门力求施工不扰民，万一在某方面给市民带来不便，也事先安民告示，请求谅解；前些日在闹市区竖立的治理"四湖"污泥运行路线图就颇受市民赞许。市自来水公司在高温季节又遇百年一次的洪水，确保了防洪、供水两不误；市公交、"的士"、中巴、煤气均逐一整治、规范、取信于民；市政设施、道路修复均一一按期交付使用。

"落实则成，不落实则败"，我们不能陶醉在初战告捷上，而要立足规范，不断深化。我们的准则是先易后难，逐步推开，从"易"字上起步，向"难"字去努力，做到成熟一个、推出一个、完善一个。"承诺"更须诚诺，我们力促社会角色重新定位，以其竭诚周到的服务去形成浓厚的社会氛围，去唤起广大市民群众的理解和支持，去重振行业、企业的形象，去促进城市的文明进步。

6. 该段的观点是什么？与标题有何联系？

7. 该结尾中使用了什么修辞方法？使用这种修辞方法对于讲话起什么作用？

【例文十二】

演 说 词
科学的生命在于创新

孙冶方同志有一句治学格言："存同求异"。细细想来，这句格言确实含有深刻的哲理。

在科学发展的过程中，常常会出现某些例外事实、异常现象，以致现行的理论、观点、公式既不能包容它，也不能解释它。这样的"异"，曾使多少人备受未知物的折磨，又使多少人饱尝新发现的欢乐！本世纪的第一个春天，英国物理学家开尔文勋爵发表了一篇《新年献辞》，他说科学的大厦已经建成，物理学的天空中一切均已明朗洁净，只剩下两朵"乌云"，一朵和迈克尔逊——莫雷的实验有关，这个实验否定了以太的存在；一朵和黑体辐射有关，它暴露了微观物质的波粒二象性。这两朵"乌云"，引起了许多以为十九世纪的物理学已经完善无缺的科学家的忧虑和烦恼。著名物理学家洛伦兹曾这样叹息："在这样的时代，真理已经没有标准了，也不知道科学是什么了，我很懊悔，我没有在这些矛盾出现的五年前死去。"然而，新的发现却永远属于敢于"求异"人们：第一朵"乌云"成了爱因斯坦相对论的向导，第二朵"乌云"则为普朗克创立量子论提供了依据。这样的"异"，对于旧理论来说是"乌云"，对于新发现来说却是"曙光"。

然而，习惯的力量，僵死的观点，陈腐的偏见，常常使一些人视"同"为同道，为真理；视"异"为异端，为畏途。或求同存异，或求同忌异，尽力把"异"搁置起来，掩盖下去，再不就是歪曲地加以解释，使之勉强纳入现存理论的框架中去，因此而丧失新发现机会的事例，在科学史上不胜枚举。在伦琴发现 X 射线以前，至少已有另一个物理学家注意到这种射线的存在，但他只是感到气恼而已；在弗莱明发现青霉素以前，斯利特就曾注意利用霉菌抑制葡萄球菌菌落的作用，但他只是感到讨厌。而伦琴和弗莱明成功的奥秘，就在于他们没有对异常的事物感到讨厌和烦恼，而是以极大的兴趣注视它，抓住它，探求它，终于有所发现，有所创新。

科学的生命在于创新。所谓创新，就是要不同凡响，标新立异。而科学上的"求同"，则无非是两种情况：一是与已经确立的真理同，那也不过是重复证明已知的东西；一是与普遍流行的谬误同，那势必使谬误进一步加深和巩固。这两种情况，都堵塞了发现真理、发展科学的道路。"求异"则不然。"异"，唯其不能为旧理论所解释，一旦获得科学的解释就必然是对旧理论的突破；唯其不能为旧理论所包含，一旦发现它的奥秘就必然导致新理论的创立。所以，科学研究的根本任务不在"求同"——与现成的理论求得协调与一致；而在于"求异"——致力于探求现成理论所没有发现、没有概括、不能解释的东西。"求异"，才能探索未知的真理，才能独树一帜，敏锐地抓住新发现的机遇。可以说，科学史上一切新发现，都是"存同求异"的结果。

对科学事业造成严重危害甚至带来深重灾难的，还不只是"求同忌异"，更有甚者，叫做"求同伐异"。中世纪经院哲学的圣徒们，曾用这种方法残酷迫害科学，为此，伽利略作过猛烈的抨击："要他们想到或者听见别人提出什么支持他们成见的论证，不管这样论证多么简单、多么愚蠢，他们都会立刻接受和拥戴。在另一方面，只要有人提出什么反对的见解来。不管这些见解多么精辟，理由多么充足，他们都要加以蔑视或者火冒三丈……有些人甚至进一步阴谋策划压制他们的论敌，使对方不敢讲话。"（《两大体系的对话》第 359页）这种现象在宗教迷信统治下的中世纪固不足怪，在我国现代迷信横行时期也屡见不鲜。在那个时期以某种"官方"观点为标准。"同"就是革命，"异"就是反动，"同"就是马克思主义，"异"就是修正主义。50年代马寅初的新人口理论遭批判，60年代孙冶方的经济学观点被围剿，都因他们不愿苟同于时尚的理论，而本着实事求是的精神独立"求异"，终于因此而付出沉重的代价。

如今，这些当年的所谓"异端"，却成了今日的真理。抚今追昔，人们在倍加珍惜这些真理的价值的同时，不是更应当倍加珍惜"存同求异"的科学价值吗？

思 考 与 练 习

一、填空题

1. 演讲稿是在_____的文稿，是企业在_____中经常使用的一种文体。包括_____、_____、_____等三类。其格式一般包括题目、_____、_____、_____、_____。

2. 在写演讲稿时，致词结尾要_____、_____；演说结尾要_____；讲话的结尾要_____，使听众对讲话内容有个完整的印象。

3. 在演讲稿的主体部分，若是致词，则要注意_____，提纲契领地突出_____；若是演说，则要注重_____；若是讲话，则要注重_____。

二、简答题

1. 写好演讲稿，有何作用与现实意义？

2. 写演讲稿的基本要求有哪些？

三、请拟写如下一些演讲稿

1. 代实习单位拟写一份欢迎实习生的欢迎词。

2. 为自己实习结束离开实习单位拟写一份告别词。

3. 为自己在实习单位某种庆祝仪式上拟写一份贺辞。

4. 以实习体会为主要内容，拟写一份发言稿。

第三章　公文类应用文

第一节　公文的性质、特点和作用

一、公文的性质和特点

公文是指党政机关、人民团体、企事业单位在处理各种公务活动中具有特定格式的一种应用文体。它是传达、贯彻党和国家的方针、政策，发布行政法规和规章，指示和答复问题，指导和商洽工作，报告情况，交流经验的重要工具。

公文是典型的事务文体，与一般应用文体有明显区别，其特点表现为：

1. 鲜明的政治性和强烈的政策性

公文的基本内容是政党、国家政权机关的指挥意志、行动意向、公务往来的记录，直接反映政党、国家的政治意向和根本利益，与人民群众的社会生活密切相关，是贯彻执行政策法令，处理行政事务的重要武器。

2. 法定的权威性

公文是国家机关以及依法成立并能以自己的名义行使权利和承担义务的组织，按照隶属关系和职权范围行使法定权力的表现。虽然有些公文以领导人或首长的名义发布，但这并不代表个人，仅仅是制发机关领导人行使自己职权的一种形式。所以说，公文具有行政领导的法定权威。

3. 格式和行文的规范性

公文一般都有固定的格式，每一部分所包含的项目又都有相对稳定的位置，而且有一些习惯用语。不同种类的公文有着不同的适用范围，不能混用，也不可以随意创新。

4. 一定的时效性

公文一般都要求及时办理，有一定时间限制，尤其是对于一些重大问题。而当一项工作完成了，与它相关的公文的作用也随之结束。失去现实效用的公文，仍然具有查考的价值。

二、公文的作用

公文的作用，概括起来有如下几点：

1. 上传下达的沟通作用

在上、下级之间，在平行单位以及不相隶属的单位之间，相互商洽事务、交换意见、交流经验等，公文起重要作用。

2. 领导和指导作用

上级单位对下级单位的领导和指导，一般通过公文来体现，如颁发有关指示、批复、决定、通知等给下级单位，让按要求开展工作。

3. 行政约束作用

领导机关发布的公文，具有行政约束力，本身就是一种条例性的规定。凡所属单位或个人，必须按照下达的公文办事，有令则行，有禁则止。

4. 宣传教育作用

下行的许多公文往往在传达贯彻党和国家的方针政策、布置工作任务时，都要阐明指导思想，讲清道理，提出要求。这些公文既是推动工作的工具，也是宣传教育的武器。

思 考 与 练 习

一、填空题

1. 公文是指党政机关、人民团体、企事业单位在＿＿＿＿＿＿具有＿＿＿＿＿＿的一种应用文体。它是传达贯彻＿＿＿＿＿＿，发布＿＿＿＿＿＿，指示和＿＿＿＿＿＿，指导和＿＿＿＿＿＿，报告情况，＿＿＿＿＿＿的重要工具。

2. 公文的基本内容是政党、国家政权机关的＿＿＿＿＿＿、＿＿＿＿＿＿、＿＿＿＿＿＿的记录，直接反映政党、国家的＿＿＿＿＿＿和＿＿＿＿＿＿，与人群众的社会生活密切相关，是＿＿＿＿＿＿、＿＿＿＿＿＿的重要武器。

二、简答题

1. 公文与一般应用文体相比，有何特点？

2. 公文主要有哪些作用？

第二节　公文的种类和格式

一、公文的种类

公文的种类（名称）反映着不同的行文目的和要求，也反映出发文机关的职权、地位和行文关系。因此，熟悉各类公文的职能，划清不同文种的使用界限，对于正确写作公文和有效处理公务都是十分必要的。根据国务院办公厅制订的1994年1月1日起施行的《国家行政机关公文处理办法》，我国现行公文共12类13种。

1. 命令（令）

适用于依照有关法律规定发布行政法规和规章；宣布施行重大强制性行政措施；奖惩有关人员；撤消下级机关不适当的决定。

命令类公文限于国家领导机关使用。《宪法》规定只有县级以上政府依照法规规定的权限可以发布命令。这类公文的发文机关具有权威性，贯彻执行具有强制性，涉及事由具有庄严性。

2. 议案

适用于各级人民政府按照法律程序向同级人民代表大会或人民代表大会常务委员会提请审议事项。

3. 决定

适用于对重要事物或者重大行动做出安排。

过去此类还有一种"决议"，用于经会议讨论通过并要求贯彻执行的事项。它与"决定"的适用范围完全一样。

4. 指示

适用于对下级机关布置工作，阐明工作活动的指导原则。

"指示"的这些功能，"决定"也具有。它们如何区别？第一，指示的发布权与命令相同，限于县级以上政府，决定则各级各类组织都可用；第二，指示发布机关级别高，所以涉及的事项具有普通性，决定则要具体得多；第三，指示的事项都是当前的、需要普遍贯彻执行的，决定则不限，如某些确认性的决定、奖惩性的决定等。

5. 公告、通告

"公告"适用于向国内外宣布重要事项或者法定事项。

"通告"适用于在一定范围内公布应当遵守或者周知的事项。

这一类公文过去还有一种"布告"，用于公布应当普遍遵守或周知的事项，与"通告"的适用范围完全一样。

6. 通知

适用于批转下级机关的公文、转发上级机关和不相隶属机关的公文；发布规章；传达要求下级机关办理和有关单位需要周知或者共同执行的事项；任免和聘用干部。

7. 通报

适用于表彰先进，批评错误，传达重要精神或者情况。

8. 报告

适用于向上级机关汇报工作，反映情况，提出意见或者建议，答复上级机关的询问。

9. 请示

适用于向上级机关请求指示、批准。

10. 批复

适用于答复下级机关请示事项。

11. 函

适用于不相隶属机关之间相互商洽工作，询问和答复问题；向有关主管部门请求批准等。

12. 会议纪要

适用于记载和传达会议情况的议定事项。是综述会议精神的知照性文件。

以上 12 类 13 种公文，如果按照行文关系，可归纳为三类：

报告和请示属上行文。

函、议案、会议纪要和部分周知性通知属平行文。

命令（令）、决定、指示、公告、通告、批复、通知、通报为下行文。

公文应当规范化、制度化，作为基层单位和初写公文的人，要按法定的规范行文。

二、公文的格式

公文格式指公文结构和各种附加标记的安排。它是保证公文完整正确的重要手段，是公文合法性、有效性的标志，也是公文管理和使用的必要条件。

（一）公文格式涉及拟文和成文两个方面

1. 拟文格式

拟文格式指公文草拟过程中传递使用的、最后作为原始凭证存入档案的文稿格式，又称发文稿纸。1989 年 2 月国家技术监督局发布并规定于同年 9 月 1 日起实施《中华人民共和国标准发文稿纸格式》（见实例一）。该标准格式适用于国家各机关、各社会团体和企事业单位。

拟文格式的项目与成文格式的项目基本相同，主要是排列顺序有别，此外多了一些记录参与撰写、审批、印制人员分工负责情况的内容。具体使用规则可见下文。

实例一：

中华人民共和国国家标准·发文稿纸格式
1989—02—22 发布　1989—09—01 实施

××××××发文稿纸		
发第　号（日期）	缓急	密级
签发	会签	
主送		
抄送		
拟稿单位	拟稿	核稿
印刷	校对	份数
附件		
主题词		
标题		
□□（以下正文）		

（注：按原件尺寸、比例仿制，下同。）

2. 成文格式

成文格式指公文按所规定的要求印制，用以印发、抄送、抄报给有关部门的文稿格式。国家技术监督局发布试行的《中华人民共和国国家标准·国家机关公文格式》（见实例二、实例三、实例四），明确了公文项目的排列顺序、尺寸、用字等格式的技术要求。

公文格式一般由标题、受文机关名称、正文、附件、发文机关名称（公章）、发文日期等六个项目，以及文件版头、发文字号、机密等级、紧急程度、阅读范围、主题词等六种附加项目所组成。在拟文格式中一般应加上签发人、印制人、文件份数等项目。

（二）公文格式是相对固定的，基本项目必须具备，附加项目，可视需要选择而用

1. 标题

公文的标题一般由发文机关、事由、文种三部分组成。如《国务院关于发布〈村镇建房用地管理条例〉的通知》，"国务院"是发文机关，"发布《村镇建房用地管理条例》"是事由，"通知"则是文种。在使用红头文件纸印制公文的情况下，可在标题中省略"发文机关"。

标题应准确地概括公文的内容。标题位置一般在正文上方的中央。

实例二:

中华人民共和国国家标准·国家机关公文格式（下行文）
1988—09—05 发布　1989—03—01 试行

份　　号 秘密等级 紧急程度		收文机关登记域	
		编　号	
		日　期	
		存档号	

发　文　机　关

发　文　字　号

标　题

（附　注）

主送机关：
□□（以下正文）

实例三:

中华人民共和国国家标准·国家机关公文格式（上行文）
1988—09—05 发布　1989—03—01 试行

份　　号 秘密等级 紧急程度		收文机关登记域	
		编　号	
		日　期	
		存档号	

（批示域）

发　文　机　关

发　文　字　号　　签　发　人

标　题

主送机关：
□□（以下正文）

实例四：

公文格式末页示意图

（此页无正文）

附件：1.××××××
       2.××××××××

×××××××
一九××年×月×日

注释：1.××××××
       2.××××××××

主题词：

抄送：

×××××××   一九××年×月×日印发

（共印　份）

2．受文机关

受文机关指主送机关和抄报、抄送单位。

主送机关即发文机关要求贯彻执行或答复请示的受文机关。正确认定主送机关是公文及时、有效传递和实施的关键。

需要同时上报公文的上级机关称抄报单位。需要同时告知公文内容的平级或不相隶属的机关叫抄送单位。

主送机关一般写在正文之前、标题之后，顶行写。请示一般只写一个主送机关，布告、公告、通告等公布性公文就不必写主送机关。抄报、抄送单位的名称列于公文末页下端，在"主题词"之下，通常与印发机关和时间一起，用上下两横线与正文隔开。

3．正文

正文是公文的主体，其内容应能准确地传达贯彻党和国家的方针政策，清楚地表述所要公布、告知、报告和请示的事项；其文字应力求简明扼要，条理清楚，合乎文法，不可庞杂冗长。

4．附件

附件是公文的连带部分。有些公文需要把补充说明正文或提供参考的材料附在文上，有些公文则不需要或没有附件。如有附件应写明全称及件数，位于正文之后，发文机关（或印章）之前，成为公文有效组成部分。专为转发文件而发的公文，并且在标题中直接引用了被转发文件（即附件）的名称，正文后可以不再标注附件。

5. 发文机关

发文机关一般应使用全称，写在正文下面偏右的地方。印上文件版头的公文可不写发文机关，只在发文日期上盖上印章。

印章是发文机关的公文合法、有效、负责的重要标志。用印位置在正文（和附件）右下、成文日期的上侧，要求上不压正文，下要契年合月。

6. 发文日期

发文日期应以单位领导人签发的时间为准。如果几个单位联合发文，则以最后一个单位领导人签发的时间为准。发文日期写在发文机关的下方，年月日应全称并用汉字数词书写。

7. 文件版头

除"公告"、"通告"一类公布性文件外，在机关单位间流通的的正式公文一般都有版头，标明是哪个机关单位、何级组织的公文。因版头多套红印制，所以俗称"红头文件"。

8. 发文字号

发文字号包括机关代字、年份、序号三部分。联合发文，只标主办机关发文字号，非主办机关可在拟文稿的"会签"项内标注发文字号。要注意"字"字必须紧随机关代称。有版头的公文，发文字号写在版头的下方，标题的上方；没有版头的公文，发文字号写在标题的右侧。

9. 机密等级

需要保密的公文应分别标明"绝密"、"机密"、"秘密"等密级字样，属"绝密"、"机密"的公文应当注明份数序号。

10. 紧急程度

公文根据对送达和办理时限的要求，确定紧急程度。对急需办理的公文可在标题的左上方标上"急件"、"紧急"、"特急"的字样，以引起受文单位的注意。

11. 主题词

主题词是一种公文检索标记。为了适应用电脑管理公文的需要，正式公文应当标注主题词。位于文件末页抄送栏之上。每件公文一般用三五个主题词，最多不要超过七个。每个主题词之间留出一格的间隔。主题词由规范化名词或名词性词组构成，分为类别词（反映公文主要类别）、类属词（反映公文具体内容）、文种类（反映公文形式）三个层次。公文主题词表收词不象计算机主题词那么多，国务院的主题词表只收 788 个，地方政府增补也为数不多。

12. 签发人

签发人是批准发文的领导人的签名。在拟文稿（发文稿纸）上，一切公文都需经签发才可以印制。重要文件由机关主要负责人签发，一般事务性文件由主持日常工作或分管该项目工作的领导人签发，经授权，有的公文可由秘务长或办公室主任签发。上报的公文，应在成文稿首页发文机关下右处注明签发人姓名（此时原来居中的发文字号左移）。

13. 印发机关和时间

此项又称印制版记。印发机关，或为发文机关的文秘部门名称，或为翻印机关名称。印发时间，以发送日期为准，不同于成文时间。

此项位于公文末页最下端，印发机关居左，印发时间居右。

14. 附注

附注是对公文的产生和使用方法、传达范围、名词术语等的说明。会议通过的文件，在标题下加括号注明会议名称和通过日期；其余附注如"此件发至县团级"、"此件可自行翻印"等，置于落款下端左侧，并加括号；经过批准在报刊上发表而不另行文的，应在报刊发表时注明，可视为正式有效公文。

公文格式一般样式如下所示：

套红文件版头 →	×××××××××**文件**
发文字号 →	××**字**〔19××〕××**号**
机密程度 →	【机密】（或急件）
紧急程度	
标　题 →	×××××××××
主送机关 →	×××××：
正　文 →	×××××××××××××××
	×××××××××××××××
	……
附　件 →	附××××××
发文机关 →	××××××（盖章）
成文日期 →	19××年×月×日
附　注 →	（此件发至××级）
主题词 →	主题词：××　××　××
抄报单位 →	抄报：××××××
抄送单位 →	抄送：××××××
印制单位 →	××××××　　　　19××年×月×日印发
印发日期	
印　数 →	共印××份

思 考 与 练 习

一、填空题

1. 公文的种类反映着不同的_____，也反映出发文机关的_____、_____和行文关系。

2. "公告"适用于_____，"通告"适用于_____。

3. 我国现行公文共_____类_____种，可归纳为三类：上行文有_____、_____；平行文有_____、_____、_____、_____；下行文有_____、_____、_____、_____、_____、_____、_____、_____。

4. 公文的标题一般由_____、_____、_____三部分组成。如《国务院关于发布〈村镇建房用地管理条例〉的通知》，"国务院"是_____，"发布《村镇建房用地管理条例》"是_____，"通知"则是_____。

二、简答题

1. 我国现行公文有哪些种类？

2. 如何区别"指示"和"决定"？

3. 公文格式一般由多少个什么项目构成？

4. 如何正确认定受文机关？

三、请帮某建筑公司拟写一份在××建筑工地召开质量现场会的通知。需按公文格式要求。

第三节 公文的行文

一、公文行文的基本要求

公文是机关、团体、企事业单位处理公务的重要工具，写好公文，十分重要。公文不同于其他写作，常常受上级意图、实际情况、别的文件等因素的影响和制约，笔者的主观随意性很小。另外，公文的行文关系也是影响公文写作的主要因素，因此，从发文机关的角度来说，必须注意下面一些问题。

1. 行文关系要得体合理

公文行文基本规则要按照各自的隶属关系和职权范围来确定。

上行文。下级机关给上级机关送报告、请示时，一般按照直接的隶属关系行文，不得越级，并要求一事一文，确定一个主送机关。如遇特殊情况必须越级行文时，应当抄报所越过的机关。

平行文。同级机关或不相隶属机关可以相互行文和联合行文，但都不能发指示性或请示性公文。平行文宜互相尊重，不卑不亢。

下行文。上级机关的下发公文一般也不越级。如必须越级，则应抄送受文机关的直接上级机关。机关的职能部门一般不能对下级机关发指示性文件。下行文应当要求明确，切实可行。

2. 发文权限要求清楚明确

涉及面广或带方针政策性的问题，以领导机关的名义发文；在既定方针政策范围内日常业务工作问题，以有关业务部门的名义直接发文；企业方面的工作，以企业的名义发文；党委方面的工作，以党委的名义发文；应由上级决定的事情，下级不要自作主张；应由别的部门决定的事情，本部门不要"越俎代庖"。

3. 行文内容要切合实际

公文的生命在于正确体现党和国家的现行政策，切合当前工作的实际需要。因此，公文的行文内容要求：①紧扣当前形势，要和现行政策合拍；②抓住主要矛盾，回答当前最迫切需要解决的问题；③积极稳妥，防止可能发生的消极作用。要做到这一点，就要"吃透两头"，既要有较高的政策水平，深刻领会领导意图和问题实质；又要是本机关本专业的专家，熟悉职权范围内的工作和单位实际情况。

4. 公文语言要准确简洁

公文的语言要与公文的实用性、权威性相适应，要求准确简洁。

准确。首先应合乎客观实际，不夸大缩小，不带偏见和个人感情；其次说理要妥贴、周全、确定、合乎逻辑，不生歧义，不袭用欠妥的口号术语；再次，表述要直接明快，不含糊其词。

简洁。首先应"文约而事半"，言简意赅，不讲"套话"，不重复累赘；其次应使用好表义精炼的文言词语，如值此，顷闻、兹因、如无不妥、勿误、于后等，少用或不用口语及方言词语。

5. 行文规范要符合要求

根据《国家行政机关公文处理办法》，公文的行文有如下技术要求：

①用序数表示结构层次，第一层为"一"，第二层为"（一）"，第三层为"1"，第四层为"（1）"。

②公文中的数字，除成文时间、部分结构层次序数和词、词数、惯用语、缩略语、具有修辞色彩语句中作为词素的数字必须使用汉字外，应当使用阿拉伯数码。

③必须使用国家法定计量单位。

④引用公文应当先引标题，后引发文字号。日期应当写具体的年、月、日。

⑤文内使用简称，一般应当先用全称，再注明简称。

二、公文结构的基本要求

公文结构总的要求是布局严谨，层次清楚。公文因文种不同，篇幅有长短，但多种文种都有开头、主体、结尾的基本格局。

1. 开头

公文的开头要开门见山，即把发文的缘由、目的或本文的结论、要点等先端出来，便于读者了解公文的性质和内容。在长期的实践中，"开头"逐渐形成了一些惯用的、简明的方式，如：

说明依据，常用"鉴于……"、"……经……现……"、"遵照……"、"按照……"、"根据……"；

交代目的，常用"为了……"；

叙述原因，常用"由于……"、"兹因……"、"基于……"；

提出问题，常用"现将……"、"兹将……"；

还有从概述情况、评价点题等方面开头的。

2. 主体

公文的主体要层次分明。发出号令、阐述主张、答复询问、请示指示、汇报情况等，都要在这里完成。如果开头提出了问题，主体部分就分析问题、解决问题。开头是总提，主体就是分说。

大多数公文在其篇幅长、内容多情况下，都用明显的标注来划分层次与段落。有的加小标题，有的加序数词，有的两者兼用。

3. 结尾

公文的结尾常强调对受文者的要求。在长期的实践中，逐渐形成为简明的，大家都能意会的惯用结尾语。

上行文，只汇报情况，不要求答复的，常用"特此报告"、"以上各点请审查"。如果希望上级接发，常用"以上报告如无不妥，请批转各地参照执行"等。如果希望上级答复的，就用"请批复"、"请审批"、"请指示"、"请即示复"等等。

平行文，常用"特此函达"、"特此函告"、"希即查照"等，要求对方复函，则用"函请查照，并希见复"、"即请函复"、"请予研究函复"等。如果是复函，当用"特此函复"、"特此函告，希即查照"等。

下行文，要求令行禁止的，用"希遵照办理"、"希依照执行"、"希立即贯彻执行"等。允许结合本单位实际情况办理的，用"请研究执行"；提供单位参考的，用"请参照执行"；有待进一步完善的，用"希研究试行，有何意见随时告知"等。

思 考 与 练 习

一、填空题

1. 下级机关给上级机关送报告、请示时，一般按照＿＿＿＿＿行文，不得越级，并要求＿＿＿＿＿，确定一个＿＿＿＿＿。

2. 公文的语言要与公文的＿＿＿＿＿性、＿＿＿＿＿性相适应，要求＿＿＿＿＿。

3. 公文有惯用的、简明的开头，"鉴于"、"按照"是说明依据的开头，"为了"是＿＿＿＿＿的开头，"兹因"是＿＿＿＿＿的开头，"兹将"是＿＿＿＿＿开头。

4. 公文的主体要层次分明。如果开头提出了问题，主体部分就＿＿＿＿＿、＿＿＿＿＿，开头是总提，主体就是＿＿＿＿＿。

5. 上行文需要上级答复的，在结尾时要用请＿＿＿＿＿、请＿＿＿＿＿、请＿＿＿＿＿、请＿＿＿＿＿等；平行文需要对方复函的，在结尾时要用＿＿＿＿＿、＿＿＿＿＿等；下行文需要令行禁止的，在结尾时要用希＿＿＿＿＿、希＿＿＿＿＿、希＿＿＿＿＿等。

二、简答题

1. 公文写作时，从发文机关角度看，应注意哪些问题？

2. 应如何不超越发文权限？

3. 怎样才能使公文内容切合实际？

4. 怎样才能做到公文语言的准确简洁？

5. 公文的行文有何技术要求？

三、根据公文结构的基本要求，拟一份要求增添建筑设备的请示。

第四节 常用公文的写作

常用公文指的是在建筑企业中，经常可能使用的文种，包括通告、公告、决定、通知、通报、报告、请示、批复、函、会议纪要等。

一、通告

企业有时为公布重大事项，常用通告。通告正文一般由三部分组成：

1. 通告根据和事由，要说明根据什么和为什么发通告。

2. 通告事项，即通告主体，一般分条叙述应周知和遵守的事项。

3. 通告希望，根据内容向有关方面提出具体要求，带有强调性质。

正文结尾，常另起一行用"特此通告"，不用句号。

因通告的告知性和规定性性质，故要求在拟写通告时要注意：

1. 政策性。要注意与上级机关、相关业务的文件精神的一致性和连贯性；

2. 可行性。要对遵守事项的行为规范作出明确的限制，令行禁止，是非界限十分清楚，并要便于执行、监督和检查。

3. 原则性。因通告遵守事项涉及的人多事杂，为了使通告具有广泛的适应性和避免挂一漏万，规定不宜太琐细。

【例文一】 （省略文件版头、发文字号、主题词、抄报、抄送单位等，本节下文同）

关于公开招标承包建筑涂料生产车间的通告

为了进一步深化我厂的企业改革，探索承包责任制的新形式，发现人才，促进我厂经济效益有新的突破，经厂党委会与厂务会联席会议通过，决定在建筑涂料生产车间试行公开招标个人承包。凡有志于振兴我厂经济的厂所属科室人员、职工等均可参加个人投标。

建筑涂料生产车间是我厂的机械化程度较高的专业生产车间，机械设备先进并配套，占地面积 800m^2，拥有固定资产 22.6 万元；该车间还有一支技术素质良好，具有丰富生产经验的职工队伍。个人承包建筑涂料车间是一切有真才实学者施展才华、贡献力量的良好机会。现将承包的具体事项通告如下：

投标承包方法：个人投标，优标选录。

承包标底：一包三年，利润上交逐年递增，每年分别为 3 万元、5 万元、7 万元。

投标时间：×月×日至×月×日共十天。

中标者与公司具体协商有关事项，双方按国家政策及法律程序签订承包协议书。

特此通告

××市建筑装饰材料厂

19××年×月×日

【例文二】 ××市××开发区建设用地通告

为加快我市经济建设，迅速优化开发区的投资环境，吸引外资，经开发区总指挥部会议决定，报经市政府批准，将×××国道以西，××村以东，××河以南，××砖瓦厂以北的面积约 120 余亩的荒坡作为建设用地，自即日起至×月×日 30 天内，凡在此范围内的坟墓、果树、蔬菜等请各自抓紧时间迁移和采摘，30 天后仍未迁移和采摘的，则按无主处理，本开发区不承担任何责任。

特此通告

××市××开发区总指挥部

19××年×月×日

二、公告

企业中遇到重大事项需要告知党内外、厂内外的，往往采用公告形式。公告与通告如何区别使用呢？主要有三点：

1. 两者涉及的对象有广狭之别，"公告"的告示对象包括国内和国外、党内和党外，无内外之别；而"通告"则不涉外，且有一定范围。

2. 两者涉及的事项有重轻之分，"公告"所涉及的事项必须是重大的，在企业中必须是与企业生存发展息息相关的事项，如企业改革举措的执行、企业领导的换届选举、企业发展规划的通过等；而"通告"所涉及的事项可重大，也可轻微，如对厂内随意停放自行车的问题通告。

3. 两者的性质也有区别，"公告"与"通告"在性质上比较，只有告知性，而没有规定性。"公告"意在宣布告知，"通告"意在规定告知。

公告正文一般由两部分组成：

1. 公告根据，即说明根据什么发布公告。

2. 公告内容，即所要宣布的内容，内容多的可分条或分行叙述。

正文结束后，另起一行写"特此公告"，也可不写。

公告的语言要求是简洁明确。

【例文一】　　　　　××省市政工程公司职工代表大会公告

××省市政工程公司第六届职工代表大会第一次会议于19××年×月×日选举××××为公司总经理。

××省市政工程公司第六届职工代表大会主席团

19××年×月×日

【例文二】　　　　　　　　　公　　告

我建筑构件厂在1995年银行资信评估中，其信用等级评为AA级，欢迎各新老用户继续惠顾。

特此公告

××市建筑构件厂

19××年×月×日

三、决定

决定具有较强的指令性和行政约束力。在企业里，某些重要事情往往通过企业领导层和企业党委会或厂长办公会议作出安排，并用文件形式公布出来，要求职员们贯彻执行。

决定具体写作要求主要是：

1. 说明作出决定的单位或会议，以及作出决定的政策根据和原由。要求叙述简短明确，用语贴切精当。启接用语可用"现决定如下"、"作如下决定"等。

2. 明确提出决定事项。要求具体、明白，方便受文单位照章办事。若决定事项内容丰富，可采用分条叙述的方式。

3. 提出执行希望，标明决定日期。在决定的结尾，大多会提出执行希望。写作时，要求简短真挚，具有鼓动性。决定日期要求醒目。

关于表彰先进班组和先进生产者的决定

为深化改革，推动生产，总结经验，表彰先进，树立典型，经各车间、科室逐级评选，厂部审查批准，现决定如下：装配车间第三生产小组等三个班组为先进班组，李林森等30位同志为先进生产者，并分别颁发奖旗、证书和奖金，予以表彰。

希望被表彰的先进班组和先进生产者戒骄戒躁，再接再励。同时，要求全厂职工以他们为榜样，努力并超额完成今年的生产任务。

（附先进班组和先进生产者名单）

××建筑机械设备厂（印章）

19××年×月×日

【例文二】 第五届职工代表大会关于实施
《改进职工分配办法的若干意见》的决定

（一九九五年三月十八日通过）

我厂第五届职工代表大会讨论和审议了厂长提交的《关于改进职工分配办法的若干意见》，会议认为这份《意见》较好地摆正了国家、集体、个人三者利益的关系，真正体现了按劳分配的原则，且切实可行。现作如下决定：批准《关于改进职工分配办法的若干意见》，并于四月一日起实施。

（附《关于改进职工分配办法的若干意见》）

××建材制品总厂

1995 年 3 月 18 日

四、通知

通知是一种应用范围最广、使用频率极高的公文，按其性质功能可分为颁转性通知、指示性通知、周知性通知和会议通知。

1. 颁转性通知

转发另一个文件所用，包括转发上级机关的文件，发布本单位的文件，批转下级单位的文件，印发不相隶属机关的文件。它的主体是被转发的那个文件（即附件），因而这类通知文字，通常极为简单，只要引出这个文件并提出执行要求即可。

【例文】 批转××分公司《关于实行经理承包经营
责任制和任期目标制的几点意见》的通知

各分公司：

××分公司《关于实行经理承包经营责任制和任期目标制的几点意见》（以下简称《意见》已经总公司同意，现转发给你们，请贯彻执行。

《意见》自 1995 年 1 月 1 日起执行。凡同本《意见》相抵触的规定停止执行，以本《意见》为准。

（附《意见》）

××省建设机械产业总公司

1994 年 12 月 15 日

2. 指示性通知具有较强的指导性和政策性，因此要求通知的内容具体明确，对工作的措施和要求要写得清楚明白，让被通知者易于理解、接受，也便于督促检查。

【例文】   关于加强安全生产管理的通知

各分公司：

今年以来，本公司工伤事故时有发生，据统计，第一季度各企业发生工伤事故 26 起，死亡 2 人，重伤 7 人，比去年同期上升 21％，直接经济损失达 3 万余元。四月份工伤事故仍不断发生。造成事故的主要原因是：安全管理不善，规章制度执行不严，违章违纪现象严重。

加强安全生产管理工作，是关系到稳定生产、发展经济，关系到每个职工人身安全、家庭幸福的重大问题。各单位必须十分重视并切实加强这一工作。现提出以下要求，望研究执行。

1. 各单位要切实贯彻执行"安全第一，预防为主"的方针，继续把做好安全生产工作作为今年考核的一项重要内容来抓。思想上要进一步提高认识，组织上应采取有力措施，把生产搞上去把事故降下来。

2. 迅速组织安全生产检查。各单位要以建筑工地为重点，检查安全生产责任制和规章制度的落实情况，并查事故隐患的整改情况。采取有效措施，防止重大恶性事故的发生。

3. 加强对职工的安全生产教育。各单位要分期分批组织职工学习安全生产知识，提高他们的安全意识和相互保护意识。同时，要对职工进行一次加强劳动纪律和严格遵守施工操作规程的教育。

4. 各单位制订责任制时，要将安全生产管理列入企业承包经营责任制的范围，并加强考核。进一步健全安全工作机构，各工地一定要配齐安全管理人员。今后如有削弱或放松安全管理，或因承包忽视安全，造成伤亡事故的，要追究领导责任。

××省××建筑安装总公司

1995 年 4 月 26 日

3. 周知性通知

周知性通知或称知照性通知，或称一般性通知，主要功能在于向有关部门告示情况"打招呼"，并不要求受文单位具体完成什么任务。如为了任免人员、设置或撤并机构，扩展、缩小或中止企业的某些职权，启用或更换印信等而发的通知就是。

【例文】   关于设置安全生产管理工作机构的通知

各分公司、各直属科室：

由于在承包经营的过程中，忽视了安全生产（施工）的管理工作，致使今年第一季度的工伤事故较去所同时上升 21.7％，直接经济损失达 3 万余元。为迅速扭转这种局面，经研究决定，总公司设置一个安全生产（施工）的管理工作机构——安全管理办公室，设办公室主任一名，付主任一名，安全干事三名，负责总公司所属企业的安全生产（施工）管理工作。下属各分公司及建筑工地、生产车间、工段的生产（施工）安全机构和安全员归该办公室领导，在该办公室的指导下开展安全管理工作。

特此通知

××省××建筑安装总公司

1995 年 4 月 28 日

（此通知下发至建筑工地、生产车间、工段）

4．会议通知

会议通知也属周知性通知，因有其特定的内容，故另立一类。会议通知用途广，写法灵活，但基本要素都必须具备。要写清会名、时间、地点 会议任务、与会人员范围、参加人数、与会凭证、报到时间和地点、与会人员须携带的文件资料及旅差费报销，必备生活用品等事项。行文力求简明、具体，不能产生歧义。

【例文】 **关于召开公司技术交流会的通知**

为提高各建筑安装项目的施工质量，维护我公司在全省建筑市场的声誉，公司决定召开公司所属各企业建筑安装技术交流会，并邀请建设部技管司的专家莅临指导。现将有关事项通知如下：

1．会议时间：11 月 3 日～5 日。

2．会议地点：总公司大会议室。

3．出席人员：公司设计科、技管科、质监科全体人员，各分公司正副经理、项目经理、工地施工员、质监员、安全员、公司级技术能手。

4．注意事项：

①各分公司推派一名公司级技术能手在交流会上发言，并作好现场示范操作的准备。

②会议期间各企业、各工地的工作及早安排好，以免影响正常生产施工。

③与会者随身带好日常生活用品。

④与会者凭本单位介绍信于 11 月 2 日到会议接待处（公司招待所）报到。

××省××建筑安装总公司

19××年 10 月 28 日

五、通报

通报是向所属下级单位和人员通知重要情况，经验教训及好坏典型的下行文件。一般说，批评性通报较多，企业如发生重大事故，就要通报。

通报的标题一般采用"事由十文种"的形式，导语部分概括通报的中心内容，主体部分叙述基本事实和情况，结论部分作出评价或提出处理意见，并总结。

通报写作应注意：

1．不管是表扬，还是批评，其观点都要符合党和国家的有关方针、政策和法令。涉及的事件要有普遍性、典型性，否则难以发挥通报教育群众和指导工作的作用。

2．通报的内容力求准确无误。尤其是批评性通报，事实要反复核实，是一说一，是二说二，不夸大缩小，务必谨慎从事。

3．通报大都属对问题定性的文件，遣词造句，慎重严谨，讲究分寸，留有余地，不说过头话。

【例文】   关于××建筑公司质量事故的通报

今年 3 月下旬，由××建筑公司承建的××市 34 中可容纳 20 余个教学班级的两座主教学楼报危，仅使用 12 年的三层楼墙体倾斜，部分屋面出现裂缝，近 2000 名学生被迫借校上课，在社会引起强烈反响。

××建筑公司承建的这两座教学楼，以 165 万中标，项目经理是涂××、施工员是李××、施××、欧阳×，教学楼设计由与××市建筑设计院挂钩的××设计所作出，质量监督部门为××市教育局质监科，工程验收时评为"优良"工程，并在当时的本市教育简讯中作过报道。

事发后，参与险情调查的专家们一致认为，此次质量事故产生的原因主要是：

1. 结构设计不合理，造成楼基承载能力不足，无应设构造柱体，圈梁起不到应有的作用。

2. 由于中标标数低，勉强与成本费用持衡，致使在施工过程中存在偷工减料的情况。经检查，水泥标号低，钢筋质量差且未按图纸实际要求用足数量，红砖等级也不够。

3. 质量监督部门未尽责任，尤其是对隐蔽工程未能及时地进行现场检查监督，致使楼基及浇灌混凝土的施工质量过差而无人监管。

4. ……

根据以上事故原因分析，项目经理涂××、施工员李××、施××、欧阳×对此事故负有主要责任，××设计所负有重要责任，××市教育局质监科负有责任。为此，市建委于 1995 年 5 月 25 日上午研究并决定：

1. 将××建筑公司的建筑二级资质单位降为三级资质单位。建议××建筑公司撤消涂××、李××、施××、欧阳×现有职务，作出行政处理和经济处罚，并于 6 月上报至建委。

2. 取缔与××市建筑设计院挂钩的××设计所，由市工商行政管理部门另案处理。

3. 建议市教育局撤消局质监科主要负责人职务，对两楼质监员给予一定的行政处理。

4. 由××建筑公司与市建筑设计院负责，尽快采取措施排除险情。所需费用另案处理。

5. 此决定向全市通报。

××市建设委员会

1995 年 5 月 25 日

六、报告

报告是下级单位向上级机关提供信息的文书。分为四类：汇报工作的为工作报告，反映情况的为情况报告，答复上级询问的为答复报告，提出建议的为建议报告。各类报告立意角度不同，写法一致。

报告是陈述性公文，不一定需要上级表态或回复意见。所以，报告一般由报告目的、报告内容、结束语三部分构成。报告在行文时的要求是：

1. 事实要真实、准确、全面。

2. 内容要集中、重点要突出，不要面面俱到。

3. 文字要简炼、朴实，语言宜准确鲜明，不要过多的细节描写和长篇论理。

【例文】　　　　　　　　　　关于公司人才外流情况的报告

公司总经理何××、副总经理胡××、陈××、韩××：

近几年来，我公司所属企业人才外流情况十分严重，以至直接影响到企业的生产、经济效益和声誉，据我们初步统计，下属企业中昌华机械化施工公司1985年至1994年共接收大学本科生55人，到去年底仍在该公司工作的仅剩8人；第五建筑工程公司去年一年流失各种专业技术人员14人；长风装饰公司去年技术人员停薪留职5人，辞职2人，调离3人；昌隆路桥公司去年请长假5人，病假4人，其中专业技术人员占8人；……。

造成人才流失的原因，我们认为大致有三：

第一，条件艰苦，待遇低微。建筑业因其特殊的工作性质，流动性大，长年在外。加上单位不重视技术改造，更新设备，导致工作效益低下，职工收入低微。

第二，人才得不到重视。建筑业中，部分领导素质较低，认为搞建筑是粗活、累活，一般人都能干，要大学生等人才是一种浪费。这样一来，出现了大学生当民工用的怪现象，一些专业人员在自己才能得不到充分发挥时，则另谋高就。

第三，两地分居的家庭压力。建筑企业多是打游击战，这里呆几年，那里呆几个月，且常是男外女内，夫妻一年难得团聚几次，往往是男的担心，女的操心。在家庭重压下，不少人通过各种关系谋求调至配偶单位。

目前，建筑业竞争激烈，这在一定程度上就是人才的竞争。市场经济下的社会，人才流动是难免的。但若我们公司不转换脑筋吸引人才，任其外流，我们公司将会大量失去现有的建筑市场，后果是严重的。

为此，我们认为应在公司范围内大力倡导尊重知识，尊重人才，努力改善企业环境，解除职工的后顾之忧，为人才生存提供良好条件，竭力做到人尽其才，才尽其用。

特此报告

　　　　　　　　　　　　　　　　　　　××省××建筑安装总公司人事处
　　　　　　　　　　　　　　　　　　　　　　　1995年4月20日

七、请示

请示是下级机关为了取得上级的支持、帮助、指导而发的公文。下级必须向上级请示的事项有：

1. 属于上级主管部门明确规定必须请示批准才能办理的；

2. 因对现行方针政策法规法令不甚了解，有待上级明确答复办理的；

3. 发生了新情况而又无章可循，有待上级明确指示才能办理的；

4. 经费增拨、人员调动、机构调整等超越权限，需上级审批才能办理的；

5. 因特殊情况难以执行规定，有待上级重新指示才能办理的；

6. 因单位意见分歧，有待上级裁决才能办理的；

7. 有章可循、有法可依，但因事关重大，需上级审核后才能办理的。

请示和报告在格式和写法上都有相似之处，所以常常有人混用。为此，在实际工作中要注意区分。请示和报告的主要区别有两点：第一，请示必须在事前行文，请上级批复然后才办理，是所谓"问文"；报告则是在事前、事后及事情进行过程中均可行文，并不需等上级批复，称为"阅件"。所以报告中不可以写请示事项，而请示中则必须明确提出问题或要求，提请上级答复或审批；第二，请示的结尾部分常用"妥否，请批示"和"请批复"、"请核示"、"请予审批"之类的词句；报告的尾部则多用"特此报告"，"以上报告，请予指正"和"以上报告如无不当，请予批转各有关部门执行"的词句。

请示在写作中必须做到：

1．详尽、准确地写明请示事由。最好一事一文，以免其中一事办不成，其他几件都得被卡住。

2．明确提出解决问题的见解。意见要写得有根有据。如本单位意见有分歧，要分别陈述各种意见，并加以分析比较，提出倾向性意见。

3．具体提出对上级的要求，包括答复时间、方案选择、处理原则选用等方面的要求。

【例文】　　　　　　　　××县纤维板厂关于筹建中外合资
"美尔庐装饰材料有限公司"的请示

××县人民政府：

我纤维板厂、××省对外贸易公司与新加坡××装饰工业（私人）股份有限公司，经友好商谈，三方本着平等互利、共同发展的原则，决定筹建中外合资的"美尔庐装饰材料有限公司"，生产阻燃防水板、宝丽板等。该项目总投资为300万美元，建成后年产值1941万元人民币，利润330万元人民币，净创汇230万美元，三年内可收回投资，经济效益较好，是一个引进国外管理技术和先进设备、发展我县商品经济的外向型企业。现将对"美尔庐装饰材料有限公司"项目建议的可行性研究报告上级，请予审批。

附："美尔庐装饰材料有限公司"项目建议的可行性研究报告。

××县纤维板厂
19××年×月×日

八、批复

批复，是上级机关对下级单位请示事项的回复性、指示性的文书。批复由三部分组成：

1．引语：着重引用下级机关来文的日期、公文名称或文号及所请示的事项。

2．主文：主要表述处理意见，有时也可陈述理由。

3．结尾：多另起一行，写上"批复"、"特此批复"就可。

批复的批写要求准确、明晰，是就是，否就否，不能模棱两可；另外，还要求注意分寸，正确体现上下级的应有关系。

【例文】　　　　　　　关于同意组建"××水泥预制板厂"的批复

××镇人民政府：

你镇于1995年6月23日报来关于组建"××水泥预制板厂"的请示已收悉，经县计划委员会、经济委员会和县项目审批小组研究，同意列项。

经营性质：镇办集体；经营范围：水泥预制板；经济形式：独立核算，自负盈亏；经营方式：自产自销。将你镇沙厂管理站王村码头约60m²的房屋作厂办公用房，周围约500m²的河滩荒地作厂施工和堆放成品场地。总投资6万元，自筹5万元，县财政拨借1万元

（两年后归还，年息 12%）。年产值 18 万元，税前利润为 3.5 万元。望接批复后即向有关部门办理登记手续。

特此批复

××县人民政府

1995 年 7 月 20 日

九、函

函是平行机关或无行政隶属关系单位之间公务联系的文书。函是商洽性的，不是指令性的。

函有公函和便函两种。公函一般都有文件版头、发文字号等，用于处理重要事务；便函则只是一般信件，用于处理一般事务。

函从本质看就是书信，但由于它是用来办公务，是公文，所以不能用一般私人的开头问候和结束祝颂性词语。函以陈述为主，语气要求恳切，态度要求谦逊，以取得对方的协助和答复。函切忌无所不谈，大作议论抒情和盛气凌人等。

【例文】

××市沿江宾馆建筑工地指挥部关于
要求检查验收下水道涵管修复情况的函

××市市政工程局：

在沿江宾馆地基隐蔽工程施工时，曾在贵局的同意下（见 8 月 31 日函）移动下水道涵管六处共 78m，现已修复完毕。因近日将掩盖地基隐蔽工程，望贵局能在近五日派员前来检查验收，以便于我工程的顺利进行。

特此函达，即希函复

（印章）

19××年×月×日

十、会议纪要

会议纪要是在会议记录的基础上对会议的主要内容、决定事项或主要观点、结论进行综合整理，并向上级机关汇报或交给下级有关单位贯彻执行的公文。根据会议纪要的功能作用，可分为两种类型：一种是通报性会议纪要，主要是向有关方面传达会议议定事项和主要精神，不要求受文者完成什么具体任务；一种是决议性会议纪要，主要是要求与会单位及其隶属单位遵守和执行会议决定的事项。

一般学术讨论会、经验交流会、座谈会等多用通报性会议纪要。这种纪要可以全面概括会议的议程、议题，讨论情况及结果，并可以反映会议讨论中的不同意见和看法。例会、办公会议、工作会议等多用决议性会议纪要。这种纪要只纪载会议的决议和协议、即只反映经讨论或协商后的一致意见。

会议纪要的写法因类型不同而有所区别，但其有一般要求。

1. 标题。会议纪要的标题一般是单位加会议名称加文种（纪要），有的会议名称过长，可用会议地点代替，如《北戴河会议纪要》。也有不用纪要而用"情况简介"、"情况综述"、"会议简况"等等，只要是介绍会议的，都可用为会议纪要。

2. 开头。介绍会议召开的原因，开会的时间、地点、出席和列席对象、主持人、会议的议程、议题和主要活动，会议的结果及评价等。

3. 主体。介绍会议需要研究解决的具体问题、会议讨论的意见、决定的事项和提出的要求、建议等。其中，决议性会议纪要重点写决定的事项和提出的要求、建议，而通报性会议纪要则需根据会议情况和实际需要而定。

4. 结语。有两种会议纪要须写结语。一种是会议决定的工作任务必须限时完成的，在结语中应提出希望，发出号召，加以警醒与鞭策。一种是会议有议而未决的问题，需交下次会议继续讨论或提交其他会议讨论的，在结语中应加以说明，以使有关部门和人员心中有数。

【例文】

市自来水公司水费收缴问题座谈会纪要

11月20日，市自来水公司就水费收缴问题在市建设大厦召开了座谈会，下属单位的部分厂长经理，财务人员以及职工代表共32人出席了会议，另外，邀请了市城建局、市市政工程公司、市工商行政管理局、市工商银行的领导及有关人员14人到会。会议就水费收缴难问题，分水费拖欠现象、水费拖欠原因、解决收缴难问题的办法等三个方面进行了座谈。现纪要如下：

主持人市自来水公司副经理杨卫青率先介绍了水费收缴难的情况，他说："城市供水紧张问题，长期以来一直是众多大、中城市市民谈论的热点话题和社会各界关注的焦点。然而，多年来人们在谈论和关注城市供水紧张问题时，往往忽视和轻待了与城市供水密切相关的另一问题——自来水水费收缴难，水费拖欠现象严重。这一问题若任其发展，久而久之，势必恶性循环，制约城市供水这一关系国计民生基础设施的发展，给城市经济建设、市民日常生活，乃至社会进步和稳定带来不利影响。随后，与会人员先后发表了自己的看法。

一、各色各样的拖欠现象

下属单位的厂长经理、财务人员及职工代表主要谈了近几年来呈愈演愈烈趋势的水费拖欠现象，归纳起来，大致有以下几种：

1. 亏损企业，欠着。据城东区水厂的统计资料，亏损企业拖欠水费额约占拖欠总额的三分之一，有一国营企业拖欠水费总额竟高达20余万元，这给供水企业带来了沉重的包袱。

2. 旧城改造，没了。近几年，许多城区集中改造，大面积拆迁，如城北区搞"一江两岸"经济发展模式，拆迁国营企业11家，集体企业8家，居民一百多户，由于工作缺乏统一协调，无法及时找到用户，时过境迁，赖帐、扯皮等纠纷不断，导致水费白白流失。

3. 历史遗留问题，拖着。管理体制的不规范，不完善，新区的开发，老城区的改造，都造成房屋的产权、管理、使用、建设等关系错综复杂，各种矛盾交织，致使水费无人承付，互相推诿。如城北区的还建房工程，所欠水费已超十万元。这类拖欠约占拖欠总额的三分之一。

4. "三角债务链"，锁着。这类现象不多，但数量多，解决问题的难度大，如某施工企业就欠城南区第二自来水公司的水费八万多元，原

阅读训练
1. 标题中反映出文种吗？从标题你可以知道这属何种类型的纪要吗？
2. 纪要的开头一般要求要将会议召开的（1）原因（2）时间（3）地点（4）出席人（5）列席人（6）主持人（7）议程（8）议题（9）主要活动（10）会议结果（11）会议评价写出来，这篇纪要少哪几项？
3. 主持人的说话是否是提出议题？为什么？
4. 从"拖欠现象"的纪要来看，能看出与纪录有何区别吗？
5. 从"拖欠现象"这一节中划出相对应的观点和材料。

因是地方上应付工程款尚未付清。

上述拖欠现象是具有代表性的一部分，并非全部，现在的问题严重性是，一些拖欠款已基本处于静态拖欠（即死帐，呆帐），其数额之大，时间之长，牵涉面之广，仅凭供水企业的能力已无法收缴。城东区水厂副厂长李东郝说，水费拖欠现象犹如传统的计划经济回流与现行的市场经济洪流相抗衡而形成的一种漩涡，令城市供水企业欲脱不能，困苦难堪。"粮袋子"有省长抓，"菜蓝子"有市长抓，"水管子"谁来抓。

二、令人深思的拖欠原因

市市政工程公司的副经理吴兆驹以现身说法揭示水费拖欠的原因，他说，水费拖欠，是诸多因素的累积，各种矛盾的交织，由量变到质变逐步演化而形成的一种不正常、不健康的经济现象。撩开其面妙，我们不难发现，其实质，乃是传统的计划经济体制效应对市场经济体制的阻碍与抗衡，是一种不健康的社会情绪的外在表现形式。

城南区工商所财务科长及其他几位与会者说，研究水费拖欠的成因和发展态势，将有助于我们在市场经济新形势下找到解决诸如此类问题的办法和途径，从而减少、避免、乃至从根本上消除和杜绝这种现象的存在和回弹。他们认为，拖欠现象如此严重主要由下列原因造成：

1. 自来水商品属性没有完全体现，公益性、福利性比重过大，加之价格低廉，使用方便，人们普遍缺乏一种"买水"意识，致使部分人形成了一种"用不上水骂娘，付不付钱不管"的陋习，"吃水不交钱，用水不付款"在有的人那里，似乎成了天经地义的事。

2. 传统的收费方式不能适应市场经济的形势。多年来，我们在城市供水、使用和收费上，一直沿用着一个不变的方式：先使用，再计量，后收费。只要有亏损的企业，就存在水费拖欠的可能，而传统的收费方式只能使这种可能变成现实，因为自来水的使用——计量——收费是个不短的周期。

3. 执法不严，力度不够，助长了拖欠现象的蔓延与加剧。为保证供水资金周转，有利于企业的再生产，国家和地方政府先后颁发了一系列法律法规，以确保水费收缴的及时率。但在具体运作和执行过程中，则存在执法不严，力度不够的现象。如对长期拖欠水费的用户，按法规，可采取停水、断水措施，但由于自来水为日常生活所必需，有关部门往往片面强调"一方稳定"而忽视执法的严肃性，缺乏必要的力度，以致给了一些拖欠户造成错觉，认为水费交纳与否无足轻重，谁也奈何不得。

4. 管理体制不规范，开发建设、施工、使用关系没有及时理顺，是促进拖欠剧增的另一个原因。

主持人杨卫青对此作了一点补充，他认为，在水费收缴过程中，内部与内部、内部与外部的协调运作尚存在一些失误和不足，这也是不

6. 该段用了三种以上的修辞方法，请划出。修辞方法应用多，是否与事务语体有矛盾？为什么？

7. 吴兆驹说的话体现的是事务语体还是政论语体？

8. 该段的观点有材料吗？

9. 指出该段的观点、论据和论证方法。

容忽视的原因。

三、解决水费收缴难问题的钥匙

水费拖欠问题虽不完全是经济体制改革带来的经济现象，但在经济体制改革后呈发展和剧变态势却不得不让供水企业的经营者们深思。与会者们认为，改革带来的问题，当然仍需用改革的立场、思路、方法、手段和途径来加以妥善解决。他们提出解决的办法主要是：

1. 改革现行的收费方法。要像供电、电信部门一样，与银行联手，设立用户水费储蓄专用帐号，由用户先行进入一定资金入帐，确保水费交纳。

2. 理顺管理关系，实行规范化管理。在新区开发、新建工程审批、旧城改造、居民搬迁等工作中，制定和完善必要的制度，采取切实可行的措施，杜绝水费的流失。

3. 加大执法力度，严肃执法。对长期拖欠水费的用户，应按国家和地方政府颁发的法律规定，给供水企业行使强制措施的自由权。对扭亏无望，无力还付水费的企业，可果断采取停水或断水的措施；对破产、倒闭、撤并、解体的企业，应按法律规定，将其有价资产抵付水费；对有能力支付而拖欠水费的用户，更应采取法律手段，强制执行。

4. 强化宣传教育工作，增强人们对依法交纳水费的法律意识和道德观念，提高人们对自来水商品属性的认识，养成自觉、按时交纳水费的良好风气与习惯。

5. 提高服务质量，减少供水企业与用户之间的"磨擦系数"，协调好相互关系，取得用户的支持与配合。

6. 优化配置收费人员，调动收费人员的积极性，主动性和创造性，提高工作效率。

市工商银行的领导王家仁对于解决水费拖欠问题发表意见说：这牵涉到方方面面，既需供水企业自身的努力，也需用户的理解、支持和配合，更需政府主管部门的协调。煤炭部门针对拖欠货款问题已率先采取一项有力举措，即：不还清欠帐不发煤，资金不到帐不发货，从而保证贷款回笼率的提高，此举应可作为供水部门的借鉴。此外，有一城市的当地政府向供水企业授权，可向拖欠水费的用户亮"停水断水"的黄牌。此举一出，社会反响强烈，拖欠额明显减少，水费收缴及时率陡然上升。这就是"稳定"一片，不如稳定大局。

会议在下午五时结束，市城建局副局长余敖东对座谈会取得预期效果，向杨卫青同志表示祝贺。

××市自来水公司

199×年 11 月 21 日

10. 找出这一段中的过渡句。

11. 解决问题的办法与"现象"和"原因"都有联系吗？即"办法"是针对"原因"还是针对"现象"的？

12. 王家仁谈的是不是办法？为什么要另外写？

13. 该纪要有无结尾？有什么好处？

思 考 与 练 习

一、填空题

1. 拟写通告时，要注意：_____ 性、_____ 性、_____ 性。

2. 公告与通告的区别主要在：两者 _____ 有广狭之别，两者 _____ 有轻重之分，两者 _____ 也有区别。

3. 公告正文一般由 _____ 、_____ 两部分组成。

4. 决定具有较强的 _____ 性和 _____ 力，在企业里，用 _____ 公布出来，要求职员们贯彻执行。

5. 通知是一种 _____ 最广，_____ 极高的公文，按其性质功能可分为 _____ 通知、_____ 通知、_____ 通知和 _____ 通知。

6. 通报是向所属下级单位和人员通知 _____ 、_____ 及 _____ 的下行文件。通报的标题一般采用 _____ 的形式，导语部分概括 _____ ；主体部分叙述 _____ ，结论部分作出 _____ ，并总结。7. 报告分为四类：_____ 的为工作报告，_____ 的为情况报告，_____ 的为答复报告，_____ 的为建议报告。

8. 请示是 _____ 机关为了取得 _____ 的 _____ 、_____ 、_____ 而发的公文。

9. 会议纪要可分为两种类型：一种是 _____ 会议纪要，一种是 _____ 会议纪要。

二、简答题

1. 通告内容由哪三部分组成？拟写通告时有何要求？

2. 公告与通告如何区别使用？

3. 写作决定时主要有哪三个方面的要求？

4. 指示性通知有何特点和要求？

5. 写作通报时要注意些什么？

6. 报告在行文时的要求是什么？

7. 下级必须向上级请示的事项有哪些？

8. 请示和报告在使用上主要有何区别？

9. 如何才能写好请示？

10. 如何正确运用函这种公文形式？

11. 批复的批写要求是什么？

12. 会议纪要的结语如何写好？

三、词语解释

通告　公告　决定　通知　通报　报告　请示　批复　函　会议纪要

四、请拟写一份关于接受学生前来公司实习的请示及其批复。

第四章　事务类应用文

第一节　计　　划

企业生产经营的各个环节和方面，都离不开计划。建筑企业的一切经营管理活动，也都是从计划开始的。计划在企业经营管理中占有十分重要的地位。

一、计划的性质和作用

计划是为将要进行的工作提出预想的目标，并制定出实现这个目标的具体步骤、方法和措施的应用文。

对于企业的经营管理来说，计划是一种管理行为。作为一种筹划活动，实际就是人们为实现某项目标制订方案的管理工作。现代管理中的目标管理实质就是计划管理。

计划本身不是法定公务文书，没有行政约束力，如个人的学习计划。但在企业里，计划只要经过一定的合法程序，如单位的领导机关或领导人批准、通过公文转发、提交会议讨论通过等以后，就能成为指导未来行动，具有纲领性、约束性的公务文书，有关单位和人员就负有贯彻执行的义务，如果违反或阻碍计划的实施，要承担相应的责任。

任何一个企业都要制订各种不同的计划，这是生产、工作或学习不可缺少的环节，它反映了人们能动地改造客观世界的基本特征。计划对指导、推动和保证各项任务的完成有着重要的作用，具体表现为：

1. 组织、指挥作用。计划一旦经过一定合法程序而成为公务文书时，计划就成了统一意志的集中体现，统一指挥的基本内容，统一行动的主要依据，企业各级领导通过计划，掌握生产、工作或学习等活动的主动权，做到心中有全局，避免或减少盲目性和被动性。

2. 平衡、协调作用。科学的计划，可以合理安排人力、物力、财力和时间，使劳动力、劳动资料和劳动对象达到最优组合，从而降低消耗，获得最佳经济效益；可以协调企业内部单位的关系，使之相互依存，相互促进。

3. 激励、制约作用。群众了解甚至参与制定本单位的计划，就会增强主人公意识，使他们与领导同心同德，为实现目标，团结协作，努力奋斗。有了计划，就有了行政约束力，也就要求人们承担计划执行任务的义务。

二、计划的种类

计划，是个宽泛的概念，常见的规划、安排、打算、思路、设想、要点、方案、意见等等，都统归于计划的范畴，只是因其成熟的程度和具体需要的不同而给以不同的说法。一般说，"规划"的时间较长，范围较广，内容较全面、概括。"安排"、"打算"的时间较短，内容较具体。"思路"、"设想"则表示初步考虑还未成型的计划。"要点"、"方案"、"意见"等往往是上级对下属部门布置工作，交代政策，明确任务，提出措施时使用，都带有计划的性质。

计划除了使用的名称不同外，按性质分，有综合性计划，专题计划等；按对象分，有国家计划、地区计划、单位计划、个人计划等；按内容分，有生产计划、工作计划、学习计划、实验计划等；按时间分，有年度计划、月份计划、远景规划等；按形式分，有条文计划、表格式计划等。

建筑企业的计划，按其内容的不同，一般可分为：

1. 企业生产计划。它规定企业生产活动的基本内容，包括产品产量、质量、产值、生产进度、协作关系等。

2. 劳动工资计划。它规定劳动工资方面的内容，包括劳动用工、劳动生产率、定员、定额、工资总额等。劳动工资计划必须根据生产任务、盈利情况和国家有关规定等来确定用工人数和工资水平。

3. 产品质量计划。它规定产品质量目标的内容，包括产品质量等级目标、职能部门及生产工人工作质量的具体要求等。

4. 企业财务计划。它规定企业固定资产利用、流动资金利用、专项资金利用、收支预算及与银行信贷关系等。企业财务计划以货币形式综合反映企业全部生产经营活动的动态、成果以及经济效益等。

5. 企业成本计划。它规定企业完成生产计划的最高支出限额。也是以货币形式综合反映计划期内建筑工程、产品、作业的生产耗费和各项成本水平。

6. 企业材料计划。它规定企业完成生产计划对材料供需的最高限额。包括材料的用料计划、供应计划、订货计划、采购计划等。

7. 技术改进计划。它规定企业的技术改造、新技术、新工艺采用等内容，包括企业为改进技术而采取的各项措施，提出的进度要求和达到的经济效果，以及实施计划的投资规模等。

此外，企业还有思想政治工作计划、职工培训计划、工会工作计划等。

三、计划的格式和写法

常见的计划形式有三种：条文形式、表格形式、条文表格结合形式。无论何种形式，其格式一般都由标题、正文（或表格）、落款三部分组成。

1. 标题。即计划的名称。标题要居中写，一般包括制订计划的单位、时限、内容和种类，如《××市××建筑机械厂19××年新产品开发方案》，"××市××建筑机械厂"是单位，"19××年"是时限，"新产品开发"是内容，"方案"是文种种类。单位名称如果不在标题中出现，则必须另起一行写标题下面。如果所订的计划尚需讨论定稿，或应报上级批准，则需在标题的后面或下面用括号加注"草案"、"初稿"、"讨论稿"等字样。如《××省19××年建设用地和土地开发计划》（征求意见稿）。

2. 正文。即计划的内容，主体部分。若是条文式计划，则可分条列款书写；若是表格式，则表格内容就是计划的正文。大体包含以下内容：

①前言或导语。用简短文字概括说明制定计划的依据和总原则，对前一段工作情况的简要分析，总结出主要经验教训，以及本企业的基本情况等。这部分主要交代"为什么要这样做"，使人们了解执行计划的必要性和可能性。写作要求准确鲜明，高度概括，简明扼要。

②目标。目标是计划的核心，具体指的是指标任务和完成要求。计划中要明确写清完成的任务、达到的指标和具体要求，有时还要写清产品数量、质量的要求及完成的时限。写作要求主次分明、重点突出、明确具体。

③措施、步骤。要详细说明完成任务而准备采取的具体措施，分哪几个生产阶段，如何分工、配合，以完成指标。写作措施时要求周密妥善，有针对性；写作步骤时要求顺序井然，条理清楚。

④检查方法。要写清如何执行计划，怎样具体检查、评比、考核、奖惩等。

⑤其他事项。有的计划于正文结尾处，写上执行希望，带有鼓动性和号召性。但宜短不宜长。

此外，与计划有关的一些材料，如果在正文中分条表述不方便，则可附图表。如需作解释和说明的，也可作附件，放在最后。这些图表、说明文字，一般也是计划的重要组成部分。

3. 落款。在正文的右下方，写上制订计划的成文日期，并加盖公章（指企业、单位计划），如计划作为正式文件下发，则需按行政公文要求，写上密级、主送、抄送、印数等。

四、制订计划的基本要求

1. 先进性原则。计划要符合党和国家的方针政策。且所订计划指标应该比过去的水平要高一些，要经过努力才能达到。这是事业不断发展所必需，也是有利保持群众奋发向上精神的。

2. 量力性原则。计划指标的确定要从实际出发，留有一定的余地，经过努力要能够实现的。

3. 针对性原则。一切计划都应该有时间、空间的确定性，其内容必须写得具体、明确，有利于实施和检查，可有可无的空话、套话及模棱两可的语句应删除。

4. 协调性原则。制定计划要有全局观念，正确处理好国家、企业和个人三者的关系，以及整体和局部、长远和目前的关系；并且注意与上级组织和下级单位的衔接，与前期计划和下期计划的衔接，与上下工序、兄弟部门、协作单位的衔接。

5. 严密性原则。制订计划时，每个计划指标，每项措施步骤都要经过调查研究、严格计算，使之言之成理，持之有据，经得起实践的检验。文字要简洁、确切，数字要准确、可靠，语言逻辑要严密。

6. 群众性原则。制订企业有关计划时，要组织群众讨论，集思广益，将上面的意图下面的实际统一起来，使计划建立在坚实的群众基础上，发挥群众当家作主的积极性。

【例文一】（要点）

××省199×年建设工作的八个突破

为了计真贯彻落实全国建设工作会议精神，今年建设工作要在8个方面实现突破。

——在建立新的建设事业运行机制上突破。大力推进建设企业内部以股份合作制为重点的产权制度改革，在中小型企业、县属和乡镇企业大面积推行股份合作制，勘察设计单位在近三年内完成改企转制改革。

——在加强基本建设、重点工程建设管理上突破。严格实行基本建设开工报建制度，全面推行工程项目报建制度，建立工程招投标的面力争达到70%，1996年全面推开；进一步推行建筑监理，今年大中型项目原则上都要实行。

——在跨世纪城市规划编制上突破。超前编制全省跨世纪的城镇体系规划，特别是市域县域小城镇体系规划。在完成"两带五群"城镇体系规划的基础上，超前开展全省跨世纪的空间发展战略研究。

——在推进乡村城市化上突破。今年，省里抓好××、××、××、××等5个试点县和100个试点镇的"百新工程"试点。积极推开综合开发。到本世纪末，经济发达的小城镇综合开发率达60%，其他小城镇达40%。

——在加快城镇居民住宅建设上突破。认真抓好"安居工程"的建设，把中低档居民住宅作为房地产开发的主攻方向。今年全省计划投资23.1亿元，开工面积要达到274万平方米，力争竣工202万平方米，使城镇居民的居住环境和质量有明显改善。

——在推进科技进步、加快人才培养上突破。重点抓好科技成果推广应用和墙体材料革新工作，不断加大建设工程科技含量，推行科技成果许可证制度。加快人才培养，从今年起实施培养建设人才工程，全省建设系统要造就近百名建设学术和技术带头人、近万名建设技术业务骨干、近十万名建设专门人才，近百万名技术工人和熟练劳务人员。

——在加大建设立法、执法力度上突破。对列入省人大立法计划的《××省城市房地产开发管理条例》、《××省城镇国有土地出让转让规划管理办法》、《××省建筑市场管理条例》要集中力量搞好调研、起草、论证等工作，保质保量，按时出台。

——在加强城市综合管理、提高综合服务水平上突破。抓好城市容貌整洁，每个城市每年要重点治理一条或几条街，广泛开展创建省级和国家级园林城市活动。严格各类管线的规划定点审批，今后管线的敷设，必须统一规划，一次敷设，新建城市道路5年内不准开挖，旧管线不准超期使用。

【例文二】

××省第一建筑总公司
199×年建筑安全工作的目标及主要措施

据统计，去年我总公司共发生施工伤亡事故79起，死亡2人，重伤14人次。与前年相比，死亡人数下降1人，重伤人数上升3人，发生的事故类别仍以"四大伤害"为主：高处坠落占53.85%，坍塌占23.08%，中毒占15.39%，触电占1.92%。据分析，造成事故的主要原因是：施工部门的领导对安全工作仍不重视，安全生产责任制不落实，安全培训教育薄弱，安全监督管理机构不健全，监督管理手段不足，力度不够。

为加大安全工作的力度和深度，控制和减少伤亡事故的发生，特提出199×年建筑安全工作的目标：

1. 加大多发性事故专项治理的力度，尽可能减少"四大伤害"事故的重复发生，将重伤人次控制在10以下，杜绝死亡事故的发生。

2. 结合施工现场安全达标工作的开展，全面推动167号国际公约在我公司的实施。凡在城填施工的施工现场，一、二级企业安全达标的优良率达到30%～50%，三级企业安全达标的优良率达到50%以上，四级及其以上企业的安全达标的优良率争取达到100%。

3. 普遍开展"文明工地学上海"的活动，凡地市级城市中的主要施工现场，要首先达到上海文明工地的水平。

4. 全面开展安全培训教育工作，各公司企业职工的安全培训教育要达到95%以上。

阅读训练

1. 分别指出标题的单位、时限、内容和种类。

2. 前言里交代说明了什么？

3. 分别指出该目标中的指标任务和具体要求。

4. 该目标有何特点？

为实现上述目标，拟采取如下措施：

1. 加强领导，提高认识，落实安全生产责任制

各分公司所属施工队伍的领导都要明确"隐患险于明火"、"防范胜于救灾"、"责任重于泰山"的精神，牢固地树立"安全第一，预防为主"的思想，主动抓安全，认真抓安全，一级抓一级，层层落实责任制。要明确企业法定代理人和项目经理分别是本企业、本项目安全生产的第一责任人，必须对本企业、本项目的安全生产负全面责任，建立并落实以第一责任人为核心的分级负责，层层把关的安全生产责任制。各级领导应当做到：

（1）经常深入建筑安全生产第一线调查研究，定期解决和研究安全工作中出现的矛盾及问题；

（2）当安全与生产、安全与效益之间发生矛盾时，能够服从安全生产的需要，行使安全否决权；

（3）在机构改革和转换企业经营机制时，要进一步加强安全管理工作，不能合并、撤消安全机构或削减专职安全管理人员；

（4）改善职工劳动条件和作业环境，要舍得投入或增加投入。

今后，要按照"不能保一方平安的领导，不是称职领导"的要求，把安全生产搞得好坏列为检验各级领导称职与否的重要标准之一。对于那些不重视安全，对职工工伤事故置若罔闻、麻木不仁的干部，实行"安全否决权"。

2. 健全机构，配齐人员，强化建筑安全生产的管理。

各分公司要高度重视安全生产管理机构建设和人员配备的问题，以尽快改变一些施工队伍的安全工作无人管或兼管、代管的局面。各公司要按照职工总数的 $3\%\sim7\%$ 配备具有初级以上技术职称的专职安全管理人员。外包工队伍也要有安全管理的机构和人员，并接受分公司或总包单位的统一管理。要逐步做到每个施工现场都有专职安全员，每个班组有兼职安全员，形成专群结合、层层负责的安全管理网络。

3. 大力开展"文明工地学上海"的活动，搞好安全生产和文明施工。

在建设部 1996 年 8 月以建监 [1996] 484 号文发出《关于学习和推广上海市文明工地建设经验的通知》后，我们已积极行动起来，召开了各种形式的现场会，做出了具体的部署。各分公司要根据上海创建文明工地的基本经验和做法，结合本单位的实际，认真开展创建文明工地的活动。要把创建文明工地作为一件大事来抓。各工地都要有创建文明工地的规划、目标和措施。各分公司都要成立由领导挂帅、有关部门参加的创建文明工地的领导小组，明确责任，认真落实，每分公司都要确定并抓好一个创建文明工地的重点施工队伍，取得经验，以点带面，而后全面推开。争取通过今年的努力，有 60% 以上的施工现场都能按照建筑施工安全技术标准和规范组织施工，场容场貌文明整洁，"五小"设施安全、卫生、作业面和现场周边围档严密，安全防护措施齐全有效，彻底

5. 该措施可分为几个小观点？请指出与小观点相对应的材料。

6. 根据本条材料，说明量力性原则和协调性原则。

7. 根据本条材料说明先进性原则和针对性原则。

67

改变"脏、乱、差、野"和不安全状况。

4. 开展"打假"活动，防止假冒伪劣的安全防护用品和机具设备进入施工现场。

近年来，假冒伪劣的安全防护用品和机具设备等不断流入我公司的施工现场，特别是使用低于2000目、承受不了规定冲击荷载的密目式安全网随处可见，因安全用品不安全而造成的伤亡事故时有发生。为加强对施工现场安全防护用品及机具设备的使用管理，要求每季度都要对施工现场上使用的安全带、安全帽、安全网、漏电开关、标准电箱、井字架（龙门架）、整体提竹脚手架、塔吊等进行抽查一次。对于不合格产品，要积极地与当地工商、技术监督部门取得联系，由他们依法处理。对于使用不合格产品又拒不纠正的施工队，各分公司要加以严肃处理，不得姑息；由此而造成的伤亡事故的，对责任人追究法律责任。

5. 强化多发性事故的专项治理，严肃查处重大伤亡事故。我们要针对高处坠落、坍塌、触电、中毒"四大伤害"认真开展专项治理工作。以去年发生的事故看，"四大伤害"占事故总数的93.14%。各分公司及施工队都要认真剖析近年来发生事故的原因，汲取事故教训，总结事故发生的规律，有针对性地采取治理措施，并在施工中坚决贯彻执行，以尽量控制和减少伤亡事故发生，特别是同类型事故重复发生。各施工工地都要在现场上悬挂以预防"四大伤害"为主要内容的《建筑安全生产挂图》，以警示作业人员、管理人员要遵章守纪，防止冒险蛮干的倾向。对于发生了伤亡事故的，除要继续坚持事故快报、事故现场调查和事故汇报制度外，还要按照"四不放过"（即原因不查清不放过、不采取改进措施不放过、责任人和广大群众不受到教育不放过、对事故有关领导和责任人不查处不放过）的原则严肃处理。

6. 制定规划，狠抓落实，认真做好建筑职工的安全培训教育工作。

大量农民工涌入建筑大军，使建筑队发展迅速，但由于安全培训教育工作薄弱，未能做到先培训，后上岗和规范化、制度化的安全培训教育，使很多职工包括一些公司经理、项目经理的安全意识淡薄，缺乏必要的安全知识，不讲科学、蛮干乱干、违章指挥、违章作业，致使伤亡事故不断发生，因此，必须抓好安全培训教育工作。凡属施工现场上的各类管理人员和作业人员，每年都要接受一次一定的时间和内容要求的安全培训教育，安全培训教育的时间和内容要求，根据不同的岗位、工种而定。一般情况下，由分公司负责其职工的安全培训教育；对于实行工程总承包的，则由总包单位负责组织分包单位的职工的安全培训教育。每个职工都要建立安全培训教育的档案，将每个人接受安全教育的情况记录在本人的安全培训教育卡上。安全培训的师资要接受过专门的培训，教材使用建设部统一审定的。

8. 根据本条材料说明严密性原则。

9. 本条共有几条措施？试归纳。

10. 根据本条阐述计划的严密性原则。
11. 请找出目标与措施的关系对应。

7. 突出检查重点，认真开展施工现场安全达标大检查

今年的检查重点放在创建文明工地和开展安全培训教育上，检查的方法仍是随机抽样。对检查出来的问题和隐患抓紧立项整改，限时解决，一些技术上暂时解决不了的问题，也要研究制订解决的方案，明确解决的日期。要注重实效，防止走过场。

199×年 1 月

12. 正文部分的内容，是否有"检查方法"和"其他事项"？

【例文三】（计划）

××市建筑金属装饰材料制品厂
核定××年度流动资金定额的工作计划

根据上级关于加强流动资金定额管理的通知精神，按照总厂核定流动资金定额的要求，特制定本工作计划。

核定本年度流动资金的目标是：在去年核资的基础上，结合增产节约活动中揭露的问题，发动群众挖掘资金潜力，按照正常生产最低需要的原则和加速资金周转的要求，从紧核定资金定额，通过核资，认真建立健全制度，进一步提高企业管理水平。为了实现这一目标，我们要着重抓好以下几项工作：

一、作好核资动员工作，提高职工对核定流动资金定额的认识。（略）

二、核资采取分级归口、自查自核、专业部门协助的办法进行。具体做法是：

（一）定额的计算，必须以第×季度生产计划为依据。

（二）一切不参加正常周转的呆滞、积压物资和供、产、销各个环节上不正常因素所需的额外资金，不包括在核定定额范围之内。

（三）凡是原材料供应方式、地点、价格发生变动，产品生产周期和存放期限变化，或者销售条件和结算方式改变，均据实予以调整。

（四）供应正常，可以保证供应或有其他代用品的原材料，一律不计算保险日数。

（五）各项定额均分项计算。主要材料应分品种计算，一般原材料和辅助材料应分类计算。同时，计算定额负债（税金、应付工资等），以防止资金浪费。

三、核资步骤

核资工作分三步进行：第一步，各部门自查自核，财务科配合协助；第二步，全厂平衡，汇总上报；第三步，建立健全制度，动员做好执行定额的思想准备。具体时间安排如下：

（一）×月×日至×日财务科内部测算，拟定资金归口办法，厂部动员。

（二）×月×日至×日各部门汇集测算资料，发动有关群众讨论，自查自核。

（三）×月×日至×日财务科综合平衡，上报方案，各部门讨论资金归口办法。

（四）×月×日至×日向上级办理资金交拨，公布资金归口办法。

今年是治理整顿关键的一年，我厂要在总厂的领导下，按照上级加强核资管理的要求，振奋精神、齐心协力，努力工作、克服困难，堵塞漏洞、挖掘潜力，迅速扭转资金紧张的局面，为加速资金周转，建立健全制度而作出应有的贡献。

××年×月×日

思 考 与 练 习

1. 填空题

1. 计划是为＿＿＿＿＿＿＿＿＿＿提出预想的目标，并制定出实现这个目标的具体＿＿＿＿＿＿＿＿、＿＿＿＿＿＿＿＿和＿＿＿＿＿＿＿＿的应用文。

2. 计划的作用具体为＿＿＿＿＿＿＿＿作用，＿＿＿＿＿＿＿＿作用，＿＿＿＿＿＿＿＿作用。

3. 计划，是个宽泛的概念，常见的＿＿＿＿＿、＿＿＿＿＿、＿＿＿＿＿、＿＿＿＿＿、＿＿＿＿＿、＿＿＿＿＿等等，都统归于计划的范畴。

4. 计划按性质分，有＿＿＿＿＿＿＿计划，＿＿＿＿＿＿＿计划等；按对象分，有＿＿＿＿＿＿＿计划，＿＿＿＿＿＿＿计划，＿＿＿＿＿＿＿计划；按内容分，有＿＿＿＿＿＿＿计划，＿＿＿＿＿＿＿计划，＿＿＿＿＿＿＿计划，＿＿＿＿＿＿＿计划等；按时间分，有＿＿＿＿＿＿＿计划，＿＿＿＿＿＿＿计划，＿＿＿＿＿＿＿计划等；按形式分，有＿＿＿＿＿＿＿计划，＿＿＿＿＿＿＿计划等。

5. 建筑企业的计划，按其内容的不同，一般可分为：＿＿＿＿＿＿＿计划，＿＿＿＿＿＿＿计划，＿＿＿＿＿＿＿计划，＿＿＿＿＿＿＿计划，＿＿＿＿＿＿＿计划，＿＿＿＿＿＿＿计划。

二、简答题

1. 计划的格式一般由哪三部分组成？当中每部分大体包含哪些内容？

2. 制定计划要遵循哪六项原则？

三、根据建筑施工图纸，制订一份施工质量计划。

第二节 总 结

一、总结的性质和作用

把过去的一定阶段内的工作、学习或思想情况加以回顾进行分析、作出判断，以便肯定成绩和经验，发现缺点和问题，明确前进方向，更好地指导今后的实践，这个认识过程叫总结。用文字反映这个认识过程的应用文，就是文书类总结。小结、体会、回顾、反思等实质上也是总结。

总结与工作报告、计划、调查报告有联系又有区别。

总结与报告比，第一，工作报告是总结和计划的联合体，回顾过去工作与部署今后工作常连接在一起；第二，工作报告代表发文机关的意见，直接具有行政效力，总结则一般不具有行政效力；第三，工作报告以陈述事实为主，较少议论，总结则夹叙夹议。

总结与计划比，都以"自我"为对象，着眼于指导未来的工作。它们的区别是，第一，计划制订于事前，要解决"做什么"、"怎么做"的问题，总结形成于事后，要回答"做了什么"、"做得怎样"的问题；第二，计划一经批准，对计划期内计划单位的工作有直接指令作用，总结即使成为正式文件，也主要是提高认识的作用，间接地对今后工作产生影响。

总结与调查报告比，都是有深刻认识作用的参考性材料，表达方法都是叙述、议论兼用，就事论理，有时单看文面，几乎一样。它们的区别是：第一，目的不同，调查报告有较强的新闻性，是为了回答现实生活中迫切需要回答的问题而写的，总结是常规性的工作制度，无论人们关注与否都要写；第二，时机不同，调查报告随时都可写，且时效性强，总结则总是在工作完成以后或告一段落时写，且时效性弱，无需赶时间；第三，依据不同，调查报告依据党的方针政策，人们的价值观念与道德取向等反映调查对象的是非得失，总结则依据原先制订的工作计划或某项工作的政策、方针来评价总结对象的是非得失；第四，角度不同，调查报告是非当事人的观察分析，要用第三人称，总结是当事人对自己的观察分析，要用第一人称，只有领导机关或以个人署名总结下属单位的材料有时用第三人称。

总结在企业的经营管理活动中，是经常使用的文种。其具体作用，至少有以下几个方面：

1. 总结是把事物零星的、表面的感性认识，上升为全面的、本质的理性认识，所以，总结可以使企业的干部、职工在生产实践中减少盲目性，增强自觉性，充分发挥主观能动性。

2. 通过总结，可对完成生产计划的情况，企业管理中的问题，干部职工的情绪有较全面的了解及清醒的估价，哪些要肯定的，继续发扬光大；哪些该否定的，从中吸取教训，从而使经营决策者做到心中有数，明确下阶段生产、工作的主攻方向。

3. 通过总结，有利于发现执行政策和完成计划任务中的问题和矛盾，并给予及时纠正和解决，从而有利于增长才干，提高领导水平。

4. 通过总结，使职工群众也能看到自己单位的工作全貌和自己工作的意义，从中得到鼓舞和提高参与意识。

二、总结的种类

总结的种类较多，按内容分，有工作总结、生产总结、学习总结、思想总结等；按时间分，有年度总结、季度总结、月份总结、学期总结、阶段总结等；按对象分，有地区总结、单位总结、部门总结、个人总结等。不管从哪个角度进行分类，总结的表现形式均可归纳为综合性总结和专题性总结两大类。

综合性总结亦称全面总结，它是对一个部门、一个单位、一个地区在一定时期内的各项工作情况进行全面的总结。其特点是涉及面广、内容丰富、时间较长、影响较大。其作用向上是向领导机关汇报情况，便于领导机关了解和掌握下情，更好地做出决策；向下是让群众了解情况，明确方向，更好地搞好本单位的工作；对外则是为了全面介绍工作经验和不足，以利借鉴，共同提高。个人的年终总结也多为综合性总结。

专题总结一般是对某一单位、部门或地区在一个时期内某一方面的问题进行专门性总结。其特点是内容具体详细，针对性强，应用广泛。其作用在于用典型的经验来指导全面的工作、或以某一失误的教训给人以警戒。科研及生产技术方面的带有学术性的总结，一般都为专题总结。

三、总结的结构和写法

总结的结构和写法，没有固定的格式，它必须根据不同的内容和目的，针对不同的对象，确定相应的格式和写作重点，采用灵活的写法。总结一般由标题、正文和落款三部分组成。

1. 标题

总结的标题一般由单位名称、期限、事由和文种构成，写作时可根据总结的具体内容来制定标题。标题的结构形式一般有以下三种：

①总括式标题。总括式标题由单位名称、时间、事由和文种构成，综合性总结常使用

这种方式。如《××建筑机械设备厂××年度工作总结》这种标题，简括醒目，一看就知。

②新闻式标题。新闻式标题又称概括式标题，这种标题的特点是标题中概括了总结的内容，经验总结常常使用这种方式。如《依靠科技进步，加快建设步伐》。这种标题，简明扼要，突出重点。

③双标式标题。双标式标题又称正副式标题，正标题突出总结的中心问题，揭示总结的主旨，副标题标明单位名称、时限等，此种标题侧重于专题总结，如《增强"四个意识"，努力管好城市——××市199×年城市管理工作总结》。这种标题，严密周全，印象深刻。

2. 正文

正文是总结的内容，由三部分组成：

①前言。前言亦即引言，主要是概述基本情况和说明总结的主旨。不同的总结，前言的内容又各有所侧重：有的是对基本情况和实践过程的概述；有的交代时间和历史背景；有的说明指导思想；有的扼要介绍取得的主要成绩、经验和存在的问题。但无论前言的内容如何侧重，都要求为下文深入总结作好铺垫。前言的具体写法有三种：

叙述式。概括叙述工作的基本情况、实践过程和结果。写作时要紧扣中心，突出重点，给读者一个总体印象。

结论式。一开篇即提出结论，然后围绕结论展开叙述。这种写法观点鲜明，让人一目了然。

提问式。用提问的方式摆出问题，点明总结的重点，引起读者的注意。

②主要成绩、经验、体会、问题和教训。这是总结的核心部分，是重点。成绩是通过实践活动所取得的成果，经验是取得成绩具体作法的概括，有成绩才有经验，有经验才能取得成绩。因此，在写作时，要用确实的材料和具体的数据说明成绩，然后从工作的具体事实和成绩入手，通过摆事实、讲道理，详细分析取得成绩的做法、原因，从理论上揭示事物内在的规律性，从而归纳出既正确又新鲜的经验。由于这部分内容在全面总结中占有重要位置，所以，对成绩和经验的论述可以单独列项叙述。

问题是实践活动中存在的尚未解决的矛盾，教训是由于主观原因造成的损失而得出的反面经验。认真总结出存在的问题，能够帮助我们正确地认识事物，找出差距和解决问题的方法；着重分析失误的原因，从中吸取教训，则可以使我们今后工作少犯错误。

③今后努力的方向。这是在总结经验教训的基础上，针对存在的问题提出的具体措施，是主体的结尾部分。这部分在写作时既要有针对性，提出的措施还必须切实可行。这部分内容不宜过长。

3. 落款。即总结的署名和日期。如果总结以单位名义撰写或发表的，署名可在标题下面，也可在文尾；如果标题上已出现单位名称，可不必署名。如果总结以个人名义写的，或系投稿发表的，署名应在标题下面。如果系向上级呈报的，署名和日期一般放在文尾，署名在上，日期在下。

总结如经有关会议、领导机关或法定代表人的批准，作为正式文件上呈或下发，则应写上报、抄、写、送的单位名称或个人名字，并注明密级和印数，按公文撰写和流通的手续办理。

由于总结的种类繁多，内容也有一定差异，因此，总结文体的结构形式也多种多样，现介绍最常用的三种：

三段式。三段式结构是以主要成绩经验、存在的问题和教训、今后努力的方向三个层次为序进行叙述。这种结构思路清晰、层次分明，适用于全面总结。

条文式。条文式结构亦称归类式结构，它是把讲述的观点和事实按照其内有逻辑关系或排成条文，即用一、二、三……的顺序来安排结构，或分成既相互独立，又相互联系的段落，并分别冠以小标题作为几个层次来加以叙述和议论。这种结构写来有事实、有分析、有结论，重点突出，形式灵活，适用于专题总结。

循时式。循时式结构是按照事物发展的时序，层层深入地介绍经验体会或具体做法。这种类型，往往把过程按时序分成几个阶段，然后对每一阶段的情况作具体分析，提炼出观点来。这种结构，易于把握。

四、总结写作的基本要求

1. 要有正确的指导思想和科学的分析方法。写总结，要以党的方针政策为指导，认真分析生产或工作中的各种情况，只有依据党的方针政策来衡量各项工作，才能给生产或工作以恰当的评价；写总结的过程，事实上也是深入学习并领会党的方针政策的过程。如毛泽东所说："所谓经验，就是实行政策的过程和归宿。"

写总结，还要认真运用辩证的观点，用科学的分析方法对具体问题作具体分析。对企业生产中出现的错综复杂的情况，要由表及里，由此及彼，去粗存精，去伪存真，归纳出带有规律性的认识，揭示出企业的主流和本质特征，使主观认识和客观实际相一致。另外，要一分为二，实事求是地观察和分析问题，在总结过程中，既要看到主流、有利条件、工作成绩、经验、成功和可取的方面，又要看到支流、不利因素、不足、教训、欠缺和落后的方面。那种谈成绩经验，任意拔高，笔下生花；谈问题教训，文过饰非，一笔带过，都不是科学的态度和方法。

2. 要掌握工作全过程并占有材料。写总结，必须尽可能地了解和掌握生产实践活动及企业与之有关工作的全部情况和整个过程。了解情况，一方面可从书面材料中了解，如企业制定的各种计划，反映情况的简报，还有会议记录、纪要、表格、数据统计等等；另一方面，召开座谈会，听取与会者对企业生产和工作中取得的成绩、体会，存在的问题以及合理化建议等发言。

写总结时，要注意占有三种材料：①背景材料。即有关企业及生产发展的历史概况、环境条件、原有基础、往年生产计划、总结、备忘录、大事记等等。②典型材料。即有代表性的，能反映事物本质、说明观点的事实材料。典型材料的获取依赖于正确的指导思想和科学的分析方法。③数据材料。精确的数据能解释事物的状况，反映生产发展的过程，说明生产及工作中的成果等，几乎所有总结，都离不开数据材料。

3. 要观点和材料相统一。写总结，观点要从材料中分析、综合、提炼；一旦观点确定，就要用观点去选择材料，力求做到观点统帅材料，材料说明观点，观点与材料相统一。总结中，如果只叙述企业生产或工作的一般过程，罗列一堆"实"的材料而没有明确的观点；或者，只是提出几条空洞抽象的道理，没有具体的材料，观点成了"空中楼阁"；或者，观点加例子，材料不能说明观点，缺乏内在联系；或者，虽围绕观点选择材料，安排材料，可面面俱到，中心不突出。凡此种种，当力求避免。

4. 要面上材料与点上材料相结合。不论综合总结，还是专题总结，都应既有较为系统的全面的回顾与分析，又有典型事例或突出经验的详细介绍与剖析。面上的材料要求具有概括性，反映事物的全貌；点上的材料要求生动具体，能用来充实、印证面上的情况。点面结合的总结更具有说服力和教育意义。

5. 要叙述和议论相结合。总结中的典型人物、事例、经验等，要用叙述，则叙述是议论的依据；评价典型人物、事例、经验等，要用议论，则议论是对叙述的综合分析和提高，叙述和议论反映了观点和材料的关系，必须有机结合。一般要求于叙述中穿插议论，在议论中又有适当叙述，切忌将叙述或议论分别集中起来，从而影响总结的表达效果。

另外，对语言的要求是朴实、简洁、明确，切忌浓笔重彩，华而不实。

【例文一】 增强"四个意识"，努力管好城市
——××市 1994 城市管理工作总结

要想使城市管理走出"年年整顿年年乱，年年都要搞整顿"的低级循环的怪圈，实现由被动管理向超前管理、突击管理向长效管理、粗放管理向规范管理的转变，必须增强责任意识、效率意识、整体意识和主体意识。

一、增强责任意识，全面落实目标管理责任制

城市管理涉及的范围广、部门多，要想实现全方位的长效管理，取得平面与立面的协调，静态与动态的平衡，其根本性的措施就是在管理的各个方向、各个层次上建立并落实目标管理责任制，以形成制约机制，调动各方面的积极性。为了使各个部门各司其职，各负其责，同时也为了防止出了问题时互相推诿扯皮，市政府明确了与城市管理有关的20多个部门和地区的管理职责。把与城市管理有关的工作砍块给有关部门后，为了便于监督检查，市政府又将这些职责进行了具体的细化分解，确定了责任目标，与各有关部门和各区人民政府签订了目标管理责任状。从前一阶段的实践看，由于职责明确，大多数单位都增强了责任意识，把城市管理工作当作自己的份内工作，结合分工作出了积极而有成效的努力，使管理工作出现了新的起色。

二、增强效率意识，抓好阶段性的专项整治

城市管理是在较大的空间，较长的时间范围内进行的，在内容上具有庞杂性，在时间上具有全程性。特别是我市的城市长期在初级阶段上徘徊，需要解决的问题很多，而且难度很大；在时间上既不能拖得太久，又不可能一下子全部解决。市情和城市管理的内在规律要求我们根据季节的变化和当前形势的要求，在千头万绪中抓住主要矛盾，采取突出重点，兼顾一般，分段实施，滚动发展的方法，搞好阶段性的专项治理。这里抓住三个环节：一是划分阶段，抓住重点。如在一二月份，抓好两大节日市场的管理；三四月份天气转暖，开展环境卫生突击活动；五六月份重点整顿交通秩序，清理各种占道经营和查处违章建设；七八月份，主要抓好地产瓜果、蔬菜市场的管理；九十月份，做好各项管理工作的检查验收和冬管的准备工作；十一十二月份进入冬季管理。市政府根据时令的变化，明确城市管理工作要突出完成的任务，各部门、各单位也围绕完成这些任务，结合自己的实际来确定阶段性专项整治的重点。二是抓紧抓实，务求实效。对每个阶段的重点整治项目都要制定方案，周密安排；同时，集中时间，集中力量，形成规模、造成声势，进行集中整治，每段必求效果。否则，抓而不紧，抓而不实，边整边乱，前清后乱，事倍功半。其结果必然是"年年整顿年年乱，年年都要再整治"。三是环环相扣，滚动发展。每一阶段的工作结束之前，要预先策划好下一阶段的整治工作，以确保这一阶段结束以后，立即开展下一阶段

的工作。同时，阶段性的整治结束以后并非是一劳永逸，在下一阶段中要加强经常性的管理，以巩固和扩大阶段性整治的成果。这样，环环相扣，滚动发展，实现了阶段性和连续性的统一，有效地推动了各项管理工作一步一步登上新台阶。

三、增强整体意识，加强城市管理各要素之间的有机联系

城市管理是一个复杂而又庞大的系统。各有关部门、有关单位和各管理层次都是这个系统中的组成要素。在这个系统中，各要素既具有相对的独立性，承担着各自的管理责任，又存在着相互依存、相互影响和相互作用的关系。这种相互依存、相互影响和相互作用的关系，反映在我们的实际管理工作中，各种关系处理得好就是上下同步、左右协调，否则，我行我素，互相掣肘。特别是对一些交叉性、边缘性、疑难性问题的治理，要同心协力，共同配合，单靠哪一个部门、哪一个层次都难以奏效。只有保持各个管理层次同步行动，各有关部门密切配合，联合行动，综合治理，才能增强力度，取得综合效应。因此，我们在加强城市管理时，在纵向上，各区、街、委都要按市里的安排和要求同步开展管理工作，做到同频共振；在横向上，各有关部门要增强整体意识，在完成好自身承担的管理任务的同时，对需要互相配合的工作，一定要不推不拖、主动配合，克服那种有利的争着管、无利的推着干的本位主义思想。

四、增强主体意识，发动群众参与城市管理

城市的主体是人，人民群众是城市的主人。每个市民既有享受良好环境的权利，又有创造和保护好环境的义务。因此，只有不断增强广大市民的主体意识，以主人翁的姿态参与管理，才能使管理工作在最广泛、最深入的层次上产生效益。我们在实际工作中强调要抓好三个方面的工作：

第一，大力开展全民教育。良好的城市环境不仅取决于"硬件"，更取决于"软件"，即不仅取决于城市设施的建设，更取决于市民的城市意识、文明程度等非物质因素。因此，我们把开展全民教育、尽快提高市民的城市环境意识和社会公德水平当作城市管理的一项治本之举认真抓好。利用各种时机，采取多种形式，坚持不懈地开展全方位、立体化、多层次的宣传教育活动，从而使每个公民都不断提高自身素质，充分理解和尊重环卫工人的劳动成果，自觉维护城市环境的清洁卫生，由"一人保洁，万人造脏"变为"一人清扫，万人保洁"。

第二，建立社会监督机制。实施社会监督是人民群众参与管理必不可少的环节。社会监督的主体是人民群众。市政府经常教育和动员市民对各项城市管理法规的贯彻执行情况、各职能部门的管理工作和各执法队伍的执法情况进行监督，以使形成内部监督与外部监督、宏观监督与微观监督相结合的机制，使城市管理工作走上依法行政、以法治城的轨道。与此同时，我们对人民群众反映的问题也及时进行调查处理，以保障群众监督能够行之有效的开展。

第三，建立和完善群众自我管理的组织。我市城管办和市劳动保险公司通过学习借鉴外地经验，已组建了一支有 40 名离退休职工参加的市容和环境卫生管理大队。这支队伍在城市管理中已发挥了作用，同时对老有所养、老有所为和群众直接参与管理也是有益的尝试。另外，对在各个露天市场和各条道路上的经营户划行归类，分组管理。主要由经营户选出的行业组长和个体劳协实行自治自管，这些群众组织进行自我教育，自我管理，自我约束，起到了专业管理人员所起不到的作用。

【例文二】 靠质量树信誉，以精品争市场

"工程质量关系到企业的生命和人的生命，今天的工程质量就是明天的市场容量"，根据这一切身体验，我公司始终把工程质量作为企业的第一意识，确立了"靠质量树信誉，以精品争市场"的发展观，并通过扎实有效的措施，推动了质量管理的科学化、规范化和标准化。1994年，我公司工程质量一次交验合格率100％。一次交验优良率67％，其中在扬州，深圳市场工程成优率达100％。近几年来，先后创部、省、市级优质工程30多项，连续两年获××省"质量综合管理先进单位"称号，被誉为"质量兴业"的尖兵。

一、实行目标管理，确保质量创优。我们将创优工程落实到具体项目上，实行目标管理，在下达各项经济技术指标的同时，一并下达质量指标，列入内部经济责任承包的范围，年终考核奖惩，按市优、省优、部优的标准计算"创优"奖，在此基础上，按照不同的创优、获奖等级，另行嘉奖项目负责人和项目技术负责人3000元～5万元，以此调动各级的"创优"积极性。为了确保目标的实现，公司对质量目标进行层层分解，横向分解到技术、质量、计量、材料、劳资等各个职能部门，纵向分解到工程处、工地、作业班组，做到环环相扣，人人有责，从而形成相互协调，相互制约，相互促进的目标管理网络。同时，逐级签订目标管理责任书，一级对一级服务，以确保创优目标的实现。

二、落实质保措施，奠定创优基础。首先，建立质保体系。为了加强公司的质量管理工作，使创优计划有组织、有步骤地实施，我们从思想政治工作、施工组织设计、施工现场管理、施工作业后勤等几个方面建立相应的质保体系，由一名副经理和一名总工程师分管质量工作，具体业务由质检科负责，工程处设立分管技术副主任，公司成立全面质量管理（TQC）领导小组，组织各施工队开展QC小组活动。各工程处、施工队设专职质检员，对工程质量进行跟踪检查，从上到下形成了质量检测监督和管理网络，使质量管理工作做到横到边、竖到底，人人皆知。其次，严把材料质量关。建筑材料的优劣直接影响建筑工程的质量，影响建筑产品的使用寿命。为了防止劣质材料进场，我公司规定，采购材料时必须要生产厂家或经销单位出具的质量证明书或合格证，材料进场必须先送公司试验室检验，不合格的材料坚决退货，从而原材料的使用与管理上确保了工程质量。第三，严格施工管理制度。工程无论大小，均要编制施工组织设计，作为施工中的指导文件，同时按照不同的施工阶段编制"基础、主体、屋面、装饰"等分部工程施工方案，具体指导施工。在施工中，做到"三按"、"三检"、"三工序"，即按设计图纸施工，按施工组织设计施工、按施工验收规范和施工操作规程施工；自检、互检、交接检；检查上道工序，保证本道工序，服务下道工序。

三、扩大科技含量，争创名牌产品。现代科学技术和现代化管理是提高工程质量和经济效益的决定性因素，建筑施工企业要想以质量求生存，靠信誉谋发展，就必须坚定不移地走"科技兴业"之路，不断扩大建筑产品的科技含量。因此，我们每年都制订企业科技进步发展规划，在加大技改投入，注重人才培养的同时，重点突出"四新"成果的推广运用工作。公司专门成立了新技术研制应用小组，在总工程师的领导下，主要致力于新技术的开发、研制及"四新"成果的推广运用工作。这些新技术和新工艺，解决了工程中许多难题，为提高工程质量提供了强有力的技术保证。在××冠亚毛绒玩具公司厂房、××客车厂座椅分厂厂房和××通运集团集装箱厂厂房等工程施工中，我们应用高预应力混凝土

后张拉新技术，以高强钢丝束代换螺纹钢筋，降低了成本，提高了工程质量，获得扬州市科技进步一等奖。

工程质量的提高，带动了经济效益的增长，扩大了企业的社会信誉。1994年我公司完成产值 3.4 亿元，实现利润 907 万元，被誉为"建筑之乡"排头兵、建工系统"领头雁"。

【例文三】　　　　　　　　××市级机关党校教学楼工程质量事故的总结
××市建委质监处

××市市级机关党校教学楼工程，建筑面积 $1600m^2$，砖混结构、局部五层，条形基础。××县建筑设计室设计工程图纸，鸿基房地产公司开发建设，双元建筑公司施工，市质监站负责工程质量监督。该工程于 1994 年 9 月 15 日开工，1995 年 4 月 5 日主体竣工，市质监站对该工程的主体质量验评暂定为优良等级。市级机关党校作为工程使用单位对质量等级提出疑议，并向市建委报告，要求对该校教学楼工程主体质量进行重新评定。

经过有关部门对该工程质量重新检测，得出如下结论：

1. 梁、柱混凝土工程强度总体评定为不合格。强度标号与设计值偏差最多为 45%。

2. 混凝土成型不好，几何尺寸偏差大。其中最大一外柱与梁的接头偏位超过《施工规范》达 10 倍。

3. 四大角窗下墙和屋面中字梁结构出现不规则斜裂缝。且未按设计图纸进行结构找坡，自行起拱 140mm。

对照国家标准，该工程主体质量只能验评为不合格。诸多的质量问题埋下了严重的隐患，终酿成了该起质量事故。经过专家会诊，现已采取了梁贴钢板、柱加宽、地基加固等补强措施。

一项建筑工程从优良等级变为不合格等级直至酿成质量事故，其原因何在，各有关方面又应从中吸取哪些教训呢？我们认为：

1. 设计质量把关不严。该工程一开始，就没有严格按照国家基本建设程序办事。建房手续不全，使用和开发单位，在工程的建设规模、结构选型、装饰标准、委托谁设计诸方面没有达成书面统一意见。设计单位一味地迁就开发单位提出的不合理要求，没有严格坚持国家有关技术标准，如地基基础设计仍按老标准设计，质量不高，给施工带来不利。

2. 开发单位一味追求经济效益。该工程是以土地换房子的建设项目，只对建筑面积有要求，对其他方面的要求不详细。再加上承担该工程项目的开发单位是新组建的，质量保证体系不健全，对基本建设程序不太了解，应该履行的手续不清。导致工程建设质量把关不严，同时和使用单位签订的优质优价合同又驱使他们和施工单位捆在一起难以自拔（该工程质量等级达到优良标准，使用单位要给总造价 5% 的资金），甚至支持施工单位盲目抢工，以次充好。

3. 企业放弃管理。承建该工程的是市城郊的村组企业。名为四级资质等级，公司正式人员寥寥无几，大部分工人是乡镇农民工，没有进行过任何专业培训，对国家规范、标准、操作规程一窍不通，梁、柱混凝土浇筑，原材料不检测、不计量，包工头叫怎么干就怎么干。就是该工程的技术负责人，也仅是初中毕业从事建筑业才几年的土技术员，连图纸上的结构构造都搞不清。再加上公司放弃管理，只按工程总造价向包工头抽成。承包的包工头以幢号独立核算，能省就省，能偷就偷，客观上也降低了对工程质量的要求。

4. 工程质量监督工作没有完全到位。承担该工程质量监督以监督代替管理虽比过去大大前进了一步，但在执行中却存在许多问题。名为执法单位，实质是向业主（建设单位）收费的事业单位。在工程建设质量控制过程中，究竟承担了哪些法律责任不清楚。再加上前几年基建规模扩大，质监新增人员多，有的是大中专毕业生，有的是聘用的离退休技干、技工，人员素质参差不齐，有的本身就不懂设计、施工，但却做监督员，行使执法权。对工程质量的监督，虽然有几步到了位，但基本上采取事后验厂方式，没有对工程质量进行事前把关，没有对隐蔽工程和建筑体内部结构的问题及时察觉；分片包干，人情关系或金钱利益等因素也干扰了工程监督的严肃性。特别是在工程质量等级核验时，随意性更大，受人为因素干扰更多。从整个施工过程看，质监人员疏以监视，疲以督促。他们对使用单位提出的质量问题，坚持原则要求整改不力，工作中有放任自流现象，在一定程度上，为一些不符合建筑规范、标准和操作规程的行为开了方便之门，再加上对工程建设的龙头——设计质量不监督，最后使工程质量走到了难以收拾的地步。

针对这一教学楼工程事故产生原因的分析，我们认为，为提高建筑工程质量，今后一定要加强建筑市场的管理和规范，加大管理力度，强化政府监督和制约机制，加快建筑立法，积极推行建设监理制度，明确建设各方责任，全面提高职工素质，确保建设产品的质量。

【例文四】　　　　　市场，永恒的主旋律
××市华宇装饰有限公司

我公司创建于1991年，系部颁二级资质企业、并拥有丙级设计资质。去年，公司共完成产值2237万元，实现利润53万元，全员劳动生产率6.95万元；被省建工局、建委、省装饰协会评为1994年××省信得过建筑装饰企业，被市人民政府评为全市建筑安装先进企业。在发展过程中我们紧紧把握住了"市场"这个永恒主旋律。

一、审时度势定方向，敢打"发展牌"，不遗余力开拓市场

公司创建伊始，面对起步晚，基础薄弱，市场竞争激烈等不利条件，我们认为：要生存发展，只有开拓进取，市场是大家的市场，市场本身每时每刻都充满着机遇，走出去，才能活下去。于是，公司领导和经营人员全部走出家门，东奔西走、南征北战，摸信息、找线索，能找到的机会决不放过。通过一轮密集型的"集团冲锋"，扬州金银首饰店、扬州交通银行营业楼、南京扬子宾馆、深圳科技工业园维用科技大厦、北京东城区青少年活动中心等一批工程的装饰业务先后到手，成为我公司前期一展身手的主战场。

大手笔方可写出大文章，大动作才能搞出大经济。初战告捷之后，我们迅速破除小富即安，小胜即满的思想，向规模工程进军。经过一番艰苦努力，北京幸福大厦、深圳海晖花园大厦、海口环岛大酒店五星级宾馆等一批大规模、高水准的装潢工程剪彩的礼炮又鸣响了。在市场开拓中，我们逐步减少向大企业输出劳务，而是全力以赴在双包工程上求突破。1993年起我们先后承建了北京香港首饰城、民族饭店、

阅读训练
1. 标题的事由：
标题的结构形式：
2. 前言的具体形式：
————
3. 前言的这种写法有何特点？
4. 试归纳该节的
①观点；②取得的成绩；③具体做法；④获得的经验。
5. 该公司是如何"审时度

民政部高层住宅楼等多项百万元以上的装饰和水电暖通工程。

二、从严管理抓效益、精心"练内功"，扎扎实实确定市场

我们建立了以工程部为核心的质量保证体系，各分公司设有专职质检人员，实行定目标、定责任人、定奖惩的装饰工程质量目标管理制度。1994 年公司施工工程履约率达 100%，一次交验合格率达 100%，优良品率达 53.5%。国际赛格证券投资公司等一批高标准的装饰装璜工程，受到建设单位的高度评价。我们一贯坚持把安全生产讲在嘴上，抓在手上。经常组织职工进行安全意识教育，逢节假日都要查询、督促各分公司的安全生产，新招工人要接受公司、分公司、施工队三级安全教育，有效地促进了公司安全生产的标准化和规范化。几年来，我公司一般事故频率均控制在 1.2‰ 以下，重大安全事故为"0"，1994 年度被评为××市建安系统"安全生产先进企业"。在财务管理上，我们主要是以经济为杠杆，加强对分公司的成本核算和监控，进一步建立健全定额体制，对施工中人、财、物的占用及利用程度进行分析和控制，把住了财务关，确保了预期的经济效益目标的实现，被××市建行评为一级资信企业。

三、加大投入上等级，抢占"制高点"，创造条件扩大市场

装饰装璜业是融多专业、多工种为一体的行业，对土建、装饰、水、电、暖、通等专业都有相当的要求。尤其是装璜设计，许多建设单位要求设计与施工一条龙服务。为此，我们抽调有关专业技术人员成立了设计室，购置了上万元的科技图书和技术标准等资料，并且进行上资质、上等级的提高工作，积极创造条件上设计乙级资质。1993 年、1994 年两年，我们提供设计、施工一条龙服务的工作量达数百万元。另外，我们把培训和引进人才，作为提高技术水平，提高企业素质的关键措施来抓，想方设法与高等院校挂靠联营，借人借智借技术。扬州大学、南京师范大学、中央美术学院等先后成为我们的技术合作伙伴。创业至今，公司共送培和引进专业人员 28 名，评聘初、中级技经人员 23 名，技经人员已达 48 人，占全部在册职工的 13.7%。在新设备的投入方面，我们舍得花资本，目前公司机械设备原值 220 万元，人均技术装备达 7000 多元。

正是由于加大投入，壮大自身实力，我们才能在激烈的竞争中捷报频传，成绩骄人。我们先后捧回了"深圳市优质样板工程"、"江苏省优质工程"、"建设部优质工程"等奖杯，得意之作不胜枚举，曾有外商由衷赞叹道："这个公司装饰技术不亚于港澳水平"。

势"的？

6. 试标出该节的

①观点；②典型材料；③数据材料；④具体做法。

7. 试标出该节的

①观点；②议论；③叙述。

8. 总结中议论和叙述有何关系？

9. 请划出该总结所用的背景材料。

10. 结合该文，谈谈写总结时如何遵循总结的五项原则。

思 考 与 练 习

一、填空题

1. 总结的种类较多，按内容分，有_____总结，_____总结，_____总

结，_____总结等；按时间分，有_____总结，_____总结，_____总结，_____总结等；按对象分，有_____总结，_____总结，_____总结，_____总结等。不管以从哪个角度进行分类，总结的表现形式均可归纳为_____总结和_____总结两大类。

2. 总结的标题一般由_____、_____、_____和文种构成。标题的结构形式有_____标题，_____标题，_____标题等三种。

3. 总结的前言，主要是概述_____和说明_____。其具体写法有_____式，_____式，_____式等三种。

4. 总结文体的结构形式多种多样，最常用的有_____式，_____式，_____。

二、问答题

1. 什么是总结？它和工作报告、计划、调查报告有何联系和区别？

2. 总结对企业的经营管理活动有哪四方面的作用？

3. 写总结时，如何写好成绩经验和问题教训这一部分？

4. 写总结时要遵循哪五项基本原则？

第三节 调 查 报 告

一、调查报告的特点和作用

调查报告是对某一项工作、某一件事情、某一方面的问题、经验进行深入细致的调查后所写出的报告，是一种比较完整地反映调查研究成果的应用文体，也是一种重要的新闻报道形式。

调查报告本身不是公务文书，不直接具有行政效力，但它是公务活动的得力助手，常作为公务文书的重要附件。

调查报告的主要特点是：

1. 针对性。针对性是调查报告的灵魂。因为它是直接为解决当前工作上的问题服务的，所以，调查报告的起草人必须根据党的路线、方针、政策，从工作的实际需要出发，有针对性地调查，认真地分析研究，解决迫切需要解决的问题。针对性越强，调查报告的指导意义和作用就越大。

2. 求实性。尊重客观实际，用事实说话是调查报告的重要原则。人们往往是通过事实去认识事物的，无论是反映情况的调查报告，还是总结经验，或是揭露问题的调查报告，都必须以充分确凿的事实为依据，以事实阐明道理、说明问题。这样的调查报告可使人受到教育，得到启发。

3. 典型性。抓住典型，揭露事物本质是调查报告的关键。调查报告不仅要报告事物的具体情况，而且要同理论分析有机地结合起来，从对具有普遍意义的典型材料的反复研究分析中，揭露事物的本质，找出其规律。规律能反映事物的必然性，具有普遍的指导意义，是我们行动的向导。

调查报告是使用较多的一种文体，在工作中发挥着重要作用，主要表现为：

1. 可以为领导机关了解情况，研究问题，制定方针、政策、计划提供可靠依据，同时也是宣传党和国家的路线、方针、政策的有力武器。

2. 揭露不良倾向和问题，引起有关方面的重视，促使问题的迅速解决。

3. 总结、介绍好的经验，推动和指导面上的工作。

4. 迅速反映新人新事，扶持新生事物，不断把新形势下的实践上升为理论，成为新时期工作、实践的指南。

二、调查的指导原则和步骤方法

调查的指导原则主要有以下三点：

1. 调查必须尊重客观事实。

一切从实际出发，客观地、冷静地去了解事实，是调查工作成败的关键。正确的结论，只能产生于调查研究的末尾，而不是它的开头。如果指导思想不端正，"先入为主"地带着框框去调查，根据主观上已形成的结论，去找例证，必然会歪曲客观事实，得不到合符客观实际的材料，如果再根据被歪曲的材料作判断，就只能得出错误结论，以致造成工作上的损失。因此，做调查一定要尊重客观事实。

2. 调查必须以科学理论和党的方针政策为指导。

马列主义理论和党的方针政策，是亿万人民群众的实践经验的总结和概括，它正确地反映了客观世界发展的规律，以此为调查的指导原则，是增强调查的客观性，防止主观性和片面性的保证。因此，必须认真学习马列主义理论和党的方针政策，自觉运用唯物辩证的观点去观察分析问题。

3. 调查必须有正确的态度。

调查是一项向他人"求索"的活动，没有被调查者的欣然合作，调查将是一事无成。所以，调查时谦虚诚恳的态度，严肃踏实的作风是能否获得真实情况的关键。调查者必须有虚心向群众请教的思想，放下架子，不耻下问。跟人讨论、商量，要注意方式方法，要有耐心。

为搞好调查，还须按一定的步骤方法进行。

1. 调查前要做好准备工作。调查的准备工作主要是：第一，了解调查课题和调查对象的基本情况；第二，熟悉有关的方针、政策；第三，制定调查计划，即自身活动的安排，包括目的、时间、对象、方式、方法、力量组织等；第四，拟定调查纲目——向调查对象了解的具体问题。

2. 调查时要选好调查方法。

按照调查的广度范围区分，主要有普遍调查、典型调查、抽样调查三种方法。

①普遍调查，又叫全面调查、统计调查法。它是对研究对象的全体做无一遗漏的逐一调查。这种方法覆盖面广，获得的材料全面，但耗费大，只能调查一些"刚性"的问题，无法了解深入生动的情况，仅用于非此不可的课题。如企业中一些"民意测验"、"班子考察"以及对企业中某一改革举措的态度等等。

②典型调查，又叫个案调查，即"解剖麻雀"的方法。它是在研究对象范围内选取个别有典型意义的对象进行调查。这种调查法较深入细致，但它是从个别认识一般，而且这个"个别"是否典型，往往因人而异，资料的客观性常受到限制。因此，搞典型调查时，一定要依靠广大职工和各级领导，选择好有代表性的典型，切忌主观片面。

③抽样调查，是从研究对象总体中抽取部分对象（样本）进行调查。抽样调查的方法

一般能排除主观性，以保证调查的客观性，兼有全面调查和典型调查之长。如对一个大型企业建筑质量的调查，就无须对每一个建筑工地都进行调查分析，只需抽取其中几个工地调查即可。

按照调查的形式分，有询问法、观察法、实验法三类方法。

①询问法。主要用语言进行调查，一般通过问卷、访问、调查会等方式进行。

②观察法。主要用视、听进行调查。有参与观察和不参与观察之分。干部"蹲点"、带职下放是参与观察，参观、列席会议、阅读文献资料是不参与观察。

③实验法。主要是用实践来证明设想的调查方法。如设想进行工程承包方案的改革，这就要在部分建筑中试验，以观效果，这就是"试点"。又如，为了直接迅速获得某些建材产品的市场反馈信息，工厂直接设经销门市部销售自己的产品，为调控产品的生产量作好调查。

三、调查报告的种类

调查报告作为参考性文书，除了用"调查报告"、"调查"的名称以外，以"考察报告"、"调查汇报"、"情况反映"、"情况介绍"命题的文章，或标注"调查与思考"、"信访调查"、"调查附记"等文章也属于调查报告。

根据调查的目的和反映的内容不同，调查报告可分为情况、经验、问题等三种类型。

1. 情况调查报告

又可称之为基础调查报告、综合调查报告。这类调查报告的主要职能是为有关部门和人员提供决策、制定计划、处理和研究问题的可靠依据。它的显著特点和可贵价值在于"资料性"，在于对材料的选择、组织具有科学性、可靠性和实用性。它一般要求写清楚调查的时间、地点、范围、对象，要求提供的情况尽可能全面、完整、真实、准确、典型。企业中关于职工素质状况调查、基建工程文书中不少论证性附件材料、建筑市场培育和完善的情况汇报等都属情况调查报告类型。

2. 经验调查报告

又可称为典型调查报告。这类调查报告的主要职能是介绍先进经验，为推动"面"上的工作提供借鉴。它一般要求具有新闻性，能公诸大众，在报刊发表或会议交流；要求内容具有社会性、典型性，能为别人所借鉴。

3. 问题调查报告

又可称之为事件调查报告，是非调查报告，这里的"问题"不限于狭义的事故、错误，是广义的概念，还包括应当引起重视和值得研究的问题。这类调查报告的主要职能是揭露问题、剖析问题和提出解决问题的意见，为解决疑难问题或防止指导的片面性献计献策。在写作中，由于问题的复杂程度不同以及调查者获得材料的限制，在文章中不必要或不可能表述得十分完善，可以根据实际情况有所侧重，只要抓住该问题的主要矛盾就可以了。常见的问题调查有两种写法，一种侧重于揭露和分析问题，并不拿出解决问题的方案；另一种侧重于剖析问题并提出解决的办法。

四、调查报告的格式和写法

调查报告的格式一般包括标题、正文、署名和日期三部分。

1. 标题

调查报告的标题主要有两种写法：

①公文式标题，又称文件式标题。其主要特点是标明调查对象和文体名称，如例文二《关于建筑业"白条"问题的调查》。

②新闻报道式标题，又称文章式标题。其主要特点是用标题揭示主题。如例文四《一年登上一台阶，三年迈出三步》；有的调查报告还用正、副题，如例文一《强化管理出效益，依靠科技上台阶——××市建筑设计院四年翻四番的调查》，副题一般用以标明调查的地点、内容或范围。

2．正文

正文一般包括前言、主体、结尾三部分。

①前言。前言或称导语、引言，是调查报告的开头部分。前言的写法多种多样，不同类型的调查报告的引言又各有特点：情况调查的前言要交代调查对象的性质、范围、调查所用的方式方法等（如例文五），以说明调查资料的可信性和典型性。经验调查的前言一般是调查对象有关情况的概述，有的总括取得的成绩，有的指出经验产生的基础和意义，有的则介绍调查的基本情况等等。问题调查的前言一般都以提出问题，以引起回答，或提出问题的迫切性，以引起读者的注意。

无论何类型调查报告的前言，都要求文字简明扼要，高度概括。

②主体。主体是调查报告的主干、核心。调查的情况、经验、问题都要在这里展开。主体格式有以下几种：

多项综合的写法。是把情况、问题、意见、建议等多方面的问题并列排放、分头阐述（如例文五），一个问题就是一条经验，这种写法的优点在于突出基本经验。综合性的调查报告多采用这种写法。

分列小标题的写法。是只从一个角度安排结构，且用小标题标示，或介绍经验（如例文一、五），或反映情况，以突出其主旨。

一事一议分析法。是针对一件事进行分析，从中得出结论（如例文二）。它要求有情况、有数据、有分析、有倾向的意见。力求语言精练、简洁。

分块标题的写法。是以内容为中心，并分成若干部分，每部分前面只标以顺序号码的写法（如例文四）。

③结尾。调查报告的结尾并非都要，如例文一和例文五就无专门结尾段，但有些调查报告的结尾却是必需的，如例文四。结尾一般有这几种：结构性的，用来与开头呼应（例文四）；呼告性的，或发出警告，或提出建议，或展望前景，或表达决心（例文二、三）；总结性的，对全文内容加以概括，或作总的评价；余论性的，作者为了防止偏颇，作某些说明和补充。总之，结尾部分的写作要从文章的实际需要出发，即不可草率从事，也不可画蛇添足。

3．署名和日期

单位署名，可把单位放在标题之内。个人署名，名字可署于文尾右下方，也可置于标题的右下方。如署年、月、日，一般在文章结束处的右下方。

五、调查报告写作的基本要求

1．以实地调查为基础，掌握各种材料。

调查报告不能象通迅那样以生动的描绘引人入胜，也不能象议论文那样运用逻辑推理和旁征博引，调查报告依靠的是事实材料，作者对材料掌握得多少是能不能写好调查报告的前提。因此，要想写好调查报告，就要下决心深入实际，大量地详细地掌握材料，多多益善。所谓掌握材料，即既要有直接的材料，又要有间接的材料；既要有现实材料，又要有历史材料；既要有"点"上的材料，又要有"面"上的材料；既要有正面材料，又要有反面材料。

当然，材料要求真实、可靠。因为调查报告中的观点往往是通过事实表达出来的，事实的真实可靠性直接影响到文章是否具有说服力。

2. 以调查对象的实践为基础，提炼有现实意义的主题。

掌握材料不是目的，目的是找出规律性的东西。一种材料，可能会由于观察分析的角度不同，得出几种不同的规律性的认识，因此，作者一定要以调查目的为线索，以调查对象的实践为基础，提炼出有现实意义即对工作有指导意义的主题。在此，要防止两种偏向：

一是主题先行，先入为主。唯上、趋时、赶时髦、投领导所好，不在调查研究上下功夫，不顾调查对象的实际情况，只做应时文章。

二是堆砌材料，罗列现象。掌握了一定的材料，但不善于加工提炼，眉毛胡子一把抓。

3. 以观点材料相统一为原则，善于选择材料，归纳观点。

观点是写作者所持的看法和态度，它是文章的灵魂。材料是用来说明观点的事实。一篇好的调查报告，不仅要有鲜明的观点，还要有充分可靠的材料，并且观点能统帅材料，材料能服务于观点。

4. 以提高表达效果为原则，善于运用有效表达方式。

写调查报告要开门见山，抓住重点，不发抽象空洞的议论；必要的叙述，也要简明朴实，生动具体。对于群众中富有表现力的成语、顺口溜、民歌、民谣等要适当运用，可提高文章的表达效果。另外，准确的统计数字，科学的比较分析和分析归纳等，都是提高表达效果的有效方式，在调查报告中应得到广泛的应用。

【例文一】　　　　　精心规划　精心施工　精心管理
———××市××园住宅小区的调查

（一）

××园住宅小区是该市高士路拓改工程的配套工程，主要用于安置高士路拆迁户。

××园地处城北袁山大道与建设北路交汇处的西北角，属待开发的新区，四周道路宽阔，交通便利，整个小区规划用地 79 亩，其中建筑物占地 25.5 亩，道路、绿化占地 53.5 亩。建筑面积 10.32 万平方米，其中住宅建筑 9.09 万平方米，公共建筑面积 1.23 万平方米，建筑平均层数 6.3 层，总住户 1090 户，约 5000 余人。

小区体现了现代都市气息，高起点、高标准，建筑风格、色彩各异，功能齐全。沿主要道路布置了幼托、医务所、综合管理用房、运动场地、配电间、垃圾中转站、公共厕所等公共服务性设施。

（二）

××园住宅小区是这个市解放以来规模最大、投资最多的重点城市建设项目，是项涉及面广，时间紧，要求高，任务重的社会系统工程。为把这一工程建设成全区的样板，他们做到：

1. 科学规划，设计新颖。高士路是城中区通往城北的交通枢纽。广大拆迁户主动拆迁房屋，为城市建设作出了很大贡献。建设一个新颖、美观、舒适、实用的住宅让他们心理上得到安慰，是市委、市政府的共同愿望。在设计之前，他们组织规划处，设计院的工程技术人员到外地参观学习，开阔眼界，取他人之长，补自己之短。最后确定小区的31栋房屋（其中住宅26栋，附属建筑5栋）按照高低错落，排列有序，相互呼应的要求进行规划设计。使高层建筑雄伟挺拔、瑰丽多姿；低层建筑小巧玲珑，颇具特色。小区内的道路四通八达，路面平整宽敞，绿化面积达32%；自来水管道，供电线路，煤气管道，通讯电缆，有线电视一次性铺设完毕，各种生活设施，服务网点应有尽有，小区内环境优美，空气清新。许多新搬入小区的住户都说："新房设计新颖，居住舒适，比原来的低矮、潮湿的旧房不知要好多少倍。"省、地领导及附近的县市领导，还有旅游者通过各种形式前往考察、参观，反应良好。

2. 强化管理，保证质量。根据小区的工作量和工期，本着公正、公平的原则，他们在全市范围内筛选出30支四级以上信誉好的建筑队伍参与小区建设，签订建筑质量、竣工时间合同。从6月8日各建筑公司进入阵地开始，开展了一个比进度、比质量、比风格、比安全的四比竞赛。市政府成立了工程指挥部，分管城市建设的副市长，城建局长任正副指挥，规划处主任、设计院院长、建管处主任、质监站站长亲自蹲到工地，带领五个建设单位施工队伍的技术人员在工地上日夜不停地巡回检查；指挥部每两天召开一次调度会，发现问题及时处理，甚至推倒重来；对好的经验、好的典型则利用报纸、广播、电视进行宣传，为他们作"无偿广告"。

工地上所需的各种建筑材料，做到严格把关，尤其是水泥、烧结砖、钢筋、预制板、木材、夹板门进行严格的检测，不合格的坚决不用，杜绝伪劣产品。

10月上旬，由省建设厅组织的"建筑工程质量检查团"对小区的建筑进行了详细、严格、细致的抽检，各种数据表明，房屋的主体结构、油漆、门窗、粉刷等符合设计要求，受到检查团的充分肯定。

3. 安全生产、文明施工。在指挥部的统一领导下，30支队伍，近2000名建设者不分日夜，高速度、高质量地为小区建设奋斗。他们工棚靠工棚，材料场连着材料场，脚手架挨着脚手架，形成了一个你追我赶争先进，同心同德作贡献的局面。

特别值得一提的是，在如此巨大的建筑工程中，从未发生过重大伤亡事故。

这些有效的措施，脚踏实地的工作，极大地调动了各方面的积极性，保证了整个工程的顺利进行，从6月8日动工到10月28日仅用142天，31栋房屋全部竣工，创造了××建筑史上的奇迹。

（三）

至12月15日止，整个小区从房屋到各项配套设施建设全部结束。今年元月5日原高士路近千户计5000余名拆迁户从城市的四面八方向小区搬迁，一时车水马龙热闹非凡，到元月28日止，除极少数需对房屋进行装修者外，95%以上搬迁完毕，胜利实现了市政府在去年5月初拆迁时"让所有拆迁户在95年春节喜迁新居"的诺言，提高了政府在市民中的威信。

　　搬进新居后，剩下的问题是住宅区的物业管理问题，以往是一家一户分散式、松散型的管理，现在是高度集中，互相影响，互相牵制，往往某一个环节，某一项具体措施不当，少则涉及到几十户、几百人，多则几百户、几千人，为在全市树立小区管理的样板，以适应日益发展的城市管理要求，他们作了如下几方面的工作：

　　1. 制订管理规定，增强市民的城市意识。早在拆迁户搬进新居前，他们就着手从小区的市政、环卫、绿化、环境和精神文明等方面入手，制订了《××园住宅小区管理规定》，人手一份发至每个拆迁户，在小区内广为张贴，在电视、广播、报纸上广为宣传，真正做到家喻户晓，人人知道，以此规范市民的行为，使大家在新的环境里，遵守新的规章制度，享受新的环境带来的清新气氛。

　　2. 成立居委会，抓好日常管理。好的规章制度必须要有人来执行，否则将成为一纸空文。今年元月下旬，经市政府办公会议研究，市民政局批准，正式成立"××园居民委员会"，设编五人，具体负责小区内的社会治安、计划生育、卫生、绿化、精神文明等各项管理工作，行使政府管理的某些职权。有些项目准备在推行有偿服务上作些探讨和尝试，以保证正常的生产、生活和工作秩序。

　　3. 抽调人员，组成执法队。考虑到小区人员素质参差不齐，成立的居委会人生地不熟，管理难度大的情况，市政府从元月5日开始在市城建监察大队抽调六名队员到小区日夜执勤，既帮助小区居委会排忧解难，又查处违反规定的人和事。在小区正门设立执勤办事组，树立"为民排忧解难，有事请找城监"的木牌，每天三班接受市民的咨询，在小区巡回检查。先后对两处改变房屋结构，擅自对门、窗、墙进行改建，影响房屋稳定的人和事进行公开曝光处理，有效地制止和刹住了违章搭建，乱泼污水，乱倒垃极，乱拆阳台，损毁市政设施的不良行为200余起，并处以罚款，责令作出书面检查，使得小区秩序井然，人民安居乐业，受到各方面的一致好评。

【例文二】　　　　　**建筑市场存在的问题及治理措施**
　　　　　　　　　　——对××省部分城市建筑市场现状的调查

　　为了适应建立市场经济体制的需要，贯彻落实监察部和建设部《关于在工程建设中深入开展反对腐败和反对不正当竞争的通知》，推动反腐败斗争的深入发展，××省建设厅建管处、纪检组和监察室于199×年×月×日至×月×日，对××、××等市的建筑市场进行了调查

一、建筑市场存在的问题

　　由于建筑市场机制不健全，法规不完善，对违章行为的制约和处罚力度不够，导致市场的混乱，损害了党和政府的形象，损害了行业的形象。主要表现有：

　　1. 交易行为不规范，建筑市场混乱。

　　从调查中了解到，目前大部分地市建设项目未完全进入市场。××、××市等的部属企业、外资企业及部队的工程项目未纳入市场管理，自带资金、自带队伍。一些在建项目未办理报建手续和进行招投标，而行业主管部门对未进入市场的建设单位（业主）缺乏有效的制约手段。××市四中教学楼工程施工至今未办理报建手续，据说有后台，致使工程

得不到有效管理。××市开发区不服从行业主管部门的管理，自立门户，各自为政。招投标过程中交易行为不规范，存在隐形市场，私下交易，双方串通，明招暗定。据了解，××市20％的工程项目在规划设计阶段已定好了施工企业，项目在进入市场交易前早已指定了队伍。

2. 建筑市场政出多门、行政干预，削弱了市场管理。

建筑市场是一个统一开放、竞争有序的市场，由于政出多门，出现职能交叉，关系不顺，互相扯皮，破坏了市场秩序。如定额造价管理，××市目前尚未理顺，存在计委和建委两个定额站，建委发的文件，计委否定，造成甲乙双方工程扯皮，影响决算。（据了解全省目前还有3个市的定额站关系不顺）。装饰工程管理，建委与轻工局存在扯皮现象，资质、质量多头管理，出现混乱。在招投标管理上亦存在问题，计委与建委出现职能交叉现象，如果协调不好，势必影响工作。

行政干预给建筑市场管理带来困难，领导写条子、打电话、指定施工队伍现象较普通，个别领导有自己的施工队伍，给市场管理工作增加了难度。××市有一个工程领导应允了几个施工单位，收了两万、四万不同的信息费，但迟迟不能开工。

3. 施工企业垫资负担过重，资金严重短缺。

近年来，施工企业增长过猛，出现僧多粥少的局面。施工单位为维持企业的生存，贷款为建设单位垫资以求承接工程项目。××市一项造价1200万元的工程，企业垫资高达400万元。有的施工企业为了今后能再承建甲方工程，暗中替甲方垫资，造成施工企业资金周转困难，负担过重。有的建设单位在工程竣工后无故拖延结算，仅××市区建筑企业被拖欠额达1997万元，其中市属企业被拖欠款达1648万元，占企业贷款的57％，以致影响正常工作的开展和职工生活。

4. 利用发包权，收受贿赂，权钱交易。

权力失去监督必然产生腐败。建设单位利用工程发包权，进行幕后交易，索贿受贿。收取回扣，现象非常普遍，方法十分隐蔽，建设单位与施工单位变为金钱和朋友的关系。有的企业不惜用重金获取承包权，致使国家的资金流入个人腰包，难怪群众说："富了儿子，穷了娘"。目前一些建设单位逃避招投标市场管理，奥妙就在于此。××市1994年共查处违法违章事件20人次，市建华机械厂一名副厂长因在工程活动中受贿被捕。公开拿回扣。××市某企业接一个100万元的工程，给甲方回扣竟达10万元，中介服务费高达3％。

5. 材料低劣，粗制滥造，给工程质量带来隐患。

有些建设单位逃避监督，私下倒手转包、层层转包，违反建筑市场管理规定，使用不合格队伍，使用不合格建筑材料，施工中粗制滥造，偷工减料，给工程质量带来隐患。有的工程甚至出现"无图可以施工"的现象。××市某项目因无图施工造成铝合金门窗质量低劣。××县因使用某乡镇企业生产的构件，造成二人死亡事故。对住宅工程质量，群众反映也比较强烈，个别工程主体结构存在严重缺陷，达到省优标准的"拳头产品"为数不多。

6. 当地农民干扰，缺乏良好的环境。

这种现象××市较突出，施工单位反映强烈。当地农民利用土地被征机会，强取豪夺，从工程放线挖土到竣工都要给补偿费。施工企业要向当地农民购买运输权，否则无法施工。甚至绑架包工头勒索钱财。由于缺乏良好的外部和施工环境，有的企业不得不离开××市，另找出路。

7. 压级压价严重，国有企业无力竞争。

建设单位希望施工企业收费越低越好，于是压级压价，有的甚至压到低于成本价。一些大中型企业自身负担过重，效益不佳，面对过低价格不敢问津。××市某医院工程预算420万元，最后压至320万元，把企业二级压到三级，如果承建必然亏损。××市搪瓷厂工程也出现类似情况。一些企业因接不到工程，加之管理不善，出现亏损。据××市统计表明，仅市一建亏损达113万元，六建亏损31万元。

除此之外，建筑市场无证、越级设计、施工还存在；层层转包，高估冒算比较严重，在招投标中泄漏标底，甲乙双方串通明招暗定现象时有发生。削弱了市场管理，阻碍了市场的健康发展。

二、加强建筑市场治理的措施和思路

建筑业中的市场主体——甲方、乙方、中介方、材料供应方完全进入市场，实行公开、公正公平竞争和法制化管理，才能有利于建筑业的健康发展，才能杜绝行业不正之风的产生，达到治理的目的，创造一个良好的外部环境和健康有序的市场，为此各地做了大量工作，提出了许多好的建议。我们认为搞好市场管理应主要做好以下几项工作：

1. 加快立法步伐，强化市场管理。

建筑业现有的政策法规还远不能适应市场经济发展的需要，甚至滞后于经济的发展，缺乏权威和力度。目前全省只有××市以法律形式制定了第一部"建筑市场管理条例"。因此，必须加快立法和完善市场管理的有关法规，大力推行报建制度和招投标制度，使发包方、承包方、中介方、材料供应方全方位进入市场，不留死角，对严重违背市场管理规定的行为，不管是哪一级，都要加大处罚力度，直至追究刑事责任。强化对建设单位（业主）的管理，是规范市场行为的关键，必须建立有效的约束机制。行业劳保统筹工作应尽快跟上，使企业轻装上阵，便于市场竞争。

2. 理顺关系，统一协调，形成合力。

进一步理顺报建、招投标及装饰行业的隶属关系，实行行业归口管理。建筑市场管理与规划、工商、银行等部门建立紧密联系，相互配合，严把"一书二证"出口和资金划拨关。在法规不健全和市场发育不成熟的阶段，银行控制资金划拨是相对有效措施。

3. 对施工队伍加强宏观调控，治理整顿，提高素质。

施工队伍是建筑市场的主体，由于近几年增加过猛，队伍混杂，素质下降。一些皮包公司挂靠公司，干扰了市场正常秩序，造成不平等竞争。通过企业改组和资质年审及新资质标准就位，治理整顿，关停并转，凡不具备资质条件的公司坚决取缔。搞好这项工作除了建设主管部门的努力外，领导的支持是关键。建筑管理部门在扶持乡镇企业的同时，注意引导向外发展，这是今后发展的出路。加强对外来施工队伍的资质审查，控制总量，保证建筑市场平衡有序地发展。

4. 建立执法检查队伍，保证管理法规实施。

建立一支执法监督队伍，是治理市场混乱，保持良好秩序的重要保证。对有令不行、有禁不止，严重违反建筑市场管理规定的行为加大监督检查力度，严厉制裁，同时，扩大检查覆盖面，使检查范围辐射到每一个企业、每一个工程，并做到经常化、制度化。

5. 规范市场行为，从根本上制止腐败行为的发生。

由于建设工程未完全进入市场，失去监督。某些人利用承包权私下交易，行贿受贿，收取回扣，而建筑市场主管部门又缺乏处罚的手段和力度，这是产生腐败的根源。因此，必须强化报建和招投标制度，建立公开竞争的市场机制和廉政建设的措施。把全部工程项目纳入市场管理的"笼子"，规范行为，堵塞漏洞，标本兼治，综合治理，从根本上杜绝腐败行为的发生，建立一个公正、有序、健康的建筑市场。

【例文三】　　　　　一年登上一台阶　　三年迈出三大步

说××市××市政工程公司是钱塘江畔升起的新星，是恰如其分的，一家原仅为四级企业资质，年工作量仅数百万元小公司，从1992年起一年登上一个台阶，三年迈出三大步，企业资质从四级升为二级；年施工工作量从数百万元上升至数千万元，直到去年的1.5亿元；工程优良率从百分之十几上升到46％以上……这样的业绩，如此的辉煌，在强手如林的市场竞争中立于不败之地？他们的经验是：靠改革起家，靠改革腾飞！

首先，积极转换内部机制，逐步建立现代企业制度。一是进行了人事制度改革，根据德才兼备，任人唯贤的原则，实行中层干部聘任制和一级聘一级的人事组织制度，优化劳动组合。二是劳动工资制度改革，在管理层中实行以职称、职务和工龄三大部分为主体的工资组成形式，使职工贡献、工作实绩有据可依。三是管理体制的改革，随着企业的发展，撤科设处，设立了总师室等9个处室，并下设了11个市政分公司，4个土建分公司，5个装潢、水电、疏河等类分公司，在原有的基础上选拔了一批基层干部担当重任，使之成为有20个分公司建制的施工企业，企业的实力得到了进一步巩固和提高。通过改革，使企业员工从思想意识上、观念更新上、工作作风上有了新的转变，企业内外形成了一种竞争、团结、向上的氛围，各部门各阶层的工作人员均肩负压力，尽责守职，凝成一股合力。

其次，学习引用先进技术，参与竞争，争取主动。学习引进国外先进的管理模式和技术规范，积极参与竞争，主动参加杭州经济技术开发区按照"菲迪克"国际惯例的投标工作，为参与其他大中型工程的竞争，提供了可贵的资料借鉴和操作手段。同时，积极引进和培养人才。先后引进了2名高级人才和8名大学毕业生，以提高企业的专业知识层次；先后输送21名年轻骨干进行专业培训，还对30名施工骨干进行了项目经理培训，使企业在知识结构、专业层次、管理规模等方面不断得以充实、完善、提高。

此外，还投入资金添置大型市政工程机械，提高专业施工和机械化程度，采用了公司和分公司共同投入，有计划添置的办法，近年先后增添了大、中、小型各类专业机械设备300余台套，有力地保障了工程施工的进展，大大加速了施工进度，提高了劳动工效，保证了施工质量。

第三，走质量效益型道路，树立现代企业形象。坚持"质量第一，信誉至上"是该公司的宗旨。对此，他们不仅建立了一系列制度，制订了行之有效的措施，配备了强有力的质检人员，而且铁面无私，执法必严，违法必纠。因而公司上下齐心协力，步调一致，使工程质量响当当，这是该公司质量靠得牢的又一个原因。自己的队伍素质好，拉得出、打得响，统得起、分得开，使"有令则行，有禁则止"在这里成为现实。

这样脚踏实地、真抓实干的公司，还有什么不能信赖呢？难怪其他公司要东奔西求找业务，他们则是建设单位主动寻上门来！

【例文四】 建筑业"白条"隐藏着什么

近年来，在我国建筑业悄悄地出现了"白条"现象：建设单位给施工企业打"白条"，施工企业给民工队和职工打"白条"……它已成为困扰建筑业发展、影响建筑工人生活的热点问题。据有关资料显示，目前我国82%的建筑业或多或少地握着建设单位的"白条"；握着施工企业"白条"的民工队占60.8%；在建筑业内部，拖欠三四个月兑现不了职工工资的占58.69%。

以××部第十一工程局×处为例，仅去年就有5家建设单位拖欠工程款7500万元，占该处全年完成投资总额的1/3强，该处反过来拖欠民工的工资和有关商贸企业的生产资料款达2000万元，该处半数的项目工程三四个月兑付不了职工工资。加上近几年来一些建设单位拖欠的工程款，该处手中的白条总额已近1亿元！由于拖欠施工款的数额较大，严重地影响了该处的资金周转和扩大再生产项目的实施以及职工生活。为了支持国家重点工程建设，职工们敬业爱岗，去年该处职工节衣缩食，集资600万元交给企业渡过难关，自己啃馒头吃咸菜……

在××局×处手持的"白条"中，有的已经打了七八年了，项目工程也已交付使用七八年了。建设项目工程投入的资金早已成倍地收回，但是，"白条"却迟迟兑现不了。是建设资金不足，还是资金"暗流"而难得兑现？

有关人士认为，造成这种"白条"现象和兑现难的原因有三：一是基建投资膨胀，有的单位不顾党和政府的三令五申，不顾当地的实际，超前决策，与计划内项目争资金，最终，由于"早产"，导致资金迟迟到不了位；二是工程项目经过科学论证，"产出"没有投入多，这就是行家们说的，工程上了马，建设、施工单位却难下马。结果，干得越多，打的"白条"越多；三是工程项目的投资国家拨了，省（部）里拿了，地方集了，投资到位、工程上马之后，这些钱又被建设单位或有关主管机构全部或部分转移，挪作他用，去上新的项目，铺新的摊子。可以说，建筑业"白条"热是计划内建筑与计划外建筑争资金的结果。

近年来，我国的钢材、木材、水泥等建材价格居高不下，一些地方的房地产、楼堂馆所建设明"凉"暗"热"，被列入国家、地方重点工程项目的资金"流失"，很大程度上是与建筑业"白条"大量产生分不开的。

如何制止建筑业"白条"现象？有关人士认为：一是要尽快建立基建投资法规，保证国家地方的"计划内"资金真正用在计划内基建项目上；二是建立检查、举报制度；三是建立双重处罚制度，一旦查出建设资金没有用在计划项目上，在对建设单位实行经济、行政处罚

90

的同时对银行方面也给予经济、行政处罚。因为银行不光履行保管资金的责任，也有监督资金使用开支、防止资金"流失"的责任、权利和义务，没尽到责任的理当挨罚。

【例文五】 **适应需求赢得商品房市场**

当前，全国商品房市场疲软，滞销、积压商品房严重，仅××市就有100万平方米的积压商品房。××市城改办充分利用自身的优势，保证了自己开发的商品房处于畅销不衰的势头。今年新开工的琥珀花园村、琥珀东村商品房上半年已销售70%，旧城区在建的5幢高层商品房，11.5万平方米，已销售7.5万平方米。这与城改办以市场为中心采取的一系列措施是分不开的。

以销售为中心 以需求为导向

房地产开发事业兴起的最初阶段，开发公司在销售上无后顾之忧。但到90年代初期，房地产开发公司大量涌现，商品房销售很快由卖方市场转变为买方市场。值此时机，××市城改办及时作出决策，一切工作以销售为中心，以市场需求为导向。在开发地点、地段的选择上，注重搞好深入细致的调查研究，通过前期经济分析、预测，拿出可行性研究报告。凡是对销售工作不利的，均要做出慎重的抉择，绝不搞盲目开发。在开发项目和商品房品种、类型的安排上，以市场需求为导向，注重开发适销对路、经济适用、环境优美、配套齐全、质优价廉的建筑产品，尽可能的把有资金、又急需购房的单位和个人吸引过来。在全盘工作部署和安排上，市城改办要求各业务、职能科室及全体工作人员必须树立为销售服务的思想，改变原先的等用户上门为主动上门联系用户。有不同用户就有不同的需求。城改办的商品房销售之所以形势较好，与其房屋品种多样、规格齐全是分不开的。仅以琥珀山庄为例，面积大的户型达380平方米，小的有50平方米，户型有八种，用户想买的房屋，应有尽有。对于那些有特殊要求的购房户，城改办还可根据用户提出的要求进行特殊设计，确保不放走一个用户。城改办还根据来××市的国外、省外大公司日益增多的情况，投资开发一批商住一体的项目，将其从饭店宾馆引入他们的项目。

抓设计施工 创高质量产品

商品房属于高档耐用消费产品，价格昂贵，使用期长。许多用户在选择、购买商品房时十分注重对开发商的综合实力和开发产品的质量进行考察，有的带有皮包公司性质的开发商，为了牟取高额利润，对商品房的质量把关不严，从而给用户带来许多使用上的难题。

城改办自成立之日起，就制订了几条切实可行的措施。一是规划、设计上出手要高，水平要高，要精选方案，认真设计，满足用户对使用功能的要求；二是施工质量上从严把关，确保合格率100%；三是选

阅读训练

1. 该文标题属何种形式？有何主要特点？

2. 该文属何种类型调查报告？有何特点？

3. 该文前言包含了哪些内容要点？

4. 该文的主体格式是什么？

5. 标出该部分的观点和材料要点，指出哪是"面"上材料，哪是"点"上材料。

6. 标出该部分的观点和材料要点，指出哪是议论和叙述，哪是"面"上材料和"点"上材料。

7. 该部分是按议论文的提出问题_____分析问题_____解决问题的形式安排结构的，请指出。

8. 该调查报告有结尾吗？为什么？

91

用优质建筑材料，杜绝伪劣产品进入施工现场；四是运用科技进步，推进商品房向更高层次发展。所有这一切，立足点均放在"为了用户终身受益"上。从实际开发的成果来看，城改办开发的城隍庙市场、七桂市场、义仓小区，金融大厦、黄山大厦、天都大厦等，堪称××市的标志性建筑。尤其是琥珀山庄南村的开发建设，以一流的规划、一流的设计、一流的施工、一流的管理赢得社会的广泛赞誉。在全国住宅试点小区综合验评中，囊括了规划、设计、施工、质量、科技进步、优秀领导、优秀管理等全部最高奖项。

提供全方位服务 树立良好信誉

在商品房销售的过程中，用户最大的担心有两点，一是售房价格的确定和交了钱以后何时能拿到房子的钥匙；二是用上新房以后的管理问题能否落实？用户的担心，也确实是开发公司最为头痛的事情。比如交付时间问题，涉及到图纸设计、修改、土建、安装、水、电、电信、煤气、市政、园林等专业施工部门的配合，往往一个地方出了差错，就会使整个工期受到影响。

城改办在认真总结多年开发工作经验的基础上，认为必须克服自身的困难，消除用户的疑虑，才能吸引更多的用户。因此，提出了定时（定交付时间）、定位确定房屋楼号、层次及单元）、定价格（房屋最终售价）的"三定"方针，并在售房协议上签订违约处罚条款。"三定"方针出台后，又出现了许多新问题，比如售房价格，如果不通过大量的前期经济分析，就很难确定合适的售价。售价过高，不利于竞争，吓跑了用户；售价偏低，无利可图，乃至出现亏损。再之，为确保房屋的最后交付时间，城改办对许多商品房的施工不得不采用倒计时的办法来给工作人员施加压力,确实增加了自身工作的难度和责任。正因为这样，用户才更加信赖、青睐城改办。

售后服务和小区管理更是城改办的工作重点。每建好一个地方,都会将管理工作全面落实。在城改办已建成交付使用的 20 多个小区、组团和商业市场中，有的交给街道管理，有的移交工商部门接收，有的帮助其成立管委会，解除了用户后顾之忧。最近，城改办已着手成立自己的物业管理公司，开展小区管理方面的新尝试。城改办的全心全意为购房户服务的宗旨得到了用户普遍赞誉。

思 考 与 练 习

一、填空题

1. 调查报告的主要特点为_____、_____、_____。

2. 按照调查的广度范围区分，主要有_____调查、_____调查、_____调查；按照调查的形式分，有_____法、_____法、_____法。

3. 根据调查的目的和反映的内容不同，调查报告可分为_____、_____、_____等三种类型。

4. 调查报告的标题主要有_____标题、_____标题；其主体格式主要有_____的写法，_____的写法，_____的写法；其结尾一般有_____性的、_____性的、_____性的、_____性的。

二、词语解释

调查报告　普遍调查　典型调查　抽样调查　情况调查报告　经验调查报告　问题调查报告

三、简答题

1. 调查报告的重要作用主要表现在哪几个方面？
2. 调查的三点指导原则各是什么？
3. 调查前要做好哪些准备工作？
4. 写作调查报告的基本要求有哪些？

第四节　规　章　制　度

一、规章制度的性质和作用

规章制度是国家机关、社会团体、企事业单位，为了建立正常的工作、劳动、学习、生活的秩序，依照法律、法令、政策而制订的，具有法规性或指导性与约束力的应用文体，是各种行政法规、章程、制度、公约的总称。

规章制度具有广泛的适用范围，上至国家机关、行业系统，下至乡镇村社、科室班组，都要根据实际需要，对人们的行为准则和办事规程作出规定，使各项工作有章可循。

规章制度的性质主要有：

①约束性。一切规章制度都在特定的范围内具有程度不同的强制性或约束性。

②公开性。在它的适应范围是公开的，应该让一切有关的人员知晓，并遵照执行。

③程序性。规章制度都要形成书面文件，它的制定、审批、备案、发布都应遵照国家的有关规定。

④稳定性。规章制度的适用对象和时间相对说较为稳定。

规章制度在社会主义现代化建设和社会生活中，具有十分重要的作用，具体表现在三个方面。

第一，保证作用。在企业管理过程中，计划、部署和党的方针政策的执行和落实，都必须有合理的规章制度作保证。有了合理的规章制度，就能维护各项工作和生活的正常秩序，使之有法可依，有章可循，有效地进行生产管理。

第二，协调作用。通过规章制度的制定，可以明确各企业、各部门的职责和权限，在规章制度适用的范围内协调工作，统一步伐，均衡利益分配。

第三，制约作用。规章制度的制定和发布，使企业领导和各级工作人员、生产人员要对自己的行为承担责任，可以约束人们的行为，制止损害国家和公众利益的现象发生。

二、规章制度的种类和内容

规章制度包括行政法规、章程、制度、公约四大类。不同的类别，反映不同的需要，适用于不同的范围，起着不同的作用。详见下表（见附表，下页）。

【附表】

类别	文种	内 容 与 作 用	制 发 者
行政法规类	条例	对某一项行政工作作比较全面、系统的规定，具有法律性质的文件	国家最高权力机关，最高行政机关（国务院各部门和地方人民政府制定的规章不得称"条例"）
	规定	对某一项行政工作作部分的规定，是法律、政策、方针的具体化形式，处理问题的法则	国务院各部委、各级人民政府及所属机关
	办法	对某一项行政工作作比较具体的规定，包括处理某些问题的具体方法、标准	同 上
	细则	为实施"条例"、"规定"、"办法"作详细、具体或补充的规定，对贯彻方针、政策起具体说明和指导的作用	同 上
章程	章程	政党或社会团体用以说明该组织的宗旨、性质、组织原则、机构设置、职责范围等的纲领性文件，具有准则性与约束性的作用	政党、社会团体
制度①	制度	有关单位和部门制定要求所属人员共同遵守的准则	机关团体、企事业单位及其部门
	规则	有关部门为维护劳动纪律和公共利益而制定的要求大家遵守的条规	同 上
	规程	生产单位或科研机构，为了保证质量，使工作、试验、生产按程序进行而制定的一些具体规定	同 上
	守则	机关团体、企事业单位要求其成员遵守的行为准则	同 上
	须知	有关单位、部门为了维护正常秩序，搞好某项具体活动，完成某项工作而制定的具有指导性、规定性的守则	有关单位、部门
公约	公约	人民群众或团体经协商决议而订出的共同遵守的准则，对参加协议者有约束力	人民群众、团体

①制度也作为规则、守则、规程、须知等的总称，可分两类，一类偏重于对工作的要求，如规则、规程、制度等；一类偏重于工作职守和约束行为、规范道德，如守则、准则、规范等。

注：本部分内容根据国务院办公厅 1987 年 4 月 21 日发布的《行政法规制定程序暂行条例》的有关规定编号。

三、规章制度的格式和写法

规章制度一般由标题、正文、署名和日期三个部分组成。

1. 标题

规章制度的标题一般由制发单位（或适用范围、涉及对象）、事由（或内容）、文种三要素组合而成。如例文二《××省第一建筑公司职工奖惩条例实施办法》，是由制发单位、事由、文种构成的；如例文一《××市承租公房"十不准"》是适用范围、事由、文种构成的；《企业职工奖惩条例》则是由涉及对象、事由、文种构成的。有的规章制度的标题可以不要事由部分，如例文四《全国职工守则》仅由涉及对象与文种构成；也可以省略制发单位部分，如《关于改进工业管理体制的规定》仅由事由和文种构成。

标题要居中排列，标题过长可分行书写。

如规章制度尚不成熟，需经一段时间的实践后再作修订的，可以在标题中加"暂行"、

"试行"等修饰词，如《建设工程招标投标暂行规定》。

2. 正文

规章制度的正文几乎无例外地采用条款式结构，分条列款，层次严谨。条款最多的有篇、章、节、目、条、款、项七层，一般的规章制度用两三个层次就可以了。由于各种规章制度内容繁简各异，其具体结构方式又分为三种：

①总则、分则、附则式

这是规章制度最主要的结构方式。总则，相当于文章开头，它要说明制定的目的、依据、基本原则、适用范围、主管部门等情况；分则，是主体部分，具体地阐述有关事项必须遵循的行为规则，如必须做什么，可以做什么，禁止做什么等。这个部分的内容应当与文件的要求和文种名称相适应，应能满足有关事项实践指导的需要；附则，是对文件本身的说明，主要说明法律责任、解释机关、施行时间及应当废止的有关文件等情况。如例文二。

在层次排列时，各章下面一般分若干条，条的序号按整个规章制度统排，不能按各章单排。条下设款，款的序号则按各条单排，并只用序码标明。各条要根据其内容，按逻辑关系先后排列，做到先一般后特殊。先原则后灵活，先主后次，先重后轻。

②序言、主体、结语式

这种结构方式的三部分的内容分别同前一种的总则、分则、附则相类同，但不分章只列条款，如例文三。序言和结语可以不列入条款，放在前头和后面说明，也可以列入条款，作为第一条和最后一条（或几条）加以说明。

③主体式

一般用于较简单的规章制度。正文既无序言也无结语，只有主体部分，如《全国职工守则》采取直接列条款的格式，把应该遵守的事项一一写出来即可。

3. 署名和日期

一种是国家机关颁发的或经有关组织、团体通过的规章制度，应写在标题下面，写明机关（或组织）名称、颁发（或通过）日期，并加括号。

一种是在正文结尾的右下方写明制定者的名称和制定的日期。

四、规章制度的写作要求

1. 上下要协调

规章制度有严格的层次性，自上而下，一环扣一环。下级机关，尤其是企业基层单位必须了解上级机关同类文件的具体规定，保持与上级和上一层次同类规章制度的连贯和衔接。这是正确贯彻党和国家方针、政策的具体保证。同时，也要注意与本单位过去制定和实施的同类文件的连贯和衔接。只有这样，才能上下协调，前后一致。

2. 内容要切实

首先要切实可行，规章制度要切合单位或本部门的实际情况和实际需要，以便在实际工作中发挥积极作用；其次要切实可靠，规章制度涉及范围内的有关事项应力求万无一失，使事事都有法可依，有章可循。要使规章制度的内容切实可行和可靠，事前要深入调研，充分酝酿，广泛征求职工群众的意见，全面掌握此项工作的情况，了解可能发生和需要解决的问题。有时还可以将规章制度先试行一段时间，经实践检验并作必要修改补充后再正式发布。

3. 表达要规范

规章制度是面向职工群众的，既要原则又要可行，在表达方面应当十分规范。首先是概念要准确，前后一致，不产生歧义；其次是是非明确，允许做什么，不允许做什么，允许怎样做，不允许怎样做，一定要清清楚楚；再次是标准要具体，尤其是涉及数量和质量，而且需要检查执行情况的；最后是文字要简洁，层次要分明，语句要合乎语法和逻辑。

【例文一】　　　　　　　　　　××市承租公房"十不准"

房管部门将公房出租给单位或个人使用，并收取租金，使用单位或个人取得使用权，两者之间形成公房租赁关系。所以，承租单位或个人应自觉遵守租赁规定，现将承租公房"十不准"公布如下，望对照遵守。

——不准欠租。即：按《公有住宅租赁合同》规定，逾期未交纳当月租金的。

——不准转租。即：承租单位或个人以其承租的全部或部分房屋，放弃使用权，私自转给第三者使用，从中收取超过原租额或同等租额的租金者。

——不准转借。即：承租单位或个人以其承租的全部或一部分房屋，不放弃承租权，无代价地自行借给第三者使用的。

——不准转让。即：承租单位或个人以其承租的全部或一部分房屋，放弃承租权，无代价地自行让给第三者使用的。

——不准强占。即：未经房管部门批准，擅自进住公房的。

——不准无故空闲。即：承租单位或个人另有住房，居住无困难，亦无其他特殊情况，使其住房连续空闲三个月以上的，或新分配的住房三个月未进住的。

——不准私自拆改。即：未经房管部门许可，承租单位或个人擅自拆改所住房屋或装修设备及其附属物的。

——不准私自改变用途。即：未经房管部门许可，擅自改变原来承租房屋使用性质或用途的。

——不准挪用周转房。即：为换房周转、为大修房屋周转和为拆迁安置周转做临时应急使用的房屋，不能挪做它用。

——不准违章建筑。即：未经市、区主管部门核发施工执照而擅自动工兴建各类建筑物（包括居民私搭乱建的一切房屋）。

××市房管局

19××年×月×日

【例文二】　　　　　　　××省建筑安装总公司职工奖惩条例实施办法

第一章　总　　则

第一条　为了增强企业职工的国家主人翁责任感，调动积极性和创造性，维护正常的生产秩序和工作秩序，提高劳动生产率和工作效率，促进社会主义"四化"建设，根据国务院发布的《企业职工奖惩条例》，结合本公司实际情况，特制定本办法。

第二条　凡本公司职工必须遵守国家的政策、法律、法令，遵守劳动纪律，遵守本公司各项规章制度，维护企业信誉，爱护公共财物，学习政治，学习和掌握文化知识、业务知识和技能，团结协作，完成生产和工作任务。

第三条　实行奖惩制度，必须把思想政治工作同经济手段结合起来。在奖励上要坚持精神鼓励和物质奖励相结合、以精神鼓励为主的原则。对违反纪律的职工要坚持以思想教育为主、惩罚为辅的原则。

第二章　奖　　励

第四条　有下列表现之一的职工，应当给予奖励：

（一）在完成生产任务或工作任务方面有显著成绩的；

（二）在技术改革、改善劳动条件和提高工作效率等方面有显著成绩的；

（三）在改进企业经营管理，提高经济效益方面有显著成绩，对企业贡献极大的；

（四）保护公共财产，防止事故有功，使国家和人民利益免受重大损失的；

（五）同坏人坏事作斗争，对维护正常的生产、工作秩序，维护社会治安，有显著功绩的

（六）维护财经纪律，抵制歪风邪气，事迹突出的；

（七）一贯忠于职守，积极负责，廉洁奉公，舍己为人，事迹突出的；

（八）在机械设备维修、保养、清洗工作方面，成绩显著的；

（九）在食堂、浴室、托儿所、门卫、医务等服务工作方面热情优质，受到群众好评赞扬的；

（十）在拾金不昧、助人为乐、救死扶伤等方面，事迹突出的；

（十一）在补习文化、技术知识方面，成绩突出的；

（十二）在文明生产、环境卫生、计划生育等方面，成绩突出的；

（十三）其他应当给予奖励的。

第五条　对职工的奖励分为：记功、记大功、晋级、授予先进生产（工作）者等荣誉称号。在给予上述奖励时可以发给一次性若干奖金。

第六条　对有特殊贡献职工的晋级奖励，由车间（部门）会同工会提名或由经理提名，经公司部行政会议讨论审核后，报上级主管部门审批。

第七条　记功、记大功、发给奖金、授予先进生产（工作）者的荣誉称号，由工会提出建议，公司或上级决定。所发奖金，在劳动竞赛的奖金总额内开支。

第八条　对职工奖励，须经部门群众讨论或评选。特殊情况经理有权决定。职工获得奖励，由公司部记入本人档案，并作为提干，升级的依据。

第九条　在本系统范围内通过嘉奖和授予劳动模范称号，均按上级有关规定办理。

经常性的生产奖、质量奖和节约奖的发放原则、资金来源、提奖办法，均按上级和财政局的规定办理。

第三章　惩　　处

第十条　职工违反厂纪厂规，考勤制度及其他各项规章制度，危害社会治安的，应给予批评教育，责其检查或经济处罚、行政处分。

（一）经济处罚：赔款、罚款、扣发（或取消）季度以上奖，扣发工资等。

（二）行政处分：警告、记过、记大过、降级、降薪、撤职、延长艺徒期、留用、除名、开除等。

（三）一年内违纪人数超过本班组人数三分之一的班组，不得评为先进集体。一年内违纪次数超过三次者，不得评为先进个人。

第十一条　对犯有下列行为之一的职工，分别给予经济处罚，行政处分，直至依法追究刑事责任。

（一）上班迟到一律作违纪处理。

（二）上班迟到5分钟罚款×元。

（三）上班迟到10分钟罚款×元。

（四）无特殊原因上班迟到15分钟作旷工处理（特殊情况：如天气、不定时的拦火车、公共汽车脱班

及其他特殊原因，须三人以上证明或持有关证明）。

（五）无故早退者，一次罚款×元，累计三次者作旷工处理。

（六）旷工处理：停发旷工期间的100%的当月奖金。情节严重的，给予行政处分。连续旷工时间达15天，或者在一年内累计旷工满30天，一律给予除名处分。

（七）串岗、混岗、离岗，在工作时间内做私活、擅自离开工作岗位串门、闲谈、睡觉、打牌、下棋者罚款×元。上班铃响未到岗罚款×元。

（八）职工任意翻班而影响生产任务的，除赔偿损失外，还要扣发当月奖金50%。不服从分配者作旷工处理。

（九）参与赌博者罚款×元～×元，扣除当月奖金。情节严重，从严处理，直至追究刑事责任。

（十）凡动武打人者罚款×元～×元，造成的一切损失由肇事者负责，并按实际情况给予停发一个季度以上奖金的处罚。情节严重的还要给予必要的行政处分直至追究刑事责任。

（十一）骂人者罚款×元，停发一个月奖金。经教育不改者，罚款×元～×元，停发一个季度以上奖金，情节严重的给予必要的处分。

（十二）凡打击报复、造谣中伤、诬陷他人、挑拨离间、闹事起哄（包括与顾客争吵）、影响生产与工作顺利开展者作罚款处理，根据情节责其停工检查，扣发奖金直至追究刑事责任。

（十三）艺徒期间谈恋爱、非法同居、结婚、怀孕者（包括未婚先孕者），扣除全年奖金，并不得享受婚、产假等待遇，还要视情节轻重，给予延长艺徒期等行政处分。后果严重，影响极坏，报上级除名。

（十四）对违反计划生育、生有两胎者（双胞胎除外），停职两年，扣除5年奖金，及无计划生育费。

（十五）提前买饭、吃饭、洗澡等，罚款×元～×元（除特殊工种，经车间主任或经理同意外）。

（十六）工作时间喝酒、酗酒闹事影响工作，根据情节给予罚款与扣发奖金处理。

（十七）凡发现偷盗公司产品原材料及其他财产物资者，予以扣除当月奖金或季度以上奖金，并处以×元～×元之间罚款，情节严重者应加倍罚款，并根据情节给予行政处分。

（十八）违纪者不认识错误，拒绝在违纪单上签名，加倍罚款。撕毁违纪单，除加倍罚款外，并责其停工检查。

（十九）职工玩忽职守（包括泄露机密）给国家企业和人民的生命财产造成损失的，给予罚款与赔偿经济损失处理。损失严重的，除赔偿经济损失外，还要给予行政处分或追究刑事责任。

（二十）偷窃私人物品，则给予扣奖并追回赃物，按情节给予必要的教育或行政处分。

（二十一）人为破坏国家财产、人为造成影响正常的工作生产，除按价赔偿外，给予扣奖与罚款处理。情节严重的给予行政处分直至追究刑事责任。

（二十二）在工作、生产中违反正常的安全操作规程，操作中不穿戴好工作帽、工作衣裤者罚款×元～×元，造成较大事故或情节严重的还要给予行政处分。

（二十三）不得无证驾驶车辆、无证擅自动用电焊机、气焊、气割机及其他专用设备，如动用后一经损坏，责其承担经济责任，情节严重的还要追究责任。

（二十四）违反治安条例，受到公安部门传讯、刑事拘留和收容而免予刑事处分者，停发季度以上奖金，较严重的还应给予行政处分。

（二十五）非职能人员无故进入锅炉间、配电间、食堂、化验室、档案室、仓库等重要部门者（工作需要除外），罚款×元～×元。

（二十六）私访人员（包括家属、小孩）无特殊情况在工作时间一律不得进入厂区，违者罚款×元～×元。

（二十七）全公司职工（包括门卫）必须遵守门卫的各项规定，违者视情节轻重处以×元～×元罚款。

（二十八）职工凡外出就诊，一律扣除当月全勤奖。

（二十九）不遵守公司规章制度、弄虚作假给予扣奖与罚款处理。情节严重责其停工检查直至行政处分。

第四章 附   则

第十二条 本奖惩条例如与上级文件有关规定相抵触的，应按上级文件规定办。

第十三条 本条例由本厂职代会讨论通过之日起施行。

【例文三】　　　　　　　　**××建筑机械设备厂请假制度**

一、请假手续

1. 职工因故请假，必须事先办好请假手续，如遇特殊情况不能事先请假者，应先用电话向厂部负责人请假（说明理由），征得部门领导同意方可有效。其他人传话一概无效。上班后两天内应主动补办请假手续，否则按违纪处理。

2. 各班组长请假由车间、股室负责人批准，各车间、股室负责人请假由厂长室审批。

二、病假

1. 职工在上班时间因病或工伤，须通过班组长或车间主任，一般先在厂医务室治疗，经厂医疗诊断需要转诊者必须由厂医开具出厂转诊单（包括出门证），转诊者（病员）将就诊出门证交给本厂门卫人员，方能出厂就诊。门卫应记录出厂就诊人员的进出时间，每月累计出厂就诊时间满 2 小时作半天病假，满 4 小时以上 8 小时以内作一天病假。

2. 经本厂医务室、劳保医院（急诊病假例外）开具的病假单方能有效。

3. 如无出厂证及转诊单擅自离厂者作违纪处理。因转诊出厂而未去看病者，一经查明作旷工处理。

4. 凡未经政工部门与厂医同意，到非劳保医院就诊者（经劳保医院转诊及急诊例外），医药费一律自理，病假单无效。

5. 职工在劳保医院，或经劳保医院、厂外医院急诊开具的病假单，应在上班前交给班组长（或车间主任），如需急诊确有特殊困难不能到厂，可以用电话向厂部负责人或第二天上班时与考勤员联系，如超过时间未予联系作事假处理。

三、事假

1. 凡持有调休单的职工，一律使用调休单，有没有调休单的情况下，才可以请事假。

2. 职工因有要事需请事假者应事先向所在班组、车间、股室的负责人申请填写事假单，经审批准假后方能有效。

3. 如有捏造事实，骗取事假，或利用事假谋取不正当的收入者，按旷工处理，并按情节给予行政处分等。

4. 审批事假权限：一天以内由车间或股室负责人审批，一天以上由政工部门审批。

5. 艺徒期间一般不得请事假，如有特殊情况应由家长出具事假理由的证明，一律交政工部门审批。

6. 职工在事假期间如发生疾病或意外和事故受伤休息者按事假处理。未经办理请假手续或假满不来上班者均按违纪处理。

四、调休

1. 职工调休先要征得班组长（或车间主任、股室负责人）同意，根据工作情况的可能性，由班组长或车间主任、股长与本人协商解决，如调休与生产冲突时，原则上以服从生产需要为前提。

2. 非本厂政工部门发出的调休单，一律不予承认。职工不得自己涂改调休单位，一经发现，作违纪处理。

3. 职工调休须在前一天交出调休单后，方可调休。无特殊情况未经部门负责人同意，擅自调休，作旷工处理。

五、婚、丧假

1. 职工本人结婚，应凭结婚登记证书向所在部门申请婚假，再报厂部政工部门批准，凡符合婚姻法第二条者，男满27周岁，女满25周岁者给婚假十天，不符合晚婚条件者给婚假三天。

2. 未经政府批准结婚者，一律不给予婚假享受。

3. 丧假，凡职工的父母、配偶、子女死亡时，经本人向组织申请给丧假三天。

六、产假

1. 凡是女职工结婚时属晚婚年龄的生育，给予产假71天，已领取独生子女证者，增加假期14天，不满25周岁结婚，产假56天（难产、剖腹产及生双胎从应有产假起增假14天）。怀孕期小产根据孕期长短按有关政策规定及医生证明给予流产假。

2. 女职工因病休假期间生育，自生育之日（包括小产）起计算产假，产假休期满后继续休养时，其病假期与产假期合并计算。

3. 女职工怀孕应以取得结婚证书为合法生育期，如不足月生育或小产都应经有关医院证明确属合法生育者，享受产假待遇，否则按有关条例处理。

4. 产假期间包括国家假日及厂休日。

5. 产后符合享受一年留职休假者，应由本人向厂政工部门提出申请留职休假报告，经厂部同意，方可开始休假一年（包括产假）。享受期的工资为80%，产假日的工资为100%。

6. 哺乳假从婴儿出生至12个月止，在厂内的哺乳假全天为一小时。

七、公假

1. 职工因履行国家义务去参加社会正当活动以及动员拆迁房屋，应持有关单位证明并经车间、厂部二级同意，酌情照顾公假。职工子女服兵役需要亲自送行的可以凭证一次性经领导同意照顾公假一天。

2. 非生产（工作）时间，进行各项义务活动，不得补休补假。

3. 计划生育按（81）第008号文件精神规定执行。

4. 凡领取独生子女证的女职工，经医生证明放置节育环措施，在第一年经期内每月可享受公假一天。工资照发，不影响奖金的评定。

5. 生第一胎的怀孕四个月以上预约门诊检查，每月在两小时内作公假办理。怀孕七个月可享受一小时工间休息。

【例文四】　　　　　　　全 国 职 工 守 则

第一条　热爱祖国，热爱中国共产党，热爱社会主义。

第二条　热爱集体，勤俭节约，爱护公物，积极关心和参加企业管理。

第三条　热爱本职，学赶先进，提高质量，讲究经济效果。

第四条　勤奋学习，不断提高政治文化、科学技术、业务水平。

第五条　廉洁奉公，自觉执行各项规章制度。

第六条　关心同志，尊师爱徒，和睦家庭，团结友邻。

第七条　文明礼貌，整洁卫生，讲究社会道德。

第八条　扶直正气，抵制歪风，拒腐蚀，永不沾。

【例文五】　　　　　　　××大厦建筑工地文明公约

为搞好我建筑工地的社会主义精神文明建设,树立新的道德风尚,使之成为文明工地,经全体施工人员一致同意,特制定本公约。

一、爱护国家财产，积极维护国家和集体的利益，保护建材不受损失，坚决同盗窃及其他损公利己的行为作斗争。

二、坚持文明施工，安全第一的原则，及时纠正施工过程中的各类事故苗头。

三、全面落实岗位职责，以向人民负责的态度，保质保量地完成各自的施工任务。

四、积极开展健康文明的业余文化娱乐活动，抵制淫秽书、画、录像等。

五、遵纪守法，不起哄，不打架，不赌博，不酗酒，出外时自觉遵守公共秩序。

六、文明礼貌，尊师爱徒，不说脏话，不耍态度。

七、讲究卫生，勤洗澡理发，换衣晒被。不随地大小便。

望大家共同遵守，互相监督。

19××年×月

阅读训练

1. 该公约标题是由几个因素组合而成的？

2. 该公约是如何制订出来的？对什么人起作用？起何作用？

3. 该公约正文的结构方式为哪种？有何特点？

【例文六】　　　　　　　城市房地产转让管理规定

（中华人民共和国建设部令第 45 号　1995 年 8 月 7 日发布）

第一条　为了加强对城市房地产转让的管理，维护房地产市场秩序，保障房地产转让当事人的合法权益，根据《中华人民共和国城市房地产管理法》，制定本规定。

第二条　凡在城市规划区国有土地范围内从事房地产转让，实施房地产转让管理，均应遵守本规定。

第三条　本规定所称房地产转让，是指房地产权利人通过买卖、赠与或者其他合法方式将其房地产转移给他人的行为。

前款所称其他合法方式，主要包括下列行为：

（一）以房地产作价入股、与他人成立企业法人，房地产权属发生变更的；

（二）一方提供土地使用权，另一方或者多方提供资金，合资、合作开发经营房地产，而使房地产权属发生变更的；

（三）因企业被收购、兼并或合并，房地产权属随之转移的；

（四）以房地产抵债的；

（五）法律、法规规定的其他情形。

阅读训练

1. 该标题由几个要素构成？有无副标题？

2. 正文部分是何具体的结构方式？与例文一、五有何不同？

3. 本规定体现了规章制度什么性质？

4. 制定本规定的依据是什么？

第四条 国务院建设行政主管部分归口管理全国城市房地产转让工作。

省、自治区、直辖市人民政府建设行政主管部门归口管理本行政区域内城市房地产转让工作。

直辖市、市、县人民政府房地产行政主管部门（以下简称房地产管理部门）负责本行政区域的城市房地产转让管理工作。

第五条 房地产转让时，房屋所有权和该房屋占用范围内的土地使用权同时转让。

第六条 下列房地产不得转让：

（一）以出让方式取得土地使用权但不符合本规定第十条规定的条件的；

（二）司法机关和行政机关依法裁定，决定查封或者以其他形式限制房地产权利的；

（三）依法收回土地使用权的；

（四）共有房地产，未经其他共有人书面同意的；

（五）权属有争议的；

（六）未依法登记领取权属证书的；

（七）法律、行政法规规定禁止转让的其他情形。

第七条 房地产转让，应当按照下列程序办理：

（一）房地产转让当事人签订书面转让合同；

（二）房地产转让当事人在房地产转让合同签订后 30 日内持房地产权属证书、当事人的合法证明、转让合同等有关文件向房地产所在地的房地产管理部门提出申请，并申报成交价格；

（三）房地产管理部门对提供的有关文件进行审查，并在 15 日内做出是否受理申请的书面答复；

（四）房地产管理部门核实申报的成交价格，并根据需要对转让的房地产进行现场查勘和评估；

（五）房地产转让当事人按照规定缴纳有关税费；

（六）房地产管理部门核发过户单。

第八条 房地产转让合同应当载明下列主要内容：

（一）双方当事人的姓名或者名称、住所；

（二）房地产权属证书名称和编号；

（三）房地产坐落位置、面积、四到界限；

（四）土地宗地号、土地使用权取得的方式及年限；

（五）房地产的用途或使用性质；

（六）成交价格及支付方式；

（七）房地产交付使用的时间；

（八）违约责任；

（九）双方约定的其他事项。

5. 条和款是什么关系？

6. 本规定的作用主要体现在哪些方面？

7. 本规定共二十三条，请按要求归纳

（1）允许做什么？

（2）允许怎样做？（3）不允许做什么？

（4）不允许怎样做？

第九条　以出让方式取得土地使用权的，房地产转让时，土地使用权出让合同载明的权利，义务随之转移。

第十条　以出让方式取得土地使用权的，转让房地产时，应当符合下列条件：

（一）按照出让合同约定已经支付全部土地使用权出让金，并取得土地使用权证书；

（二）按照出让合同约定进行投资开发，属于房屋建设工程的，应完成开发投资总额的百分之二十五以上；属于成片开发土地的，依照规划对土地进行开发建设，完成供排水、供电、供热、道路交通、通信等市政基础设施、公用设施的建设、达到场地平整，形成工业用地或者其他建设用地条件。转让房地产时房屋已经建成的，还应当持有房屋所有权证书。

第十一条　以划拨方式取得土地使用权的，转让房地产时，按照国务院的规定，报有批准权的人民政府审批。有批准权的人民政府准予转让的，除符合本规定第十二条所列的可以不办理土地使用权出让手续的情形外，应当由受让方办理土地使用权出让手续，并依照国家有关规定缴纳土地使用权出让金。

第十二条　以划拨方式取得土地使用权的，转让房地产时，属于下列情形之一的，经有批准权的人民政府批准，可以不办理土地使用权出让手续，但应当将转让房地产所获收益中的土地收益上缴国家或者作其他处理。土地收益的缴纳和处理的办法按照国务院规定办理。

（一）经城市规划行政主管部门批准，转让的土地用于建设《中华人民共和国城市房地产管理》第二十三条规定的项目的；

（二）私有住宅转让后仍用于居住的；

（三）按照国务院住房制度改革有关规定出售公有住宅的；

（四）同一宗土地上部分房屋转让而土地使用权不可分割转让的；

（五）转让的房地产暂时难以确定土地使用权出让用途、年限和其他条件的；

（六）根据城市规划土地使用权不宜出让的；

（七）县级以上人民政府规定暂时无法或不需要采取土地使用权出让方式的其他情形。

依照前款规定缴纳土地收益或作其他处理的，应当在房地产转让合同中注明。

第十三条　依照本规定第十二条规定转让的房地产再转让，需要办理出让手续、补交土地使用权出让金的，应当扣除已经缴纳的土地收益。

第十四条　国家实行房地产成交价格申报制度。

房地产转让应当以申报的房地产成交价格作为缴纳税费的依据。成交价格低于正常市场价格的，以评估价格作为缴纳税费的依据。

房地产转让当事人对评估价格有异议的，可以在接到评估价格通知后 15 日内向房地产管理部门申请复核；对复核结果仍有异议的，可以在接到复核结果 15 日内申请仲裁或向人民法院起诉。

第十五条 房地产转让当事人应当凭过户单办理产权过户手续，并依照《中华人民共和国城市房地产管理法》的规定领取房地产权属证书。

第十六条 商品房预售按照建设部《城市商品房预售管理办法》执行。

第十七条 房地产管理部门在办理房地产转让时，其收费的项目和标准，必须经有批准权的物价部门和建设行政主管部门批准，不得擅自增加收费项目和提高收费标准。

第十八条 违反本规定转让房地产的，转让无效；房地产管理部门应当没收违法所得，并可处以罚款。

违反本规定第十条第一款和第十一条，未办理土地使用权出让手续，交纳土地使用权出让金的，按照《中华人民共和国城市房地产管理法》的进行处罚。

第十九条 房地产管理部门工作人员玩忽职守、滥用职权、徇私舞弊、索贿受贿的，由其所在单位或者上级主管部门给予行政处分；情节严重、构成犯罪的，依法追究刑事责任。

第二十条 在城市规划区外的国有土地范围内进行房地产转让的，参照本规定执行。

第二十一条 省、自治区、直辖市人民政府建设行政主管部门可以根据本规定制定实施细则。

第二十二条 本规定由国务院建设行政主管部门负责解释。

第二十三条 本规定自 1995 年 9 月 1 日起施行。

思 考 与 练 习

一、填空题

1. 规章制度是＿＿＿＿＿＿、＿＿＿＿＿＿、企事业单位，为了建立正常的工作、劳动、学习、生活的＿＿＿＿＿＿，依照＿＿＿＿＿＿、＿＿＿＿＿＿、政策而制订的，具有＿＿＿＿＿＿性或＿＿＿＿＿＿性与＿＿＿＿＿＿力的应用文体，是各种行政法规＿＿＿＿＿＿、＿＿＿＿＿＿、＿＿＿＿＿＿的总称。

2. 规章制度的性质主要有＿＿＿＿＿＿性、＿＿＿＿＿＿性、＿＿＿＿＿＿性、＿＿＿＿＿＿性，其作用具体表现在＿＿＿＿＿＿、＿＿＿＿＿＿、＿＿＿＿＿＿三个方面。

3. 行政法规包括的文种有＿＿＿＿＿＿、＿＿＿＿＿＿、＿＿＿＿＿＿、＿＿＿＿＿＿；制度包括的文种有＿＿＿＿＿＿、＿＿＿＿＿＿、＿＿＿＿＿＿、＿＿＿＿＿＿、＿＿＿＿＿＿。

4. 规章制度的标题一般由＿＿＿＿＿＿、＿＿＿＿＿＿、＿＿＿＿＿＿三要素组合而成。

二、简答题

1. 简释规章制度的性质。

2. 规章制度一般是什么结构？最多有哪七层？具体结构方式又有哪三种？

3. 规章制度的写作有何要求？

三、根据规章制度的写作要求，制订：

1. 学习守则；

2. ××施工质量管理制度。

第五节　市场调查与预测

一、市场调查与预测概念

市场，是商品生产和商品交换的产物，是指一定地区内某种商品交换场所或各种商品供给和需求关系的总和。现代意义上的市场，更主要的是指商品的销路，即商品有没有购买者。

建筑市场是市场的一个组成部分，没有固定的场所，它随建筑产品的建造地点不同而变化。现代意义上的建筑市场，主要突出用户（建设单位）投资能力和投资意向。所谓市场大小，是指用户多寡，投资能力强弱和企业满足用户意向的程度，即是指商品交换关系的总和。

市场调查就是有目的、有计划、有步骤、系统地收集、整理和分析企业有关产品或劳务在市场经销情况，以及顾客的意见要求、购买的欲望和动机的报告性文书。市场调查是企业进行市场决策和编制经营计划的基础，它以市场作为调查的对象，分析市场动态，掌握现实状况及其发展趋势，探索各种因素变化和发展的规律，作出判断，以保证产销适路，供求关系达到平衡。

市场预测，是在对市场历年来历史统计资料的分析和对市场现状调查的基础上，运用科学的方法，对未来不确定事件的预见和测算，从而反映市场发展趋势的一种推断性报告。

市场调查与市场预测的主要联系：市场调查侧重于对市场现状的调查，是市场预测的基础，没有充分的市场调查研究，就不可能有科学的市场预测，因此，它又是市场预测的一种手段。市场预测侧重于对市场未来发展趋势的推断和把握，反映市场预测分析研究过程及其成果，是一种对市场经济活动有根据的科学预见。

二、市场调查与预测的内容和种类

（一）市场调查与预测的内容

市场调查与预测的基本内容是一致的，只是角度侧重点不同而已。凡是直接或间接影响市场经销的情况，都可以作为市场调查或市场预测的内容。建筑市场的调查和预测应包括以下几个基本内容：

1. 与目标市场有关领域的调查和预测，有以下三方面：

①调查和预测本行业及相关行业的发展动态、收益状况、设备投资动向、技术开发动向，以及国内外市场的需求等。

②调查和预测建设单位对建筑产品的需求情况、满意程度、改进意见、发包方式等。

③调查和预测竞争对手的数量和主要竞争者，竞争对手的施工产值和市场占有率，对

手的目标市场及市场中的竞争状态。

2. 与销售途径有关领域的调查和预测，有以下两方面：

①调查和预测承揽工程任务的渠道，物资流通途径及流通方法。

②调查和预测企业生产经营活动的网点及主力网点，企业经营能力及发展能力。

3. 与市场经营组织及管理有关领域的调查与预测

主要调查和预测竞争对手的经营组织、管理状况、广告方针、媒介及其效果、经营人员的活动及效率。

综上所述，建筑市场调查和预测的内容可概括为：市场需求、固定资产投资能力、产品、价格、流通渠道、竞争形势。

（二）建筑市场调查与预测的种类

建筑市场调查一般分为综合调查和专题调查。综合调查是全面地、系统地对建筑市场的各方面所作的调查；专题调查只对一种或几种建筑产品，着重围绕一个特定的问题或事件所作的调查。

建筑市场预测，按预测的方法可分为定性预测和定量预测；按预测的时间可分为长期预测、中期预测和短期预测；按预测的范围可分为宏观预测和微观预测；按预测内容分，有综合性预测和专项性预测等。

三、建筑市场调查的过程和方法

（一）准备阶段

这一阶段的调查着重是确定调查问题和制定调查计划。具体又包括如下六个步骤：

1. 确定问题。市场调查人员必须清楚企业经营状况，正确地确定调查问题。例如：某企业近几个月承揽到的工作任务大幅度减少，究竟是用户对本企业产品质量不满意？还是售后服务不周到？是市场不景气？是广告不对路？还是又加入了新的竞争者？对这些问题，必须进行初步分析，这就要求收集企业内外的有关情报资料，以便确定调查问题。

2. 初步调查。即试探性调查。根据对上述问题的分析，调查人员可向精通该问题的人员和用户征求意见，听取他们对问题的看法。

3. 制定调查计划。调查计划包括调查目的、调查进度和调查预算。

4. 确定调查办法。要合理选择调查办法，这是实现调查目的的保证。

5. 组织调查所需的人、财、物。

6. 准备调查表格。调查表格应能明确反映调查目的，问题具体、突出，并能正确反映被调查的事实，便于资料的搜集和整理。调查表格应是调查目的、方法、内容的具体体现。

（二）实施阶段

这阶段的主要任务就是通过各种手段获取第一手和第二手的资料。

1. 确定调查对象，深入实际调查研究，直接搜集第一手资料，即市场活动，特别是和企业活动有关的资料。

2. 组织调查人员，收集现成资料即第二手资料。主要通过国家机关、金融机构、行业组织、市场研究或咨询机构发表的统计资料、研究报告、政策法令等渠道取得。

调查实施过程中，要使获取的资料完整准确，正确地把握市场调查方法是十分必要的。调查的方法一般有如下几种：

1. 访问法

此法是将所拟调查事项，向被调查者提出询问，以获得所需资料。一般包括：

①座谈征询调查。这是深入实际，直接和产品消费者、经销人员接触的一种调查方法。其形式有用户座谈会、用户访问、产品展销会、鉴定会、工程招标洽谈会等。缺点是耗时多、费用大。优点是可获得直接的市场资料。

②电话调查。这是以电话询问方式征求被调查者的意见的一种调查方法。优点是方便、迅速。对于急需获得的一些资料，宜采用此法。

③问卷调查。亦称书面调查，这是根据调查的总目标与具体目标，制订调查表格或拟出调查问题，发给被调查者，以征询对产品意见的一种方法。此法要求调查项目具体明确、简明扼要，拟制的表格或命题宜采用是非题、选择题、比较题等形式，以便被调查者能作出明确回答，调查人能作统计分析。缺点是花时较长，问卷回收率低。优点是调查成本低，且答案明确。

2. 观察法

此法是调查人员直接到调查现场进行观察的一种搜集资料的方法。它包括：

①直接观察调查。此法常用来研究事物的外观效果。如建筑工程的交工验收的质量评定。优点是直观，客观性真实性强。缺点是无法深入到内部结构，对隐蔽工程更难知晓。

②实际痕迹测量法。此法是通过直接观察某事件发生后留下的痕迹来了解情况。如建筑工程施工过程中，常有许多地方在后继工程完成后就无法直接见到它，对这些隐蔽工程质量的评定，可以利用照片、录像、隐蔽工程记录等确定。再如为了合理选择广告媒介，可以把同一广告分别刊登在几种不同的刊物上，广告下面都附一个请求，请读者将其剪下，寄给本企业，不同刊物的回条寄给本企业不同的单位。这样就可以发现哪种刊物登广告效果更好。

3. 抽样法

此法是从全部调查对象中选择一部分进行调查，并以此推断全部调查对象的一种方法。在调查中，调查人员应设计和决定抽样的对象、抽样的方法（抽签抽样、等距抽样、分类抽样、方便抽样、判断抽样等）、抽样的数量等。并严格按抽样进行调查。这一方法在市场调查中得到广泛应用。优点是能够节省人力、财力、物力，而且可以较快取得调查结果。

市场调查的方法较多，还有实验法、预测性调查法、统计分析法等。

（三）结果处理阶段

调查资料搜集到手后，需要进一步加工整理。

1. 资料的审查。审查的目的主要是核实调查材料的真实性和发现错误，如调查对象是否符合抽样要求，调查表记录是否完整，前后内容是否矛盾，并且要检查在搜集资料的过程是否有遗漏。

2. 资料的分类。分类的目的在于把搜集到的情报资料，按本企业的要求进行归类整理，以便于查找、归档、统计和分析。归类整理时，对数量资料还需要进一步统计计算，有系统地编成各种计算表、统计表或统计图，以便于进行分析。

3. 资料的分析。分析从两方面进行：一是分析判断调查和整理中的错误；二是运用调查资料所得的数据和事实，分析说明调查情况，提出分析结论。

四、市场预测的方法

在市场调查资料整理完毕后，就可在此基础上进行市场预测，预测方法的选用，对预测的准确性影响颇大，应灵活对待。预测方法有二三十种之多，归纳起来分为两大类：

1. 定性预测法

定性预测法亦称为经验判断法。它主要依靠预测者的知识、经验对已有资料进行分析判断，对事物的未来发展趋势作出推测。这种方法常用于对主要因素不能定量分析、或历史资料欠缺、影响因素复杂且难以掌握的情况下的预测。定性预测法主要有以下几种类型：

①趋向外推法：根据事物逐渐发展的规律判断事物未来发展的趋势，称趋向外推。如，我国人口不断增加，而用地却不可能增加，人们需要的空间，只有向空中发展，从而导致房屋的建设向高发展。作为建筑业预测到这种趋势时，就应考虑增加向高层建筑施工技术机械设备等方面的投资，以提高市场适应能力。

②专家调查法：即用书面的形式和专家们联系，收集他们掌握的情况、资料和想法进行预测。具体过程是：向20位左右的专家发预测调查表，征求他们各自的意见，然后将他们意见综合归纳，再分发给专家，请他们在此基础上修正或发展自己的意见，再汇总为预测结果。在征询过程中，专家们始终背靠背，互不知名，互不联系，在保密中进行。

③个人评估法：在企业经营管理的实践中，常由经理或经营人员作出预测。经理工作范围宽，接触的人和事多，一般具有较强的综合分析能力，对经营中的综合性问题，常由经理预测；经营人员多是各方面的专家，多对专业性较强的问题进行预测。

2. 定量预测法

也称统计分析法，是根据较完备的市场调查资料，运用一定的数学方法进行科学处理，测算事物未来发展趋势的一种方法。这种方法的优点是比较客观，不受预测者主观倾向的影响。不足之处是社会对市场的诸多因素影响，如政治因素的影响等常常不是仅有数据所能涵容的。所以常与定性预测法结合运用。此法包括平均数法（算术平均、加权平均）和因果分析即直线回归法等。如平均数法，在建筑设备和人员没有变动的情况下，工程的今后浇灌砌筑量的预测值往往取前一段时间的平均数。再如因果分析法，利用人口变化的因果关系，通过某城市人口的增加量，可预测该城市市政工程的增加量。

五、市场调查与预测的格式与写法

市场调查与预测没有固定的格式，不同目的、内容的市场调查与预测，可以用不同的格式。但一般都应包括标题、引言、主体、结尾四个部分。

1. 标题。标题中一般包括调查与预测的产品名称和主要内容。其标题形式常用的有三种：文章式标题，如《建筑行业的竞争为何日趋激烈》；公文式标题，如《××省××市2000年房地产发展趋势预测》，由调查对象、内容和文种组成；正副标题式，如《以商品房建设驱动房地产业持续发展——××市房产市场的调查预测》，正题鲜明地点出内容，揭示主题，副题则表明所要写的事物和地点。标题力求简洁、具体、醒目。

2. 引言。是正文的开头部分。要求写得简短扼要、朴实明快、引人注目。这部分的内容，重点说明市场调查与预测的目的、对象、时间和方法等；也可以概括全文的主要内容、主要数据和观点。

3. 主体。是市场调查与预测的核心部分。由情况、预测和建议三部分组成。

①情况部分。这部分主要是比较详细地介绍市场调查得到的与预测对象有关的因素和数据，一般用数字、图表加以阐述。这部分是市场预测展开的依据，要求写得全面、准确、充分而又重点突出。

②预测部分。这部分主要是通过对调查所获得的材料进行分析研究，预测市场今后的发展趋势，并对市场的未来作出正确的判断，是具体展开分析推导的过程。这个部分要把怎样分析推导和为什么这样分析推导叙述出来，做到既详尽又简明，严密而有逻辑性，令人信服。预测结果要一目了然。

③建议部分。这部分是对市场的未来作出判断之后，根据调查和预测的要求提出相应的建议和决策，也就是准备采取的措施。这是市场调查和预测的归宿。

4. 结尾。这部分是全文的收束。可重申观点，可提出希望，可加深认识，也可不写。

六、市场调查和预测写作注意事项

市场调查和预测是专业性很强的实用文书，它要求作者有丰富的专业知识和实践经验，有认真细致的调查研究作风和较高的写作能力，在具体写作时还须注意三点。

1. 准确性。正确的企业决策来自于准确的市场预测、准确的市场预测来自于准确可靠的市场调查材料。只有对所预测产品的市场现状进行深入细致的调查，在占有大量材料的基础上，再进行科学的分析，判断，才能写出正确的、富有说服力的市场预测。

2. 及时性。市场调查是为市场预测服务的，市场预测则是为企业决策服务的，故应在企业决策之前完成。如果错过了时机，预测成了"马后炮"，就会失去预测的价值或造成难以弥补的损失。

3. 可行性。在对未来市场的发展趋势作了预测之后，相应提出的建议和措施必须是切实可行的，切忌抽象笼统，以便于企业作为决策的依据和参考。

【例文一】 <center>下半年钢材进出口形势预测</center>

据海关统计，我国今年上半年钢材累计进口 630 万吨，出口 525 万吨，与去年同期相比进口降幅较大，出口增势迅猛。从上半年国内市场形势看，目前钢材进出口水平属比较正常，进口相对均衡、平缓，基本反映出钢材市场疲弱、平淡的总体态势。上半年这种进出口形势是否会持续到下半年？全年钢材进出口又会是一个怎样的状况，均引起各方面的广泛注意。

进口预测：虽然上半年国内钢材市场在清淡、平缓中运行，下半年国家又继续执行适度从紧的货币投放、提高贷款利率、严格控制新增贷款和固定资产投资规模等调控政策，各方面普遍认为钢材总体需求将与去年同期基本持平或偏软，下半年进口将会维持或略低于上半年水平。据分析：尽管下半年钢材进口存在众多的制约因素，但也可同时存在另一些刺激进口的客观条件。因此下半年钢材进口出乎一般设想也不是没有可能的，预计将会超过上半年水平，保守点说约在 700 万吨左右。主要理由是：

国家从明年起将可能从严控制或陆续调整进口货物减免税收政策，客观上会刺激进口货物赶在年底以前集中到货。由于关税、增值税减半或免征，关系到贸易商或用户的巨大利益，下半年这两部分享受税收优惠的进口钢材将会在这有限的时间内加快到货进度，甚至实际为第二年使用的备料也可能挤到年内到货。同时由于这部分进口物资所有资金基本来自国外，受国内适度从紧货币政策的影响较弱。

今年加工贸易进口钢材唱主调的格局不会改变，下半年将继续列居首位。由于加工贸易进口钢材程序相对简单，占用资金有限，原料产品两头在外，同时享受优惠税率，在国内资金紧张、市场需求疲软、国际市场钢材需求较旺的形势下，很受贸易商和生产厂家的欢迎。

上半年钢铁板材国内市场价格升幅较大，供需紧张，下半年，这种状况如果仍得不到改善，无疑会进一步刺激进口。目前有些地区薄规格冷板价格已接近6000元，镀层板8000至9000元，甚至超过9000元，达到创纪录的水平，但尽管市场价格涨幅较大，供需仍显紧张。

按以往惯例，下半年钢材进口都普遍高于上半年。1991年以来钢材进口上、下半年之比1：1.1。可以预见，今年这种比例关系也不会有太大改变。

出口预测：依据年初，有关部门针对钢材社会库存较大，市场需求疲弱的状况提出全年出口钢材（坯）500万吨的目标。现在看来，上半年出口实绩已突破全年目标，达到525万吨，势头之猛，是各方面人士所未曾料到的。下半年钢材出口将受到来自品种限制、资金从紧、退税率下调、退税额不到位等多方面的阻力，增势将会明显减缓，但也还是有可能在150万吨之上。这是因为：

一般贸易出口钢材尚有一定潜力。上半年出口钢材中，一般贸易出口200万吨（含坯）左右，与计划尚有距离。从外贸公司的角度分析，虽然下半年钢材出口阻力加大，积极性受到影响，但已争取到的出口计划如果当年完不成将直接影响到公司第二年申请出口配额。即使存在种种困难，也会尽可能不使计划落空。从出口企业来看，由于国内市场需求乏力，资金依然紧张，拖欠松弛有限，出口成了企业扩大生产、防止拖欠的一大出路。

加工贸易出口钢材还将保持一定增势。从上半年进出口实绩看，后者所占比例要大此。下半年铁矿砂进口仍可能维持上半年水平，因而采用加工贸易进口原料、出口钢材的数量仍将保持一定增长。

【例文二】　　　　　　　　一季度我省建材工业生产经营情况调查

今年一季度，建材工业的生产经营情况总的趋势是：产值及主要产品产量增速降低，生产运行状况基本正常。企业设备检修相对集中，生产能力发挥不足；市场销售以清淡开局，企业生产进一步向市场靠拢，需求波动明显，建材产品出口势头不旺；大中型企业生产经营困难加大，资金紧缺矛盾突出，行业经济效益仍然不佳。

一、建材工业生产经营的基本情况

1. 生产运行情况

据统计：一季度建材县及县以上独立核算工业企业完成工业总产值（不变价）14.94亿元，比去年同期（以下简称同比）增长4.1%，其中大中型企业完成工业总产值（不变价）9.25亿元，同比增长5.1%。完成工业总产值（现价）18.54亿元，同比降低1.1%，其中大中型企业完成工业总产值（现价）11.70亿元，同比降低0.7%。

一季度主要建材产品产量完成情况：

水泥：累计完成885万吨，同比增长4.9%，其中大中型企业累计完成335万吨，同比增长2.2%；

平板玻璃：累计完成 134.37 万重量箱，同比增长 4.9%。其中大中型企业累计完成 116.56 万重量箱，同比增长 0.6%；

卫生陶瓷：累计完成 93.28 万件，同比降低 4.4%；

釉面砖：累计完成 528.78 万平方米，同比降低 14.2%；

墙地砖：累计完成 812.01 万平方米，同比降低 12.5%；

在统计的 24 种建材主要产品产量中，有 10 种产品比去年同期有不同程度的增长，增长率在 2 位数以上的产品花岗岩板材（193.2%）、瓦（91.6%）、石棉（50.3%）、砖（24.8%）、水泥压力管（22.1%）、水泥排水管（18.0%）、加气混凝土（17.6%）和水泥预制构件（10.7%）。有 14 种产品产量同比降低，其中降低幅度比较大的产品有大理石板材（－53.7%）、油毡油纸（－31.0%）、石棉制品（－22.6%）、釉面砖（－14.2%）和墙地砖（－12.5%）。

据报表显示，今年初建材工业总产值（不变价）增长速度起点不高。1 月份时为 1.78%，2 月份为负增长（－0.79%），3 月份虽有所回升，但幅度不大。

一季度，由于建材市场需求不旺，各地建材企业普遍较往年加强了冬季设备检修保养工作，特别是春节前后，检修的企业明显增多。

2. 经营销售情况

据统计：一季度建材县及县以上独立核算工业企业累计完成销售产值（现价）15.59 亿元，同比增长 3.4%。其中大中型企业累计完成销售产值（现价）10.74 亿元，同比增长 2.1%。

一季度建材工业产品累计销售率 93.4%，比去年同期增长 4 个百分点。其中大中型企业的累计产品销售率为 91.9%，比去年同期增长 2.5 个百分点。

从 1~3 月份产品销售率变化情况来看，2 月份的当月产品销售率较低，仅 88.64%，3 月份突升至 97%，月环比增长 8.36 个百分点。一季度，有 23 个企业的产品累计销售率明显高于去年同期，达到 93% 以上的有 12 个，最低的为 80.9%。

3. 产品进出口情况

据统计：1~2 月份建材及非金属矿进出口商品总额达 4.19 亿美元。其中：出口 2.87 亿美元，同比增长 3.88%；进口 1.32 亿美元，同比增长 5.63%；进出口同比增长幅度分别较去年同期下降了 11.12 和 30.47 个百分点。在 22 种主要出口商品中，仅有 5 种保持增长，5 种不可比，另 12 种产品都低于去年同期出口水平，其中包括主导产品水泥和平板玻璃，但水泥熟料、花岗岩荒料等产品仍保持较高的增长速度。从创汇情况来看，有 11 种产品保持增长，11 种产品是降低的。相对来说，今年初建材产品出口势头不旺，增速不高，但出口价格基本稳定，部分产品稍有增长，创汇总额未减，总体趋势亦忧亦喜。

4. 经济效益情况

据统计报表提供的情况：建材系统县以上国有工业企业一季度主要财务指标统计：

(1)产品销售收入为 16.35 亿元，同比降低 4.0%；

(2)销售成本 14.45 亿元，同比增长 1.5%；

(3)销售税金及附加为 0.59 亿元，同比降低 7.7%；

(4)应交增值税 0.93 亿元，同比降低 5.8%；

(5)利息支出净额 0.88 亿元，同比增长 8.4%；

(6)利润总额－1.48 亿元，同比增长 80.0%；

（7）月末存货占用资金 18.69 亿元，同比增长 14.3%；其中产成品 10.56 亿元，同比增长 20.0%；

（8）应收帐款净额为 7.1 亿元，同比增长 17.3%；

（9）亏损企业亏损总额 0.78 亿元，同比增长 20.5%；

（10）亏损面 53.4%，同比增长 4 个百分点。

上述指标表明，今年一季度建材行业经济效益状况与去年同期相比，不仅没有好转，反而进一步下滑，形势不容乐观。

二、一季度建材工业生产经营形势的主要特点

今年一季度，建材工业的生产经营出现了与往年不同的情况，具体表现在：

1. 产值及主要产品产量增速明显降低

1 月份，建材工业总产值（不变价）以"八五"以来的最低水平开局。2 月份甚至出现了所有表现发展速度的经济指标都呈负增长的现象，3 月份虽然回升幅度较大，但总体水平仍很低，远远落后于全国平均水平。这种情况以往很少见。

据统计，30 个大中型企业中，1~2 月份工业总产值（不变价）同比保持增长的仅 17 个，降低的有 13 个。

从主要产品产量上看，水泥、平板玻璃等产品的产量增速明显下降，与去年同期高起点、高增速形成对比。从统计数据可以看出，30 个大中型企业中，2 月份有半数，3 月份有 1/3 的地方水泥产量都呈负增长。水泥、平板玻璃已不在建材快速增长产品的前列，这种情况以往并不多见。其他主要产品的增长速度也较往年有所下降。

2. 企业设备检修相对集中，生产能力发挥不足

据了解，各地在年初根据市场情况的变化，都普遍提前安排了设备检修保养等工作，有些企业借春节期间安排了停产或半停产检修。今年冬季设备检修的特点：一是早。从去年底就已陆续有企业安排检修。二是多。特别是在春节前后，安排检修的企业比较集中。三是长。由于市场没有启动，因此企业可以有充足的时间进行检修。由于部分企业是非正常需要安排的检修，因此，一季度部分企业开工不足，生产能力没有充分发挥。

3. 市场销售以清淡开局，生产进一步向市场靠拢，需求波动明显

一季度建材市场总体处于淡季，尤其是 2 月份销售量达谷底，销售率偏低。1 月份的当月销售率为 92.37%，比上月（96 年 12 月）降低了近 13 个百分点，2 月份的当月销售率为 88.64%，又比 1 月份降低了 3.7 个百分点，趋势是下降的。进入 3 月份，市场迅速启动，销售明显转好与前 2 个月形成强烈反差。据统计，30 个大中型企业中，1 月份的当月产品销售率仅有 5 个地方超过 100%，2 月份有 3 个，而 3 月份增至 9 个。头二个月建材产品销售率低于全省工业产品销售率约 5 个百分点，3 月份则超出 2 个百分点。这说明企业生产进一步向市场靠拢，市场调控作用加强，产需衔接更加紧密。与往年不同，今年开春后市场启动较早，而且起势猛、波动大、淡转旺的时间间隔短，区域差异小，影响面广。

从主要产品的销售价格情况看，头二个月以稳中趋降为主，各企业在销售淡季纷纷出台一些让利优惠等经营措施，扩大销售。3 月份开始，随着销售转旺，价格普遍有所回升，但幅度不大。从综合价格指数来看，建材产品的价格水平总体偏低。

4. 大中型企业困难加大效益不佳

一季度，建材大中型企业的许多统计指标呈不理想状态，如工业总产值（不变价）的增长

速度较去年同期降约 3.5 个百分点,起点较低;销售产值(现价)同比增长仅 2.1%低于整个建材工业的水平;水泥、平板玻璃的产量增长速度也低于全省水平;1～3 月份的产品销售率,不论是当月还是累计全部低于整个建材工业的平均水平。这些都是以往没有过的,说明建材大中型企业的生产经营状况存在一定问题,企业困难加大。据了解,一些地方的大中型企业由于内部管理与外部环境的影响,生产运行十分困难,经营销售不畅,资金严重短缺,经济效益滑坡。一些企业以销定产,生产任务不饱满。

5. 资金紧缺矛盾突出,行业经济效益再次下滑

从各地生产运行的外部环境看,当前最突出的是流动资金和拖欠货款问题。企业流动资金紧缺,货款拖欠情况严重,影响原燃材料购买,组织生产很困难。

去年一季度,建材工业首次出现了行业性亏损,经过一年的努力,在年终时已实现扭亏为盈。但是今年一季度,这种情况再次出现,并且较去年同期有所加剧。据汇总的百家建材企业财务指标,52 家水泥企业销售收入下降的有 35 家,占 69%;有 21 家企业处于亏损状态;19 家平板玻璃企业销售收入下降的有 12 家,占 63%,这些玻璃企业基本处于亏损或严重亏损状态。

三、影响建材工业生产经营的主要原因

一季度建材工业生产经营出现的产值,产量增速不高。市场销售不畅,大中型企业困难加大,经济效益再次滑坡等问题,究其原因不外有以下几点

一是国家宏观调控的影响。据有关资料,一季度国家在继续加强宏观经济调控力度的基础上,适当加大了固定资产的投资规模,其中基本建设,更新改造及房地产开发的投资增长率都较去年同期有所增长,但是由于资金到位情况较差,使得最终作用于建材市场的启动时已相对滞后。此外,今年一季度房地产开发投资的增幅明显低于去年同期,这对建材市场也起了一定抑制作用。

二是市场制约加强的影响。从去年初开始,建材产品的市场需求出现饱和,有些产品包括主导产品供大于求,市场竞争激烈,原来的卖方市场转向买方市场,受其影响企业纷纷以销定产,产品销售前景不明时不再盲目生产,甚至减产或停产。如一些大型水泥企业 1～2 月份安排生产还不足计划的 30%,产量降为历史最低点。这一方面体现企业适应市场变化的能力加强,另一方面也说明市场制约作用越来越大。

三是产品结构不合理的影响。建材产品不能够随市场变化而变化,只能被动地追随市场,而不能主动地开拓和适应市场需求,这个问题始终没有很好解决。一季度虽然是建材销售的淡季,但并非所有产品都难销,一些市场有需求的产品往往是非常规产品,小批量产品及优质高档产品。有些企业注意产品结构调整,以市场为导向组织生产,经营销售状况就比较好,淡季仍有好销路。

四是季节性淡季的影响。按照建材工业生产经营的一般规律,一季度是销售淡季,出现市场不旺,销售困难的现象是正常的,只不过今年一季度由于春节休假时间稍长,人为因素及客观原因相互叠加,共同作用于市场而使得淡季更淡,一旦这些因素减少,市场迅速启动,由淡转旺很快。

当以上这些因素综合作用于生产企业与销售市场时,就使得形势变得比较严峻,但出现这些情况是正常的,它基本符合建材工业生产经营的一般规律,只是表现形式稍有不同。从积极的角度去分析和认识,虽然从某种程度上加重了企业压力,但这也是迫使企业适应市

场,实现"两个根本转变"的结果,表明企业生产的重心,已开始逐渐从注重产值、追求速度向淡化产值,提高经济效益方面转移。

四、当前建材工业生产经营存在的主要问题和困难

1. 资金严重短缺,拖欠情况没有缓解,资金问题目前是企业生产经营的最大困难,据了解,企业的资金困难表现在以下几方面:一是货款拖欠,占用企业流动资金。这部分占用高达1亿多元,使企业资金无法周转;二是新建企业还贷付息负担沉重,由于企业获利能力降低,经济效益较差,每月还要扣除利息,所余利润无几。三是由于企业贷款还本付息的信誉降低,银行贷款更加困难。

2. 由于资金缺短,使企业购买原燃材料、组织生产异常困难

相对于往年来说,今年虽然在电力、煤炭、运输和涨价等热点上仍存在一些困难,但资金短缺的矛盾更加突出。由于电力、煤炭、运输等部门实行不给钱不发货的政策,使得企业束手无策,一些国有大型企业因无流动资金交付电费,已多次接到停电通知,有的甚至实施了停电,导致生产设备严重损坏,企业没有流动资金,大宗原燃材料及配品备件不能进厂,使少数企业处于停产或半停产状态。

3. 企业内部管理有所放松

随着国家财政、金融、价格、外贸等重大改革措施的全面实施,一些长期吃惯了"保护饭"的国有大中型企业思想观念陈旧,改革步伐不快,企业经营机制和管理体制不适应社会主义市场经济的发展,面对宏观调控和市场机制作用的增强,显得束手无策,往往把企业不景气全部归咎于"优惠少了,负担重了",把振兴企业的希望寄于国家再次减税让利,缺少跻身世界、抢占国际市场的拼搏精神,有些企业还因放松企业管理,粗放经营,造成消耗上升,费用增加。

五、当前建材工业生产经营需要抓好的几项主要工作

1. 学邯钢实质,促市场销售

最近,吴邦国副总理在一次讲话中要求把学邯钢抓管理进一步引向深入,学邯钢要抓住实质,管理要面向市场,要以质量效益为中心,邯钢经验的实质是什么?就是以经济效益为中心,依靠职工群众,坚持"三改一加强"方针,按照市场的要求,建立起"模拟市场核算,实行成本否决"的管理机制。形象地说是"推墙入海",丢掉幻想,转变观念,下决心走向市场。走向市场是邯钢经验的精髓,走向市场是所有企业的发展的必经之路。我们的企业要彻底地放弃计划体制短缺经济下的思维模式,重新认识企业和市场的关系,确立市场在企业经营中的中心地位。要清醒地认识到市场份额的多少可以决定企业的生存与淘汰,企业的经营决策要源于对市场的调查和判断,生产的品种、质量和价格要得到用户的欢迎和接受,销售方式和售后服务要使用户方便和满意,只有走向市场,才能感受到压力和竞争,才能自觉地加强和改善管理,才能占领市场,立于不败之地。

2. 强化企业管理,向管理要效益

强化企业管理是社会主义市场经济对企业的内在要求,要不断学习和借鉴先进科学的企业管理经验,建立健全规范严谨的管理机制,强化职工的管理意识,将市场竞争的压力转变为加强企业管理的动力,采取切实可行的措施扭转企业管理粗放,以奖代管等不良现象,将企业的物耗、质量、效益等指标量化,且与职工的切身利益相联,不断提高企业质量管理、成本管理的水平。

3. 抓住有利时机,促产促销,提高经济效益

今年建材市场启动较往年提早一个月,国家固定资产投资力度保持均匀增长,项目资金到位也将好于往年,宏观经济周期也开始进入良性循环,种种迹象表明宏观经济环境将渐趋好转,虽然目前一些地方和企业困难还比较多,矛盾也比较突出,但形势的发展将会逐步得到缓解和改善,二季度,按照建材工业生产经营的规律将有一个高峰期,预计这个高峰将会提早到来并持续一段时间,各地方和企业要抓住这一时机,调整经营策略,加大市场促销力度。做好生产调度,稳定产品价格,努力提高经济效益,各级建材主管部门要积极帮助企业创造有利条件,加强协调配合,为企业多办实事。

【例文三】   智能建筑与城市

作为现代化标志的智能型建筑与智能化城市,其来势很猛,在国内外以智能大厦命名的大型建筑物(含正在建设中的)有百余座之多。无论从何种意义上讲,建筑及城市的智能化已成为 21 世纪建筑发展的一个趋势,它标志着高新技术在现代建筑中的全面应用。

现代化建筑中楼层不断增加,功能日益复杂,对环境空间的要求趋严,并大量使用各种机电设备。电梯、空调、给排水设备的自控、防灾、防盗保安系统的监控等必须依赖电脑和其他自动化装置予以科学的管理,使楼宇设备处在最佳状态下运行。

智能建筑系统是建立在楼宇自动化系统基础之上的,具有完善的计算机系统及通讯网络。现代“信息高速公路”的到来更加为建筑系统发展提供了基础。全球第一座大厦建成于 1984 年,位于美国康涅狄格州哈福德市。1985 年,位于日本东京的一座智能大厦也相继落成。日本于 1985 年末成立了国家智能建筑专业委员会。英国、法国、加拿大、瑞典、德国在 80 年代末及 90 年代初都已落成富有自己特色的智能建筑。美国也宣称,1995 年以后要大幅度增加智能型大楼的比例。

智能化建筑产生的背景是:(1)工业结构变化的需要,因为社会发展到今天,已经从工业社会进展到信息社会;(2)情报通讯技术发展的需要,如:随着数字技术、光导纤维通讯技术,超大规模集成电路技术迅速发展的图像通讯信息系统有了广泛发展,达到了在经济上使用户可以接受的商品化程度;(3)社会生活的舒适和现代化需求。

随着社会向高度信息化发展,国外智能建筑正朝着两个方面发展。其一,智能建筑已不再限于智能化办公楼,正向酒店、公寓、商场、地下工程甚至住宅扩展。其二,智能建筑由单体向区域性规划发展,从而导致 90 年代中后期“智能广场”、“智能小区”概念的完善及工程的实现。

以电脑住宅为例,电脑系统可根据温湿度及风力等情况自动调节窗户的开闭、空调器的开关;若看电视,电话铃响了,则电视音量会自动降低;夜晚的立体声过大,房间的窗户会自动关闭以不扰民;若有陌生人进入房间,各种测控系统会发出特殊警告。丹麦未来研究所的研究报

阅读训练

1. 该文标题的形式是哪一种?从标题中诠释调查和预测产品名称和主要内容。

2. 该文开头一段重点说明了什么?

3. 第二段反映市场的现状和需求,放在此段有何作用?

4. 第三段反映了建筑市场的发展动态和技术开发动向,是否说明了这是建筑行业发展的方向?为什么?

5. 第四段内容在预测中起什么作用?

告设计出了4种明日家庭主人的梦想愿望,都体现出智能化。笔者认为家庭市场是智能化建筑市场的基础,它具有无穷的发展潜力。如:家庭多样化的娱乐信息决定了智能型电视、音响的产生;家庭多样化日常生活信息决定了对多媒体技巧的依赖;家庭远程通讯更需要卫星办公室、联接许多卫星办公室的办公中心区等。

1994年10月英国格拉斯哥举行的第二届欧洲智能结构和材料学术研讨会上,最引人注目的议题就是利用智能系统建造有"感觉器官"的城市。科学家认为,如果在城市建筑、道路、桥梁及各种基础设施中埋入光纤、压电材料等做成的微细传感器,像神经一样分布其中,就能检测出它们在长期使用中或遭意外危险时,提早进行自修复及防范加固。

笔者认为中国已经具备发展智能化建筑的条件。如:在国家科委组织的《21世纪的住宅科技产业工程》的课题中,已提出发展智能建筑的政策。智能化建筑不仅需要一种真正的自控文化,更需要产业建设,即应研究有利于"智能化"的环境平台,并使相关的信息技术镶嵌在建筑中。开展智能化研究,是促进支柱产业整体科技含量的基本措施,是向建筑科技制高点的攀登。

6. 第五段是什么类型的结论?根据是什么?根据从何而来?

7. 第六、七段和下段都是说智能建筑的作用,为什么要分两段?

8. 该段属文章主体部分的哪一部分?写这一部分的依据是哪些?

思考与练习

一、词语解释

市场调查　　市场预测　　市场调查的访问法、观察法、抽样法　　市场预测的趋向外推法、专家调查法、个人评估法、定性预测法、定量预测法

二、填空题

1. 市场,是_____和_____的产物,是指一定地区内某种_____场所或各种商品_____关系的总和。

2. 建筑市场调查和预测的内容可概括为:_____、_____、_____、_____、_____、_____。

3. 市场调查的准备阶段可分为六个步骤:_____、_____、_____、_____、_____、_____。

4. 市场调查与预测的格式一般应包括_____、_____、_____、_____四个部分;在具体写作时应注意_____性、_____性、_____性。

三、简答题

1. 市场调查与市场预测有何联系?

2. 与目标市场有关领域的调查和预测有哪三个方面的内容?

3. 与销售途径有关领域的调查和预测有哪两方面的内容?

4. 如何整理调查搜集到的资料?

5. 如何遵循"准确性、及时性、可行性"三点原则,写好市场调查和预测?

第五章　告示类应用文

第一节　广　告

一、广告的性质和作用

广告，顾名思义，就是广泛告知的意思。我们平时接触的广告，大多是经济领域，与市场经济活动有关的广告。本文所涉及的，是指企业承担费用，通过一定媒介和形式直接或者间接地介绍自己所推销的商品或者所提供的服务，以及企业自身形象的塑造等广告。广告是以刺激消费、扩大市场需求，进而增加生产销售为目的，以有关企业目标、经营方式、产品类型及服务项目为主要内容，公开广泛地向人们进行宣传介绍的一种应用文体。广告是商品经济的产物，并随着商品经济的发展而发展。

广告主要有以下五个方面的作用：

1. 引导作用。广告是任何一种商品进入市场的敲门砖。在现代市场中，新型号商品的出现往往是最先在广告中。没有一定形式广告的引导，商品进入市场，进而占领市场是难以想象的。就是一个建筑公司的成立，也要通过开业典礼来宣传自己。

2. 联系作用。广告是公开的信息，通过广告，可以交流信息，互通有无，解决买难卖难的问题。广告是联系产品产、供、销及消费者之间的纽带和桥梁，故人们多把广告比成"推销的喉舌"、"采购的耳目"、"商品交换中的红娘"。

3. 刺激作用。广告是通过适应消费者心理特点的信息传播，引起消费者的购买兴趣，激发其购买欲望。

4. 普及作用。广告是利用各种方式来广而告之，使某种商品能家喻户晓，人人所知。人们在准备购买某一商品或选择服务时，便会根据自己所看到、听到的广告来将某一商品或服务作为首选目标。

5. 催化作用。广告能加速商品流通，推动企业竞争，促进经营管理，是市场经济运作过程中不可缺少的催化剂和润滑剂，现代经济生活中大规模消费——大规模销售——大规模生产的良性循环离不开广告。

二、广告的种类

常见的广告，从其所利用的媒介来看，有报刊广告、电视广告、广播广告、交通广告、橱窗广告、牌匾广告、包装广告、体育场地广告、工商名录广告等。从广告的内容看，主要有以下类型的广告：

1. 企业广告。它是通过广告媒介向人们介绍企业的有关情况，传递企业信息，使大家对企业有一个大致了解，从而留下一个鲜明的印象和树立对该企业的信赖。

2. 商品广告。它是通过广告媒介在消费者心目中树立良好的产品形象和品牌形象，以刺激消费者的购买欲望，从而达到销售产品的目的。

3. 劳务广告。它是通过广告媒介向人们介绍劳务市场新近所需劳务的有关情况，为求职者,提供职业信息,指导就职。

4. 生产资料广告。它是通过广告媒介向企业管理及相关技术人员介绍生产资料相关的技术、价格信息及售前售后服务情况等,利用能为用户提供全面服务或低廉价格的产品来吸引客户。

其他还有以旅游为内容和以商标为内容的广告等等。

三、广告的构成和写法

广告基本是由语言文字和图像画面所构成。因广告媒介的复杂多样和宣传的内容、目的的不同,广告没有统一的结构形式,也没有固定的创作方法。但有一点可以肯定,只要是广告,就一定得有语言文字,仅有图像画面的广告是不存在的。一般说来,广告的语言文字可包括标题、正文、结尾、随文等部分。这四项都齐全的广告,多见于报刊广告;用标题与画面结合的多见于电视广告;单纯用标题的多见于标牌、交通等广告。

(一)广告的文字构成

1. 标题

广告的标题既能标明广告的主旨,又能作为区分不同广告内容的标志。标题应具有鲜明的个性和独到之处,具有新颖引人的创意,从而具有刺激性、吸引力和感召力。广告标题的醒目与否,直接关系着广告的未来命运及其产生的效果。一般正文越长的广告,标题所发挥的作用也就越大。在广告界有"好的标题等于成功了一半"的说法,可见标题的重要。

标题一般有引题、正题、副题。引题用来说明信息意义或交代背景,正题用来点明广告的主要内容,副题是对正题内容的补充。如例文一引题:"事业腾飞的起点,温馨的家庭承诺"说明意义,引出正题"华经大厦",点明这则广告的内容是与房产有关。广告中的正题不可缺少,尤其是以报刊为媒介的广告,引题和副题可根据实际情况拟写或者省略。另外,在与图像画面共同构成的广告中,引题和副题逐渐转化为标语口号式的语句,即成为广告者从长远销售利益出发,在一定时期反复使用的特定宣传语句,如某自动门窗制造公司广告的引题"严冬酷暑的烦恼,狂风骤雨的不便——一'按'了之";又如某防盗门制造厂广告的副题"安全的保护神,盗贼的克星"就是这种特定的宣传语句,突出了产品的特点,鼓动性强,富于号召力,并且语句对称押韵,易理解记忆,形成强烈印象,从而无形中成为人们消费时的重要依据。

2. 正文

正文是广告的中心部分,是广告的主旨和主要内容所在。正文的主要作用在于激发消费者对产品的渴求心理即购买欲望。正文主要是以充实的理由对消费者先晓之以理,再动之以情,而后以客观的事实具体说明,以此来赢得消费者对产品的了解并产生信任感和购买欲望。广告正文一般包括广告主办单位,商品及劳务等名称,以及规格、性能、功用,使用保养方法、出售方式、接洽方法等。

撰写正文要注意:

①重点突出。一则广告要有明确的主题,这个主题就是广告的诉求重点。正文忌头绪纷纭杂乱无章,什么都摆上去,显示不出商品或企业的个性和主要优点。

②简明易懂。广告正文要写得简明扼要,浅显通俗,具体明白,切忌拖沓晦涩。一般房地产广告、劳务广告等,其产品或服务的功用效能是众所周知的,宜简短;企业广告、建筑机械或建筑材料广告、建筑新产品开发广告等,为便于消费者了解清楚,宜详细。此外,还应考虑媒体的特点。报刊广告,可详细;广播电视、牌匾、交通等广告,应简短。语言文字应尽量口语

化,使各文化层次的消费者都易读爱听。

③有趣引人。广告正文在简明易懂的基础上,要增加可读性。这就要求一方面要借助诗歌、相声、故事等文艺形式,另一方面要使广告语句更具文学性,从而使消费者更乐于接受。

④有号召力。广告的号召力,首先来自于商品、服务的高质量和企业优良的经营作风,其次还要借助令人信服有号召力的广告语言文字。常见的写法是引用权威人士、社会名流、消费者等评价和推荐的话,或利用权威部门颁发的证书、奖状来证明,例如【例文四】。

3. 结尾

广告结尾部分的作用主要在于促使消费者尽快付诸实际的购买行动,或者激发消费者长期的购买欲望。广告中,一般采用"数量有限,欲购从速","某月某日至某月某日携带相关工作证明、学历证明和免冠照片两张到某路某号某层楼报名处报名"的写法,从数量和时间的限制上促使消费者尽快付诸购买行动;也采用诸如【例文二】,"我们热切希望与各界朋友们携手合作、共兴共荣"的写法,激发消费者长期的购买欲望。结尾应简短有力,诚恳真挚。

4. 随文

随文也称附告,是在正文之后的必要说明。包括广告单位的名称、地址、电话号码、电报挂号、邮政编码、银行帐号、购买手续等,对消费者起指南的作用。

5. 撰写广告的基本要求

广告是一门综合艺术,形式多样。一般都用文字和物象相结合的形式介绍商品、劳务等。无论采用何种形式、撰写何种内容的广告,其语言文字都应该与宣传手段(媒介利用)、表现形式组成和谐的有机整体。具体要求主要有以下几点:

①遵守法规,实事求是。我国于1995年2月颁布并开始执行了《广告法》。该法对于规范广告活动,促进广告业的健康发展有着积极作用。凡要进行广告业务,都必须以《广告法》为准绳,规范自己的广告行为。在撰写广告时,最根本的原则是实事求是,一定限度的艺术渲染和艺术夸张是允许的,但必须以事实为基础,不能脱离事实。只有实事求是地向消费者介绍商品或劳务,才能建立商品、企业的信誉。《广告法》总则第三条"广告应当真实、合法、符合社会主义精神文明建设的要求",及总则第四条"广告不得含有虚假的内容,不得欺骗和误导消费者",是所有广告制作者必须遵循的。

②突出核心,明确重点。任何一种商品或服务都有多种功用或特性。广告撰写时,就要根据消费者购买商品或享受服务时的初衷和根本目的,突出商品或服务的某些功用和独具的特性,并明确地以此为"核心点"作为诉求重点,这种将消费者的购买意愿与商品、服务的功用特点在广告上和谐统一起来的做法,容易得到消费者的理解和认同,完成由购买欲望到购买行为的转移。如【例文一】华经大厦售房广告的诉求重点是准时、合适、方便,其他象安全、实用、质优等功用特点则忽略未提,这是因为这则广告的接受对象或产品的消费者是高收入者,其诉求重点必须要符合高收入者购房的初衷和根本目的。

在确定诉求重点时,还必须注意商品是在进入市场的引入期、成长期,还是成熟期、饱和期或衰落期。在引入期和成长期,诉求重点是商品的名称和性能,以激发消费者的兴趣和关注;在商品的成熟期和饱和期,诉求重点是商品性能的改良和商标的信誉;在商品的衰落期,诉求重点是商品的新技术、新用途,以争取新用户,开辟新市场。如【例文一】华经大厦售房广告的诉求重点表现为商品性能的改良,是由安居向舒适方便的改良,这反映了商品房的生产销售已进入成熟期和饱和期。

③抓准心理,激活需求。撰写广告时,一定要针对顾客的消费心理(即消费者的兴趣、需要、动机、情感、态度等心理因素),根据不同地区、不同消费对象的消费特点,做到"有的放矢",因地因人制宜。如,同是购商品房,低收入者注重的是价格,中收入者是实用,高收入者则是舒适方便,广告撰写则要根据这不同的消费心理有的放矢。又如,同是建筑公司的广告,在内地农村小城镇,要重在介绍建筑成本低廉、承建物的坚固实用等,诉求重点放在公司的价格优惠、能力、信誉上;在城市及开放地区,则要重在介绍建筑式样的新颖独特,诉求重点放在公司的技术力量、资信等级及现代管理上。

④简洁准确,生动感人。广告中的语言文字是广告的灵魂。广告的发展对广告中的语言文字及其表达方式的运用提出了越来越高的要求。广告的语言文字是否具有感染力,已成为衡量广告优劣的重要标志。广告撰写可以采用各种体裁,兼用叙述、说明、议论、描写、抒情等多种表达方式。语言文字要求简洁准确、生动感人,在熟练掌握广告业务知识的前提下,以通晓流畅的文字准确地将产品的各种性能表达出来,以动之以情,晓之以理的文字生动地感染消费者。如【例文三】"产品通过中试、检测、鉴定,生产线专用设备所采用新的特殊焊接技术,焊点牢靠无过烧现象。"对产品性能的介绍简洁准确。"公司的宗旨是:质量第一、服务第一、信誉至上。竭诚欢迎各界朋友光临惠顾。竭诚欢迎用户前来洽谈订货。"对消费者动之以情,至诚至信,委婉感人。广告中不得采用讽刺意味的以及庸俗低级不健康的语言。

(二)广告的图象构成

在建筑行业系统,广告除了使用语言文字外,还借助于图象画面。图像画面所具有任何文字都无法替代的形象化的宣传能力,令广告图文并茂,对消费者更具吸引力。

广告图象有四个方面的作用:

①广告图象能补充广告文字内容表述不清的不足,能借助于视觉形象所产生的直观性表述所要说明的问题。

②能充分占有和利用版面或篇幅的有限空间,在相同版面或篇幅中,图文结合的广告较单纯的文字广告宣传效果更佳。

③广告图象能突破语言、文化的障碍,使不同语言、不同文化层次的消费者都能了解广告信息的内涵。

④广告图象可以美化广告版面,调节消费者情绪。

传播广告信息并取得实际效果是整个广告设计的根本出发点和最后归宿,因此,广告的图象构成应该是艺术性、实用性和功利性的统一。既要善于运用色彩、形象、线条等来渲染广告氛围,给人以美的感受,更要准确形象地介绍产品,在构图如何才能产生应有效果上下功夫。

1. 广告构图的形式

广告构图的形式主要指两方面:产品的表现形式和艺术的表现形式。

产品的表现形式是指在广告构图时对产品的表现选择。一般可从五个方面表现,一是表现产品的整体,如【例文三】昌龙板制板机;二是表现产品的某一部分,强调产品的某一特性和功用,如【例文一】华经大厦所处地理位置简图;三是再现准备使用或正在使用的产品的功用状态,让事实展示其说服力,如【例文六】工程钻机在上海不夜城工地;四是表现其产品使用后消费者得到的好处或利益;五是表现产品的构成及其连带关系,如【例文一】虹临宝都,有立体图、剖面图,还有地理位置图。

艺术的表现形式是指照片、图画、图表等构图形式。广告的图象构成占据着首位的是照片,这不仅仅是因为广告照片具有真实可信的心理功效,还在于制作简便,色彩效果逼真,并且在灵活性、融通性和表现的多样性等方面是一般绘画无法比拟的,广告照片代表真实,广告图画、图表代表想象,而想象受人相信的程度就要低一些。

但广告的图象构成也离不开图画和图表,广告图画可运用形象化的表达方式将想象力扩张,从而增强广告的感染力,这是广告照片所不及的。广告图表的作用在于将复杂的现象条理化,如【例文一】的地理位置图。

2. 广告构图的基本要求

广告构图,无论是摄影、绘画,都需要遵循如下四大立意原则:

①突出广告主旨。只有立意准确、主旨突出的广告图象,才能使消费者准确地领悟其中的内涵。

②内容简洁、构图明确。一切扰乱视线、分散广告目标注意力的纯装饰性花纹、线条、边框和颜色均应尽可能略去。

③虚实相映。广告中图、文、表应疏密协调,有一定空白会给人一种气魄大的恢宏观感。

④活泼有致。广告构图不得过分强调对称、均衡,要力求错落有致,活而不乱,形成独具的韵律感、节奏感和方向感。

在构图阶段,要做到以下几点:

第一、画面要能吸引消费者,并能正确包涵广告信息的内容;

第二、语言文字等部分在总体广告中的位置确定,使图文协调;

第三、字体应成为图象的有机组成部分;

第四、采用适当边框突出广告图象,使广告更为醒目。

附

中华人民共和国广告法

第一章　总　则

第一条　为了规范广告活动,促进广告业的健康发展,保护消费者的合法权益,维护社会经济秩序,发挥广告在社会主义市场经济中的积极作用,制定本法。

第二条　广告主、广告经营者、广告发布者在中华人民共和国境内从事广告活动,应当遵守本法。

本法所称广告,是指商品经营者或者服务提供者承担费用,通过一定媒介和形式直接或者间接地介绍自己所推销的商品或者所提供的服务的商业广告。

本法所称广告主,是指为推销商品或者提供服务,自行或者委托他人设计、制作、发布广告的法人、其他经济组织或者个人。

本法所称广告经营者,是指受委托提供广告设计、制作、代理服务的法人、其他经济组织或者个人。

本法所称广告发布者,是指为广告主或者广告主委托的广告经营者发布广告的法人或者其他经济组织。

第三条　广告应当真实、合法,符合社会主义精神文明建设的要求。

第四条　广告不得含有虚假的内容,不得欺骗和误导消费者。

第五条　广告主、广告经营者、广告发布者从事广告活动,应当遵守法律、行政法规,遵循公平、诚实信用的原则。

　　第六条　县级以上人民政府工商行政管理部门是广告监督管理机关。

第二章　广　告　准　则

　　第七条　广告内容应当有利于人民的身心健康,促进商品和服务质量的提高,保护消费者的合法权益,遵守社会公德和职业道德,维护国家的尊严和利益。

　　广告不得有下列情形:

　　(一)使用中华人民共和国国旗、国歌;(二)使用国家机关和国家机关工作人员的名义;(三)使用国家级、最高级、最佳等用语;(四)妨碍社会安定和危害人身、财产安全,损害社会公共利益;(五)妨碍社会公共秩序和违背社会良好风尚;(六)含有淫秽、迷信、恐怖、暴力、丑恶的内容;(七)含有民族、种族、宗教、性别歧视的内容;(八)妨碍环境和自然资源保护;(九)法律、行政法规规定禁止的其他情形。

　　第八条　广告不得损害未成年人和残疾人的身心健康。

　　第九条　广告中对商品的性能、产地、用途、质量、价格、生产者、有效期限、允诺或者对服务的内容、形式、质量、价格、允诺有表示的,应当清楚、明白。

　　广告中表明推销商品、提供服务附带赠送礼品的,应当标明赠送的品种和数量。

　　第十条　广告使用数据、统计资料、调查结果、文摘、引用语,应当真实、准确,并表明出处。

　　第十一条　广告中涉及专利产品或者专利方法的,应当标明专利号和专利种类。

　　未取得专利权的,不得在广告中谎称取得专利权。

　　禁止使用未授予专利权的专利申请和已经终止、撤销、无效的专利做广告。

　　第十二条　广告不得贬低其他生产经营者的商品或者服务。

　　第十三条　广告应当具有可识别性,能够使消费者辨明其为广告。

　　大众传播媒介不得以新闻报道形式发布广告。通过大众传播媒介发布的广告应当有广告标记,与其他非广告信息相区别,不得使消费者产生误解。

　　第十四条　药品、医疗器械广告不得有下列内容:

　　(一)含有不科学的表示功效的断言或者保证的;(二)说明治愈率或者有效率的;(三)与其他药品、医疗器械的功效和安全性比较的;(四)利用医药科研单位、学术机构、医疗机构或者专家、医生、患者的名义和形象作证明;(五)法律、行政法规规定禁止的其他内容。

　　第十五条　药品广告的内容必须以国务院卫生行政部门或者省、自治区、直辖市卫生行政部门批准的说明书为准。

　　国家规定的应当在医生指导下使用的治疗性药品广告中,必须注明"按医生处方购买和使用"。

　　第十六条　麻醉药品、精神药品、毒性药品、放射药品等特殊药品,不得做广告。

　　第十七条　农药广告不得有下列内容:

　　(一)使用无毒、无害等表明安全性的绝对化断言的;(二)含有不科学的表示功效的断言或者保证的;(三)含有违反农药安全使用规程的文字、语言或者画面的;(四)法律、行政法规规定禁止的其他内容。

　　第十八条　禁止利用广播、电影、电视、报纸、期刊发布烟草广告。

　　烟草广告中必须标明"吸烟有害健康"。

　　第十九条　食品、酒类、化妆品广告的内容必须符合卫生许可的事项,并不得使用医疗用语或者易与药品混淆的用语。

第三章　广　告　活　动

　　第二十条　广告主、广告经营者、广告发布者之间在广告活动中应当依法订立书面合同,明确各方的权利和义务。

　　第二十一条　广告主、广告经营者、广告发布者不得在广告活动中进行任何形式的不正当竞争。

第二十二条　广告主自行或者委托他人设计、制作、发布广告，所推销的商品或者所提供的服务应当符合广告主的经营范围。

第二十三条　广告主委托设计、制作、发布广告，应当委托具有合法经营资格的广告经营者、广告发布者。

第二十四条　广告主自行或者委托他人设计、制作、发布广告，应当具有或者提供真实、合法、有效的下列证明文件：

（一）营业执照以及其他生产、经营资格的证明文件；（二）质量检验机构对广告中有关商品质量内容出具的证明文件；（三）确认广告内容真实性的其他证明文件。

第二十五条　广告主或者广告经营者在广告中使用他人名义、形象的，应当事先取得他人的书面同意；使用无民事行为能力人、限制民事行为能力的名义、形象的，应当事先取得其监护人的书面同意。

第二十六条　从事广告经营的，应当具有必要的专业技术人员、制作设备，并依法办理公司或者广告经营登记，方可从事广告活动。

广播电台、电视台、报刊出版单位的广告业务，应当由其专门从事广告业务的机构办理，并依法办理兼营广告的登记。

第二十七条　广告经营者、广告发布者依据法律、行政法规查验有关证明文件，核实广告内容。对内容不实或者证明文件不全的广告，广告经营者不得提供设计、制作、代理服务，广告发布者不得发布。

第二十八条　广告经营者、广告发布者按照国家有关规定，建立、健全广告业务的承接登记、审核、档案管理制度。

第二十九条　广告收费应当合理、公开，收费标准和办法应当向物价和工商行政管理部门备案。

广告经营者、广告发布者应当公布其收费标准和收费办法。

第三十条　广告发布者向广告主、广告经营者提供的媒介覆盖率、收视率、发行量等资料应当真实。

第三十一条　法律、行政法规规定禁止生产、销售的销售商品或者提供的服务，以及禁止发布广告的商品或者服务，不得设计、制作、发布广告。

第三十二条　有下列情形之一的，不得设置户外广告：

（一）利用交通安全设施、交通标志的；

（二）影响市政公共设施、交通安全设施、交通标志使用的；

（三）妨碍生产或者人民生活，损害市容市貌的；

（四）国家机关、文物保护单位和名胜风景点的建筑控制地带；

（五）当地县级以上地方人民政府禁止设置户外广告的区域。

第三十三条　户外广告的设置规划和管理办法，由当地县级以上地方人民政府组织广告监督管理、城市建设、环境保护、公安等有关部门制定。

第四章　广告的审查

第三十四条　利用广播、电影、电视、报纸、期刊及其他媒介发布药品、医疗器械、农药、兽药等商品的广告和法律、行政法规规定应当进行审查的其他广告，必须在发布前依照有关法律、行政法规由有关行政主管部门（以下简称广告审查机关）对广告内容进行审查；未经审查，不得发布。

第三十五条　广告主申请广告审查，应当依照法律、行政法规向广告审查机关提交有关证明文件。广告审查机关应当依照法律、行政法规作出审查决定。

第三十六条　任何单位和个人不得伪造、变造或者转让广告审查决定文件。

第五章　法　律　责　任

第三十七条　违反本法规定，利用广告对商品或者服务作虚假宣传的，由广告监督管理机关责令广告主停止发布，并以等额广告费用在相应范围内公开更正消除影响，并处广告费用一倍以上五倍以下的罚款；对负有责任的广告经营者、广告发布者没收广告费用，并处广告费用一倍以上五倍以下的罚款；情节严重的，依法停止其广告业务。构成犯罪的，依法追究刑事责任。

第三十八条　违反本法规定，发布虚假广告，欺骗和误导消费者，使购买商品或者接受服务的消费者的合法权益受到损害的，由广告主依法承担民事责任，广告经营者、广告发布者明知或者应知广告虚假仍设计、制作、发布的，应当依法承担连带责任。

广告经营者、广告发布者不能提供广告主的真实名称、地址的，应当承担全部民事责任。

社会团体或者其他组织，在虚假广告中向消费者推荐商品或者服务，使消费者的合法权益受到损害的，应当依法承担连带责任。

第三十九条　发布广告违反本法第七条第二款规定的，由广告监督管理机关责令负有责任的广告主、广告经营者、广告发布者停止发布、公开更正，没收广告费用，并处广告费用一倍以下五倍以上的罚款；情节严重的，依法停止其广告业务。构成犯罪的，依法追究刑事责任。

第四十条　发布广告违反本法第九条至第十二条规定的，由广告监督管理机关责令负有责任的广告主、广告经营者、广告发布者停止发布、公开更正、没收广告费用，可以并处广告费用一倍以上五倍以下的罚款。

发布广告违反本法第十三条规定的，由广告监督管理机关责令广告发布者改正，处以一千元以上一万元以下的罚款。

第四十一条　违反本法第十四条至第十七条、第十九条规定，发布药品、医疗器械、农药、食品、酒类、化妆品广告的，或者违反本法第三十一条规定发布广告的，由广告监督管理机关责令负有责任的广告主、广告经营者、广告发布者改正或者停止发布，没收广告费用，可以并处广告费用一倍以上五倍以下的罚款；情节严重的，依法停止其广告业务。

第四十二条　违反本法第十八条的规定，利用广播、电影、电视、报纸、期刊发布烟草广告，或者在公共场所设置烟草广告的，由广告监督管理机关责令负有责任的广告主、广告经营者、广告发布者停止发布，没收广告费用，可以并处广告费用一倍以上五倍以下的罚款。

第四十三条　违反本法第三十四条的规定，未经广告审查机关审查批准，发布广告的，由广告监督管理机关责令负有责任的广告主、广告经营者、广告发布者停止发布，没收广告费用，可以并处广告费用一倍以上五倍以下的罚款。

第四十四条　广告主提供虚假证明文件的，由广告监督管理机关处以一万元以上十万元以下的罚款。

伪造、变造或者转让广告审查决定文件的，由广告监督管理机关没收违法所得，并处一万元以上十万元以下罚款。构成犯罪的，依法追究刑事责任。

第四十五条　广告审查机关对违法的广告内容作出审查批准决定的，对直接负责的主管人员和其他直接责任人员，由其所在单位、上级机关、行政监察部门依法给予行政处分。

第四十六条　广告监督管理机关和广告审查机关的工作人员玩忽职守，滥用职权、徇私舞弊的，给予行政处分。构成犯罪的，依法追究刑事责任。

第四十七条　广告主、广告经营者、广告发布者违反本法规定，有下列侵权行为之一的，依法承担民事责任：

（一）在广告中损害未成年人或者残废人的身心健康的；（二）假冒他人专利的；（三）贬低其他生产经营者的商品或者服务的；（四）广告中未经同意使用他人名义、形象的；（五）其他侵犯他人合法民事权益的。

第四十八条　当事人对行政处罚决定不服的，可以在接到处罚通知之日起十五日内向作出处罚决定的机关的上一级机关申请复议；当事人也可以在接到处罚通知之日内直接向人民法院起诉。

复议机关应当在接到复议申请之日起六十日内作出复议决定。当事人对复议决定不服的，可以在接到复议决定之日起十五日内向人民法院起诉。复议机关逾期不作出复议决定的，当事人可以在复议期满之日起十五日内向人民法院起诉。

当事人逾期不申请复议也不向人民法院起诉，又不履行处罚决定的，作出处罚决定的机关可以申请人民法院强制执行。

第六章 附 则

第四十九条 本法自 1995 年 2 月 1 日起施行。本法施行前制定的其他有关广告的法律、法规的内容与本法不符的，以本法为准。

【例文一—1】

华经大厦

事业腾飞的起点

- 今年年底交房
- 房型齐全，户户朝阳
- 水、电、管道煤气一次到位
- 付款方式轻松无比
- 紧邻中山北路，交通方便
- 背靠宜川新村，生活方便

提供同期装潢
交房时即可入住

温馨的家庭承诺

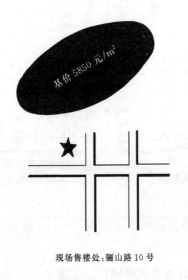

基价 5850 元/m²

现场售楼处：骊山路 10 号

☎ 6611562 6611646

【例文——2】

七十二家房客重聚有望……

热线
2566264 2566322
2566662·622

虹临宝都

基价：7280 元/m²

☆每层三套、25层，72家房客　两套洁具、大厨房、阳光室、地下车库

☆公交 14、100、47、55、61、123 路可直达

虹临宝都 1996 年内交付使用

191.22 m²

177.84m²

169.72m²

浦东发展银行提供 7 成按揭（1～15 年）

按揭商　上海浦东发展银行　　发展商　上海商业网点发展实业股份有限公司

南京西路 211 号 6 楼

126

业 务 构 成

房地产——土地开发，工商业用房及民用住房的开发、经营、销售、出租，旅游设施开发，旧城区成片改造，新区综合开发，房地产金融，房地产咨询，物业管理等。

停车场开发——机动车各种类型停车场总承包建设，机械式停车设备、停车场配套设施和材料设备的开发、设计、生产、销售，停车场位出租与销售，停车场管理等。

建筑设计——承担工业与民用建筑设计、园林设计、装饰工程设计，工程监理等。

物资贸易——钢材、木材、水泥等建筑材料的经销，开发经营新型建筑材料、建筑设备等。

装饰工程——各类新建筑、改建工程的装饰装修，雕塑、壁画设计建造，工艺品设计、生产、经销等。

总 经 理 致 辞

华通停车场置业开发有限责任公司，为建设部直属、国内首家专业停车场开发企业，原为中房停车场综合开发公司，今年元月，更现名并重新注册。90 年代初，公司在建设部领导下，在公安部、北京市政府和社会各界的大力支持下诞生。我们以推动停车场事业的发展，为加速城市基础设施建设服务为宗旨，兼顾房地产经营开发，目前公司在房地产开发，停车场建设等领域已经初见成效，引起了社会各界的关注和首肯。我们目前正在设立相应分支机构，不久一个坐镇北京辐射全国，以房地产开发和停车场建设为先导，多元化发展的现代大型企业集团将矗立在中华大地。

停车场事业在中国是一项崭新的事业，我们热切希望与各界朋友们携手合作，共兴共荣，为停车场事业的发展，为城市基础设施的现代化建设作出贡献。

公 司 资 料

总经理 谢增益

副总经理 马洪勋 张德超 任前

总经理助理 国铁链 李林友

注册地及办公地 北京市海淀区万寿路
翠微小区南里 8 号楼

法定代表人 谢增益

注册资本 人民币肆仟万元

登记机关 中华人民共和国
国家工行政管理局

【例文三】 建材生力军

江西昌龙新型建材实业公司

　　江西昌龙新型建材实业公司，从1989年4月份起，利用在桩基工程施工过程中与全国，全省建筑界的合作，充分了解到国家对鼓励发展新型建筑墙体材料的迫切要求和产业政策，并凭借自己所具备的机械、电子、电气等专业技术力量的优势，及时的研制开发了昌龙板（即钢丝网架水泥夹芯板）及其生产线专用设备这一新技术、新产品，为江西填补了一项空白。产品通过中试、检测、鉴定，生产线专用设备所采用新的特殊焊接技术，焊点牢靠无过烧现象，达到和超过了美国卡文顿公司设备生产的"泰柏板"质量标准，处全国领先水平。昌龙板先后投放到江西、福建、湖南等地二十余个高层建筑工程使用，均受到了设计部门和用户的青睐。公司下设板材厂，年产板材30万平方米，设备制造厂，年产二十条生产线。公司的宗旨是：质量第一、服务第一、信誉至上。

　　竭诚欢迎各界朋友光临惠顾。

　　竭诚欢迎用户前来洽谈订货。

昌龙板部件生产线

昌龙板主机组装线

公司地址：江西南昌解放西路114号
总经理：于龙江　电话：251404
副总经理：王四力　电话：252027
联系人：徐汉平　电话：252595—2104
　　　　　周瑛　电话：252595—2076
邮编：330029
电挂：1016

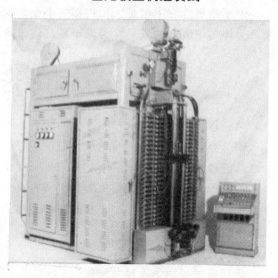

昌龙板制板机

128

北京城建集团构件厂

资质等级一级企业（北京建委1994年7月核发）
信用等级AA级（银建资信评估）

可靠的质量和完善的服务是本厂对新老用户的承诺

企业简介

本厂是北京市大型混凝土预制构件和商品混凝土企业之一,是目前国内批准生产高强混凝土及其他特种商品混凝土的厂家。本厂技术力量雄厚,监测实验手段先进。1995年太平洋保险公司为本厂生产的各种商品混凝土承担产品**责任保险**,可解除用户的后顾之忧。目前本厂已拥有**8.0万立方米**混凝土预制构件和**30万立方米**的特种商品混凝土的生产能力,在北京建立混凝土搅拌供应站数座,可满足各类用户需求,并可为外埠工程提供服务。

混凝土预制构件产品

★预应力短向、长同、超长圆孔板系列
★各种工民建筑非标构件
★市政、公路工程各种预应力梁、柱、板
★离心混凝土制品

特种商品混凝土

★高强度混凝土C60~C80
★大流动性混凝土,坍落度20cm以上
★自密实混凝土,自防水混凝土,防辐射混凝土,抗冻混凝土,轻骨料混凝土,补偿收缩混凝土,喷射混凝土等

经营项目

★现场预应力张拉
★建筑市政工程
★基础处理
★混凝土及构件系列试验
★高强混凝土C60~C80及特种混凝土的技术服务

配套产品

★DFS—1 DFS—2超高效减水剂（减水率25%~30%）
★LM—1型高效泵送缓凝剂（缓凝时间10小时）
★无碱防冻剂
★RE系列高效脱模剂

地址:北京市玉泉路228号　邮编:100039　电话总机:(010)8232134　传真:(010)8223145

竭诚合作 欢迎惠顾

诸城轻工机械厂诚聘人才

我厂是北京汽车摩托车联合制造公司设在山东的专业化分厂，现有职工 1800 余人，占地 23 万平方米。本厂具有近四十年的塑料机械制造历史，主要产品有 45—80 型锥形双螺杆挤出机组及塑料管材、板、门窗等化学建材成套设备；钢结构房屋体系及装备；产品技术水平属国内先进水平。为不断提高产品的技术质量水平，进一步拓宽市场，本厂继在全国范围内成功地招聘了第一批高级专业技术管理人才之后，决定再次进行高级专业人才招聘工作。现将有关事宜介绍如下：

一、招聘范围

塑料化学建材及装备市场营销专业人才、塑料机械质量管理人才、塑料化学建材机械安装调试技师、轻钢结构建材及装备市场营销专业人才、钢结构建筑构件及装备技术设计人才、钢结构建筑设计及施工技术管理人才或建筑设计及施工技术管理人才。

二、应聘条件

应聘人员必须具有从事本专业工作四年以上经历，中专以上学历，有本专业丰富的理论知识实践经验和较强的综合素质，有突出业绩者优先。

三、招聘办法

应聘者来人来函均可，请带学历、专业技术职务证书或资格证书，双向选择。厂方经过资格审查、面试、笔试后确定录用。厂方协助办理调动手续。

四、聘后待遇

厂方根据本人情况，安排 60～90m² 住房，月薪 600～2000 元，家属随迁并妥善安排工作，保证子女入学入托，其他待遇从优。

厂址：山东诸城市密州路西首北汽摩公司诸诚车辆厂

电话：（0536）6217832

传真：（0536）6211028

邮编：262200

联系人：张茂华　陈金娥

GPS 系列大口径工程钻机

工程钻机在上海不夜城工地

我厂系国家中型企业,国家二级企业,生产的 GPS—10、GPS—15 大口径反循环工程钻机,适用于高层建筑、港口、水坝、桥梁、基础工程、高架公路立交桥等工程基础大口径灌注桩孔钻进,也可用于大口径水井及工程孔钻凿。我厂竭诚为用户提供优质服务。

厂址:江苏高邮市繁荣路 28 号
电话:(05247)616262、616263(总机)
电挂:3119
邮编:225600
联系人:经营科徐驰

国营高邮机器厂
(国营高邮水泵厂)

思 考 与 练 习

一、填空题

1. 广告，顾名思义，就是_____的意思，广告是以_____、_____，进而增加_____为目的，以有关_____、_____、_____及_____为主要内容，向人们进行公开宣传介绍的一种应用文体。

2. 从广告的内容看，主要有_____广告、_____广告、_____广告、_____广告等。广告的作用主要有_____作用，_____作用，_____作用，_____作用，_____作用。

3. 广告随文也称附告，是正文之后的必要说明。包括广告单位的_____、_____、_____、_____、_____、_____、_____等，对消费者起指南的作用。

4. 广告构图的形式主要指两方面：_____和_____。

二、简答题

1. 从所利用的媒介看，常见的广告有哪些种？

2. 广告引题和副题向标语转化有何优点？

3. 广告图象对于传播广告信息有何作用？

4. 广告构图的基本要求有哪些？

三、阐述题

1. 试选一则广告为例，阐述撰写广告正文时应注意的四个方面。

2. 试阐述撰写广告的基本要求。

第二节　商品说明书

一、商品说明书的特点和作用

商品说明书是向人们介绍商品的名称、性能、规格、特点、用途及使用保养的应用文，是一种为了正确地使用商品，有效地发挥商品的使用价值而对消费者进行指导的文书。

在商品社会里劳动产品都可以转化成商品，而且随着社会生产力的发展，科学技术的进步，新产品大量涌现，层出不穷，指导消费的商品说明书有着广泛发展的天地。要想推广和普及新产品，需要利用商品说明书；要想获得新的商品知识，消费新的更有使用价值的美好商品，也需要商品说明书；在贸易招标活动中，商品说明书也是有用的投标资料。由此可见，商品说明书有指导用户消费、宣传和推广商品、向用户提供商品信息的作用。

商品说明书作为产品和消费者之间的桥梁，工厂企业对社会负责的一种表现，主要有三个方面的特点：

1. 解说性。商品说明书主要是用说明的表达方式将商品性质、结构、效用、使用方法、保养、维修及必要的操作技能等向人们解说清楚。

2. 科学性。商品说明书是知识性文章。不论是商品使用说明，还是商品的功用说明，都具有很强的专业性和科学性。

3. 客观性。在介绍商品的性质、功用、使用方法等知识时，有着固定的程序和过程，这是商品客观性的反映。

商品说明书与广告有一定的联系。商品说明书在说明商品的性能、效用和使用方法时，能起到广告的作用，宣传商品，吸引顾客；广告也可以使用说明商品特点招徕顾客，有的广告就是商品说明书或是以商品说明书为主体的。但商品说明书和广告还是有区别的。广告是销售前的服务，是鼓动式应用文，对商品进行热情的褒扬，敦促消费者购买，讲究宣传艺术，注重宣传效果；而商品说明书一般是销售后的服务，旨在帮助消费者正确地使用和保养商品，使商品发挥更有效的使用价值，使消费者得到实惠，是务实式应用文，需要冷静客观地传授知识，讲究知识性、科学性，注重实用效果。

商品说明书与专业科技书也有一定的联系，它们都是带专业性的，讲知识讲科学讲技术的。但它们又是有区别的，商品说明书面向消费大众，讲技术指标限于说明商品的质量和性能，讲知识讲技术限于商品的使用和保养，都是有限的常识，是通俗科技知识，在广度和深度上没有专业的科技书那样详细。

二、商品说明书的种类和形式

商品说明书一般包括产品说明书、使用说明书、安装说明书、工艺说明书等。其中尤以产品说明书和使用说明书用得最为广泛，前者着重对商品作具体说明介绍，后者则详细说明如何使用保养。

商品说明书的内容有多有少，在形式上就表现为有长有短，长的洋洋数万言，短的只有几个字。为了方便，简短的商品说明书就打印在产品或产品的包装物上。例如墙地砖、瓷板是最常用的建筑装饰材料，它的说明书只有"××"商标及其名称，"××厂制"几个字，直接打印在墙地砖、瓷板的背面，说明品名和商标，以示向消费者负责，又具有广告宣传的作用；而如地板胶、漆、水泥等，就把说明印在包装物上，说明书与包装物合二为一，这种形式，既方便又有美化包装的作用。

篇幅较长的说明书须有专用纸或书册，如建筑机械设备的说明书，常常装订成书册。机械零部件较多，结构复杂，使用技能要求比较高，所以说明除了文字以外，常附使用图表，有些图例还加以艺术的处理，说明书就更显得图文并茂，形式生动多样了。

商品说明书的形式应根据内容的多少、载体的特点，说明方式的多样性，加以艺术的处理，以制作得多样、生动、各有特色。

三、商品说明书的格式和写法

由于各种商品说明书所要说明的内容因物而异，各有侧重，因而写法也不一样，有的强调功能和用法，有的强调机器结构、操作过程和维护保养，有的强调数据和规格。由于商品说明书主要目的是帮助消费者了解其功能并能正确地、科学地使用产品，最大限度地发挥产品的使用价值，因此，商品说明书必须紧紧地扣住功能和使用方法。商品说明书一般由标题、正文、生产企业等项目构成。

1. 标题

完整的标题由商品的商标、型号、货名再加上文种"说明书"或"使用说明书"而成。如《乌沙山牌425号普通水泥说明》、《GQS——10大口径反循环工程钻机使用说明书》。因为要突出产品，所以标题中产品名称部分的字体都很大，并且放在明显的位置，有的还印上商标式样，使顾客产生深刻的印象。有的工厂企业为了显示自己厂方设备的精良，在说明书的封面上印上厂房或设备图样作为标题的衬底。

2. 正文

正文是说明书的主体，多使用条文式说明。一般的说明项目及顺序是：概述、技术指标、部件（成份）、结构原理（图）、使用方法、注意事项、保养和维修等。项目可视需要增减，如瓷砖、红砖、玻璃等商品无需说明结构原理、技术指标，而需说明商品规格、等级，对于水泥则必须有说明生产时间和有效时限的项目。在建筑行业里，下列产品必须有较齐全和较详尽的专用说明书：

①关系到人民生命和财产安全的产品，如建筑装饰用的易爆易燃的化工产品、大型建筑物上使用的各种型号和规格的钢筋、水泥等。

②操作使用和保养维护较为复杂的商品，如各种类的建筑机械。

③较大的新产品、引进产品，如新型涂料。

3. 生产企业

生产企业的厂名、厂址、电话、邮码、电报挂号、开户银行的帐号等，根据需要，或写在文末，或署于封面。生产企业是商品的负责者，说明负责者的厂名厂址，以便消费者联系咨询和交涉。那种笼统标注"中国·上海"，或内销商品全用外文的做法，是有意逃避责任的手法，应当禁绝。

四、商品说明书的写作要求

1. 必须实事求是地介绍商品

写商品说明书一定要遵守法规，不夸大其词、胡编乱造地欺骗顾客，应实事求是地反映产品的实际情况，准确地说明产品的使用价值、使用及保养方法。

2. 必须抓住各种商品的不同特征

商品的种类繁多，都有其不同的功能或用途，它们的结构、使用方法、维修保养也是不同的，因此，写商品说明书不能千篇一律，而要针对商品的具体特征、针对消费者的素质层次突出说明的重点。

3. 必须用语精确，文字通俗

商品说明书是对商品的科学说明，要求用语准确，恰如其分。同时，商品说明文面向广大用户，读者文化水平高低不一，要注意用语浅显确切，适应读者的知识水平和接受能力。

【例文一】　　　　　　　　　　**××牌普通硅酸盐水泥说明**

牌名：××牌普通硅酸盐水泥

标号：425#

主要特性：早强，水化热较高，耐冻性较好，耐热性和耐腐蚀性较差。

适应范围：适用于地上、地下及水中的混凝土，包括受冻融循环的结构及早期强度要求较高的工程配制建筑砂浆。不宜于大体积混凝土工程和受化学侵入及压力水作用的结构。

比重：3.00～3.15

容重：1200～1350kg/m³

内含物构成：水泥熟料中掺15％以下活性混合材料，非活性材料则在10％以下。

【例文二】　　　　　　　　　　**聚氨基甲酸酯漆使用说明**

聚氨基甲酸酯漆是以甲苯二异氰酸脂为主要原料制成的配套涂料，包括S01—2聚氨基甲酸酯清漆、S04—4 灰聚氨基甲酸酯磁漆、S06—2 铁红、棕黄聚氨基甲酸酯底漆等。

水泥砂浆、混凝土基层施工完后，一般须放置三个月，使基层充分干燥和碳化，才能进行涂料施工。对尚未碳化的水泥基层如急需涂漆，可用 0.3％的盐酸中和一次，再用清水洗净，干燥后再涂漆。

在水泥砂浆、混凝土及木质基层上，应先用稀释的聚氨基甲酸酯清漆打底，然后涂铁红聚氨基甲酸酯底漆。在金属基层上可直接用棕黄聚氨基甲酸酯底漆打底。底漆干前即可进行其他各层漆的涂刷，各层漆间的施工间隔约 8～20h。水泥砂浆或混凝土基层一般打底后涂刷 5 层，顺序为铁红底漆 2 层，过渡漆（底漆：清漆＝1：1 混合）1 层，清漆 2 层。金属基层一般涂刷 4～5 层，顺序为棕黄底漆 1～2 层，过渡漆 1 层，清漆 2～3 层。施工粘度（涂－4 粘度计）涂刷时为 30～50s，喷涂时为 20～35s，粘度可用聚氨基甲酸酯漆 X-11 稀释剂或二甲苯调整。

漆涂刷完工后的自然养护时间为一周。

【例文三】 **聚氯乙烯塑料板使用说明**

聚氯乙烯塑料板是聚氯乙烯树脂加增塑剂、稳定剂、填料、润滑剂等，经成型加工而制成的一种热塑性塑料制品。一般有硬板和软板两种，主要用于墙面、地面和设备衬里的防腐蚀面层。聚氯乙烯塑料板具有重量轻、耐腐蚀、施工方便、清洁耐磨、维修简单等优点，但不耐高温，易老化，耐冲击性能差。

聚氯乙烯塑料板硬板一般为 2～20mm，软板一般为 2～3mm，允许使用的温度一般在—10～50℃之间。

聚氯乙烯塑料软板应在使用前 24 小时运进施工现场，开卷放平。塑料板的接缝处均应进行坡口处理，如为粘接接缝，坡口多做成同向顺坡；如为焊接接缝，坡口多做成"V"形，以利焊接。需粘贴的塑料板，还须用肥皂、酒精或丙酮等溶剂洗去表面的油污，如基层有油污，也应用上述材料擦洗干净。

基层应平整而不光滑，清洁干燥且无杂物。如用粘接法时阴阳角应做成半径为 30～50mm 的圆角。

塑料焊接施工应注意如下事项：

1. 焊接温度应控制在 200～240℃，焊板温度控制在 230～270℃；

2. 焊接速度一般以 15～25cm/min 为宜；

3. 第一根焊条（根部焊条）宜选用直径 2～2.5mm 的，以便焊条挤入坡口根部；

4. 焊接时焊条的施力方向应与焊件成 90°角。焊枪嘴与焊体的夹角一般为 30°～45°；

5. 为使加热均匀，焊枪应上下左右抖动。焊接施工环境温度最好不要低于 15℃；

6. 为保证焊缝质量，焊缝应高出母材表面 2mm。

塑料粘贴应注意的事项是：

1. 应先在塑料板和基层面上各刷涂粘结剂两遍，且第二遍要与第一遍的刷涂方向垂直，在第一遍不粘手时涂刷；

2. 第二遍略干时，即可粘贴塑料板，其中软板粘贴后可用辊子滚压，赶出气泡；

3. 粘结剂和溶剂多为易燃毒品，施工时应带手套和防毒口罩，要有必要的防火措施和良好的通风条件。

【例文四】 **K200、K201 型开门机**

K200、K201 型自动开门机是我厂从意大利引进技术生产的、集机电一体化、性能优良、结构紧凑、造型美观、安装方便、质量可靠、广泛用于工矿企业、机关院校、宾馆、仓库、别墅等大门和铁路道口。

K200 型适用于平移电动大门，采用 220V 50Hz 单相交流电源，具有机械、电气双保险功能，停电时可用专用钥匙松开离合器，即可开闭。

K201 型适用于 90°平开电动大门，采用微特电机驱动、液压传动、程序控制、电流监控、具有过载电流保护功能，停电时可改为手动操作。

具有无线遥控和按钮控制二种。

竭诚欢迎全国各电动门制作厂家配套、选用。

型　号	电　压	净　重	移门速度	推　力
K200	220V50Hz	17kg	12m/min	≥368N
K201	220V50Hz	3.7kg	15s	≥368N

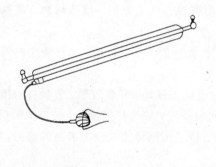
K201 型开门机

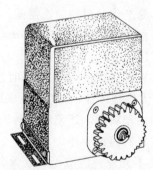
K200 型开门机

中国××工业总公司××先锋机械厂

厂址：×××市环城西路 10 号　　法人代表：×××　　邮编：××××××

电挂：××××　　电话：直拨：（××××）×××××××

思　考　与　练　习

一、填空题

1. 商品说明书是向人们介绍商品的_____、_____、_____、_____、及_____方法的应用文，是一种为了正确地_____，有效地发挥_____而对消费者进行的_____的文书。

2. 商品说明书作为产品和消费者之间的桥梁，主要有_____性、_____性、_____性等特点。

3. 商品说明书一般包括_____说明书、_____说明书、_____说明书、_____说明书。其中以_____说明书和_____说明书用得最为广泛，前者着重对商品作_____，后者则详细说明_____。

4. 完整的商品说明书标题应由商品的_____、_____、_____再加上文种"说明书"而成。

5. 商品说明书正文多使用_____说明。一般说明项目及顺序是：_____、_____、_____（成份）、_____（图）、_____、_____、_____等。

二、简答题

1. 商品说明书与广告有何联系和区别？

2. 商品说明书与专业科技书有何联系和区别？

3. 在建筑行业，哪些产品须有较齐全详尽的专用说明书？

三、根据商品说明书的写作要求，写一建筑用商品的专用说明书。

第三节 启 事

一、启事的性质和种类

启事是国家行政机关、企事业单位、社会团体或个人因事需公开说明或期望得到帮助的一种应用文体。它一般写出来张贴在公共场所或刊登在报刊上。

启事使用范围广泛、种类繁多，按内容不同划分，常见的有招领启事、寻人启事、征文启事、更正启事、迁屋启事等等。

二、启事的写作格式和基本要求

凡启事，其写作格式基本相同，包括标题、正文、落款三部分。

1. 标题。可用稍大字体写"启事"，也可以在"启事"之前标明启事的名称或性质，如"征文启事"，还可不写启事，直写目的，如"寻找失物"。

2. 正文。是启事的主要部分，应周全、简明扼要地把需公开说明或期盼得到帮助的事项写清楚，便于人们明了。正文之后，另起一行空两格写上"特此启事"的结束语（若登报或上电视则可省略）。

3. 落款（署名及日期）。在正文右下方注明启事单位名称或启事姓名、日期。如果是单位启事，须加盖公章。单位名称如在标题中出现，可省略署名。

写启事的基本要求：一是标题要醒目引人，让人一目了然；二是内容完整周全，语气恳切，注意礼貌；三是条目清楚，如遇内容丰富，可列条分述。

三、各类启事例举

现介绍几种与建筑行业有关的常用的启事。

1. 寻找启事

如果丢失了物品，或者职工走失，下落不明，可写寻物启事或寻人启事，以求广大群众协助寻找。

这类启事写法，如寻物，要写明物的名称、规格、数量、生产单位、包装式样等，如寻人，要写明对象姓名、性别、年龄、籍贯、口音、相貌、身材、衣着等。无论寻物或寻人，都要写明丢失或走失的时间、地点，联系人的姓名、地址、电话等。寻人一般要求附上走失者的近照，贴在启事的左上角。

【例文一】
寻 物 启 事

1995 年 7 月 30 日下午 6 时左右，本人骑自行车途经中山路、广场、北京西路，在丁公路口发现自行车后座一公文包丢失。公文包为咖啡色，长方形，规格约 35cm×20cm×10cm，内装建筑施工用图纸 14 张，请拾到者即与我公司项目经理室联系，电话×××××××，单位地址：南昌市××路×××号。当面酬谢。

特此启事
南昌××建筑公司

【例文二】
寻 人 启 事

洪××，男，28 岁；高 1.66 米，赣州口音，于 1995 年×月×日因与人口角从××建筑工地出走未归。出走时上穿白色长衬衫，下着黄绿色军裤，脚上穿泡沫拖鞋。望洪××见报速回。有知其下落者，请即与南昌××建筑公司××工地联系，联系人喻××，电话××××××。

特此启事
南昌××建筑公司××工地

2. 征集启事

凡企业为收集产品样式、商标、厂徽等所发启事，称征集启事。要求在启事中写明征集的目的、内容、要求、具体方法、期限、注意事项以及启事单位名称、联系方式等。

【例文三】
征求《洪都》系列混凝土搅拌机商标启事

经××市工商行政管理局商标科同意，我厂产品混凝土搅拌机系列的商标为《洪都》。现向社会广泛征求《洪都》牌系列混凝土搅拌机商标图案一枚。要求设计具有时代气息，主题鲜明，图案简洁，富有美感，望广大美术工作者踊跃投稿。一经录用，即奖给作者酬金 500 元，其他来稿者，酌情酬谢。恕不退稿，请自留底稿。

来稿请寄：××市××建筑机械厂办公室

截稿日期：×月×日止（以邮戳为准）
××市××建筑机械厂
××年×月×日

【例文四】
××市××建筑材料厂征集厂徽启事

本厂是我市最大的建筑材料厂，生产水泥建筑构件、砖瓦及多种材料的门窗等产品，品种齐全，质量可靠。本厂的宗旨是：质量第一，信誉至上，服务第一，顾客至上。为了适应市场经济日益发展的需要，特向社会公开征集××市××建筑材料厂的徽志图案。

1. 设计要符合时代潮流，主题鲜明，美观大方，图案简洁，内涵丰富。

2. 徽志用途主要作企业标志。

3. 来稿请用色彩稿，不大于 10cm×10cm，要详明说明设计思想，以便评选。

4. 来稿请寄：××市××建筑材料厂经理办公室，并请写明作者姓名、性别、工作单位和详细通讯地址。

5. 征徽评选由有关专家负责审定，一经录用，即付酬金 500 元。其他来稿者，均赠纪念品一份，以致谢意。

截稿日期为×月×日（以邮戳为准）。恕不退稿。

××市××建筑材料厂

××年×月×日

3. 征购启事

建筑企业常会因建筑机械的配件或建筑材料的紧缺，影响正常建筑施工或生产，在不清楚何处有购的情况下，往往在报刊上刊登征购启事。这类启事要写明征购单位性质，所需物品的品种、规格、数量，以及注意事项，并写清启事单位名称、联系方式等。

【例文五】   征 购 启 事

本厂系生产铝合金门窗、柜台、货架，橱窗、吊顶及外墙装潢材料的专业厂，面向全国承接业务。常年需要大批铝合金型材料和拉手、插销、窗轮、地弹簧、门锁、勾锁、胶条、企毛、横毛等零配件，特向有关厂征购，请先函告规格、型号和价格。来函请寄××市××有色金属建筑装潢厂业务股。电话×××××—××××××××。

4. 供应启事

企业为打开产品销路，开拓市场，出售产品，节省开支，不登广告而在报刊上登供应启事。这类启事写明产品特点、性能、用途、品种、规格、价格，并对产品作适当宣传，以及启事单位的名称、联系方式等。

【例文六】   供 应 昌 龙 板

本公司是××省唯一生产昌龙板（即钢丝网架水泥夹芯板）的专业公司，产品达到和超过了美国长文顿公司设备生产的"泰柏板"质量标准，处全国领先地位。它广泛用于高层建筑。本产品质量可靠，价格合理，交货迅速，并代办托运，欢迎各建筑单位来人来函订货。请与公司代销科×××联系。单位：××省××新型建材实业公司，地址：××市××路××号，电话×××××—××××××××。

5. 联营、承接加工启事

建筑企业为增强技术力量或扩大业务范围，与其他企业搞联营或承接加工任务，可在报刊上登启事。这类启事要写明联营的内容、承接加工的任务范围，以及启事单位的名称、联系方式等。

【例文七】   联营承接加工启事

本公司地处赣江之滨，靠近水运码头和 320 国道，交通运输便利，沙石来源丰富，规格齐全，是加工多种水泥建筑构件的好场所，现竭诚同建材企业搞联营或承接加工业务。质量保证，收款合理，交货及时，信守合同。欢迎来人来电洽谈。地址：××市×××县沙石管理公司建材厂（县城以东五里）。电话：×××××××，联系人：×××。

6. 招工启事

建筑企业为解决劳动力不足，公开用文告形式向社会招工，这叫招工启事。这类启事必须写明招工目的、单位性质、具体条件、办法和手续等。它可登报，也可张贴。为郑重起见，张贴时一般需加盖公章。

【例文八】　　　　　　　　　招　工　启　事

为加快本公司承建的××市××大厦建筑工程的施工进度，按时完成施工任务，决定招收一批勤杂工。我公司是省级建筑单位，职工工资和劳保待遇均高于其他建筑单位。

凡属本市常住户口的待业青年，作风正派，遵纪守法，服从分配，并具有初中文化程度以上，18～25周岁，身体健康（无慢性疾病者，均可报名）。

报名日期：×月×日至×月×日

报名地点：××路××号

报名手续：报名者须带户口薄、学历证书、报名照一张、报名费3.00元。报名者须进行文化（语文、政治、数学）考试，经体检合格后，择优录取。

××省××建筑公司（盖章）

××年×月×日

7. 招聘启事

建筑企业因缺少熟练技术工人、工程技术人员和管理人员，以文告形式向社会上公开招聘，这叫招聘启事。这类启事要写明招聘目的、对象、范围、单位性质、具体条件、办法手续等。

【例文九】　　　　　　　　　招　　聘

本厂专业生产大口径反循环工程钻机，为扩大生产，需向社会招聘退休模具工、钳工、刨工各2名，待遇以优。条件：身体健康、作风正派，有较高专业技能和工作经验。有意者请来信来电联系。来信者，请写明姓名、年龄、性别、文化程度、个人简历、从事工种。

地址：××市××路××号

电话：×××××××　　　　　　联系人：×××

××市××机器厂

××年×月×日

8. 其他启事

单位若有事要向社会各界说明，并引起大家注意的，如企业开业、厂址迁移、名称和电话号码更改等，均可写带有声明性质的启事。

【例文十】　　　　　　　　　开　业　启　事

经市工商行政管理局批准，我公司经营部即日起开始正式营业，敬请广大顾客惠顾。地址：××路××号。

××市建筑装饰材料公司经营部

××年×月×日

【例文十一】　　　　　　　　厂　址　迁　移　启　事

为扩大生产，我厂从××年×月×日起迁至××市郊××开发区（离市区五公里）。乘

×路公共汽车终点站便可到达。电话：×××××××。

××市××墙地砖厂

××年×月×日

【例文十二】

厂 名 更 改 启 事

由上级主管部门决定，我××水泥构件厂与市××建筑材料厂合并。自×月×日起，单位名改为："市××建筑装璜材料实业公司"，并启用行政、业务、财务三枚公章。开户银行为××办事处，帐号：××××××。电话：××××××××。

××市××建筑装璜材料实业公司

××年×月×日

【例文十三】

更改电话号码启事

本公司即日起启用电话总机，总机号码为×××××××、×××××××，原直线电话×××××××停止使用。

××省××建筑工程公司

思 考 与 练 习

一、填空题

1. 启事是国家机关、企事业单位、社会团体和个人因事需_____或_____的一种应用文体。

2. 启事按内容不同划分，常见的有_____启事、_____启事、_____启事、_____启事、_____启事等，本文共例举启事十二种，它们是：_____启事、_____启事、_____启事、_____启事、_____启事、_____启事、_____启事、_____启事、_____启事、_____启事、_____启事、_____启事。

二、简答题

1. 启事的写作格式及其基本要求是什么？

2. 如何写征集类启事？

第四节 招 标 书

一、招标的涵义和作用

招标，是具有法人资格的单位按照一定法律程序进行的经济活动，是招标人（业主或建设单位）择优选择承包单位的一种做法。建设单位将拟建的工程项目利用施工单位报价、报工期、报质量、报装修标准等经济手段以投标竞争的方式来实现工程承包。

在招标过程中，建设单位对拟建的工程项目先算出建成该项目工程所需的全部资金额，此项资金的数据（包括工期等）通常称为"标底"。标底是招标的建设单位最保密的数据。建设单位依据这个标底，将与标底相关的内容组成招标文件，亦即招标书，去接受或邀请几家或数十家具备投标资格的建筑施工单位对该工程进行投标，从而在各施工单位投标的基础上，利用投标企业之间的竞争，选定信誉好，工期与质量有保证、标价合理的企业中标（即为承包人）。中标的施工单位则必须在一定的时间内同招标单位签订工程承包合同。

招标的作用很多，主要是它有利于公平有益的竞争，迫使建筑企业降低工程成本和造价；有利于企业内部改革深化，促进管理水平提高；有利于建筑企业在缩短工期、提高工程质量和劳动生产率上下功夫；有利于改正"边勘察、边设计、边施工"的三边做法，促使建设单位做好征地、设计、资金筹集工作等等。

二、招标的方式和文种

招标可分为公开招标、邀请招标和议标等三种方式。

1. 公开招标

由招标单位在发行量较大的报刊、专业性刊物、广播、电视等传播媒介上刊登招标广告、通告、公告等，公开邀请施工单位参加投标竞争，凡符合规定条件的施工单位都可自愿参加投标，这就是公开招标。为了扩大招标信息的传播范围，有的招标单位还会将招标事项用公告的形式张贴出去。招标公告（广告、通告）的内容一般有：招标工程概况、范围、招标形式、工期要求、投标单位资质要求、招标程度、时间等。公开招标有助于打破垄断，展开竞争，加之这种招标在各方面均体现了机会均等的公开竞争原则，有一套严格的程序和监督机制，具有极高的透明度，可有效地防止不正当竞争，故深受广大投标者欢迎。但不足之处在于招标工作量大，手续较繁琐，旷日费时。

2. 邀请招标

邀请招标也称有限招标，即由招标单位向预先选择的施工单位发出邀请信，邀请他们参加某工程的投标竞争。被邀请单位的数目是有限的，通常是 3～10 个。邀请招标信一般应比招标公告（广告、通告）更详细，应加附主要实物工程量清单、施工平面示意图等，以便让被邀单位尽快了解工程情况，确定是否参加投标。

邀请招标可节省招标费用，但限制了竞争范围。故这种招标方式适应于下列情形：金额不大的招标；按规定不宜公开招标的项目招标；时间紧迫的项目招标；工程性质特殊，而施工单位有限的招标等。

3. 协议招标

协议招标是指不通过公开或邀请招标，而由建设单位或其代理人直接邀请某一施工单位进行协商，然后达成协议的招标形式。这种招标方式缺乏透明度和竞争性，故通常适用于下列情形：紧急工程；保密的军事工程；与发包大工程紧密联系的小工程等。

公开招标一般是用公告、广告、通告等文书种类，邀请招标和协议招标一般用信函、通知等文书种类，其使用的文种各不相同。但无论何种招标方式，其招标文件中所牵涉到的文书种类却基本上是一致的，即都含有投标人须知（通告类）、工程综合说明书和设计图纸技术说明书（说明书类）、工程合同（合同类）等文书种类。

三、招标书的格式和写法

招标书由于内容繁多，牵涉的文书种类也多，加之工程情况复杂，故标书的格式和写法在实际运用上不尽相同。国家有关部门对标书的格式进行了规范，一般格式要求是：

1. 封面

封面要标明工程名称、文种、招标单位和时间，时间主要指标书印制的时间。要求简要醒目。

2. 正文

正文中分文种单独成章成页。按顺序排列，正文内容有：投标人须知、综合说明书（一般规定和特殊规定）、合同条款、综合取费表、工程量清单、施工图纸。

3. 结尾

结尾可印上招标单位公章和标书发行日期，若封面已有印章，则可省略。

写作标书时应注意以下几点：

1. 全面、准确地掌握招标工程的各种基础资料；

2. 全套文件的措词要准确达意、明确严谨、条理清楚、前后一致；

3. 招标文书的文字和图表在编印和绘制时要形式统一的文本，便于交换、保存、施工和检查。

在标书正文中，有多种文书形式。现将其写法要求分述如下。

（一）投标人须知

投标人须知是指导投标单位正确和完善履行投标手续的文书，目的在于避免造成废标，使投标取得圆满的结果。须知具有告知性和约束力，相当于通告，但须知的使用范围小且对象明确。投标人须知一般含如下内容：

1. 填写和投送标书的注意事项；

2. 废标条件；

3. 决标优惠条件；

4. 现场勘察和解释招标书的时间、地点；

5. 投标截止日期；

6. 开标的时间、地点；

7. 招标单位供料情况及材料调价的条件等。

在写作时，应在题头标明"投标人须知"（作标题），然后将须知内容分门别类，分条列项次递写出。要求条理清晰、用语明确、严密，忌歧义。

（二）工程综合说明书

目的在于帮助投标单位了解招标工程的概况。主要是介绍工程名称、规模、地址、发包范围、设计单位、基础、结构、装修、设备概况、场地和地基土质条件（可附工程地质勘察报告）、给排水、供电、道路及通讯设施情况以及工期要求等。因是说明书类文书，在对工程概况进行说明时，要求科学，即需用专业术语进行说明；客观，即需准确如实地进行说明；全面，即需正面与反面、优势与缺陷都进行说明。

（三）设计图纸和技术说明书

目的在于使投标单位了解工程的具体内容和技术要求，能据以拟定施工方案和进度计划。

设计图纸的深度可以随与招标阶段相应的设计阶段而有所不同。初步设计阶段招标，应提供总平面图、个体平面、立面、剖面图和主要结构图，以及装修、设备的做法说明。施工图阶段招标，则应提供全部施工图纸（可不包括大样）。

技术说明书就包括以下内容及写法要求：

1. 必须对工程的要求做出清楚而详尽的说明，使各投标单位能有共同的理解，并且不需大量准备工作即能结合图纸比较有把握地估算造价。

2. 使投标单位不必担心将承担任何由于其所不能控制的环境或事件的变化而引起的

意外风险。

3. 明确招标工程适用的施工验收技术规范，保修期及保险期内承包单位应负的责任。

4. 明确承包单位应提供的其他服务，诸如监督其他承包单位的工作，有关其他承包单位承包工程的安全保护，防止自然灾害的特别保护措施，对招标单位有利的工作或为防止任何意外责任风险的措施给以支持，以及对招标单位提供的材料及构配件的检验等。

5. 有关特殊产品的专门施工方法，指定材料产地或来源及等效代用品的说明。

6. 有关施工机械设备、脚手架、临时设施、现场清理及其他特殊要求的说明。

设计图纸的说明，其格式一般是附写在图纸的右侧或右下方，并多用条款式。

技术说明书的格式与须知同，分门别类后按条款式书写。

（四）合同条款

在建筑行业，我国尚无成熟的可供统一使用的标准合同格式，不同地区的合同格式和内容各有不同。为了事先使投标单位对作为承包单位应承担的义务和责任，以及应享有的权利有明确的理解，有必要把合同条款列为招标书的重要组成部分。合同条款主要包括下列各项：

1. 合同所依据的法律、法规；

2. 工程内容（附工程项目一览表）；

3. 承包方式（包工包料、包工不包料、总价合同、单位合同或成本加酬金合同等）；

4. 总包价；

5. 开工、竣工日期；

6. 技术资料内容和提供时间；

7. 施工准备工作；

8. 材料供应及价款结算办法；

9. 工程价款结算办法；

10. 工程质量及验收标准；

11. 工程变更；

12. 停工及窝工损失的处理办法；

13. 提前竣工奖励及拖延工期罚款；

14. 竣工验收与最终结算；

15. 保修期内维修责任与费用；

16. 分包。

四、招标公告、通知和信函

当招标书制作好后，就需要告知施工单位，以使他们知道此事并有设标的准备时间。根据招标方式的不同，公开招标一般选用公告（广告、通告）形式告知；邀请投标和协议投标一般选用通知或信函形式告知。

（一）招标公告

招标公告，就是为了招入投标而发的公告。招标公告的特点主要在于"宣布"，但并不要求所有被告知的对象都来投标。有时招标单位为了扩大工程的知名度或需要更多的施工单位参与竞争，往往也用广告形式告知。广告在信息传播范围上较公告广，且表现手段丰富，尽管如此，其两者的内容却是一致的。

1. 招标公告格式和内容要点

招标公告一般由标题、引言、具体条文、结尾四部分构成（也可只有条文而不加引言）。标题，一般由所要招标的事务、工程名目和文种名称（公告）组成。引言，一般要说明该项工程的特点、性质、意义以及所要公开招标的原因。具体条文，一般要用分条列款的形式说明承包的指标、方式方法、承包人的条件以及其他能够保证招标工作顺利进行的应知事项。结尾，一般只要署上招标单位及负责人的名字即可，无需再写其他套话。

招标公告应包括的主要内容有：招标工程的名称和地址、招标工程的内容、工程质量要求、建设工期、承包方式、招标单位（建设单位，名称要写全称，不可简写或略写）及负责人（包括负责人的姓名、地址、电话、电报挂号）、投标单位资格及应提交的文件、申请投标报名的截止日期、领取招标文件（限于具备投标资格的施工单位）的时间地点及应缴的费用、开标的时间和地点等。

2. 招标公告写作的基本要求

①真实准确，符合政策法规。招标公告中的条文叙述要合乎客观实际，周全严密，并合乎国家有关招标的法规。

②简洁明晰。招标公告，要写得言简意赅，含义明了清晰，不生歧义，不滥用缩略语。不用抒情、描写等表达方式，少用口语。

③使用国家法定计量单位。

（二）招标通知

招标通知，就是为了招人投标所发的通知。它与招标公告的最大不同处就是告知对象十分确定。招标通知属知照性通知，只是向邀请投标单位告示招标情况，并不要求受文单位一定要前来投标。它的作用是"打招呼"，只要把与邀请投标单位有关的工程情况和邀请意愿说清就可以了。

招标通知的写法可根据公文中通知的格式写法进行。一般由标题、主送单位、正文、结尾署名和日期构成。

标题，由招标单位、事由、文种三项内容构成，如《××市市政建设总公司××区××路地下涵管安装招标通知》。

主送单位，即被邀请的施工单位。顶格写在标题下的第一行。

正文，主要是介绍招标工程的概况和一般注意事项，要求简短，无需象公告样面面俱到，因为凡有接受邀请意愿的施工单位一般都会与招标单位直接联系，索要较详细的招标文件。当然，也可将招标文件作为通知附件一并寄出。

结尾，因为是给邀请投标单位的通知，在正文结束后，一般要求写上招标单位对被邀请单位的接受邀请希望，口气要诚恳。

署名和日期，标上单位印章和标明通知发出日期，以示慎重。

（三）招标信函

招标信函，就是为了招人投标所发的信函。一般以邀请函的形式发出。招标信函与招标通知在使用上要略加区别：在正式场合，多用招标通知；相互间关系密切或情况熟悉，多用邀请信函。由于函是平行机关之间公务联系的文书，是商洽性的，不具指令性，加之是邀请对方，所以，函要以陈述为主，语气要恳切，态度宜廉逊。其格式和写法如下：

标题。由致函单位（招标单位）和文种两项内容构成，如《××集团公司邀请函》。

收函单位。在标题下一行顶格书写。因是带正式公文性质，所以不用一般书信的开头问候语。

正文。与招标通知一样，介绍招标工程概况和一般注意事项，要求简短。可附招标文件一并寄出。

结尾。一般用"此致"、"敬礼"，其他一般书信的结束祝颂性词语需慎重选用，否则会给人不正规的感觉。

署名与日期。署名时，以单位印章为宜，以示慎重。日期以信函发出日期为准。

附注。主要是附上致函单位的地址、电话、电报挂号和单位负责人等。附注只有在招标办公所在地与招标单位所在地不一致的情况下才在信函后面附上。

【例文一】 **工程招标投标的正规做法——招标书格式**

封面

××××× 工程

招　标　书

××××工程
19××年×月×日

×××× 工程投标人须知

1. 投标单位在编制标书以前，应认真研究投标人须知和其他招标文件，按规定编制、填写和投送标书，避免造成标书无效。

2. 投标单位必须认真逐项填报的表格文件，一律用墨笔或钢笔楷书书写，不得用铅笔和圆珠笔，不得用行书、草书及不合规范的简化字。总标价必须用大写数字（壹、贰、叁、伍、拾、零等）表示。

3. 标书必须使用招标单位提供的表格，不够用时投标单位可以自行添补。投标单位对表格文件中的任何文字或数字有异议时，不得自行更改，可另附说明。

4. 编妥的标书须由投标负责人注明职务、签名并加盖投标单位印鉴，然后密封，在封套上写明"密件：××××工程标书"，此外不得添加任何字样或标记。标书须在×月×日×午×时以前送达下列地点：

　　　　　　××市××街××号
　　　　　　××××工程招标办公室

外埠邮寄须另加封套，寄挂号邮件，送达时间以邮局投递日戳为凭。

标书送出后，在开标之前，投标单位可以追加任何修改或补充的文件。修改或补充文件的编写和投送也应遵守本条之规定。

5. 投标单位在递送标书的同时，应缴纳投标保证金（限银行支票）××××元，或招标单位认可的同额银行保证书。此项保证金（书）于开标 1 个月内退还。

6. 自×月×日起，至×月×日止，投标单位可以查看建设场地，食宿交通费用自理。

7. 建设单位提供下列计划分配的材料指标：

钢材　×××t		
钢筋		×××t
其中：型钢　　〉（规格由承包单位		××t
管材　　　与物资部门洽商）		××t
水泥　425 号，袋装、散装各 1/2，×××t		
木材　圆木：红白松 70%，杂木 30%，共×××m³。		

材料价款由承包单位支付。施工期间计划供应价格如有变动，应按国家规定予以调价。

8. 承包单位自行采购的材料，可以一次包死，不予调价，也可以根据主管部门公布的调价系数按季调整，投标单位可任选一种方式，在标书中加以说明。

9. 订于×月×日上午×时在××地点举行招标工程交底会，并解答投标单位提出的疑问。请各投标单位派代表××人参加。问题预先以书面提出。

10. 投标单位由于对投标文件的任何误解或忽略，或对建设场地条件缺乏必要的了解，或不参加工程交底会而导致中标后发生的任何风险，其责任概由自负，不得向招标单位提取任何索赔要求。

11. 订于×月×日上午×时在××地点当众开标。

12. 标书有下列情况之一者为无效标书：①封套上除规定书写的文字外，另加有任何字样或标记者；②标书未经投标单位负责人签名或未加盖投标单位印鉴者；③标价数据书写不清难以辨认，或涂改后未经负责人签名者；④逾期投送者。

×××工程招标办公室（盖章）

××年×月×日

综合说明书

××××××工程，根据×××××××批准，建筑总面积××××m²，其中××号楼×层,混合结构,面积××××m²;××号楼×层,混凝土框架结构,面积××××m²;……。

经过×个月准备工作，施工图设计和现场三通一平工作已经完成，开始招标建设，计划总工期××完工。

工程质量全优率要求达到 90%，优良率 10%。

工程材料，提供钢材×××t，木材（成材）××m³，水泥××××t。

……

特殊说明和一般规定

一、特殊说明

本工程属于××××性质，局部工程的质量，必须按照设计图纸的要求施工验收。

1.

2.

3.

147

4.

5.

……

二、一般规定

本工程除注明有特殊规定要求之外，其余部分全部按照国家现行的质量验收范围标准验收。

1. 土建工程：采用国家 19×× 年颁发……

2. 卫生工程：采用国家……

3. 管道工程：

4. 电气工程：

5. ……

合 同 条 款

一、承包方式

本工程采取 A、B 二种承发包方式。

A 是包工包料、包材料差价和三大材料指标，按照设计图纸施工，一次包死（设计修改除外）。

B 是包工包料、包三大材料指标，不包材料差价。施工期间发生的材料和设备差价，按当地政府部门规定的调整系数计算。

采用哪个方案由投标人自行选择，也可同报出 A、B 两种方案，由招标人自行选择，如采用其中一个方案，可以划去另一方案。

方案 A：本工程报价总金额　仟　佰　拾　万　元　角　分

方案 B：本工程报价总金额　仟　佰　拾　万　元　角　分

二、材料、设备供应

1. 本工程所需用的钢材、木材、水泥指标由建设单位（发包人）负责提供，×× 年度提供钢材指标 ×××t，成材 ×××m³，水泥 ××××t；×× 年度提供钢材指标 ×××t，成材 ×××m³，水泥 ××t，玻璃 ××× 标准箱，其余材料由承包人自行解决。

2. 设备除 ×××××× 由建设单位提供，由承包单位负责安装、调试外，其余设备全部由承包商按设计图纸订货供应、安装。

3. 材料、设备预付款为当年度计划投资额的 25%，即 ×××××× 元，双方签订合同后十天内，由建设单位支付给施工单位，待工程总进度达 60% 时，从工程进度款中陆续扣回。

三、工程款支付与结算

工程款支付的原则是，完成多少给多少，以期计算，每月为一期，于每月 25 日上报，计算方法如下：

第一期工作量：

挖土工作量＝当月完成工程量×单价＝×××元

砌砖工作量＝当月完成工程量×单价＝×××元

混凝土工作量＝当月完成工程量×单价＝×××元

......

小计   ××××元

综合取费率××％ × ×××％＝×××元

合   计   ××××元

第一期工程进度款＝第一期工作量×（1％～5％保留金）。

第二期工作量：

挖土工作量＝（上月＋当月累计完成工程量）×单价＝×××元

砌砖土工作量＝（上月＋当月累计完成工程量）×单价＝×××元

混凝土工作量＝（上月＋当月累计完成工程量）×单价＝×××元

小计   ××××元

综合取费率××％ × ×××％＝×××元

合   计   ××××元

第二期工程进度款＝［第二期工作量×（1％～5％保留金）－第一期支付的工程进度款］当工程进度到达60％时，工程进度款支付公式：

第 n 期工程进度款＝［第 n 期完成工作量×（1％～5％保留金）－（第 n_1 期支付的

工程进度款）－（材料设备预付款扣回数）］＝××××元

$$材料设备预付款扣回数＝当月完成工作量×\frac{材料预付款金额}{总造价×0.35}$$

工程进度款的最高支付额度为总造价的95％，5％为工程保留金，待工程保修期满（六个月），质量符合要求，可支付保留金80％，待全部保修期满，全部结清。

四、工期

计划总工期××月，从19××年×月×日开工至19××年×月×日完工。

××号楼：工期××月，从19××年×月×日开工至19××年×月×日完工。

××号楼：工期××月，从19××年×月×日开工至19××年×月×日完工。

......

室外工程：工期××月，从19××年×月×日开工至19××年×月×日完工。

五、奖励与罚款

总工期提前或拖后一天，奖或罚每天5000元。

××号楼工期提前与拖后一天，奖或罚每天1000元。

××号楼工期提前与拖后一天，奖或罚每天800元。

......

室外工程工期提前与拖后一天，奖或罚每天1000元。

六、工程保修期

工程保修期为六个月，其中暖气、屋面防水为一年。

七、隐蔽工程验收

施工单位在工程隐蔽前36小时，以书面通知建设单位驻现场代表到场检查，经检查合格，即办理隐蔽工程验收。建设单位未按时检查，施工单位可自行检查，隐蔽，并填写隐蔽记录，建设单位应予承认，如建设单位事后提出检查时，如检查合格，费用由建设单位负责；如不合格，费用由施工单位自负。

八、工程保验

工程保验由承包商负责向保险公司购买，所需费用列入工程报价。

发包单位（盖章）　　　　　　　　　　承包单位（盖章）

代表人（签名）　　　　　　　　　　　代表人（签名）

　　　　　　　　　　　　　　　　　　　19××年×月×日

附施工图纸和技术说明（略）

【例文二】　　　　　××市××江大桥工程施工招标公告

一、××市××江大桥工程业经国务院批准建设。该工程是××市重要的城市基础设施项目，对开放××，改善跨江交通，振兴××，实现××经济发展战略具有重大意义。

二、本工程主体工程施工采用国内公开招标的方式。××市××江大桥建设公司和××市建设工程招标咨询公司全权负责招标事宜。

三、本工程桥址位于××市××区××渡口。大桥东连××路和××路，西接××路和××路，全长 7995m，其中主桥 846m，主跨为 423m，一跨过江，主桥结构为双塔双索面迭合梁斜拉桥。本工程分为主桥、东、西引桥等七个标段分段进行施工招标。

四、××市××江大桥建设公司聘请××市第一律师事务所××高级律师为公司常年法律顾问。

五、凡对本工程有投标意向的国内具有法人资格的一级施工企业，请凭单位介绍信到××市××江大桥建设公司购买《投标单位资格预审书》（每套人民币 200 元整），外地单位函购截止日期以邮戳为准，逾期不再办理。

购买时间：19××年×月×日。（星期日除外），每天上午 9 时至下午 5 时。

地址：××市××区××路××号

电话：×××××××　　电报挂号：××××

联系人：×××　　×××

　　　　　　　　　××市××江大桥建设公司　　经理：×××

　　　　　　　　　××市建设工程招标咨询公司　　总经理：×××

　　　　　　　　　　　　　　　　　　　　　　××年×月×日

【例文三】　　　　　××工程投资咨询服务公司邀请函

×××建筑公司：

本公司受×××公司委托，承办该公司新建×××大厦工程施工招标，特邀请你单位参加投标。现将有关事宜通告如下：

1. 该工程位于北京市东城区×××街，为一地下 3 层地上 25 层，包括办公室、会议室、展览厅、旅馆客房、公寓及多种服务设施的多功能综合大厦，总建筑面积约 36，000m²，钻孔灌注桩基础，现浇混凝土地下室，上部为钢结构，轻质外墙和内隔墙，铝合金及木门窗，高级内外装修和建筑设备。

2. 随函送上招标文件一套，计：①图纸×张（附技术说明）；②地基勘探报告一份；③工程量清单一份；④投标须知一份；⑤投标单位调查表一份。

请按投标须知的要求，详细填写有关文件，于×月×日中午 12 时前密封送交至××市××区××路×××大厦×层本公司招标业务部，逾时无效；邮寄者以邮局投递日戳为准。

3. 注意事项：建设单位预先声明，不一定以最低标价为决标标准。

此致

敬礼

×××工程投资咨询服务公司

（盖章）

××年×月×日

地址：××市××区××路×××大厦×层

电话：××××××

电报挂号：××××

联系人：×××

【例文四】
××市城市建设开发总公司
×××住宅小区建筑安装工程施工招标通知

××市第一建筑公司：

本公司负责组织建设的×××住宅小区工程的施工任务，经××市城乡建设委员会批准，实行邀请招标，在限定范围内，特邀请你单位参加投标，现将招标有关事项通知如下：

1. ×××住宅小区，坐落于××市××区内城东北角，总建筑面积 10.7 万 m²，其中 14～18 层大模外挂板住宅楼 7 座，计 7.85 万 m²，砖混结构 6 层住宅数座，计 2.25 万 m²，其余为配套附属建筑，也是砖混结构。工程质量要求符合国家施工验收规范。

2. 随通知送上招标书、投标书、投标单位调查表各一份。请按投标须知的要求，在编妥的投标书上签上你单位法人代表的姓名、职务、加盖单位印鉴，然后密封，于×月×日下午四时以前送达××市××路××号×××住宅小区招标办公室。

3. 在交投标书时须以银行支票形式交押金人民币 500 元，开标后 10 日内交还招标文件，领回押金。

望能接受邀请，参与投标。

×××住宅小区招标办公室（盖章）

19××年×月×日

附：投标书

一、投标书的内容和形式

投标书经密封后邮寄或派人专送到招标单位，所以投标书又称标函。投标书是对招标提出的要约的响应和承诺，同时提出具体的标价和有关事宜来竞争中标，所以又是对投标单位的要约。

（一）投标书内容

主要是承包招标项目的价格（标价）、保证和条件等。

1．项目的价格及保证条件

①标函内容，即承包招标项目的内容，有项目名称、地点、包干形式、数量等。

②标价，完成招标项目的总金额，每单位的金额，如每建筑平方米的造价，以及完成项目的分解金额。

③保证完成的工期（交货期），具体时间和总计天数。

④质量保证，可达到的等级和保证质量的有效措施。

⑤其他，如服务条件等。

2．投标单位的自我介绍

①企业的名称、地址、性质（国营或集体）、级别。

②企业的历史，曾经营或建筑过的重大项目。

③企业的技术力量，工程技术人员、技工的人数。

④企业施工设备情况。

3．投标书的结构形式

投标书的主要部分常常采取表格式，所以又称投标单或标单。标单一般是作为招标文件由招标单位拟制的。投标单位只要按表格填写即可。

投标书的结构主要由以下几个方面构成：

1．标题。由工程项目和"投标书"组成，如××桥梁建筑工程投标书。也可直书为：投标书、投标单。

2．送往单位。作为函，必须有受文单位，俗称抬头，要顶格写。标函的抬头应是招标单位或招标办公室。

3．开头语。叙写投标书的目的和依据。

4．主体。除列入投标表和企业介绍表格外，还可写明投标态度，表明对标函不悔改的承诺。

5．签具。投标单位的名称、负责人、联系人、地址等。

6．附件。如担保单位的担保书，正文主体的必要表格。

二、投标书写作的注意事项

1．要慎重严肃。投标书是受法律保护和约束的，在本质上是为制定交易合同作为准备，是合约和承诺的过程。一旦确定中标以后，投标书即是制定合同的依据，也可作为合同的组成部分。投标书一经发出，其内容未经双方当事人同意不得更改，否则即是违约。因此，写投标书要慎重严肃地对待，不能掉以轻心。

2．要具体简明。投标书是实践性很强的应用文，一定要写得具体规范，用语明确无歧义，各种数据准确无误，为中标后订出合同和执行合同打下牢靠的基础。投标书还力求简洁，便于阅读，要实事求是介绍企业情况，不要乘机作企业广告，分散主要内容。

招标与投标实例

投标单位根据招标单位提供的设计图纸计算工程量、报价，作出投标函。

最后双方签订合同。

【例】 **×××××医院建设工程招标与投标**

1．×××××医院建设工程招标书

```
┌─────────────────────────────────────┐
│                                     │
│            ××××医院                 │
│                                     │
│         建设工程招标书               │
│                                     │
│                                     │
│                                     │
│            ×××××医院                │
│          19××年×月×日               │
│                                     │
└─────────────────────────────────────┘
```

招 标 书

经××部（19××）××字×××号文批准，兴建××××医院。总建筑面积×××××m²，建设前期准备工作已经完成。请各施工单位参与投标。本工程的招标的条件与要求如下：

一、工程地点

×××路×××。

二、工程概况

本工程由××××设计院设计。总建筑面积32810m²，其中门诊楼×××m²，为×层混合结构，混凝土基础；住院部×××m²，为×层框架结构，混凝土桩基；电梯间为钢筋混凝土现浇墙板、钢筋混凝土筏式基础；科研楼××××m²，为×层框架结构，混凝土桩基；宿舍××××m²，为×层混合结构，钻孔承台梁基础。详见设计图纸（略）。

......

三、工程质量与保修期

本工程质量严格按国家现行施工验收规范和质量评定标准检查验收，如设计图纸有特殊要求，以设计图纸要求为准。若因施工过失造成的质量事故，其返工损失和延长工期均由乙方负责。

本工程保修期为六个月，其中屋面和暖气工程为一年。

四、工期

本工程项目一览表所列工期天数均为日历天数。

五、奖励与罚款

1. 单位工程质量达到全优标准，奖励单位工程造价总金额的 3/10000。

2. 总工期提前一天，奖励工程总造价的 3/10000。总工期拖后一天，罚工程总造价的 3/10000，即每天罚人民币××××元。

六、全设计图纸一套×××张，工程量和单价及总造价，均由承包人自己计算。

××××医院（盖章）

负责人：（签名）

19××年×月×日

2. ××建筑公司对×××××医院建设工程的投标书

投 标 书

根据××××医院招标书和设计图纸的要求，我××建筑公司乐意参加你院建设工程投标，对你院提出的招标书条款我公司愿意接受，并作如下补充与报价。

一、工程质量

根据设计图纸要求，保证工程质量合格率为100％；优良率为70％；全优工程为50％。

二、工期

在接到中标通知书后，即办理合同签字手续，在双方合同签订后510天内全部完工，交付使用。标函施工组织设计进度见表1。

三、工程报价

1. 门诊楼：建筑面积××××m²，总造价×××××元，每平方米造价为×××元。
2. 住院部：建筑面积××××m²，总造价×××××元，每平方米造价为×××元。
3. 科研楼：建筑面积××××m²，总造价×××××元，每平方米造价为×××元。
4. 宿舍楼：建筑面积××××m²，总造价×××××元，每平方米造价为×××元。

总工程建筑面积××××m²，总造价××××××××元。

附工程报价单（见表2）一份共计××页。

投标单位（盖章）

负责人（签名）

19××年×月×日

工 程 进 度 表　　　　　　　　表1

序号	工程项目名称	月																
		1	2	3	4	5	6	7	8	9	10	11	12	13	14	15	16	17
1	门诊楼																	
2	住院部																	
3	科研楼																	
4	宿舍楼																	

序号	工程项目名称	月																
		1	2	3	4	5	6	7	8	9	10	11	12	13	14	15	16	17
5	······																	
···	院内道路																	
	清理现场																	

工　程　报　价　单　　　　　　　　　表 2

单位工程名称：

序　号	定额单价编号	项目名称	单　位	数　量	单　价	合　计
1	1—5—38	场地平整	m³	××××	××	××××
2	1—1—1	挖土（Ⅲ类）	m³	××××	××	××××
3		······				

3. 甲乙双方签订的合同书

经过招标、投标之后，确定中标单位，双方签订合同。

××××医院

合 同 书

×××××医院
××××建筑公司
19××年×月×日

合 同 书

本工程经过招标、投标，×××××医院（以下简称甲方）同意将兴建医院工程全部交××××建筑公司（以下简称乙方）承包施工。总造价为××××××××××元，工期××月，从×年×月×日开工至×年×月×日完工（详见乙方标函）。

甲方承认乙方标函，并作为本合同的附件，与合同具有同等效力。

乙方承认甲方招标书，并作为本合同的附件，与合同具有同等效力。

甲方：××××医院　　　　　　　　　乙方××××建筑公司

　　（盖章）　　　　　　　　　　　　　　（盖章）

负责人（签章）　　　　　　　　　　负责人（签章）

思 考 与 练 习

一、填空题

1. 招标，是具有_____的单位按照一定法律程序进行的_____，是招标人_____承包单位的一种做法。招标可分为_____招标、_____招标和_____三种方式。

2. 招标书的正文内容应含有：_____、_____、_____、_____、_____、_____等六个方面。

3. 招标公告，就是_____公告。其写作的基本要求①_____，②_____，③_____。

4. 招标通知，就是_____的通知。它与招标公告的最大不同处就是_____。

二、简答题

1. 建设单位为什么要对拟建工程进行招标？

2. 三种招标方式各有何优缺点？

3. 招标信函与招标通知有何区别？

4. 招标公告应包括哪些主要内容？

5. 投标人须知一般须包含哪些内容？

三、请根据招标工作的基本要求，自拟一件招标信函。

第六章　合同类应用文

第一节　建筑工程合同的性质和作用

建筑工程合同是法人之间为实现一定经济目的或为完成商定的某项建筑工程，明确相互权利义务关系的应用文体，也是当事人双方从自身经济利益出发，根据国家法律、法令、计划要求，遵照平等、自愿、互利的原则，彼此协商所达成的有关建筑工程内容的共同遵守的协议。

建筑工程合同是建筑企业组织经济活动，实现经济往来，进行建筑产品交换的法律手段，是组织经营管理，从事施工生产的重要方式，其作用如下：

1．建筑工程合同确定了工程实施和工程管理的主要目标，是合同双方在工程中各种经济活动的依据。

2．合同规定了双方的经济关系。合同一经签订，合同双方结成一定的经济关系，合同规定了双方在合同实施过程中的经济责任，利益和权力。

3．合同是工程过程中双方的最高行为准则。工程过程中的一切活动都是为了履行合同，都必须按合同办事。

4．合同将工程所涉及到的设计、材料、设备供应和各专业施工等的分工协作关系联系起来，协调并统一工程各参加者的行为。

5．合同是工程过程中双方争执解决的依据。

第二节　建筑工程合同的种类

1．按合同的适用范围分，常用的几种是：

（1）建设工程勘察和设计合同。

（2）建筑工程施工合同和建筑工程安装合同。

（3）建筑材料和设备供应合同。

2．按承包方式分：

（1）总包合同。建设单位将全部建设任务委托一个建筑企业负责，并与其签订工程承包合同的则为总包合同。

（2）分包合同。总承包单位将某些专业工程分包给专业施工单位施工，并与其签订工程承包合同的则为分包合同。

（3）联合承包合同。分包单位向总包单位负责，并与其办理工程价款的结算，总包单位向建设单位负责，并与其办理价款的结算。企业之间为取长补短，达到互利的目的而联合起来共同承担工程任务，向建设单位负责，并与建设单位签订工程承包合同的则为联合承包合同。

（4）设计——施工一体化承包合同。

（5）全过程承包合同。

3. 按取量方式分：

（1）总价合同。按工程造价取费包干的合同则为总价合同。

（2）单位合同。按单位工程量造价包干（如建筑面积平方米造价包干）的合同则为单位合同。

（3）按工程成本取费合同。

第三节　建筑工程合同的格式与写法

建筑工程合同的一般格式由标题、正文、署名、日期四部分组成。

一、标题。写在第一行中间，要标明合同的性质。如"建筑工程承包合同"、"建筑安装施工合同"等。

二、正文。不同种类的建筑合同其内容不一，简繁程度差别很大。但工程通常有如下几方面的内容：

（一）合同当事人

合同当事人指签订合同各方。在我国，合同一般在法人之间签订。

（二）合同的标的

合同的标的是当事人双方的权利、义务共指的对象。如工程承包合同，其标的是完成工程项目。在建筑安装工程设计合同中的标的，是指所设计的图纸等设计文件。标的是建筑工程合同不可缺少的内容。标的一定要明确，否则容易造成矛盾与纠纷。

（三）合同数量与质量

数量与质量是标的的具体化，是建筑工程合同必须具备的条款。数量方面，计量要精确，数据要准确；质量方面，应订出具体质量标准。

没有数量和质量的确定，合同是无法生效和履行的，发生纠纷也不易分清责任。

（四）合同价款或酬金

这是标的的代价或价金，一般是以数量表示的。凡国家有统一规定的按国家规定的执行；国家没有统一规定的，由当事人协商。合同中应写明价金数量、付款方式、结算程序。合同应遵循等价、互利的原则。

（五）合同期限和履行的地点

合同期限指履行合同期限，即从合同生效到合同结束的时间。履行地点指合同标的物所在地，如以承包工程为标的的合同，其履行地点是工程计划文件所规定的工程所在地。合同应具体规定合同期限和履行地点。

（六）违约责任

即为合同一方或双方因过失不能履行或不能完全履行合同责任，侵犯另一方经济权利时所应负的责任。违约责任是合同的关键条款之一。没有规定违约责任，则合同对双方难以形成法律约束力，难以确保圆满地履行，发生争执时也难以解决。

三、署名。正文写完后另起一行，在右下方写订立合同各单位的名称和各方代表姓名，并盖上公章、私章（签名），及各方的电话号码、联系人、银行帐号等。

四、日期。在署名下面写上签订合同的年月日

第四节　几种主要建筑工程合同的内容与写法

一、建筑工程勘察设计合同

建筑工程勘察设计合同是委托方与承包方为完成一定的勘察设计任务，明确相互权利和义务关系的协议。当事人双方中的委托方是建设单位或有关单位，承包方是持有勘察设计证书的勘察设计单位。双方都必须具有法人资格。

（一）勘察合同的主要内容：

1. 总述

主要说明建筑工程名称、规模、建设地点，委托方和承包方的概况。

2. 委托方的义务

在勘察工作开始前，委托方应向承包方提交由设计单位提供、经建设单位同意的勘察范围的地形图和建筑平面布置图各一份，提交由建设单位委托、设计单位填写的勘察技术要求及附图。委托方应负责勘察现场的水电供应，平整道路，现场清理等工作，以保证勘察工作的顺利开展。

在勘察人员进入现场作业时，委托方应负责提供必要的工作和生活条件。

3. 承包方的义务

勘察单位应按照规定的标准、规范、规程和技术条例进行工程、工程地质、水文地质等勘察工作，并按合同规定的进度、质量要求提供勘察成果。

4. 勘察费

勘察工作的取费标准是按照勘察工作的内容决定的。勘察费用一般按实际完成的工作量收取，计算方法可参照原国家计委制定的《勘察统一工作量计算方法（草案）》。

勘察合同生效后，委托方应向承包方支付为勘察费用总额30％的定金；全部勘察工作结束后，承包方按合同规定向委托方提交勘察报告和图纸；委托方在收取勘察成果资料后，在规定的期限内，按实际勘察工作量付清勘察费。

属于特殊工程的勘察工作收费办法，原则上按勘察工程总价加收20％～40％的勘察费。特殊工程指自然地质条件复杂、技术要求高、勘察手段超出现行规范、特别重大、紧急、有特殊要求的工程，或特别小的工程等。

5. 违约责任

（1）委托方若不履行合同，无权要求返还定金，而承包方若不履行合同，应双倍偿还定金。

（2）对于由于委托方变更计划，提供不准确的资料，未按合同规定提供勘察工作必须的资料或工作条件，或修改设计，因而造成勘察工作的返工、停工、窝工，委托方应按承包方实际消耗的工作量增付费用。因委托方责任而造成重大返工或重新进行勘察时，应另增加勘察费。

（3）勘察的成果按期、按质、按量交付后，委托方要按期、按量支付勘察费。若委托方超过合同规定的日期付款，应偿付逾期违约金。

（4）因勘察质量低劣引起返工，或未按期提出勘察文件，拖延工程工期造成委托方损

失，应由承包方继续完善勘察，并视造成的损失、浪费的大小，减收或免收勘察费。

（5）对因勘察错误而造成工程重大质量事故，承包方除免收损失部分的勘察费外，还应支付与该部分勘察费相当的赔偿金。

6. 争执的处理

建筑工程勘察合同在实施中发生争执，双方应及时协商解决；若协商不成，双方又同属一个部门，可由上级主管部门调解；调解不成或双方不属于同一个部门，可向国家规定的合同管理机关申请调解或仲裁，也可直接向人民法院起诉。

7. 其它规定

建筑工程勘察合同必须明确规定合同的生效和失效日期。通常勘察合同在全部勘察工作验收合格后失效，勘察合同的未应事宜，需经双方协商，作出补充规定。补充规定与原合同具有同等效力，但不得与原合同内容冲突。

附件是勘察合同的组成部分。勘察合同的附件一般包括测量任务和质量要求表、工程地质勘察任务和质量要求表等。

（二）设计合同的主要内容：

1. 总述

建筑工程名称、规模、投资额、地点、合同双方的简单介绍等。

2. 委托方的义务

（1）如果委托初步设计，委托方应在规定的日期内向承包方提供经过批准的设计任务书（或可行性研究报告）、选择建设地址的报告以及原料（或经过批准的资源报告）、燃料、水电、运输等方面的协议文件和能满足初步设计要求的勘察资料、经科研取得的技术资料等。

（2）如果委托施工图设计，委托方应在规定日期内向承包方提供经过批准的初步设计文件和能满足施工图设计要求的勘察资料、施工条件、以及有关设备的技术资料。

（3）委托方应负责及时地向有关部门办理各设计阶段设计文件的审批工作。

（4）明确设计范围和深度。

（5）在设计人员进入施工现场工作时，委托方应提供必要的工作和生活条件。

（6）委托方要按照国家有关规定付给承包方勘察设计费，维护承包方的勘察成果和设计文件，不得擅自修改，也不得转让给第三方重复使用，否则便侵犯了承包方的智力成果权。

3. 承包方的义务

（1）承包方要根据批准的设计任务书（或可行性研究报告）或上阶段设计的批准文件，以及有关设计的技术经济文件、设计标准、技术规范、规程、定额等，提出勘察技术要求和进行设计，并按合同规定的进度和质量要求，提交设计文件（包括概预算文件，材料设备清单）。

（2）初步设计经上级主管部门审查后，在原定任务书范围内的必要修改，应由承包方承担。

（3）承包方对所承担设计任务的建设项目应配合施工，进行施工前技术交底，解决施工中的有关设计问题，负责设计变更和修改预算，参加隐蔽工程验收和工程竣工验收。

4. 设计的修改和停止

（1）设计文件批准后，就具有一定的严肃性，不能任意修改和变更。如果必须修改，也需经有关部门批准，其批准权限视修改的内容所涉及的范围而定。如果修改的部分是属于初步设计的内容（如总平面布置图、工艺流程、设备、面积、建筑标准、定员、概算等），须经设计的原批准单位批准；如果修改部分是属于设计任务书的内容（如建设规模、产品方案、建设地点及主要协作关系等），则须经设计任务书的原批准单位批准；施工图设计的修改，须经设计单位的同意。

（2）委托方因故要求修改工程的设计，经承包方同意后，除设计文件的提交时间另订外，委托方还应按承包方实际返工修改的工作量增付设计费。

（3）原定设计任务书或初步设计如有重大变更而需要重作或修改时，须经设计任务书的批准机关或初步设计批准机关同意，并经双方当事人协商后另订合同。委托方负责支付已经进行了的设计费用。

（4）委托方因故要求中途停止设计时，应及时书面通知承包方，已付的设计费不退，并按该阶段实际耗用工日，增付结清设计费，同时结束合同关系。

5. 设计费

设计工程的取费，一般应根据不同的行业、不同建设规模和工程的简繁程度制定不同的收费定额计算。国家计委于19××年颁发的《工程设计收费标准》，是目前仍在用的收费标准。

6. 违约责任

违约责任的条款同勘察合同要求。

7. 争执的解决

同勘察合同要求。

8. 其它条款

同勘察合同要求。

二、建筑安装工程承包合同

建筑安装工程承包合同是发包单位（建设单位或业主）和承包单位（施工单位）为完成商定的建筑安装工程，明确相互权利、义务关系的协议。承包合同应当采用书面形式。当事人双方协商同意的有关修改承包合同的变更文件、洽商记录、会议记要，以及资料、图表等，也是承包合同的组成部分。

建筑安装工程承包合同的内容：

（一）主要说明工程项目的名称和地点，工程投资单位，工程建设的目的，合同双方单位名称等。

（二）工程范围

主要是工程项目一览表和工程量表。它们应附于合同协议书后面。

（三）工程造价

即建筑安装工程承包合同价格。

（四）承包方式

应根据双方协议写明采用下列几种承包方式的哪一种：

1. 按招标工程总费用包干。

2. 按建筑面积与平方米造价包干。

3．按施工图预算造价加系数包干。

4．按施工图预算或工程概算加签证结算。

（五）开竣工日期

全部承包工程开竣工日期，以及中间交工工程的开竣工日期，主要工程活动的日期。

（六）物资供应方式

随着社会主义市场经济体制逐渐完善，建筑物资供应方式也在不断变化。通常建筑承包工程中所用的设备和材料按下列方式供应：

1．凡进口设备和材料、特殊材料、成品和半成品、以及国拨的三大材料、部管材料和二类机电产品等，均由建设单位供应，实行全包料或半包料。

2．国拨三大材由建设单位将其指标或现货划交给施工单位，现货要运至施工单位指定的地点。

3．钢门窗、成套设备和非标准设备，由建筑单位负责申请、加工和定货；如果钢门窗等由建设单位委托施工单位加工定货，建设单位除了划拨钢材指标和资金外，还应付给施工单位按产品预算价格一定比例的委托费用。

4．地方材料、国内标准建筑配件及其半成品的加工、定货、运输和供应，由施工单位负责；如果必须带料加工时，建设单位应供给施工单位原材料。

5．建设单位送到工地指定地点的设备，双方应按装箱单、说明书共同开箱检验，并办理移交手续；交接记录注明设备现状，如有损坏，由责任单位负责；箱内附件、备件和工具等由建设单位保管；设备安装时，如需特殊工具，建设单位应负责解决。

6．由建设单位供应的一切物资，均应明确规定送达时间和地点。

7．全部的设备、材料、成品和半成品，均应附有"产品合格"证件。如果没有此证件，应及时按要求检验，检验费由供应单位承担。

（七）施工准备工作的分工

在这一条款中，应尽量明确指出合同双方各自应承担的义务。当工程准备工作比较复杂时，应另外签订一份施工准备合同（协议书）作为本合同的一部分。

（八）工程变更及其经济责任

这里包括如下两方面内容：

1．施工期间，如在工地发现古迹和文物时，施工单位应按国家有关文物保护规定，保护好古迹和文物。由此而增加的工程量及其费用应由建设单位负责，造成的工期增加应予以顺延。

2．工程的设计变更，须经设计、建设、施工单位三方同意，由设计单位下达设计变更通知，经建设单位签署后，由施工单位执行，并将此通知单作为竣工验收和结算的依据。

（九）施工和技术资料的供应

建设单位应按时向施工单位提供与本项目有关的全部施工的技术资料，否则由此造成的工期损失或工程变更应由建设单位负责。

（十）工程价款支付和结算方式

根据中国人民建设银行颁发的《中国人民建设银行建设工程价款结算办法》的规定，工程开工前，建设单位应按施工工程量的一定比例预付备料款；开工后，凭"工程价款结算帐单"和"已完工程月报表"，经建设银行审查后支付。但上述两项在工程施工前总和不得超过工程造价的95％，其余5％应在竣工验收合格后，一次结算清楚。由于工程变更引起的增价价款，凭建设单位签证的"工程设计变更通知单"报送建设银行处理。

（十一）交工验收方法

工程的交工验收应以国家颁发的《关于基本建设项目竣工验收暂行规定》、《工程施工及验收规定》、《建筑安装工程质量评定标准》，国务院有关部委制订的竣工验收规定及施工图纸、说明书、施工技术文件为依据。若施工图设计要求与设计规范不一致时，应以施工图纸设计为准。

隐蔽工程和结构工程必须由建设单位和施工单位双方在隐蔽前共同验收。合格后，双方应共同签认"隐蔽工程验收证"以及试压、抗渗等记录，作为工程竣工验收的依据之一。

工程项目的竣工验收应由施工单位向建设单位发出"交工通知"，建设单位应在规定期限内会同当地质量监督部门，施工单位及其他有关单位共同检验。检验合格后应及时办理验收签证手续。

在这一条中，还应补充说明工程验收的动力源（如电、气、热、水源）以及安装工程竣工接源应由哪一方负责。一般地说，上述工作应由建设单位负责。这些内容在合同条款中应具体写明。

（十二）奖罚条款

承包合同规定的奖罚条款通常包括：

1. 工期提前或拖后的奖罚，应贯彻对等的原则。奖罚金的数额、来源、支付办法和时间均应在承包合同中给予明确规定。

2. 合理化建议的奖励。

3. 其它罚款。

（十三）保修条款

保修应按国家城乡建设环境保护部19××年颁发的《建设工程保修办法（试行）》执行。

工程保修期从工程竣工日期算起。土建及上、下水工程保修期至少为一年，供热工程保修期至少为一个采暖期。在保修期中，属于施工质量的问题，施工企业应免费修理。

（十四）纠纷、仲裁及违约责任

合同中应写明，如果双方发生纠纷，经调解仍不能解决时，由上级哪个主管部门仲裁或向何处人民法院起诉。

（十五）保险

合同中应注明保险项目。国内的承包工程保险一般为建设工程一切保险和安装工程一切保险。保险费均应列入项目的投资概算中。

（十六）其它

包括：加工定货的有关规定；合理化建议的处理；停工、窝工的责任处理；临时设施工程；双方互相协作事项；合同公证、合同中未尽事宜的处理方法；合同附件；补充条款等。

三、建设工程施工合同

建设工程施工合同是建设单位（甲方）和施工单位（乙方）为完成商定的建设工程施工任务，明确相互权利、义务关系的协议。

建设工程施工合同的内容：

（一）工程概况

主要说明工程项目的名称和地点，工程内容和承包范围，开竣工日期和总历天数，质量等级，合同价款等。

（二）合同文件组成，使用的语言文字、标准和适用法律

1. 主要是写明组成合同文件的名称。如中标通知书、设计图纸、施工合同、工程预订书等。

2. 如合同文件使用少数民族语言，本款应规定语言的名称。写明使用的《合同条件》和法律法规、标准规范翻译文本的名称，由谁提供和提供时间。

3. 原则上国家、部门和地方的法规都应适用于合同文件，但对同一问题要求不一致时，应在本款内写明适用的地方或部门的法规名称。如由甲方提供，还应写明提供时间。如由乙方自备，应写明费用及由谁承担。

4. 国家有统一的标准规范时，施工中必须使用。国家没有统一标准规范时，可以使用地方或专业的标准规范，地方和专业的标准规范不相一致时，应在此条写明使用的标准规范的名称。并按照工程的部位和项目分别填写适用标准规范的名称和编号。如：

《砖石工程施工及验收规范》（GBT 203—83）；

《钢筋混凝土工程施工及验收规范》（GBT 204—83）；

《装饰工程施工及验收规范》（GBT 201—83）等。

5. 如乙方要求甲方提供标准规范，应在编号后写明，并注明提供的时间、份数和费用由谁承担。甲方提出超过标准规范的要求，征得乙方同意后，可以作为验收和施工的要求写入本款，并明确规定产生的费用的承担。由乙方提出施工工艺的，应在本款写明施工工艺的名称，使用的工程部位，制定的时间要求和费用的承担。

（三）图纸提供日期、套数、特殊保密要求和费用

在这条中甲方对图纸有保密要求的，应在本条写明要求的内容、保密费用及由谁承担。乙方要求增加图纸份数的，应写明图纸的名称、份数、提供的时间和费用。甲方不能在开工前提供全套图纸，应将不能按时提供的图纸名称和提供的时间在本条写明。

（四）甲方、乙方驻地代表及委派人员名单和职责

（五）甲方工作。具体包括：

1. 施工场地具备开工条件和完成时间的要求。

本款应写明使场地具备开工条件各项工作的名称、内容、要求和完成时间。如有各种障碍，应写明名称、数量、清除的距离等具体内容。

2. 水电、电讯等施工管线进入施工场地的时间、地点和供应要求。

3. 施工场地内主要交通干道及其与公共道路的开通时间和起止地点。

4. 工程地质和地下管网线路资料的名称和提供时间。

5. 办理证件、批件的名称和完成时间。

6. 水准点与座标控制点位置提供和交验要求。

7. 会审图纸和设计交底时间。

本款中，如不能确定准确时间，应写明相对时间。如甲方发布开工令前多少天。

8. 施工场地周围建筑物和地下管线的保护要求。

9. 违约处理

（六）乙方工作。具体包括：

1. 施工图和配套设计名称、完成时间及要求。

2. 提供计划、报表的名称、时间和份数。

3. 施工防护工作的要求。

甲方要求乙方提供的合同价款之外的照明、警卫、看守等工作，应在此款写明。

4. 向甲方代表提供办公和生活设施的要求。

本款中，应写明办公生活用房的间数、面积、规格要求，各种设施的名称、数量、规格型号及提供的时间和要求，发生费用的金额及由谁承担。

5. 对现场交通和噪音的要求。

本款应写明地方政府、有关部门和甲方对本款内容的具体要求。如在什么时间、什么地段、哪种型号的车辆不能行驶或行驶的规定。在什么时间不能进行哪些施工，施工噪音不得超过多少分贝。

6. 成品保护要求。

本款应写明工程完成后应由乙方采取特殊措施保护的单位工程或部位的要求，所需费用及由谁承担。

7. 施工场地周围建筑物和地下管线的保护要求。

8. 施工场地整洁卫生的要求。

本款应写明对施工现场布置、机械材料的放置、施工垃圾处理等场容卫生的具体要求，交工前对建筑物的清洁和施工现场清理的要求。

9. 违约处理

（七）进度计划。具体包括：

1. 乙方提供施工组织设计（或施工方案）和进度计划的时间。

2. 乙方代表批准的时间。

（八）延期开工、暂停施工损失的计算方法。

（九）工期延误。本款应说明以下内容：

1. 哪些工作延误多长时间才算延误。

2. 对可调整因素的限制。如工程量增减多少才可调整。

3. 需补充的其它造成工期调整的因素。

4. 双方议定乙方延期竣工应支付的违约金额，应在本条写明违约金额和计算方法。如每延误一天乙方应支付多少。

（十）工期提前（指合同工期比定额工期提前）。本款应写明：

1. 提前的时间。

2. 乙方采取的赶工措施。

3. 甲方为赶工提供的条件。

4. 赶工措施费用的计算和分担。

5. 收益的分享比例和计算方法。

（十一）检查和返工。具体包括：

1. 甲方委托的工程质量监督单位和监督方法。

2. 甲方经过检查检验后再检验，质量合格但影响乙方正常施工，甲方应承担的经济责任和顺延工期的计算方法。

（十二）工程质量等级。具体包括：

1. 工程质量等级的要求和经济支出。

2. 达不到质量等级要求乙方承担的违约责任。

3. 质量评定仲裁部门名称。

（十三）隐蔽工程。中间验收部位和时间要求；甲方应提供的便利条件。

（十四）对设备试车的具体要求，试车责任和费用承担。

（十五）甲方在隐蔽工程验收和重新检验后质量合格应承担的经济损失计算法和顺延工期的责任。

（十六）合同价款及调整。具体包括：

1. 工程造价的计算依据。

2. 确定工程造价的方式。

3. 工程造价的调整条件。

4. 工程造价的调整方式。

目前我国合同价款调整的形式很多，应按照具体情况预以说明。如：

1. 一般工期较短的工程采用固定价格，但因甲方原因致使工期延长时，合同价款是否作出调整应在本条说明。

2. 甲方对施工期间可能出现的价格变动采取一次性付给乙方一笔风险补偿费用办法的，应写明补偿的金额和比例，写明补偿后是全部不预调整还是部分不预调整，及可以调整项目的名称。

3. 采用可调价格的应写明调整范围，除材料费外是否包括机械费、人工费、管理费；调整的条件，对《合同条件》中所列出的项目是否还有补充，如对工程量增减和工程变更的数量有限制的，还应写明限制的数量；调整的依据，是哪一级工程造价管理部门公布的价格调整文件；调整的方法、程序，乙方提出调价通知的时间，甲方代表批准和支付的时间等。

（十七）工程预付款。具体包括：

1. 工程预付款比例及总额。

2. 预付款时间。

3. 扣回时间和比例。

4. 甲方不按时付款应承担的违约责任。

工程款的预付应根据当地主管部门的规定，双方协商确定后把预付的时间、金额、方法和扣回的时间、金额、方法在本条写明。如"在合同签订后，甲方应将合同价款的　％，计人民币（　）元，于（　）月（　）日和（　）月（　）日……分（　）次支付给乙方，作为预付工程款。在完成合同总造价　％（以甲方代表签字确认的工程量报告为准）后的（　）个月里，每月折回预付工程款的　％，在完成合同总造价的　％时扣完"。

甲方不预付工程款，在合同价款中应考虑乙方垫付工程费用补偿。

（十八）工程量的核实确认

本条应写明乙方提交已完工程量报告的时间和要求。

（十九）工程款支付。具体包括：

1．工程款支付方式。

2．工程款支付金额和时间。

3．甲方违约的责任。

工程款的支付应按当地建设主管部门的规定，双方根据工程实行情况协商确定，把支付的时间、金额和支付方法在本条写明。例如按月支付的，应写明"乙方应在每月的第×天前，根据甲方核实确认的工程量、工程单价和取费标准，计算已完工程价值，编制'工程价款造算单'送甲方代表，甲方代表收到后，应在第×天之前审核完毕，并通知经办银行付款。"

（二十）甲方供应材料、设备的要求

本款应写明材料设备的种类、规格、数量、单价、质量等级和提供时间、地点，并填写在表格中，作为合同的附件。

（二十一）乙方采购材料、设备的要求及价差的处理

写本款时，几种特殊情况应作出说明：

1．由甲方提供三材指标，乙方进行采购的，应写明指标名称、内容、价格数量、提供的时间和甲方不能按规定提供应承担的违约责任。

2．甲方不提供指标，由乙方采购三材，应写材料名称、数量、规格、质量等级和价格。

3．甲方指定厂家由乙方采购材料设备的，应写明如产品价格高于乙方预算价格时价差由谁承担，以及由于制造厂家的原因造成产品的质量等级、规格型号和交货时间达不到合同要求，造成损失的责任和生产的费用由谁承担。

（二十二）设计变更的确认方式和确认设计变更后的价款计算方法。

（二十三）竣工验收。具体包括：

1．乙方提交竣工资料和验收报告时间。

2．甲方对验收时间的承诺及组织验收的部门、人员。

3．乙方提交竣工图的时间和份数。

（二十四）竣工结算。具体包括：

1．结算方式。

2．乙方提交结算资料时间。

3．甲方审核结算资料时间。

4．报送经办银行时间。

5．甲、乙双方违约的责任。

（二十五）保修。具体包括：

1．保修内容、范围、期限。

2．保修金额和支付方法及保修金利率。

（二十六）争议。

本款应写明，甲乙双方发生争议时，采取哪种解决方式。

争议的解决方式有：

1．建设主管部门调解，经济合同仲裁机关仲裁。

2．建设主管部门调解，向人民法院起诉。

（二十七）索赔的具体事项。

写本款时，甲方违约应负的违约责任应按以下各项分别作出说明：

1. 承担因违约发生的费用，应写明费用的种类，如工程的损坏及因此发生的拆除、修复等费用支出，乙方因此发生的人工、材料、机械和管理等费用支出。

2. 支付违约金，要写明违约金的数额或计算方法、支付的时间。

3. 赔偿损失，违约金的数额不足以赔偿乙方的损失时应将不足部分支付给乙方，作为赔偿。并写明损失的范围和计算方法，如损失的性质是直接损失还是间接损失，损失的内容是否包括乙方窝工的工费、机械费和管理费，是否包括窝工期间乙方本应获得的利润。

（二十八）安全施工。具体内容：

乙方在动力设备、高电压线路、地下管道、密封防震车间、易燃易爆地段及临街交通要道附近施工的主要内容，防护措施费用计算方法和支付方法。

（二十九）专利技术，特殊工艺和合理化建议。具体包括：

1. 采用专利技术和特殊工艺的名称、使用部位。

2. 需要支付给乙方的费用计算方法和支付方法。

3. 乙方提出合理化建议，节约工程费用分成办法和支付方法。

（三十）不可预见的地下障碍和文物处理的责任，费用的承担和工期的顺延。

（三十一）工程分包。具体包括：

1. 分包工程内容和分包单位。

2. 分包工程价款的结算办法。

（三十二）不可抗力的自然灾害认定标准。

本条应根据当地的地理气候情况和工程的要求，对造成工期延误和工程破坏的不可抗力自然灾害作出规定，可采用以下形式：

1. ×级以上的地震。

2. ×级以上持续×天的大风。

3. ×mm 以上持续×天的大雨。

4. ×年以上未发生过，持续×天的高温天气。

5. ×年以上未发生过，持续×天的严寒天气。

（三十三）保险。具体包括：

1. 本工程是否投保。

2. 投保后，双方协作的责任。

（三十四）工程一旦发生停建或缓建双方约定的内容。

（三十五）合同生效日期、终止日期。

（三十六）合同份数。

四、建筑材料和设备供应合同

建筑材料和设备供应合同是供方（一般为物资供应部门或建筑材料和设备的生产厂家）和需方（为建设单位或建筑承包企业）为完成商定的建筑材料和设备供应的任务，明确相互权利、义务关系的协议。

（一）建筑材料供应合同的主要内容：

1. 标的

标的是供应合同的主要条款。如果标的不明确，合同就无法履行。供应合同的标的主要包括，购销物资的名称（要注明牌号、商标）、品种、型号、规格、等级、花色、技术标准或质量要求等。这些在合同中应具体写明。

2．数量

数量是供应合同中衡量标的的尺度。合同中必须有准确的数量规定。如果没有数量的规定，双方的权利和义务就难以具体落实，一旦发生纠纷也难以分清责任。合同标的数量的计量方法要按照国家或主管部门的规定执行，或按供需双方商定的方法执行，不可以用含糊不清的计量单位。

3．包装

产品的包装条款包括包装的标准和包装物的供应和回收。

产品的包装标准是指产品包装的类型、规格、容量以及印刷标记等。根据《工矿产品购销合同条例》第七条规定：产品包装按国家标准或专业标准规定执行。没有国家标准或专业标准的，可按承运、托运双方商定并在合同中写明的标准进行包装。

包装物除国家明确规定由需方供应的以外，应由建筑材料的供方负责供应。

包装费用一般不得向需方另外收取。如果需方有特殊要求，双方应在合同中商定写明。如果包装超过原定的标准，超过部分由需方负担费用；低于原标准，应相应降低产品价格。

以上这些内容在合同中应列条具体写明。

4．运输方式

运输方式可分为铁路、公路、水路、航空、管道运输及海上运输等。一般由需方在签订合同时提出采取哪一种运输方式并在合同中写明。供方代办发运，运费由需方负担。

5．价格

有国家定价的材料，应按国家定价执行；按规定应由国家定价，但国家尚无定价的材料，其价格应报请物价主管部门批准；不属于国家定价的产品，可由供需双方协商确定价格。在合同中应用大写数字写清价格及单位，不能随意改动。

6．结算

结算指供需双方对产品货款，实际支付的运杂费和其它费用进行货币清算和了结的一种形式。我国现行结算方式，分为现金结算和转帐结算两种。在合同中要写明采用哪种结算方式。

7．违约责任

违反购销合同的责任，是指合同当事人由于自己的过错致使购销合同不能履行或不能完全履行，依照法律和合同规定必须承担的法律责任。这些责任在合同中应具体写明。

8．特殊条款

如果供需双方有一些特殊的要求或条件，可通过协商，经双方认可后也可作为合同的一项条款，在合同中明确列出。

（二）设备供应合同的主要内容：

1．标的

参照建筑材料供应合同。

2．设备数量

要列明成套设备名称、套数，要明确规定随主机的辅机、附件、配套的产品、易损耗备用品、配件和安装修理工具等，并在合同后附详细清单。

3. 包装

参照建筑材料供应合同。

4. 交货单位、交货方式、运输方式、到货地点、接（提）货单位。

5. 交（提）货期限

6. 现场服务

供方应选派技术人员现场服务，并要对现场服务的内容明确规定。合同中还要对供方技术人员在现场服务期间的生活待遇及费用作出明确规定。

7. 验收和保修

成套设备的安装是一项复杂的系统工程。安装成功后，是否能试车成功是关键。因此合同中应详细注明成套设备验收办法。

成套设备是否保修、保修期限、费用负担者都应在合同中明确规定。不管设备制造企业是谁，都应由设备供应方负责。

8. 设备价格

设备合同价格应根据承包方式来确定。按设备费包干的方式以及招标方式确定合同价格较为简捷，而按委托承包方式确定合同价格较为复杂。在签订合同时确定价格有困难的产品，可由供需双方协商暂定价格，并在合同中注明"按供需双方最后商定的价格（或物价部门批准的价格）结算，多退少补"。

9. 结算方式、开户银行、帐户名称、帐号、结算单位。

10. 违约责任

参照建筑材料合同。

第五节　建筑工程合同的写作要求

1. 建筑工程合同的内容必须完全合法。签订建筑工程合同必须以《中华人民共和国经济合同法》为准则，符合国家法律、法令。

2. 内容齐全，条款完整，不能漏项。

3. 内容具体、详细，不能笼统。

4. 定义要清楚、准确，双方工程责任界限要明确，不能含混不清。

5. 合同应体现双方平等互利，即责任和权利，工程和报酬之间的平衡。

6. 合同条款要分条写，字迹要清楚，标点要准确。

7. 合同不能涂改，如在错误、遗漏必须更正补充时，应加盖印章。

8. 合同有附件，应将附件名称、件数在合同中标明以便查对，附件同样具有法律效力。

【例文一】　　　　建筑安装工程设计合同样本

订立合同双方：

　　建设单位：＿＿＿＿＿＿，以下简称甲方；

　　设计单位：＿＿＿＿＿＿，以下简称乙方。

　　为了明确责任，分工协作，共同完成国家建设项目的设计任务，根据《建设工程勘察设计合同条例》的规定和＿＿＿＿＿＿批准的计划任务

阅读训练

1. 签订该项应注意什么？

答：须核对清楚乙方，且审查乙

书，经甲乙双方充分协商，特签订本合同，以便共同遵守。

一、工程名称、规模、投资额、建设地点

甲方委托乙方承担_____工程的设计项目，建筑安装面积为_____ m²，批准总投资为_____万元，建设地点在_____。

二、甲方的义务

1. 甲方应在19_____年____月____日以前，向乙方提交业经上级批准的设计任务书、工程选址报告，以及原料（或经过批准的资源报告）、燃料、水、电、运输等方面的协议文件和能满足初步设计要求的勘察资料、需要经过科研取得的技术资料。甲方在19_____年____月____日施工图设计前，应提供经过批准的初步设计文件和能满足施工图设计要求的勘察资料、施工的条件，以及有关设备的技术资料。

甲方对上述资料必须保证质量，不得随意变更。

2. 及时办理各设计阶段的设计文件审批工作。

3. 在工程开工前，甲方应组织有关施工单位，由乙方进行设计技术交底；工程竣工后，甲方应通知乙方参加竣工验收。

4. 在设计人员进入施工现场进行工作时，甲方应提供必要的工作条件，并在生活上予以方便。在设计和施工过程中因技术上的特殊需要进行试制试验，所需一切费用以及为配合甲方到外地的差旅费均由甲方负责。

5. 甲方必须维护乙方的设计文件，不得擅自修改；未经乙方同意，甲方不得复制、重复使用或擅自扩大建设范围。甲方有义务保护乙方的设计版权，不得转让给第三方重复使用。

三、乙方的义务

1. 乙方必须在19_____年____月____日以前，向甲方交付初步设计文件；在19_____年____月____日以前，向甲方交付技术设计文件；在19_____年____月____日以前，向甲方交付施工图设计文件。其中，初步设计文件一式_____份，技术设计文件一式一份，施工图设计文件一式_____份，甲方另需增添文件份数和需要模型费，另行收费。19_____年____月____日以前，乙方必须向甲方提交完毕所有设计文件（包括概预算文件、材料设备清单）。

［大型建筑安装工程，甲乙双方可视具体情况分阶段进行设计，在具备设计条件时，双方签订阶段设计合同，具体规定甲方应提交各阶段设计资料的名称和日期，乙方交付设计的日期，作为本合同的附件，详见附件（2）］

2. 乙方必须根据批准的设计任务书或上一阶段设计的批准文件，以及有关设计技术经济协作文件、设计标准、技术规范、规程、定额等提出勘察技术要求和进行设计，提交符合质量的设计文件。

3. 初步设计经上级主管部门审查后，在原定任务书范围内的必要修改，乙方应负责承担。

方的工程建设资格和等级。以防乙方不具备与工程相应资质和法人资格。

2. 签订该项应注意什么？
答：填写乙方的义务越细越好每个环节和要求都要写清楚。以防乙方的义务笼统，不细化，出现纠纷后，不宜追究乙方的责任。

171

4. 设计单位对所承担设计任务的建设项目应配合施工，进行施工前技术交底，解决施工中的有关设计问题，负责设计变更和修改预算，参加隐蔽工程验收和工程竣工验收。

四、设计的修改和停止

1. 甲方因故要求修改工程的设计，经乙方同意后，除设计文件交付时间另定外，甲方应按乙方实际返工修改工日，每工日按_____元增付设计费，或按设计阶段中返工的工作量百分比计算。

2. 原定任务书如重大变更而重作修改设计时，须具有设计审批机关或设计任务书批准机关的意见书，经双方协商，另订合同。已经进行了的设计费用的支付，按前条办法计算。

3. 甲方因故要求中途停止设计时，应及时用书面通知乙方，已付设计费不退，并按阶段的实际耗工日，增付和结清设计费，同时结束合同关系。

五、设计费的数量和支付办法

本设计合同生效后_____天内，甲方应向乙方交付相当于设计费的20％的定金，设计合同履行后，定金抵作设计费；乙方向甲方提交初步设计方案后_____天内，甲方应向乙方支付_____％的设计费；乙方向甲方提交施工图文件后_____天内，甲方应向乙方结清全部设计费（设计周期较长的大型工程项目，施工图阶段的设计费，可按单项工程设计完成后分别拨付）。

六、奖励与违约责任

1. 在合理的工程投资控制数内，由于乙方采用先进技术或合理建议而节省了工程投资，可以从节约投资额中提取_____％奖励乙方。

2. 由于甲方不能按期、准确提供有关设计资料，致使乙方无法进行设计或造成设计返工，乙方除可将设计文件交付日期顺延外，还应由甲方按乙方实际损失工日，以每日_____元计算增付设计费。

3. 甲方不按照合同规定的时间向乙方支付定金和设计费，应根据银行关于延期付款的规定，向乙方偿付违约金。

4. 由于乙方的原因，延误设计文件的交付时间，每延误_____天，乙方应向甲方偿付相当于设计费的_____％的违约金（甲方可在设计费中扣除）。

5. 因乙方设计质量低劣引起返工，应由乙方继续完善设计任务，并视造成的损失浪费大小减收或免收设计费。对于因乙设计错误造成重大质量事故者，乙方除免收受损失部分的设计费外，还应付直接受损失部分设计费相等的赔偿金。

七、其它

_____

_____。

本合同自19____年____月____日双方签字后生效，全部设计任务

172

完成后失效。本合同如有未尽事宜，需经双方共同协商，作出补充协定。补充协定与本合同具有同等效力，但不得与本合同内容抵触。

在合同执行中如发生纠纷，双方应及时协商解决。协商不成时，双方属于同一部门的，由上级主管部门调解；调解不成，或不属于同一部门的，可向国家规定的合同管理机关申请仲裁，也可以直接向人民法院起诉。

本合同正本一式二份，甲乙双方各执一份；合同副本一式＿＿＿＿份，送计委、建委、建行……等单位各留存一份。

建设单位（甲方）：　　　　　　设计单位（乙方）：

代表人：　　　　　　　　　　　代表人：

联系人：　　　　　　　　　　　联系人：

通讯处：　　　　　　　　　　　通讯处：

电话或电报：　　　　　　　　　电话或电报：

开户银行：　　　　　　　　　　开户银行：

帐号：　　　　　　　　　　　　帐号：

19＿＿＿年＿＿＿月＿＿＿日订

附：

（1）＿＿＿＿＿＿＿＿＿设计项目收费表；

（2）＿＿＿＿＿＿＿＿＿工程设计补充协议书。

【例文二】　　　建筑工程施工承包合同

签订合同双方：

建设单位：＿＿＿＿＿＿＿＿＿＿＿＿，以下简称甲方；

施工单位：＿＿＿＿＿＿＿＿＿＿＿＿，以下简称乙方。

为明确甲乙双方在施工过程中的权利义务，促使双方互相创造条件，搞好协作，顺利地完成工程施工任务，经甲乙双方充分协商，特签订本合同，以便共同遵守。

工程项目名称：会场

工程地点：某某市

结构质式：二层混合

承包范围：土建工程

建筑面积：1750 平方米

工程预算造价：××万元

一、承包形式： 采用"包工包料"。

二、工程期限： ××年×月至××年×月共 15 个月内完成。

三、材料供应：

1."三材"由甲方提供指标或实物，地方材料由乙方自理。

2.向国外订购材料。特殊材料、国家统配或部管物资，由甲方负责提供实物。向省外订购材料，甲方应积极主动协助。

阅读训练

1. 签订该项应注意什么？

答：须核对清楚乙方，且审查乙方的工程建设资格和等级。以防乙方不具备与工程相应资质和法人资格填写时，乙方将自己的上级单位且独具法人资格的单位填为乙方，往往工程质量保证不了。

173

3. 甲方供应的材料和配件应具备材料质量鉴定书，否则应作必要的试验，其试验费用应由甲方负责。如果所供应的材料质量、规格不符合工程需要，乙方应及时提出，通知甲方解决。

四、付款办法：

1. 本合同经双方签章后 5 天内，材料款按总造价 30％拨付。

2. 工程进度款按规定拨付，但进度款加备料的总和不得超过总造价的 95％，留 5％待工程竣工验收后一次付清。

3. 施工决算，根据 19××年××地区单位估价表及有关规定的取费标准，按实际工程量办理决算。

五、甲、乙两方的分工：

1. 甲方应负责下列事项：

（1）办理正式工程和临时设施界限区内的土地征用、民房拆迁、施工用地和施工现场障碍物拆除工作；

（2）开工前，接通场外水源、电源和运输道路；

（3）按双方商定的分工范围、按时供应各种材料；

（4）向银行提交拨款所需批准文件，按时办理拨款和结算；

（5）按时交付给乙方施工图纸和有关技术资料；

（6）对工程进度、工程质量进行监督，负责工程验收。

2. 乙方应负责下列事项：

（1）厂区内土石方平整，施工现场内用水、用电、道路和临时设施的施工；

（2）编制施工组织设计和工程预算，做好各项施工准备工作；

（3）按照双方协商的分工，做好材料的采购、供应和管理工作；

（4）严格按照施工图纸的操作规程进行施工，确保工程质量，保证工程进度，按合同规定的工期，如期完工；

（5）工程竣工后，负责清理现场，按时提出完整的竣工验收技术资料。

六、施工和设计变更：

1. 开工前，甲方应确定建筑工程的轴线、标高和坐标控制点，乙方据此进行轴线，标高和中心桩等测量工作，并经甲方校核后才能开工；

2. 甲方交付给乙方的各种技术资料和施工图，除另有说明外，均应视为可以据以施工的有效文件，双方都不能擅自修改；

3. 由于使用的需要，甲方必须变更设计时，应提前办理工程变更和修改设计手续；如因甲方变更设计而影响施工造成的损失，由甲方负责；

4. 在施工过程中，乙方发现施工图与说明书不符，重要结构或关键部件的材料质量，规格不符合设计要求时，应书面通知甲方在 7～10 天内办理技术签证。

2. 签订该项应注意什么？

答：各方一定要将对方不履行义务的责任写全面、写明确、写具体。以免各方尽力减少违约责任事项，或尽量减弱违约责任程度，或减少违约责任额。

七、工程质量和交工验收：

1. 工程验收应以施工图纸及说明书，国家颁发的施工验收规范和质量检验标准为依据。

2. 隐蔽工程在隐蔽前，由乙方书面通知甲方到现场检查，经检查合格，才能办理隐蔽验收手续。甲方未按时参加检查，乙方可自行检查隐蔽，并填写隐蔽记录，再继续施工。甲方应予承认。如甲方事后认为需要复查时，应进行复查，若复查合格，复查费用由甲方负责，复查不合格，则由乙方负责。

3. 单位工程竣工后，乙方应在10～15天内向甲方提出书面交工验收通知，甲方接到通知后五天内进行验收，经验收合格，双方签证办理交工验收证书。

4. 交工验收中，发现不符合质量要求，需要返工的工程，应分清责任，属于乙方责任造成的，乙方应在议定的期限内完成。

5. 土建工程竣工验收后保修期为一年，在保修期限内，确由于乙方责任造成的屋面漏水管道堵塞等质量事故，由乙方负责修理，并负担全部费用。

八、施工现场代表：

为了加速施工进度和提高工程质量，密切配合协作，合同签订之日起，甲方当派×××同志，乙方委派×××同志为施工现场代表，共同负责，至全部工程竣工，结清工程款为止。

双方现场代表在收到任何一方要求签证文件资料时，都应及时处理，不得任意拖延，以免耽误工期，增加费用。倘由于不及时签证而发生的损失，应由不签证一方负责。

九、其他事项：

1. 本工程凡属甲方提供的三材实物，其材料价格超过预算定额材料价格者，其价差允许调整，列入决算。

2. 凡属本工程所有材料代换，代用部分，经甲方签认后，决算时按实调整。

3. 本工程材料运输由甲方提供汽车贰辆，按限额价拨给乙方油料，其费用由乙方负责。

4. 采用新工艺的项目，在定额以外的工料另行面议，双方应及时办理签证，决算时，按实调整。

5. 基础工程。因加深而确需搭脚手架时，由双方代表现场协商签证。

6. 乙方的施工与生活用水，用电应分别装表计量。

7. 乙方进场的施工人员，应自行严格审查。若在场人员有违法乱纪者，甲方代表有权通过乙方代表协商，按有关规定予以适当处理。甲方在场职工、家属等应自行遵守工地的有关规定，若违反规定，乙方代表有权通过甲方代表协商，按现场规定罚款或适当处理。

8. 施工中因工序搭接不上，乙方在事前三天向甲方提出，甲方按30人工作量酌情安排其他工作，乙方应服从调动。

十、合同份数和生效方式：

1. 本合同经双方签章之日起生效，工程交工验收，付清尾款失效。

2. 本合同一式四份，甲乙两方各执二份。

3. 本合同经双方同意签订，应严格履行，凡任何一方未履行合同规定的条款，应承担经济责任。

3. 签订该项应注意什么？
答：一定要在合同书上签字、盖章，并按要求公证。以免只签字不盖章。

甲方单位（盖章）　　　　　乙方单位（盖章）

甲方法人代表（签章）　　　乙方法人代表（签章）

签订日期19××年××月××日

说明：本合同所订各条如以后与国家建设主管部门的新规定有抵触时，按新规定办理。

思 考 与 练 习

一、词语解释

建筑工程合同　　建筑工程勘察和设计合同　　建筑工程施工合同　　建筑工程安装合同　　建筑材料和设备供应合同　　总包合同　　分包合同

二、填空题

1. 建筑工程合同是建筑企业组织_____，实现_____，进行_____的法律手段，是组织_____，从事_____的重要方式。

2. 建筑工程合同按承包方式分有_____合同，_____合同，_____合同，_____合同，_____合同。按取量方式分，有_____合同，_____合同，_____合同，_____合同。

3. 违约责任即合同一方或双方因过失_____合同责任，侵犯另一方_____时所应负的责任。没有违约责任，则合同对双方难以形成_____，难以确保_____，发生争执时也_____。

4. 建筑安装工程承包合同中承包方式主要有按_____包干，按_____包干，_____包干，按_____结算。

5. 建筑工程施工合同在"合同价款及调整"条款中，指出应具体包括：_____的计算依据，_____的方式，_____的调整条件，_____调整方式。

三、简答题

1. 建筑工程合同有何性质、作用？

2. 建筑工程合同常用的有哪几种？

3. 合同正文中内容有哪六个重点？

4. 建筑工程勘察合同对违约责任有何规定？

5. 建筑工程设计合同中承包方的义务有哪些内容？

6. 建筑工程施工合同对建设单位的工作作了哪些具体要求？

7. 不可抗力的自然灾害可采用什么形式加以认定？

8. 写作建筑工程合同时有哪些基本要求？

第七章 诉讼类应用文

第一节 经济仲裁申请书

一、经济仲裁申请书的性质

经济仲裁申请书，是经济关系一方或双方当事人，为了解决经济纠纷，维护自己的合法权益，而向经济仲裁机关提出仲裁请求的一种法律文书。

当经济纠分双方当事人发生争执，协商不成，调解又达不成协议时，可用书面形式申请经济仲裁机关依法作出公正裁决，这就叫仲裁。经济仲裁申请书在仲裁程序中是仲裁机关受理经济纠纷案件的法律依据。

二、经济仲裁申请书的格式与写法

（一）标题。常写"经济仲裁申请书"。

（二）首都。写明申请人基本情况，如单位名称（或姓名）、地址、法定代表人姓名、职务。写明被诉人基本情况，如单位名称（或姓名）、地址、法定代表人姓名、职务。

（三）主部。包括案由、申请要求、事实和理由。

1. 案由。一般从合同种类名称加争议标的来确定用语。如"技术服务合同支付报酬纠纷"。

2. 申请要求。仲裁要求必须具体、明确，如有多项要求，应分项列出。

3. 事实和理由。与前项请求同是核心部分，事实主要叙述纠纷发生、发展经过、双方争执焦点，用来证明事实真相的人证、物证、书证等，证据要确凿有力。理由是根据事实和证据分析被诉人的违约行为，被诉人应承担的责任以及提出仲裁要求的法律、政策依据，理由要充足。

（四）尾部。写明申请书所递交具有管辖权的经济仲裁机关名称，以及申诉的年月日，申请人签名并盖章。

三、经济仲裁申请书的写作要求

1. 申请事实要全面，真实、准确

申请的事实要全面，主要事实的情节要完整，对裁决有影响的次要情节也应列明。申请的事实要客观属实，内容和文字应准确无误。

2. 证件要齐全、明确列示

为了说明事实真相，申请人应将与请求目的相符的人证、物证、书证明确列示，具体说明。

3. 申请理由要充分

理由和结论（即申诉要求）之间，要有内在的必然联系，不应是孤立的、脱节的。

4. 论证方法要正确

（1）实践证明。即摆出在实践中存在的能说明问题的事实、证据，证明申请有据。

（2）逻辑证明。即在使用正确事实和运用法律的前提下，通过正确的论证，逻辑的推理，证明申请有理。

5. 文字要简练，语言要中肯。切忌堆砌词藻，华而不实。

【例文一】   **经济合同仲裁申请书**

    申请人：××市建筑工程一公司

    地址：××市××路××号

    法定代表人：林××，经理

    被诉人：××县××乡四坪条石厂

    案由：建筑材料购销合同违约纠纷

    申诉要求：请裁决被诉方未按期按量履行合同，延误申请人工期，赔偿经济损失 1500 元。

    事实和理由：199×年 6 月 1 日，我方和××县××乡四坪条石厂签订了一份条石购销合同。按照合同规定，被诉从 199×年 11 月 21 日至 199×年 1 月 24 日，运给申请人条石 393 方。但申诉人只收到 166 方。被诉声称：199×年 12 月 8 日至 10 日运给申诉人条石 580 条，199×年 12 月 14 日运给申诉人条石 177 条。这实无凭据，申请人拒付条石 757 条的货款。为了保障申请人合法权益，请裁决被诉未按期按量履行合同，延误申请人工期，赔偿经济损失 1500 元。

    此致

××市工商行政管理局

申请人：××市建筑工程一公司（盖章）

法定代表：林××（盖章）

199×年 10 月 13 日

【例文二】   **经济合同仲裁申请书**

    申请人：李文辉

    地址：××市××路××号

    被诉人：××县第一建筑安装公司

    地址：××县××路××号

    法定代表：×××，男，公司经理

    案由：建筑工程承包合同违约及工程质量纠纷

    申请要求：终止所签建筑工程承包合同

    事实和理由：1989 年 4 月 10 日，本人与××县第一建筑安装公司（简称建筑公司）签订了一份建筑工程承包合同，由建筑公司为本人建造私人住宅。合同约定：建筑面积 177.08m²，每平方米造价 200 元，总造价 35 416 元；工程自 1989 年 4 月 22 日起至同年 8 月 30 日竣工；合同还就工程质量标准、付款方式，违约责任以及监督方法等作了规定。合同签订后，于同月 12 日经××县工商行政管理局签证生效。

    建筑公司按照合同施工，工程进行到屋面封顶时，本人已向建筑

阅读训练

1. 首部由哪几项内容组成？

2. 主部由哪几项内容组成？

公司支付工程款 25744.74 元。建筑公司在将屋面浇灌后，又要求本人支付第三次款。我在建筑公司将楼板浇灌后试压，认为试压结果不符合合同规定的标准；再者，按合同规定的付款方式，所付款已超出第三次应付款（合同规定第一次付 14166.40 元，第二次付 6374.88 元，第三次付 2974.94 元，三次合计为 23516.22 元），因而本人拒付。建筑公司也即停止施工，致使到合同期满时工程未能竣工。为了保障申请人合法权益，请裁决被诉违约及工程质量不符合要求，同意本人终止合同。

3. 申请的理由是什么？

4. 尾部由哪几项内容组成？

　　此致
××县工商行政管理局经济仲裁委员会

申请人：李文辉（印章）

1989 年 9 月 8 日

附：1. 本申请书副本 3 份

　　2. 书证 2 件

　　3. 证人：王强

　　地址：××市××路××号

四、经济仲裁申请书样式

经济仲裁申请书

申请人：单位名称、地址。

法定代表：姓名、职务、住址。

委托代理人：姓名、工作单位、年龄、职务。

被诉人：单位名称、地址。

法定代表：姓名、职务、住址。

委托代理人：姓名、工作单位、性别、年龄、职务。

案由：_____

请求事项：

申请理由：（事实、理由、证据）

为此，特向你会申请，请依法仲裁

　　此致

_____经济合同仲裁委员会

申请人：　　　　（盖）

_____年_____月_____日

附：1. 本申请书副本_____份

　　2. 物证_____件

3. 书证_____件

4. 证人_____　　　住址_____

思 考 与 练 习

一、填空题

1. 经济仲裁申请书，是经济关系_____或_____当事人，为了解决_____，维护自己的_____，而向经济仲裁机关提出_____的一种法律文书，在仲裁程序中是仲裁机关_____的法律依据。

2. 为了说明事实真相，申诉人应将与_____相符的_____、_____、_____明确列示，具体说明。

二、简答题

1. 什么叫经济仲裁？

2. 经济仲裁申请书中的申请事实和理由主要含哪些内容？

3. 经济仲裁申请书的写作有何基本要求？

三、请根据下列所给材料，拟写一份经济仲裁申请书。

某工程技术学院（以下简称发包方）为建设干部宿舍楼，于19××年2月10日与某市建筑公司（以下简称承包方）签订一份建设工程承包合同。合同规定：建筑面积5000m²，高六层，总造价130万元；由发包方提供建筑材料指标，负责施工技术监督及协商解决施工中的有关事项；承包方包工包料，主体工程和内外承重墙一律使用国家标准红机砖，每层有水泥经圈梁加固；19××年2月27日竣工交付验收；交付使用后，如果在6个月内发生较大质量问题，由承包方负责修复；工程费的结算，开工前付工程材料款50％，主体工程完工后付35％，余额于验收合格后全部结清；如延期竣工按建设银行的规定，承包方赔偿延期交付的违约金。

承包方按合同规定的日期竣工，验收时，发包方发现工程的2～5层所有内承重墙体裂缝较多，要求承包修复后再验收，承包方拒绝修复，认为不影响使用。两个月之后，发包方发现这些裂缝越来越大，每一面墙都有4～5条纵横不等的裂缝，缝隙最大的1cm，最小的能透空气，从这面能看到对面的墙壁。为此，发包方提出工程不合格，质量低劣，系危险房屋，不能使用，要求承包方对内承重墙拆掉重新建筑。承包方提出，裂缝属于砖的质量问题，与施工技术无关。双方协商不成，发包方于19××年6月15日以建筑工程质量不合格为由向经济合同仲裁委员会申请仲裁。

第二节　经济纠纷起诉状

一、经济纠纷起诉状的性质

经济纠纷起诉状属民事案件起诉状中的一种，当经济纠纷无法通过正常的协商、调解的途径解决时，经济纠纷当事人以原告人的身份，为维护企业或工程承包人员的合法权益，就有关民事权利和义务的争执，向人民法院提起诉讼的书状，就叫经济纠纷起诉状。

二、经济纠纷起诉状的格式与写法

经济纠纷起诉状一般由标题、首部、主部和尾部组成。

（一）标题。写"经济纠纷起诉状"。

（二）首部。原被告的基本情况。

1.原告人：与本案有直接利害关系的个人、企业单位。写明原告的单位全称、单位地址（如系公民则写姓名、性别、年龄、民族、籍贯、职业、住址）；法定代表人的姓名、性别、年龄、职务；诉讼代理人的姓名、性别、年龄、工作单位、职务、家庭住址（如系律师，应写明属哪个律师顾问处或律师事务所）。

2.被告人：写明被告单位全称、单位地址、法定代表人（如系公民则写姓名、性别、年龄、职业、住址）。若被告为几个单位或几个人，也应分别写明上述情况。

（三）主部。由案由、诉讼请求及所依据的事实和理由组成。

1.案由：表明案件性质。含欠款纠纷、损害赔偿、排除侵害等。合同纠纷起诉的案由一般写明名称和具体纠纷。如建筑材料购销合同货款纠纷、建筑工程质量纠纷等。现在有的起诉状不列案由一项，将其并入请求事项一栏。

2.请求事项：分条陈述，明确具体地写出为达到起诉目的而向人民法院提出的请求。如请求付给违约金、欠款以及确认财产所有权等。

3.事实和理由：事实就是诉讼发生、发展的经过，双方争执的焦点和证明事实真相的人证、书证、物证等材料，包括时间、地点、人物及全部过程，要忠于事实经得起辩驳和调查；理由就是针对诉讼请求，依据法律条文和政策规定进行说理。事实和理由是经济纠纷起诉状的核心部分，是证明自己的诉讼请求成立的重要依据。一般先写事实，后写理由。

（四）尾部。起诉状呈送的人民法院、原告人具名以及附项。

先紧接主部结尾或提行空两格写"此呈"，再提行顶格写"××人民法院"。右下方另行写原告单位全称，提交诉状的年月日，并加盖公章和法定代表人印章。如有附件，则写在法院名称之下。

三、经济纠纷起诉状的写作要求

1.必须遵循真实与合法的原则

人民法院审理案件是以事实为依据，以法律为准绳的。因此拟写经济起诉状一是必须尊重客观事实，如实反映经济纠纷的本来面目，不歪曲捏造。二是必须严格按照法律规定，有充分的法律依据。必须合法，违背法律必然导致败诉。

2.诉讼请求必须明确具体

诉讼请求是原告人请求法院解决经济纠纷所要达到的目的，因此必须明确具体，如有几项请求，应标明次序，逐项写清楚，不要笼统含糊。

3.事实与理由必须充足有力

要抓经济纠纷中的关键事实、要害情节、争执焦点详细叙述；出具证人、证据要确凿实在；援引法律、政策要具体准确，何种法律、政策，何条何款，引用原文必一字不错。

4.语言必须简洁、准确、理直气壮，切忌强词夺理

总之，为了达到起诉目的，说理要中肯，语气要平和，请求要合情合理。

【例文一】 　　　　　　　　　　　**经济纠纷起诉状**

原告人：××省室内装饰工程总公司

地址：××省××市××路××号

法定代表人：×××，男，40岁，公司经理

被告人：××市建筑管理局

地址：××省××市××路××号

法定代表人：×××，男，40岁，建管局长

请求事项：撤销建筑管理局×建管监字06号处理决定。

事实与理由：

199×年8月5日，××省中亚实业有限公司与原告（装饰工程总公司）签订了承建××路综合楼通风、空调安装工程的施工合同，合同价款为49.18万元，该项目预算造价为130.47万元。1994年9月18日第三人（××省轻工业厅）向原告颁发了《室内装饰工程施工许可证》和《室内装饰施工企业资质等级证书》。

1995年2月，被告（×市建管局）在建筑市场大检查中认为原告无省建设厅颁发的《建筑安装资质等级证书》和单位工程《施工许可证》，违反了《××省工程建设施工招标投标管理办法》和《××省建筑市场管理实施细节》有关规定，作出了×建管监字第06号处理决定：1. 工程立即停工。由××中亚实业有限公司另选符合资质等级的施工单位，到建管局办理建管手续后方可继续施工。2. 工程质量必须经市工程质量监督部门检查认定，如不符合要求，必须另行处理。3. 对××中亚公司未经招标投标管理，自行发包工程处以罚款5000元，上缴财政。4. 以××省室内装饰工程总公司无"资质证书"，无"施工许可证"违章施工，处以罚款1万元，上缴财政。

原告认为，本公司依法取得国家轻工总会颁发的《资质等级证书》和省轻工业厅颁发的《施工许可证》，承建××路综合楼通风、空调安装工程。而被告却确认我公司无资质证书、无施工许可证，属违章施工，责令我公司停工并罚款1万元。原告认为本公司持有中国轻工总会颁发的甲级资质证书是合法有效的。省工业厅是省政府主管全省轻工业室内装饰行业的职能部门，有权向室内装饰企业颁发施工许可证。被告的处理决定，损害了省轻工业厅的权利，属越权行为。请法院依法撤销被告的处理决定。

此呈

××市××区人民法院

原告人：××省室内装饰工程总公司（公章）

法定代表人：×××（印章）

199×年3月10日

【例文二】　　　　　　经济纠纷起诉状

原告人：丁文兵，男，36岁，工人

地址：××省××市××路××号

诉讼代理人：×××，男，40岁

　　　　　某市律师事务所，律师

被告人：××市×研究院

地址：××市××路××号

法定代表人：×××，男，46岁，研究院院长

阅读训练

1. 首部由哪几项内容组成？

第三人：王帆，男，39岁，科长

案由：房地产购买权纠纷

请求事项：被告出卖给王帆的房屋无效，主张原告具有优先购买权。

事实与理由：

×研究院有自管公房一套，由原告之父（系研究院职工）承租，原告之父去世后，由原告继续租赁居住。

199××年12月，该研究院房管处以讼争房屋陈旧朽烂、管理不便，院内住户有外单位职工等理由，向主管部门请求将讼争房屋出卖给王帆。该院主管部门经研究，于19××年12月复函同意出卖该房给王帆，并指出："产权问题上不要留下日后引起纠纷的问题。"19××年7月王帆以9600元价款买到该房并办理了过户，上述一系列行为，该院并未告知原告。

19××年3月该院向原告送达房产已卖给王帆，该院停止收租的通知书。

原告认为，原告长期在讼争之屋居住并交纳房租，应视为原告与被告有房屋租赁关系，故被告卖房理应先征求原告的意见。再者，《民法通则》第九十一条规定："合同一方将合同的权利，义务全部或部分转让给第三人的，应当取得合同另一方的同意，并不得牟利。"最高人民法院《关于贯彻执行〈中华人民共和国民法通则〉若干问题的意见》第118条规定："出租人出卖出租房屋，应提前三个月通知承租人，承租人在同等的条件下，有优先购买权；出租人未按此规定出卖房屋的，承租人可以请求人民法院宣告该房屋买卖无效。"根据上述规定，被告出售房屋未事先征得原告的同意，故该房屋的买卖应属无效，并且原告具有优先购买权。请法院依法审理。

此致

××区人民法院

原告人：丁文兵（印章）

19××年×月×日

附：1. 本状副本4份

2. 书证：2件

3. 物证：1件

（编者注：一审判决被告出卖给王帆的房屋无效。宣判后，王帆不服提出上诉。）

四、经济纠纷起诉状样式

经济纠纷起诉状

原告：地址：＿＿＿＿＿＿＿＿

法定代表人：＿＿＿＿＿＿　　　　性别：＿＿＿＿＿＿

---

2. 主部由哪几项内容组成？

3. 事实与理由这部分，先写什么后写什么？

4. 起诉的理由以什么为依据？

5. 尾部由哪几项内容组成？

183

职务：＿＿＿＿＿＿＿   性别：＿＿＿＿＿＿＿

委托代理人：＿＿＿＿＿＿＿   职务：＿＿＿＿＿＿＿

单位：＿＿＿＿＿＿＿   地址：＿＿＿＿＿＿＿＿＿

法定代表人：＿＿＿＿＿＿＿   性别：＿＿＿＿＿＿＿

职务：＿＿＿＿＿＿＿

委托代理人：＿＿＿＿＿＿＿   性别：＿＿＿＿＿＿＿

单位：＿＿＿＿＿＿＿   职务：＿＿＿＿＿＿＿＿＿

案由：＿＿＿＿＿＿＿＿＿＿＿＿＿＿＿＿＿＿＿＿＿＿＿＿＿＿＿＿＿＿

诉讼请求：＿＿＿＿＿＿＿＿＿＿＿＿＿＿＿＿＿＿＿＿＿＿＿＿＿＿＿＿

＿＿＿＿＿＿＿＿＿＿＿＿＿＿＿＿＿＿＿＿＿＿＿＿＿＿＿＿＿＿＿＿＿

事实和理由：

　　　此致（或呈）
　　　××人民法院

　　　　　　　　　　　　　　　具状人：＿＿＿＿＿＿＿（印鉴）

　　　　　　　　　　　　　　　法定代表人：＿＿＿＿＿＿＿

　　　　　　　　　　　　　　　＿＿＿＿年＿＿月＿＿日

　　附注：

　　　　1. 本状副本＿＿＿＿＿份

　　　　2. 书证：＿＿＿＿＿

　　　　3. 物证：＿＿＿＿＿

思 考 与 练 习

一、填空题

1. ＿＿＿＿＿＿属民事案件起诉状中的一种，当＿＿＿＿＿＿无法通过正常的＿＿＿＿＿的途径解决时，＿＿＿＿＿当事人以原告人的身份，为维护＿＿＿＿＿或＿＿＿＿＿的合法权益，就有关民事＿＿＿＿＿＿的争执，向人民法院起诉讼的书状。

2. 经济纠纷起诉状一般由＿＿＿＿＿、＿＿＿＿＿部、＿＿＿＿＿部和＿＿＿＿＿部组成。

3. 起诉状的主部具体包括案由、＿＿＿＿＿＿及所依据的＿＿＿＿＿。尾部具体包括起诉状呈送的＿＿＿＿＿、＿＿＿＿＿以及＿＿＿＿＿。

4. 为了达到起诉的目的，说理要＿＿＿＿＿，语气要＿＿＿＿＿，请求要＿＿＿＿＿。

二、简答题

1. 经济纠纷起诉状的首部写作有何具体要求？

2. 如何写好起诉状的主部的"事实和理由"？

3. 经济纠纷起诉状应根据哪些基本原则进行写作？

三、请根据下列所给材料，拟写一份起诉状

19××年初，×建筑工程队为青年合作服务站施工零星工程。同年4月，双方签订了一份建筑承包合同，由×建筑工程队为青年服务站施工14间混砖结构平房，建筑面积为299.6m²。承包方式，包工不包料。每平方米人工费22元，总计人工费6592.19元。图纸由青年服务站提供，施工前双方议定由三七墙改为二四墙。地台抄平由青年服务站负责。

××工程队于19××年4月22日，先开工7间，开工时进场14人左右。至5月初，××工程队施工的7间平房，前后檐墙及腰山已平均砌筑墙体1m高。××工程队在施工中曾因砌筑不合格，返工两次。后发现已砌筑后2m高的墙体，从根基到第6层砖向外突出4cm；东侧第二、三道腰山不对中线，青年服务站要求第一层基础砖用碎砖砌筑，××工程队使用了一部分整砖砌筑。至此，××工程队停下来，又开挖另外7间平房的基础槽，仅剩下建筑工人5人。

双方为第一期建筑工程质量问题，发生了争议，××工程队撤离现场。后经双方协商，未能达成协议，青年服务站向×区人民法院起诉。

第三节　经济纠纷上诉状

一、经济纠纷上诉状的性质

经济纠纷上诉状是指经济诉讼的当事人，由于不服地方各级人民法院第一审判决或裁定，依照法律程序和期限，向上一级人民法院上诉，请求撤销、变更原裁判或重新审理而提交的诉讼文书。

经济纠纷上诉状的使用是有一定范围的，它包括什么人有权提出上诉和什么时间内可以上诉两个方面。从上诉人的范围看，经济诉讼当事人是指原告和被告，既包括只有一个原告和一个被告的双方当事人，也包括原告或被告是二人以上的共同诉讼人和有独立请求权的有直接利害关系的第三人，以及他们的法定代理人。从上诉的时限看，在经济纠纷诉讼中，不服人民法院第一审判决，上诉期限为15天；不服人民法院第一审裁定，上诉期限为10天。超过了上诉期限，就丧失了上诉权利。有耽误上诉期限的正当原因和理由，可作为例外。

二、经济纠纷上诉状的特点

经济纠纷上诉状的主要特点：一是上诉性。目的在于引起第二审的判决或裁定，改变第一审的判决或裁定，从而维护自己的合法权益，维护法律的尊严。二是针对性。即针对第一审判而发表意见、看法，提出自己的请求。三是说理性。上诉状否定或部分否定法院的第一审判决或裁定，需要摆事实、讲道理、带有很强的说理性，甚至具有某种论辩色彩。

上诉状与起诉状都是诉讼文书，都有明确的诉讼对象、明确的案件纠纷和大致相同的结构。它们的区别：一是起诉状必须写清事实，上诉状则无须列写事实，只须明确指出原判的错误，概述不服原判的理由。二是起诉状是针对被告的，写法上多用叙述和说明；上诉状则是针对原判的，侧重于据理反驳，讲究事理剖析，写法上多用夹叙夹议，语气平和恳切。

三、经济纠纷上诉状的格式与写法

经济纠纷上诉状由标题、首部、主部和尾部组成。

（一）标题。写"经济纠纷上诉状"。

（二）首部。写上诉人和被上诉人的基本情况，有委托代理人或辩护人的也要写明姓名、职务等。书写的项目与顺序跟起诉状相同。但要注意两点：一是应当把当事人在一审中所处的诉讼地位（原告、被告或第三人）用括号予以注明。如"上诉人（一审原告）：×××；被上诉人（一审被告）：×××。"二是公诉案件，无被上诉人，只须写出上诉人基本情况即可。

（三）主部。写上诉状的基本内容，包括案由、请求和理由三项。

1．案由：即不服第一审判决或裁定的事由。行文格式固定为："上诉人因×××纠纷一案，不服××人民法院×年×月×日×字×号判决（或裁定），现提出上诉，上诉的请求和理由如下。"

2．上诉请求：要写明请求第二审人民法院撤销或变更原审判决或裁定，或请求重新审理。这是上诉的目的所在，要写得明确具体。在次序上，先写上诉理由再写上诉请求也可以。上诉请求应针对下列情况提出：原判认定的事实不清，证据不确凿；原判适用的法律不当，理由不充分；原判诉讼程序不合法等。

3．上诉理由：即对上诉请求进行论证，是上诉状的关键所在，请求能否成立，取决于有无理由和理由是否充足。上诉理由通常可以从下列几个方面考虑：第一，原审判决或裁定对事实的认定有错误、有出入、有遗漏，或证据不足，提出纠正或否定的事实和证据。第二，原审判决或裁定对事实的定性不当，提出恰当的定性判断。第三，原审判决或裁定引用法律条文不准，不对，提出正确适用的法律根据。第四，原审判决或裁定不合法定程序，提出纠正的法律依据。总之，要针对原审裁判的具体情况，哪方面不服，就在哪方面据理辩驳。

（四）尾部。写明提请的人民法院名称，或由××人民法院（原判法院）转送××人民法院（上级法院），写上诉人单位全称或姓名，加盖印鉴，定上诉日期和附项。

四、经济纠纷上诉状的写作要求

1．要针锋相对，有的放矢

上诉状是要针对一审判决书或裁定书中的错误或不当提出不服的理由，而不是针对对方当事人，因此要抓原审判决、裁定书中的关键性问题，单刀直入地接触与判决结果有本质联系的焦点，有的放矢地辩驳，而不应在枝节问题或个别词句上纠缠不休，也不能把起诉状中所述的纠纷由来、发生、发展的经过一一复述。这样写会影响二审法院的正确审理，达不到上述目的。

2．要摆据说理，以理服人

要使第二审人民法院改变第一审的判决或裁定，必须摆事实，讲道理，针对原判，指出事实上的错误、适用法律上的不当、责任分析上的偏差，辩明是非曲直，让人折服，从而达到上诉目的。

3．要条理清晰，逻辑性强

经济纠纷上诉状的写作规律，通常是先摆出原判决条款，次表明态度，再申诉事实根据，最后归纳总结，并紧扣基本观点，进一步提出重新审理、依法改判的请求。有条有理，逻辑严密。

4．要引述简洁，辩驳有力

在上诉状中可以准确无误的引述原判内容的错误，失当之处，也可以毫不走样地综述原判大意，这些都要求语言简洁明确。在据理辩驳时，则要求语言准确流畅，有较鲜明的感情色彩。

【例文一】 经济纠纷上诉状

上诉人（一审被告）：×省电力研究所

地址：××市××路××号

法定代表：×××，男，所长

委托代理人：×××，男，×省电力研究所，科长

被上诉人（一审原告）：×市第一建筑工程公司

地址：××市××路××号

法定代表：×××，男，经理

上诉人因建筑工程承包合同工程质量纠纷一案，不服×区人民法院于×年×月×日×字×号判决，理提出上诉，上诉的请求和理由如下：

上诉请求：撤销一审判决。赔偿质量损失费、占道损失费共 176137.13 元。

上诉理由：

某区人民法院于 19×× 年×月×日作出判决：

1. 被告给付原告工程款 209087.98 元；

2. 原告承担未按设计施工的责任 5 万元（此款在被告应付工程款中扣除）；

3. 原、被告其他之诉不予支持。案件受理费 1800 元原告负担 500 元，被告负担 1300 元。

上诉人认为原审×建行决算有误及原审法院对工程质量、占道损失费等认定有误。根据我国经济合同法规定，合同依法签订后，当事人应信守合同，认真履行。可被上诉人未遵守合同规定的按设计进行施工，施工质量又低劣，致使工程质量存在一定的问题，对造成此案的纠纷负有主要责任，并应承担经济损失费 5 万元。再者锅炉也未按技术规程安装，致使上诉人又重新解体组装，应承担全部经济损失费 10 万元。其次，对于占道损失费的问题，根据市政府办公厅×年×号《关于占用，挖掘道路预交损失赔偿费的通知》规定，占挖道路费由建设单位交纳，预交损失赔偿费由施工单位交纳。因当时被上诉人无款，我们双方商定由上诉人垫付预交损失赔偿费。19×× 年×月×日上诉人已经通知被上诉人；冬季进行施工，请被上诉人将施工现场清理干净。否则，发生一切占道罚款等，上诉人概不负责。但被上诉人接到通知后，未清理现场，被城建部门在上诉人为被上诉人垫付的预交损失费中罚款 26137.13 元，所以，此款应由被上诉人承担。最后，关于 3 栋住宅楼和锅炉房的工程结算应重新鉴定。请法院依法判决。

此致
××市中级人民法院

上诉人：×省电力研究所（公章）

法定代表：×××（印章）

×年×月×日

附：1. 上诉状副本 4 份

2. 书证 3 件

3. 物证 2 件

（编者注：二审判决后，被上诉人不服，提出申诉）

【例文二】　　　　　　经济纠纷上诉状

上诉人（一审第三人）：王帆，男，39 岁，科长

地址：××市××路××号

委托代理人：×××，男，×律师事务所，律师

被上诉人（一审原告）：丁文兵，男，36 岁，工人

地址：××市××路××号

委托代理人：×××，男，×律师事务所，律师

上诉人因房地产购买权纠纷一案，不服××区人民法院于×年×月×日×字×号判决，现提出上诉，上诉的请求和理由如下：

上诉请求：撤销一审判决，改判×市研究院讼争之房产归上诉人所有。

上诉理由：

某区人民法院于 19××年×月判决：被告出卖给王帆的房屋无效。

阅读训练

1. 标出本状的案由

上诉人认为上一审判决不当。讼争之房产原系某研究院自管公房，该院将此房卖与上诉人，经过房屋产权人即上级主管部门的同意，又报请负责审查房屋买卖是否符合国家政策，法律的房管部门的批准，双方并办理了产权转移的法律手续，认为该买卖关系合法有效，且在该院出卖公产房当时，国家并无原房客有优先购买权的规定，况原告在接到房屋已出卖的通知后，在较长一段时间里，既未提出任何异议，也未向该院继续交租，今以现在有关原房客有优先购买所租公房的规定为由拒交房租并否定合法的买卖关系为不妥。原审法院对早已被行政部门依法处理并实施完了的行为，再运用现在的政策宣布无效是不恰当的，不当的应予纠正。原告要求优先购买其租住的公产房，不应予支持，应撤销一审判决，改判某市研究院讼争之房产归上诉人所有。请法院依法审理。

2. 上诉的理由是什么？是否正确、充足？为什么？

　此呈

×市中级人民法院

上诉人：王帆（印章）

×年×月×日

附：1. 上诉状副本 4 份

2. 书证三件

（编者注：二审判决后，王帆胜诉，要求收房，原告提出申诉）

五、经济纠纷上诉状样式

经济纠纷上诉状

上诉人（一审原告或被告）：＿＿＿＿＿＿

地址：＿＿＿＿＿＿　　法定代表：＿＿＿＿＿＿

性别：＿＿＿＿＿＿　　职务：＿＿＿＿＿＿

委托代理人：＿＿＿＿＿　　　性别：＿＿

单位、职务：＿＿＿＿＿＿＿＿

被上诉人（一审原告或被告）：＿＿＿＿＿

地址：＿＿＿＿＿＿＿＿＿

法定代表：＿＿＿＿＿　　性别：＿＿＿　　职务：＿＿＿＿＿

委托代理人：＿＿＿＿＿＿　　　性别：＿＿＿＿

单位、职务：＿＿＿＿＿＿＿

上诉人因＿＿＿＿一案，不服＿＿＿＿人民法院于＿＿＿年＿＿＿月＿＿＿日＿＿＿字＿＿＿号判决（或裁定），现提出上诉，上诉的请求和理由如下：

上诉请求：

上诉理由：

此致
＿＿＿＿人民法院

上诉人：＿＿＿＿（盖章）

法定代表：

＿＿年＿＿月＿＿日

附：

1. 上诉状副本＿＿＿份

2. 物证＿＿＿件

3. 书证＿＿＿件

思 考 与 练 习

一、填空题

1. 经济纠纷上诉状是指＿＿＿＿的当事人，由于不服地方各级人民法院＿＿＿＿，依照法律程序和期限向上一级人民法院上诉，请求撤销、＿＿＿＿或＿＿＿＿而提交的诉讼文书。

2. 在经济纠纷诉讼中，不服从人民法院第一审判决，上诉期限为＿＿＿天；不服从人民法院第一审裁定，上诉期限为＿＿＿＿天。超过了上诉期限，就丧失了＿＿＿＿。

3. 经济纠纷上诉状的首部写＿＿＿＿和＿＿＿＿的基本情况；主部写上诉状的基本内容，包括＿＿＿＿、＿＿＿＿、＿＿＿＿三项。

4. 经济纠纷上诉状的写作规律，通常是先＿＿＿＿＿＿，次＿＿＿＿＿＿，再＿＿＿＿＿，最后＿＿＿＿＿＿，并紧扣＿＿＿＿＿＿，进一步提出＿＿＿＿、＿＿＿＿的请求。

二、简答题

1. 经济纠纷上诉状的使用有何范围限定？

2. 经济纠纷上诉状有何特点？

3. 经济纠纷上诉状和起诉状的区别和联系有哪些？

4. 如何写好经济纠纷上诉状的上诉请求和上诉理由？

5. 写作上诉状时，如何做到"针锋相对，有的放矢"？

6. 经济纠纷上诉状写作的基本要求有哪些？

三、请根据下列所给的材料，拟写一份上诉状

原告于 19××年 6 月 30 日为××翻胎厂安装一台锅炉，双方协商按 67800.4 元收费，翻胎厂在工程竣工后付款 50000 元，尚欠 17300.4 元，翻胎厂在 19××年 3 月 24 日写有欠条。19××年 8 月被告兼并翻胎厂，同年 11 月，被告在××日报上刊登启事，通知与原××翻胎厂有业务联系者，请见报后一个月内来该厂办理有关手续，过期不予办理。同年 12 月原告持欠条向被告要款，被告以原翻胎厂的帐上无此款反映，要款已超过报上规定的时间等为由拒付此款。原告遂向××市××区人民法院起诉，请求被告支付欠款和银行利息。

原告诉称：19××年 10 月与××翻胎厂签定了安装锅炉的协议，19××年 9 月工程竣工结算时，翻胎厂尚欠原告工程款××17300.4 元，在原告多次催索下，19××年 3 月××翻胎厂出具了一张分期偿还的欠条。19××年 9 月被告兼并了××翻胎厂，故要求被告偿还所欠工程款。

被告辩称：我厂兼并××翻胎厂后，曾登报要求与××翻胎厂有业务联系者在一月内来我厂办理有关手续，而原告却未来申报债权，况且该项债务在帐上反映不明显，故我厂不再承担责任。

××市××区人民法院鉴于上述事实认为：

××翻胎厂欠原告工程款的事实是清楚的，有欠条为证，被告兼并××翻胎厂后应承担该厂的债权债务，被告的登报公告未特别指明××翻胎厂与原告的债务，不是特殊约定，原告和翻胎厂的锅炉安装协议并未解除，该协议是有效合同。被告拒付剩余的工程款，应承担全部责任。

根据《中华人民共和国经济合同法》第三十二条"由于当事人一方的过错，造成经济合同没有履行或者不能完全履行，由有过错的一方承担违约责任"之规定，××市××区人民法院 19××年 12 月 27 日作出判决：

1. 被告归还原告欠款 17300.4 元，限本判决生效后一月内付清；

2. 原告的利息请求不予支持，驳回请求。

本案诉讼费 702 元由被告承担。

一审判决后，被告××省外贸出口商品包装厂不服，以××锅炉安装大修厂未在我厂登报规定的期限内来结清债权、债务关系，并且翻胎厂的欠款在移交财务帐上未见反映，该厂仅凭一张欠条为据索要此款，财务手续不全，拒付有理等为由，向××省××市中级人民法院提起上诉。××省××市中级人民法院认为：××市锅炉安装大修厂与翻胎厂订立的安装协议，双方均具有签约主体资格，且内容合法，意思表示真实，依法应确认为有效合同，亦应受到法律的保护。工程竣工后，双方经结算，明确了工程价款，翻胎厂扣除预

付5万元，还应向××锅炉安装大修厂支付余款17300.4元。后在××锅炉厂催索下，19××年3月翻胎厂又书面表示分期给付欠款，但当时××市锅炉安装大修厂就欠款的利息，未提出异议，应视为放弃，故××市锅炉安装大修厂提出赔偿利息的请求，本院不予支持。翻胎厂拖欠××锅炉安装大修厂的工程款本应由翻胎厂承担法律责任，但翻胎厂已被省外贸出口商品包装厂兼并，并明确该厂的债权债务由省外贸包装厂清理。省外贸出口商品包装厂拒付××市锅炉安装大修厂的工程款，引起纠纷产生，责任应由省外贸包装厂承担。省外贸出口商品包装厂提出的上诉理由不充分，证据不足，本院不予采纳。199×年8月15日，××省××市中级人民法院根据《中华人民共和国民法通则》第5条"公民、法人的合法民事权益受法律保护，任何组织和个人不得侵犯"，第一百零六条"公民、法人违反合同或者不履行其他义务的，应当承担民事责任"，作出如下判决：

1. 维持××市××区人民法院（90）法经字第157号民事判决，驳回××省外贸出口商品包装厂的上诉。

2. 一、二审案件受理费计1404元，由××省外贸出口商品包装厂承担。

第四节　经济纠纷申诉状

一、经济纠纷申诉状的性质

经济纠纷申诉状，是经济诉讼当事人、法定代理人，对已经发生法律效力的判决、裁定不服，向人民法院或人民检察院提出申请，要求复查纠正或重新处理的书状。

经济纠纷申诉状的特点，与经济纠纷上诉状基本相同，但又有区别：一是主体不同。有权提起申诉的人范围较广，而上诉状的范围较窄，只限于当事人及其法定代理人。二是客体不同。申诉状的客体不仅包括已经发生法律效力的第一审判决和裁定，而且还包括第二审终结判决和裁定，以及正在执行或已经执行完毕的判决和裁定。而上诉状则只限于尚未发生法律效力的第一审判决和裁定。三是时限不同。申诉不受时间限制，而上诉则只准在规定的时限之内。四是条件不同。申诉是有条件的，只有符合判决、裁定已经生效和认定判决、裁定确有错误这两个条件才准申诉。而上诉则是无条件的，不论理由正确与否都应受理。另外两者的审理程序和处理也不同。

申诉状的作用，在于根据实事求是、有错必纠的原则，保护当事人的合法权益。

二、经济纠纷申诉状的格式与写法

（一）标题。写"经济纠纷申诉状"。

（二）首部。写明申诉人和被申诉人以及法定代理人的基本情况。

（三）主部。写明申诉"案由"、"请求"、以及"事实和理由"。

这一部分必须简明叙述原判决或原裁定的内容，针对其错误之处进行申诉，提出事实与法律根据，不能无理申诉。

（四）尾部。写明申诉的法院名称，申诉人签名盖章，注明年月日。

篇章结构与上诉状基本相同。

三、经济纠纷申诉状的写作要求

1. 必须依法行文。要按案件管辖范围向主管机关申诉。对已发生法律效力的判决、裁定和调解协议不服，要向原审人民法院或人民检察院以及上级法院或上级人民检察院申诉。

按照法律规定，申诉不受时间限制，只要发现新的事实和证据或者有新的理由，随时都可提出申诉。写申诉状时要附上第一、二审判决书、裁定书、调解书的原件或复印件。

2. 申诉要求必须明确。在申诉中是认定原判完全错误，要求撤销原判，还是认定原判部分错误、要求减判，都应十分明确。

3. 说理必须充分。要摆出确凿的人证、事证、物证、书证，说清楚事情的原委，准确引用法律条文，进行合乎逻辑的分析，以证明原判决或裁定缺乏事实和法律依据，不能成立。要驳证结合，言之有据，言之有理，针锋相对，有较鲜明的感情色彩。

【例文一】 经济纠纷申诉状

申诉人（一审原告）：某市第一建筑工程公司

地址：××市××路××号

法定代表：×××，男，经理

被申诉人（一审被告）：某省电力研究所

地址：××市××路××号

法定代表：×××，男，所长

委托代理人：×××，男，某省电力研究所，科长

申诉人因建筑工程承包合同纠纷一案，不服××市中级人民法院于×年×月×日×字×号判决，特提起申诉。申诉请求、事实和理由如下：

申诉请求：撤销二审判决，维持一审判决。

事实和理由：

某市中级人民法院于19××年×月×日判决：

1. 撤销一审判决。

2. 被上诉人付给上诉人工程质量缺陷赔偿费5万元。

3. 被上诉人给上诉人占道损失费罚款26137.13元。

4. 被上诉人付给上诉人锅炉房重砌红白砖的维修费21094元。

5. 被上诉人返还给上诉人多付工程款236618.02元；案件受理费二审、三审合计3600元，由被上诉人承担。

申诉人认为二审判决不当。19××年11月到19××年4月被诉人先后与申诉人签订建筑工程合同三份，申诉人按合同规定为被人完成建筑面积为14868.04m² 的住宅楼三栋、面积为355m² 的锅炉房一座。根据《中华人民共和国经济合同法》第六条"经济合同依法成立，即具有法律的约束，当事人必须全面履行合同规定的义务，任何一方不得擅自变更或解除合同。"及第三十二条第一款"由于当事人一方的过错，造成经济合同不能履行或者不能完全履行，由有过错的一方承担违约责任。"申诉人为被诉人承建工程已经双方验收，又经市质量监督站检查合格，且工程预决算已经双方同意结算，申诉人所施工的住宅楼和锅炉房已经被诉人使用。但经建筑银行结算，被诉人尚欠申诉人工程款209087.98元没给付。虽工程存在一些质量问题，但申诉人已进行返修，故被诉人再以质量不合格为由拒付工程款是毫无道理的，不能予以支持。再者，锅炉解体责任和损失问题，被诉人要求申诉人承担全部费用是不妥的。因双方的《会议纪要》只规定红白砖由申诉人重砌，而锅炉的解体，需经双方商议后再定。被诉人擅自解体，其后果由被诉人自负。请法院依法判决。

此呈

××省高级人民法院

申诉人：×市第一建筑工程公司（公章）

法定代表：×××（印章）

×年×月×日

附： 1. 申诉状副本 4 份

　　2. 书证 3 件

　　3. 物证 2 件

（编者注：终审判决除认为被诉要申诉人全部承担锅炉解体责任和损失费用 10 万元为不妥外，其余维持二审判决。）

【例文二】　　　　　　　　　　**经济纠纷申诉状**

申诉人：（一审原告）：丁文兵，男，36 岁，工人

地址：××省××市××路××号

委托代理人：×××，男，某市律师事务所，律师

被申诉人（一审第三人）：王帆，男，39 岁，科长

地址：××省××市××路××号

委托代理人：×××，男，某市律师事务所，律师

申诉人因房地产购买权纠纷一案，不服××市中级人民法院于×年×月×日×字×号判决，特提起申诉，申诉请求及事实和理由如下：

申诉请求：撤销二审判决，维持一审判决。

事实和理由：某市中级人民法院于19××年×月判决：撤销一审判决，改判坐落在本市区某院房产归王帆所有。申诉人认为不当（事实详见起诉状【例文二】）。

申诉人为某研究院职工的遗属，长期与父母共同居住讼争房屋，并在本人父亲去世后继续租赁该房屋，这符合国家有关政策，此租赁关系受法律保护。虽然在双方发生争议时，我国没有相关的法律、政策规定公房的承租人有购房的优先权，但根据民法的一般原理和《民法通则》的规定，这种优先仅应予保护，况且，在诉争过程中，国家又颁布了保护公房承租人优先购房的规定（即国务院19××年2月25日转发的国务院住房制度改革领导小组《关于鼓励职工购买现有旧住房的意见》），明确规定出售公有旧住房时，住户有优先购买权。因此，申诉人请求应撤销二审判决，维持一审判决。请法院依法审理。

　　此呈

省高级人民法院

申诉人：丁文兵（印章）

××年×月×日

阅读训练

1. 标出本状案由。

2. 申诉的理由是否正确、充足？

附：1. 申诉状副本 4 份

　　2. 书证 4 件

四、经济纠纷申诉状样式

经济纠纷申诉状

申诉人（一审原告或被告）：_____

地址：_____　法定代表：_____

性别：_____　　职务：_____

委托代理人：_____　　性别：_____

单位、职务：_____

被申诉人（一审原告或被告）：

地址：_____　　职务：_____

委托代理人：　　　　　　　性别：

单位、职务：_____

申诉人因_____一案，不服_____人民法院于____年____月____日____字____号判决（或裁定），特提起申诉，其事实和理由如下：

此致
_____人民法院

申诉人：_____（印鉴）
法定代表：_____
____年____月____日

附项：_____

思 考 与 练 习

一、填空题

1. 经济纠纷申诉状是_____、法定代理人，对已经发生法律效力的_____、_____不服，向人民法院或人民检察院提出申请，要求_____或_____的书状。

2. 申诉状的作用，在于根据_____、_____的原则，保护当事人的_____。

3. 按照法律规定，申诉不受时间限制，只要发现_____或有_____，随时都可提出申诉。写申诉状时要附上_____的原件或复印件。

二、简答题

1. 经济纠纷诉状与上诉状有何区别？

2.写作经济纠纷申诉状时有哪些基本要求？

三、请根据下列所给的材料，拟写起诉状、上诉状、申诉状各一份

原告（某市建筑工程队）被告（某地区行署驻某市办事处）于19××年5月10日签订了一份建筑六层楼招待所的工程承包合同。合同规定建筑面积4427m²，总造价107万元，19××年11月25日竣工。19××年2月21日，双方又签订了一份补充合同。合同规定：总造价预计为120万元，被告方按月支付进度款，至19××年4月累计支付达102万元，余下部分交工后10日内一次付清。19××年7月31日交工。上述两份合同，双方是在平等互利、协商一致基础上达成的。合同签订后，原告即按合同规定开工时间开工。19××年10月30日工程正式竣工，19××年12月17日经市建筑工程质量监督站验收合格，颁发了三级工程认证书。施工过程中，建筑面积扩大，内部装修等造价提高。某市中级人民法院委托区固定资产投资经济技术咨询服务中心对工程造价进行评估鉴定，实际工程造价为1473948.81元。

原告诉称：19××年5月10日，原告与被告某地区行署驻某市办事处在某市签订了一份建筑工程承包合同。合同规定：工程项目为六层楼招待所，建筑面积4427.2m²，总造价107万元；19××年5月25日开工，同年11月25日竣工；合同生效后10日预付总造价35％的材料款，工程竣工后，按某基经字（19××）27号文件第7条第4款规定办理竣工决算；工程按施工样图及国家施工、验收范围施工，执行国家质量标准。原告保证工程质量，接受被告和质监单位的监督，达到优良争取全优。被告提供三材指标但不供实物。19××年2月21日，双方又签订了补充合同，其主要内容是：计划指标以外的材料，除新增项目外由原告方负责；19××年7月31日交工，按19××年原订工程造价及变更部分，预计为120万元。补充合同还规定：19××年拖欠9.4万元进度款在本年2月底付清；19××年工程项目资金为3月份10万元，4月份20.6万元，付款总额102万元，合计达全部工程价款的85％，余款待交工后10日内一次付清；按补充合同交工期限提前竣工一天奖1000元，延期一天罚款1000元。

19××年10月30日，该工程正式办理了验收证书。市建筑工程质监站于19××年12月17日检验合格并颁发了三级建筑工程的证书。同年12月4日双方在报送建行审定工程造价的结算工程书上盖章，被告在送审的结算书上写明："坚持19××年5月18日合同，变更项目按规定结算，其它文件待后协商。"并于19××年1月20日在决算书上加盖了公章，但始终未清理工程款和往来财务。原告虽多次通知被告尽快清理款项，但一直未果，故原告诉至法院，请法院责令被告按双方作出的决算支付所欠工程款。

被告辩称：按原来大包干合同结算，我方已超付了工程款。要求原告工程队立即退还超付的工程款，并追究工程队延期交工的违约责任。另外工程质量差，请求法院责令原告返工。

1.根据《中华人民共和国经济合同法》第九条关于"当事人双方依法就经济合同主要条款经过协商一致，经济合同就成立"。第二十七条第一款关于"当事人双方经过协商一致，并且不因此而损害国家利益和影响国家计划的执行"允许变更合同等法律规定，原被告双方签订的建筑工程承包合同及补充合同，是在平等互利、协商一致基础上达成的，是有效合同，双方当事人应认真履行合同规定的义务。

2.被告在施工过程中，修改了图纸，变更了室内外装修项目，提高了装修等级，并未能按合同规定支付工程进度款，是造成工程价款超预算和延期交工的主要原因。

3. 原告施工中管理混乱，对延期交工也应承担相应的责任。

根据《中华人民共和国民法通则》第一百一十三条、《中华人民共和国经济合同法》第二十九条的规定，某市中级人民法院于19××年12月20日作出如下判决：

1. 工程造价为1473948.81元，被告已支付材料费7723.37元，工程款1254392.19元，尚欠227279.99元，被告应如数支付。

2. 延期交工90天，根据补充合同规定，每天扣除1000元，总计90000元，被告承担40%，计36000元。

3. 被告未按期支付工程款（从19××年11月30日至19××年12月29日止延期390天），按所欠227279.99元的每日3/10000计算，承担延期付款违约金27955.44元。

一审审判后，被告办事处向某自治区高级人民法院提起上诉。二审法院经审理认为：办事处与工程支队签订的工程承包合同和补充合同，符合国家法律和政策的规定，应确认为有效。鉴于补充合同对原合同约定的工程造价已经变更，而变更的造价仅属预定，均不能做为结算的依据，加之施工中建筑面积及装修标准等项目变更频繁，原判以实际造价结算是恰当的。工程造价的鉴定合法应予认定，并据此结算。上诉人坚持按原合同造价进行结算的理由与变更合同的约定不符，于事实无据，不能成立，本庭不予支持。关于上诉人按工程等级折价结算的上诉请求，因合同未予约定，不符合政府有关部门对执行有关文件的解释而难以成立，本庭亦不予支持，遂判决：驳回上诉，维持原判。

终审判决后，上诉人办事处仍不服，于19××年8月、19××年9月分别向最高人民法院和某自治区最高人民法院提起申诉，要求按审判监督程序再审。

办事处申诉理由有：原判定性错误。办事处与建筑工程队之间的纠纷非拖欠工程款纠纷，而是工程结算和工程质量纠纷。在结算问题上，我们不接受建筑工程队估算的1578642.6元的付款要求。合同规定的总价是120万元，而工程完工后我方已承付了1254392元，我们是超付不是拖欠。判决书确认合同有效却又以不实际的理由否定合同的主要内容价款，抽掉主要内容的合同是空洞的，也是不存在的。不少工程项目未按图纸规定施工，质量差，原一、二审法院未经审核确认作为本案的工程造价款是错误的。

经查证：19××年5月10日，工程队（乙方）与办事处（甲方）在某市签订了建筑工程承包合同，合同约定：六层招待楼工程造价107万元，一次包死，据此结算，节约不退，超支不补；19××年5月25日开工，同年11月25日竣工；办事处提供三材指标，不供实物，不足部分由乙方自理。19××年2月21日，经双方协商又签订了补充合同，补充合同规定：工程造价按19××年原定工程造价及变更部分，预计120万元，第10条又补充定为120万元；提前竣工一天甲方奖给乙方1000元，推迟一天甲方从工程款中扣除1000元。交工期为19××年7月31日。施工中，经设计部门同意变更设计较大的有五处。工程于19××年10月30日办理竣工验收手续。同年12月4日，双方在报送建行审定的结算书上加盖公章后，办事处在该结算书上批注："坚持19××年5月18日合同，变更项目按规定结算，其他文件待后协商"。结算中所提核定的工程造价为1578642.60元，办事处已付工程款1254392.10元，尚欠324250.50元。工程队要求按双方盖章的结算书支付下余工程款未成，遂诉至法院。办事处以造价过高，重复计算为由，拒付工程余款。

再审立案后，经审查补充合同，根据签订该补充合同缘由的表述内容及该补充合同第

10 条规定，发现双方当事人在补充合同中已将原告合同工程造价 107 万元变更为 120 万元。因双方当事人对原二审工程造价鉴定存在分歧意见，本院依法委托某市建设银行对招待楼工程造价重作审定，其变更部分鉴定资料经双方质证认可，送交建行审定。未变部分维持合同约定。其结论为：变更项目增加 86107.06 元，变更项目减少 20571.65 元，灯具差价 1521.30 元，加上变更后的工程造价 120 万元，确定工程总造价为 1267056.71 元。上述鉴定结论经庭审质证，双方无异议。另查，原审判决前办事处已付工程款 1254392.19 元，判决后，依判决执行 228840.82 元（含诉讼费），合计付款 1483233.01 元。

再审法院认为，申诉人某市办事处称原一、二审未按有效合同处理，有悖于法之理由成立，本案当事人双方所签订合同因无违反国家法律政策情况应视为有效，原二审维持一审的判决，认定双方签订的合同和补充合同有效及对造成延期交工原因和责任划分正确，应予维持。但本案合同既依法确认有效，就应以合同约定条款为基础，加减变更项目的工程造价作为工程决算依据。而原一、二审判决在确认合同有效之后，却又撇开合同约定，委托某技术咨询服务中心结算，应属自相矛盾，实为不妥。

原一、二审过程中，在已知委托鉴定结论一再变更的情况下，未进行庭审质证，该鉴定不能作为定案依据，应予纠正。

办事处在双方形成诉争之前已付足工程款，不存在欠付延期付款问题，故原一、二审判决办事处延期付款并承担延期付款的违约金不当，应予纠正。

根据《中华人民共和国经济合同法》第三十九条，《建筑安装工程承包合同条例》第十三条第一款（2）目、及《中华人民共和国民事诉讼法》第一百八十四条、一百五十三条第一款第三项，某自治区高级人民法院于 19×× 年 11 月 17 日作出如下判决：

（1）撤销本院某自治区高级人民法院（19××）×法经上字第 7 号民事判决和某市中级人民法院（19××）市法经字第 42 号民事判决的第一、三项两项，维持该判决第一项。

（2）某办招待楼工程造价确定为 1267056.71 元，办事处借工程支队材料折价 7723.37 元，办事处应付款合计 1274780.08 元，工程队已接收工程款 1473948.81 元，应退还办事处多付的工程款 20689.10 元。

（3）工程队已接收办事处延期付款违约金 27955.44 元，应退还给办事处。

已收案件受理费一、二审合计 4886.01 元，原审鉴定费 9563.70 元，再审鉴定费 5400 元，合计 19849.76 元，工程队负担 80%计 15879.81 元，办事处负担 20%计 3969.95 元。

第五节　经济纠纷答辩状

一、经济纠纷答辩状的性质

经济纠纷答辩状，是经济诉讼被告人或被上诉人针对起诉的事实和理由或上诉的请求和理由，进行回答与辩解的诉讼文书。它是和起诉状、上诉状相对的一种法律书状。

经济纠纷答辩状一般在两种情况下使用：一是原告向一审人民法院起诉后，被告人在法定期限内，就诉状告诉的事实、请求和理由提出答辩；二是案件经一审人民法院审理终结后，一方当事人不服判决和裁定，提起上诉，被上诉人在法定期限内，对上诉状告诉的事实、请求和理由提出答辩。它有利于双方当事人平等地使用诉讼权利，有利于人民法院全面、合理、公正地审理案件。

二、经济纠纷答辩状的特点

经济纠纷答辩状的主要特点是答辩性和针对性。或者用正确事实驳斥错误的事实，或者用正确理由反驳谬误理由，或者以正确的法律条文适用校正不正确的法律条文适用，针对原告人或上诉人指控的事实、理由、请求事项，有的放矢地进行答复与辩解，以维护自己的合法权益，并使法院了解诉讼双方的意见和要求，便于查明事实真相，全面分析案情，正确判断是非，恰当行使审判权。如提出反诉，还要写明反诉的事实和理由，并提出可靠证据，让法院一并审理。但反诉应具备下列条件：①反诉的当事人必须是原诉当事人；②反诉必须在起诉之后，法庭辩论终结之前提出；③反诉只能向审理本诉的法院提出，并由同一法院审理；④反诉的诉讼请求或理由必须与本诉的请求或理由互有牵连，不能避开本诉，节外生枝。

三、经济纠纷答辩的格式写法

经济纠纷答辩状一般也是由标题、首部、主部、尾部组成。

（一）标题。写明"经济纠纷答辩状"或"答辩状"。

（二）首部。写答辩人的基本情况，包括姓名、性别、年龄、职业、住址等（如系法人，写明单位名称、地址、法人代表姓名、职务等）。不必写被答辩人的基本情况。

（三）主部。包括答辩缘由、答辩理由和答辩意见三项内容。

1. 答辩缘由：写明针对什么人的起诉或上诉的什么案而提出答辩。

一审写为："因××××案，现提出答辩如下"或"你院×年×月×日第×号起诉副本通知书及起诉状副本收到。现答辩如下"。

二审写为："上诉人×××因××××一案，不服×××人民法院×年×月×日第×号判决（或裁定），提出上诉。现答辩如下"。

2. 答辩理由：这是答辩的核心部分，是胜诉或败诉的关键所在。应针对原告人在起诉状中，上诉人在上诉状中所陈述的事实、理由和请求进行答辩，从事实、法律适用、诉讼程序等方面，反驳原告人或上诉人的诉讼要求，否定其诉讼证据，提出与起诉状或上诉状针锋相对的事实、证据和理由，证明自己的观点正确，要求合理。

答辩理由应分项书写，一般先驳对方指控的事实，再驳对方指控的理由和请求。反驳事实要举证，反驳理由要简洁，论述推理要严密。

3. 答辩意见（或答辩请求）：在充分阐明答辩理由的基础上，综合归纳，用简明的语言明确提出答辩意见。一方面指出对方当事人提出请求的谬误性，另一方面根据事实和法律提出，自己对纠纷如何解决的主张与要求，请人民法院依法公正裁判。

反诉请求（指答辩人对原告人或上诉人提出相反的诉讼要求）可并入答辩意见里写，也可单列一项。

（四）尾部。写答辩状所递交的人民法院名称、答辩人署名盖章和日期。

四、经济纠纷答辩状的写作要求

1. 要尊重事实，客观全面

经济纠纷案件的案情往往比较复杂，之所以要诉诸法庭，也往往由于双方争议大，难以调解。因此，尊重纠纷的客观事实，如实地、全面地反映案情，是答辩人帮助法院分清是非曲直，依法断案的前提和基础。要让事实雄辩地证明自己的答辩理由是充分的，而不是隐瞒、掩饰甚至歪曲某些事实，更不能无理诡辩或进行人身攻击。

2. 要抓住关键，据理反驳

答辩状是一种辩驳性文体，主要用反驳的方法使对方败诉，让法院接受自己的意见和主张。

反驳的方法是通过批驳对方的事实和理由，从而间接地证明自己的意见和主张的正确性。进行反驳时，要以确凿的事实和正确的理由作为依据，仔细分析并准确找出对方的错误，击中要害。反驳的方式有三种：一是反驳论点，即针对对方错误的意见和主张进行反驳。反驳论点又有直接反驳和间接反驳两种方法。直接反驳是用事实或理由直接驳倒对方；间接反驳是阐述自己所提事实或理由的正确性，从而驳倒与自己针锋相对的原告人或上诉人。二是反驳论据，即揭示对方的理由是错误的（如法律适用不当），事实是片面的或捏造的。论据被驳倒了，论点当然也就无法成立。三是反驳论证，即指出对方的结论与事实、理由之间缺乏必然的逻辑联系，推理是错误的。

具体运用反驳方法时，要先抓住关键，即对方在起诉状或上诉状中陈述的错误事实，或在引用法律条文方面的错误，作为反驳的论点，然后列举事实与证据，作为反驳对方诉讼请求的论据，最后运用周密的逻辑推理进行分析论证。在反驳对方之后，要集中力量从正面提出自己的答辩请求，这种方法叫立论，应简明扼要。无论反驳或立论，都须无懈可击，不留破绽。

3. 要针锋相对，语言犀利

写答辩状要善于抓住起状或上诉状中的错误或片面、夸大、掩饰等有破绽的地方，针锋相对地集中反驳，语言要斩钉截铁，尖锐犀利，句句逼人。不可拖泥带水，赘述案情，答非所问，不得要领。

【例文一】　　　　　　　　　　经济纠纷答辩状

答辩人：（一审被告）××市建筑管理局

地址：××省××市××路××号

法定代表：×××，男，建管局长

因××省室内装饰工程总公司违章施工一案，现提出答辩如下：

1. 答辩人认为原告领取的国家轻工总会颁发的《室内装饰施工企业资质等级证书》和《室内装饰工程施工许可证》是不合法的、无效的。因为原告承包的工程项目属建筑安装工程，应服从建筑业主管部门统一归口管理。而原告承包的工程项目无建管部门颁发的《资质等级证书》及《施工许可证》。第三人向原告颁发的《资质等级证书》和《施工许可证》无法律、法规和行政授权依据。

2. 该工程预算价款在130万元以上，没有实行招标投标，违反了《××省工程建设施工招标投标管理办法》中总投资在50万元以上的新建工程应当实行招标投标的规定。原告合同价款写为49.18万元，其实原告进行施工后，中亚实业有限公司已支付原告工程款80余万元。这是隐瞒工程价款实情，逃避招标，是不合法规的行为。

我局根据××省政府31号令发布实施的《××省工程建设施工招标投标管理办理》和《××省建筑市场管理实施细则》，对原告违章施工作出行政处罚，事实清楚，证据充分，适用法律法规正确，请求法院予以维持被告处理决定。

此致

××市××区人民法院

答辩人：×××（印章）

法定代表：×××

199×年3月20日

　　　　　　　　　经济纠纷答辩状

答辩人：某县第一建筑公司

地址：××县××路××号

法定代表：×××，男，经理

委托代理人：×××，男某法律顾问处律师

答辩人：

因某地区气象局要求全部推倒所承建的气象观测楼这一工程质量纠纷案，现提出答辩如下：

1. 被告在施工中存在着偏重进度，忽视质量的问题，致使某些部位没有达到设计要求，愿意承担责任，但对有些检查数据是否准确，有怀疑。

2. 原告诉称被告承建该局的气象观测楼，由于建筑工程质量低劣，经技术人员鉴定和县、地两级政府研究，从坚持高质量，保证八级地震区使用出发，提出了全部推倒重建的意见。被告认为不妥。事实是地区行署关于"应全部推倒重建"的批复，是在没有充分征求技术人员意见的情况下作出的。经业务部门科学鉴定，被告认为该工程虽存在质量问题，但原设计安全系数过大，只要进行加固补强，质量问题可以补救，并不影响在八级震区使用，且使用期能超过一般砖混结构60年以上的年限，同时被告已提出了加固补强方案。

基于上述理由，对原告提出的将该工程"全部推倒重建"的要求被告不能接受。被告认为可采取加固补强的措施，弥补质量问题。请法院予以合理判决。

此致

××区人民法院

答辩人：某县第一建筑公司（公章）

法定代表：×××（印章）

×年×月×日

阅读训练

1. 本状首部与起诉状首部内容有何不同？

2. 主部由哪几项内容组成？

3. 反驳是否有力？

4. 尾部由哪几项内容组成？

五、经济纠纷答辩状样式

经济纠纷答辩状

答辩人：_____　　地址：_____

200

法定代表：_____　　性别：_____　　职务：_____
委托代理人：_____　　性别：_____　　单位：_____
因_____纠纷一案，提出答辩如下：

此致
_____人民法院

答辩人：_____（印章）

法定代表：_____（签名）

____年____月____日

思 考 与 练 习

一、填空题

1. 经济纠纷答辩状，是经济诉讼_____或_____针对起诉的_____或上诉的_____，进行_____的诉讼文书。

2. 经济纠纷答辩状的主部中"答辩缘由"要写明_____或_____而提出答辩；"答辩理由"要针对原告人在_____中，上诉人在_____中所陈述的_____、_____和_____进行答辩。

3. 答辩理由应分项书写，一般先驳对方_____，再驳对方_____和____。反驳_____要举例，反驳_____要简洁，_____要严密。

4. 答辩意见一方面指出对方当事人_____，另一方面根据_____提出自己对纠纷如何解决的_____。

二、简答题

1. 经济纠纷答辩状一般在什么情况下使用？

2. 经济纠纷答辩状的答辩性和针对性有哪些具体内容？

3. 提出反诉应具备什么条件？

4. 经济纠纷答辩状的写作有何要求？

三、请根据"经济纠纷上诉状"思考与练习三中的材料，拟写一份答辩状。

第八章　报道类应用文

第一节　新　　闻

一、新闻的性质与特点

新闻是对新近发生的有社会价值事实的及时报道。新近发生、有社会价值、及时报道是构成新闻的三个必不可少的因素。新闻有广义新闻和狭义新闻之分。广义新闻是指新闻报道的各类体裁，如消息、通讯、特写、评论、报告文学等；狭义新闻则专指消息。这一节所介绍的，是狭义新闻。

新闻是一种最讲时效的报道形式，它具有内容新、事实真、报道快、篇幅短的特点。

内容新，这是新闻的最本质的特点，是新闻活力的体现，是新闻得以存在并面众的基础，新闻报道的必须是新人、新事、新物、新风气、新知识、新问题，对旧人、旧事、旧物的报道也一定是新动态。不新鲜、新奇，无新意，则不是新闻涉及的范围。

事实真，这是新闻的灵魂，是新闻最基本的特点。新闻报道有根有据，确如其事。人物、时间、地点、数字、引语、细节都准确无误，作者对事实的描述，符合客观事物的本来面目，经得起推敲。

报道快，这是由新闻的时效性决定的。新闻价值的大小取决于报道的快慢，任何新闻如果迟写慢发，新闻价值就会大打折扣，甚至失去新闻意义。

篇幅短，这是新闻的鲜明特色。短是由社会生活的需要所决定的。社会信息量在现代社会里的剧增，人们工作生活的紧张快捷，只有短传播媒介才能大量报道，读者才能了解更多信息。

二、新闻的分类

新闻的种类可以从不同的角度去划分。

从报道的内容去划分，有政治新闻、时事新闻、经济新闻、文化新闻、军事新闻、体育新闻、社会新闻、工商新闻等；从报道反映的对象划分，有人物新闻、事件新闻等；从报道受众的对象不同划分，有简讯、内部参考、情况通报、动态等；从篇幅长短看，有标题新闻、一句话新闻、短讯、动态等。

现在我国新闻界较为通行的分法是四分法，即动态新闻、综合新闻、经验新闻、述评新闻。

1. 动态新闻

这是新闻中最常见的一种。它要求迅速准确地报道现实生活中的新闻事件和动态。从建筑行业来说，领导人活动、重要会议、生产速度、大型建筑状况、创造发明、职工文体活动等，大都可以动态新闻的形式来反映。它一般以一人一事为对象，篇幅短小，简洁明了，时效性强。

动态新闻的形式较多，有简讯、动态、要闻、信息等。动态新闻是新闻中篇幅较小的文体,一般百字左右,有时只有十几个字;内容单一集中,通常只报道事情的结果,不交代其过程和背景的。动态新闻见报时,常按其不同的内容,归类编排,并冠以不同的栏头,如"国际短波"、"神州大地"、"要闻简报"、"今日要闻"、"营销动态"、"简明新闻"、"短讯"等。这种形式有利于扩大报道范围,增加信息量。动态新闻在行业及单位内部报道时,常用简报、情况通报等形式,在受众对象范围较小且较明确的情况下,多采取这种形式。

2. 综合新闻。这是围绕一个主题,把发生在不同范围内的具有类似性质又各有特点的事件综合起来,反映某一方面的情况、成就、趋势、动向、问题的新闻。它的报道面比较宽,既有面上的情况概述,又有典型事例的说明和分析。这是和动态新闻区别的主要方面。另外,时间因素在综合新闻中并不具备特别重要的意义,不如动态新闻要求那么强烈。事实的典型和新鲜,是决定综合新闻价值的主要因素。

3. 经验新闻

也称典型报道,它是通过反映贯彻执行党的方针政策某一方面的典型经验,来指导面上工作的新闻报道。它偏重于交待情况、介绍做法和反映变化与效果,由事实引出经验来,提供的背景材料较多,篇幅也较长,所以显得比较完整。经验新闻报道的目的在于为人们变革现实提供借鉴。

4. 述评新闻

分为时事述评、思想述评、工作述评等。是报道者结合具有新闻意义的事件、工作和思想动态进行评议的新闻报道。它是报道者感到单纯地报道客观事实不能满足读者的需要,或不能达到某种目的时,对形势、事态、问题提出自己的观点,发表意见,进行分析与解释的一种特殊报道形式。

述评新闻的特点是夹叙夹议,有述有评,边述边评,述评结合,带有一定的指示性和导向性。另一特点是就实论虚,以一定事实报道为基础,谈论这一事实的社会意义或其它意义。

三、新闻的格式和写法

新闻一般由标题、导语、主体、背景和结尾五部分构成。

（一）标题

新闻的标题有单行标题、双行标题、多行标题三种。单行标题是只有正题的标题;双行标题有两种情况:正题＋副题;引题＋正题;多行标题是引题、正题、副题都有的标题。各类标题的排列是有序的。

1. 引题。也称肩题和眉题,它的作用是介绍背景,烘托气氛或说明主题的内容。引题放在正题的前面。

2. 正题。也称主题或本题,它的作用往往是用来概括新闻的主要内容或主要精神实质。在多行标题里,正题放在引题与副题的当中。

3. 副题。也称辅题或子题,它的作用在于补充、介绍正题,提供事实和思想,点明意义,扩大效果。副题放在正题的后面。

如有一综合新闻使用的多行标题:

面对商品经济大潮（引题）

城市"美容师"们的"喜忧盼"（正题）

——来自环卫职工心态的报告（副题）

这个标题的引题介绍背景，正题概括新闻的主要内容，副题补充、介绍正题，起到了增强效果的作用。

又如一则经验新闻使用的多行标题：

强化政府行为，积极组织引导（引题）

加快全省小城镇建设步伐　　（正题）

"小城镇建设规划"实施两年见成效（副题）

这个标题的引题起说明主题的作用，正题概括了新闻的主要内容，副题点明了事实和思想，点明了意义，也起到了增强效果的作用。

有的副题较长，用于补充、介绍正题，如"住宅产业化将分三步走（正题），全过程大约需20年时间，力争使住宅产业化生产比重达60％以上。（副题）

有时引题较长，用以介绍背景和说明主题内容，如"五年前，××省建设厅系统14家企业中有7家严重亏损，其中5家资不抵债濒临破产，7000多名职工停工下岗，经济效益大面积滑坡。面对严峻形势，建设厅党委审时度势，运筹帷幄，经过五年多的苦心磨砺，不仅遏制了经济效益滑坡的局面，而且使企业呈现出一派生机（引题）。走向市场天地宽（正题）"。

正题是标题中最主要也是最受人注意的部分，新闻中最重要的事实和思想，一般都由正题来表达，所以正题通常用大于引题和副题的字排印。

新闻的标题是新闻内容的基本概括或主要精神，是报刊的眼睛，除此作用外，新闻的标题还有吸引读者的作用。"看书先看皮，看报先看题"，多数读者看新闻，并无自觉的目的，即无确定的选择性，而是看到新鲜活泼的东西，注意力就被吸引过去，于是决定把内容读光。有时虽然也有一定的选择性，比如有的爱读社会新闻，有的喜看经济改革，有的则专找科技信息，因人而异。但是，他最终选定阅读什么新闻，总是依据其标题是否打动人心而定的。一则好的新闻标题的基本要求是新颖、生动、精炼、藏露得体。

1. 新颖。一条新闻，"新"是一个基本要求，标题的新颖与否，虽然是由新闻内容决定的，但报道者的对新闻内容的概括力却有大小之别，即新颖的内容不一定会有新颖的标题。现代人的生活节奏有明显加快的痕迹，人们忙于工作和学习，还有必要的家务劳动和业余活动，看报刊杂志的时间往往是挤出来的，其上的新闻对读者的吸引力往往只发生在稍纵即逝的一瞥之间，要把读者的这一瞬间注意力抓住，标题的新颖是十分重要的。人们普遍有一种天然的好奇心，对一切奇怪的、新鲜的、神秘的东西都想知道，无论多忙，都会停顿一下，急于想弄清楚："是真的吗？到底是怎么回事？"，因此，新颖的标题往往能吸引人心甘情愿地挤出时间读你报道的新闻。

比如《飞向"蓝天"以后（正题）——××建工集团一建机械队扭亏为盈纪实（副题）》。这一标题的新颖表现在"扭亏为盈"与"飞向蓝天"的关系不明确以及难以联系上，但这一标题十分准确地概括了新闻的内容，新闻的内容主要是：一建机械队在被停止了行政拨款而被迫进入市场的情况下，拼搏奋斗，终获成功，犹如一只小鸟，久居笼中被长期喂养，突然被赶出笼子，放飞蓝天，几经磨难，终于生存下来。

从这一标题我们也可以看到，新闻标题的新颖，关键还在于要标出切实具体、生动形象的事实，若把上述一建机械队的奋斗事实看成是静止的、呆滞的，那么，就会出现四平八稳、淡而无味、标语口号式的标题了。

2. 生动。"言而无文,行之不远",对于新闻标题也同样适用。生动形象的新闻标题,也是容易引起阅读的兴趣的。如何做到这一点呢,具体说来一要寓抽象于形象之中,使读者一读题就有如临其境之感,如一介绍全国先进建筑施工企业的报道的标题是:建业铁军,纵横驰骋见本色;行业劲旅,南征北战逞英豪。这一标题就是用生动具体的动词来描述抽象的新闻主体的。又如"病猫何以成'猛虎'(正题)——记在困境中掘起的×建筑公司(副题)""病猫""猛虎"不仅十分生动地将×建筑公司在困境中前后不同形象展示了出来,而且,还准确地概括了新闻的内容。

二要融情感于标题之中,能扣人心弦,启人心扉。报道者的感情,因题意而异,或褒或贬,或爱或憎,或喜或怒,或哀或乐,都应在标题中一目了然。如"且慢,让咱喘口气(正题)——来自一些乡镇建筑企业的呼声(副题)",这一标题就饱含着对当前建筑管理部门的"鞭打快牛","杀鸡取蛋"做法的忧虑。

三要多用民间俗语、口语等,使读者产生亲切感。如"××建委扶贫工作有两手(引题),扶得温饱后再扶读书郎(正题)",这一标题中的"有两手"是口语,"读书郎"是俗语,又如"危旧房改造,一本难念的经",(正题)其中"一本难念的经"也是俗语。这些语言的感染力非严整周密的书面语言所能比拟的。

3. 精炼。即要言不烦,言简意赅。读者看报刊,一般"一瞥"只能看六、七个字。因此标题(主要指主题)宜在十个字左右,读者看两眼,就能知其大意。经济而有效地获得信息,是读者普遍的阅读心理。如"雷声和雨点(正题)——工程建筑领域反腐败纪实(副题)"就很精炼。当正题超过10个字时,一般采用对偶句或两两相对的句子,以双行正题的形式解决,如:"逼自己倾心费心,让住户称心放心"(对偶句),"加大资本运营力,追求效益最优化"(两两相对),以最大限度满足读者的阅读心理。

4. 藏露得体。新闻标题,既要一目了然,又不能一览无余。一则好的标题,应该具有某种诱惑力,能把读者引进似知似不知的境界。只有似知,读者才会有阅读兴趣;只有似不知,读者才会下阅读的决心。要达到似知,标题要露,露则使读者感受强烈;要达到似不知,标题要藏,藏则让读者联想无限。如"欲善其事,先利其器(引题,藏)要重视岗前培训(正题,露)""四管齐下(藏)确保国资安全增值(露)""制止垫资(露)亟须手起刀落(藏)"。这些标题均符合虚实结合,藏露得体的要求。

上述的四个基本要求都是以准确为基础的。准确指的是标题要恰如其分,恰到好处地概括出新闻的内容、精神和实质,做到题文相符,秀外慧中。值得注意的是新闻标题不是广告词,那些内容空泛,毫无新意的报道,硬要把标题做得很花哨,远离了准确,结果只能倒人胃口。

(二)导语

导语是新闻的开头部分,可以用一句话,也可以用一个自然段。新闻的导语,是新闻的精华和灵魂。它要求用极其简洁、明确、生动的语言,表述出新闻里最主要最新鲜的事实,使读者先获得一个概貌。这种写法称叙述式导语,是最常见常用的导语的写法。如果把主要事实用提问的方式写出来,就为提问式导语;如果对主要事实或某一有意义的侧面作简朴的描述,就为描写式导语;如果把结论放在开头,就为结论式导语。

导语能帮助读者了解全文中心及主题思想,对读者有"诱饵"的作用,往往能决定一篇新闻的成败,对于动态新闻尤其如此。新闻写作中,常常按"重→轻","主→次"、"急

→缓"的结构顺序安排内容,在新闻界称此为"倒金字塔"结构(又称为"倒三角"结构)。导语就是这个"倒金字塔"的最上层的事实。这种写法有很多优点:

1. 方便报道者,可以很快地把事实组织起来。

2. 只须看头两段,就能知道这条新闻的具体事实和价值。

3. 压缩版面时,可以由后往前删,不会损害该新闻的完整性。

4. 方便读者,一看便知新闻的要点。

由于导语在"倒金字塔"结构中的重要性,把握这一结构的形式手段及写法是必要的。拟写导语,有以下要求:

1. 不能与标题重复。导语与标题的作用有些接近,但标题是概括全文的精神实质,导语则是标题的扩展,要用事实说话。新闻要求用尽可能少的文字,传达出尽可能多的信息,如果重复,就不符合这个要求。

2. 为下文留出余地。导语是"倒金字塔"结构上第一个也是最重要的层次,它起着"一锤定音"的作用,决定着新闻展开叙述议论的方向,但新闻中的所有内容,包括背景材料不可能也没有必要全部都放在导语中叙述,因此,好的导语既能用简炼的文字反映出新闻的核心,把最新鲜、最具本质特征、最有意义的东西告诉读者,又能使新闻的主体部分很自然的展开,为后面的行文提供方便。

3. 各要素的组合原则。新闻中的五个要素,简称五个"W":何时、何地、何人、何事、何因或为什么(这些词的英文打头字母都是"W")。后来又加上一个"H"(how)即怎样、如何,可以理解为结果的意思。五"W"以及"H"每一项要素都有可能进入导语,关键看哪一项最具新闻价值。如果其人为社会所熟悉,在该新闻中特别重要,或者较之发生的事更重要,则应以"何人"为先导;若其人为社会生疏,且"何事"较"何人"更具新闻价值时,则在导语中合理的结构安排应以"何事"为先。一句话,五个要素以及"H"在导语中谁先谁后,谁有谁无,是根据新闻价值的孰重孰轻的原则安排的。

4. 导语中要有事实,切忌空泛。新闻要言之有物,其导语更应有具体的事实。所谓空泛的导语,是指由抽象的概念,流行的口号和提法、空话套话组成的导语。这是初学新闻写作者易犯的毛病。如"在厅党组的关怀和支持下,在当地政府的帮助下,我省广大建筑工人学习钻研业务技术蔚然成风";"今春以来,市建委集中精力,坚决纠正建筑领域里的不正之风,收到了一定的成效";"在党的十五大精神的指引下,我公司构筑人才高地,营造技术形象,科技兴业见活力"等。这类是用到哪里都合适的套话,唯一不合适的就是没有新闻事实而缺少新闻价值。导语应该让鲜活的事实说话。

5. 语言应简洁。新闻的导语较之主体更要求精炼简洁,要逐字逐句推敲,可有可无的字、词、句都要坚决地删除,做到字字珠玑,移动或调换任何一个字都会损害原意,增加或减少任何一个字都使文章失色。新闻的导语应该用最简洁的文字,最清楚地表达出最重要的内容。

(三)主体

主体就是新闻的主干,它要对报道的事实作具体的叙述和进一步的说明,要用充分的有说服力的事实材料表现新闻的主旨。主体部分实质是对导语内容的展开和补充。具体地说,主体的任务有二:

1. 对导语里提到的各个事实加以阐述,使它们更加清晰起来;

2. 补充导语中未曾提及的次要材料，将在导语中未出现的"W"和"H"交代清楚，使新闻根据更加明确。

主体的结构方式往往因新闻的类别、报道的对象、表现的主题、时间的紧松等不同而灵活多变。可按时间顺序写出事件的发展，或按空间位置的变化安排组织材料，或按事物的逻辑联系来安排层次，或按事物的发生、发展、结局的顺序安排材料，对于头绪较繁杂的新闻，可以几者结合起来安排组织材料。

对主体的写作，要求结构严谨、层次分明；内容充实、紧扣主题；注意剪裁、详略得当；简洁明确、生动活泼。

（四）背景

新闻的背景指的是新闻事件产生的历史环境、客观条件以及它与周围事件的联系。一般来说，新闻写作中往往用背景材料来烘托、深化主旨，帮助读者认识所报道事实的性质和意义。

新闻背景不是一个单独的组成部分，无固定位置可言，它在新闻中可以出现，也可以不出现（如简讯、动态等就极少出现背景材料）；可以在导语中出现，也可以在主体和结尾中出现；可以在一个部分出现；也可以穿插在几个部分里。这与写作风格、新闻价值、文章格调及写作顺序有关，没有固定格式。一般非常重要的背景材料，不宜放在导语中，因为导语要求简洁，其背景材料交代简单了，就很难突出新闻的价值；背景材料交代清楚了，也许就成了导语的累赘。

背景材料不宜过多，否则会喧宾夺主，新闻成了档案资料。

背景材料主要有三种：对比性材料，说明性材料，注释性材料。

（五）结尾

结尾是新闻的最后一句话或最后一段文字，一般是指出事物发展的趋势或对报道内容作概括式小结；有的则提出报道者的希望。

结尾不得与导语和主体重复。

以上所说的新闻的格式并不是固定的，有的新闻可以没有导语，有的新闻可以没有结尾，因为新闻表达的目的是为了读者的喜闻乐见，那么新闻的形式就要服从这种需要。"倒金字塔式"是新闻界公认的标准形式，但标题新闻，一句话新闻、信息、动态以至大部分简讯的形式却是"倒金字塔式"所不能包容的。不过，对于初学者来说，格式的把握是必需的。

【例文一】 动态新闻

（一）一句话新闻 7 条

阅读提示：单独由导语形成的新闻，没有标题，没有主体和结尾。从另一种意义说，一篇新闻由后向前删，当剩下的导语不具有新闻价值时，则说明导语是不成功的。这也是"导语中要有事实，忌空泛"的体现。

一句话新闻

●济南市开展向不文明经营行为举报有奖活动取得成功。

●武汉兴建首座多层式公汽停车场。

●柳州房产局机关实行挂牌上岗。

●目前，河南省辉县市的 15 座沟槽式街头公厕已全部完成内外装修和节水除臭改造，日节水达 600m³。

●近日，山东省日照市东港区人大、建委组织开展了纪念《村庄和集镇规划建设管理条例》实施四周年集中宣传周活动。

●安徽规定建设工程施工合同和廉政协议必须同时签订。

●射阳县城实行建筑噪声持证施工制度。

（二）简讯一组

阅读提示：简讯也可称短讯、动态等。在这一则简讯中，有的形式是标题＋导语，有的形式是典型"倒金字塔式"结构。看一下有无提问式导语，各简讯的导语属什么形式。

新闻短波

谷城市调整县城自来水价格

本报讯：湖北省谷城县近日对县城自来水价格作如下调整：居民生活和生产经营用水每吨 0.68 元（含 0.02 元的发展基金）；宾馆、饭店、娱乐业、建筑业用水每吨 0.77 元（含 0.02 元的发展基金）。供水发展基金专户储存，专款专用，用于县城供水事业发展。

河南方城兴起有偿公益广告

本报讯：近日，河南省方城县推出每捐购一个果皮箱可做一处统一制作的公益广告，并可定期更换内容的政策。40 多个单位申请做有偿性公益广告，已捐资 30 万，设置果皮箱 200 个，做公益广告 200 余处。

寿光市检查玻离幕墙有结果

本报讯：目前，寿光市质监站进行了近 20 天的玻璃幕墙工程质量大检查，发现全市玻璃幕墙工程质量总况良好。这次共抽查了竣工的工程 16 个，玻璃幕墙面积 1600m²，其中达到优良等级 11 个，达到合格等级 15 个。

邵武选定村镇建设试点单位

本报讯：目前，福建省邵武市的拿口镇、沿山镇、洪墩镇及拿口宋坊村，南溪村，水北镇二都村，龙斗村等 13 个村庄分别被南平市政府确定为南平市小城镇试点和新村建设试点单位。这一举措是南平市发展《九五》计划 2010 年远景目标的重要组成部分，试点建设工作计划将在 2010 年全面完成。

泰州推广新型村镇住宅设计

本报讯：泰州市建委目前在全市组织建筑设计人员开展新型村镇住宅设计方案竞赛活动、向农村推广。这些方案具有节省土地、节约费用、改善功能的特点。

（三）动态新闻二则

阅读提示：这是篇有导语、有主体、有结尾、结构完整、格式标准（倒金字塔式）的动态新闻，阅读时，注意它的篇幅短、事实准、文字简要、舍弃细节、不议论的特点。

绵阳玻璃幕墙质量不容乐观

本报讯：最近，四川绵阳市建委对城区所有玻璃幕墙工程质量进行了专项检查，其受检工程质量存在不少问题，需引起高度重视。

为期11天的专项检查中，绵阳建委组织的检查小组对城区范围内的全部隐框、半隐框和部分明框玻璃幕墙进行了质量、安全检查，共检查了建有玻璃幕墙的49个单位，涉及建筑面积46.9万 m²，玻璃幕墙3.8万 m²。49幅玻璃幕墙中，有8幅不合格，占受检个数的16%；不合格玻璃幕墙中有5幅需拆除重建，占受检个数的10.2%；存在较多问题需整改的有23幅，占受检个数的41%；合格玻璃幕墙有21幅，占受检个数的43%。对玻璃幕墙资料检查，有37幅玻璃幕墙无资料可查。从检查的情况分析，绵阳城区玻璃幕墙主要存在如下问题：不少玻璃幕墙选用铝合金窗框料或普通管料代替幕墙竖框料；连接紧固件不符合《玻璃幕墙工程技术规范》要求，涂胶不严密，造成玻璃松动、脱离现象；有29幅幕墙未装防雷装置；有的未设置防火隔断……。这些问题的存在，严重地危及到使用安全。

针对城区玻璃幕墙存在的诸多质量问题和现状，检查组提出了包括检查结果向社会公布、对不合格的玻璃幕墙责令拆除、存在问题较多的责令整改、加强玻璃幕墙工程专项报建管理、建立完善设计管理制度、实施持证上岗、加强专项质量监督和验收等一系列建议措施。

亮牌子　拿票子　摘帽子　22家企业法人立下治污"军令状"

蛮河流域南漳县境内的环境污染可望得到根治

本报讯：10月14日，被列入湖北省南漳县重点排污单位的22家企业的法人与副县长郭思亮签定了"限期治理工作目标责任书"。至此，总投资高达5000多万元的污染限期治理工程即日起将全面启动。蛮河流域南漳县境内的环境污染可望得到彻底根治。

蛮河是南漳县第一大河、汉江流域的主要支流。近几年，由于水污染的加剧，导致蛮河下游数万群众饮用水发生困难。蛮河流域水污染问题引起了中央、省、市各级领导的高度重视，要求抓紧治理。去年10月以来，南漳县委、县政府果断关闭取缔了严重污染环境的4家企业，并同时作出了对22家重点排污大户进行限期治理的决定。

"限期治理，法人为重"。针对部分企业法人认识不高、等待观望、消极应付限期治理工作等问题，南漳县委、县政府在加大监督检查力度的同时，作出了限期治理达标排放"时间不变、标准不变、处罚不变"的重大决策。为强化限期治理单位的领导责任，该县将污染治理任务、期限、责任纳入目标考核，对逾期未完成治理任务的企业给予罚款、加倍征收超标准排污费、关闭或停产整顿等处罚。同时还将根据不同情况，对企业法人给予降职或就地免职的处分。

"亮牌子、拿票子、摘帽子"与污染限期治理有机结合，增强了企业防污治污的自觉性。22家企业负责人表示，要尽快筹措治污资金，确保按期达标，使下游人民免受污染之苦。

阅读训练

1. 指出肩题、本题和予题。

2. 各类标题有何作用？

3. 标题的新颖、生动、"藏露"体现在什么地方。

4. 导语属何形式导语、新闻五"W"在导语中有几个？请一一指出。

5. 找出背景材料并指出其类型。

【例文二】　　　　综 合 新 闻 二 则

阅读提示：综合新闻不同于动态新闻的以一人一事为对象，它的报道面比较宽，既有面上的形势、规模、趋向，又有典型事例的说明和分析，且时间性相对较弱，阅读时请体会这些特点。

武汉市对施工企业奖优罚劣

本报讯：最近，武汉市副市长殷增涛说，抓建筑质量，武汉市虽然取得了不少成绩，但是仍然要"警钟长鸣"。据悉，武汉市政府已向41家建筑施工单位颁发了奖状，同时，对造成工程质量问题的35家施工、开发、设计单位作出了清退出武汉建筑市场、吊销或降低资质等级、通报批评等处理。

据武汉市质监站负责人介绍，武汉地区目前有建筑企业1400多家，建筑大军40万人，在建面积达1600万 m^2。武汉市由于近几年狠抓了建筑工程质量的监督检查，建筑质量较从前有了很大的提高。今年5月至7月，武汉市质监站对去年竣工的1008项工程进行了质量大检查，合格项目占98.51%。建筑工程中仍然存在着一些通病，在受检工程中，不合格工程33项。主要问题有擅自增加楼层、设计单位一味迁就业主、对不满足抗震设防要求的工程给予认可等几个方面。

武汉市建管部门决定在表彰先进的同时，给有关违章单位出示红、黄牌。吃"红牌"被清退出武汉建筑市场的有江苏泰兴四建公司、黄冈三建公司、松滋建筑公司等7个公司；吊销武汉红星建筑公司的资质证书；二航局建筑公司不得在武汉承接工程任务，并建议有关部门吊销其资质证书。湖北省水利二团建筑公司等5家施工企业限制在降低一个资质等级的营业范围内在武汉承接工程，建议其资质管理部门降低资质等级；黄陂县第七住宅建筑公司及洪山区光霞建筑公司营业范围分别缩小至12层和6层以下；长江航远规划设计院等6个设计单位被通报批评。受黄牌警告的还有冠通、荣发、永恒等房地产开发企业。

"安居工程"写下辉煌篇章　　5000户家庭喜迁新居（引题）
徐州市区住房特困户告别特困（正题）

本报讯：建国48周年前夕，徐州市区又有3700多户住户特困户喜迁新居。至此，徐州市区内的所有人均居住面积低于 $4m^2$ 的5000余户居民家庭已全部搬进了宽敞明亮的新住房。它说明了该市原计划3年内解决市区所有特困住房户住房的目标，只用两年时间便提前完成了。

徐州市是首批实施国家安居工程的59个试点城市之一。近年来，该市共筹集各级住房积金7.3亿元，集中用于安居工程配套建设。为了让广大中低收入家庭既能买得起房，又能住上舒心房，该市在安居工程建设初期就采取了减免税费、降低成本、精心布局、科学设计等办法，使安居工程达到功能齐全、质量全优、价格偏低的要求。1995年底，该市首期实施的西苑民乐园11万平方米安居工程竣工后，首批

阅读训练

1. 该导语属何种类型导语？导语中含有几个"W"？有H"吗？

2. 请找出背景材料，并指出属何种类型？

1400 户人均居住面积不足 4m² 的住房特困户第一次住进了宽敞明亮、设施齐全的住房，并享受到了优质的物业管理服务，使新迁住户不出民乐园大门就能在配套建设起来的百货商场、粮油食品超市、农贸市场以及邮电局、银行、学校、医院等设施内解决好居民日常生活中需要解决的问题。为了能让中低收入家庭买得起房、住得进房，该市还采取了一系列扶持政策，先后出台了职工个人政策性住房抵押贷款制度。他们利用房改归集的住房公积金，向购买安居工程的住房特困户提供低息抵押贷款，先后为 3000 多户购房者发放低息贷款达 5500 多万元，从而使他们喜气洋洋地迁入新居。1996 年，该市又在成功实施安居工程的基础上，顺利实施了 24 万 m² 的二期安居工程建设。工程尚未竣工，3700 多套住房又被闻讯而来的住房特困家庭预购一空。

3. 请分出面上材料和典型材料。

4. 事实、典型和新鲜是决定综合新闻价值的主要因素，这与动态新闻有什么不同？试以本文说明事实的典型和新鲜表现在哪里。

【例文三】　　　　　　　　经 验 新 闻 一 则

阅读提示：经验新闻偏重于交待情况，介绍做法和反映变化和效果，由事实引出经验来。较完整，且提供背景较多，这也是与其它新闻的区别，请认真体会。

以工程总承包为龙头　以相关高效益产业为延伸（引题）
天津三建构筑发展新格局（正题）

本报讯：近年来，天津市第三建筑工程有限公司加快企业改革过程。改变企业单一、微利、粗放经营的经营方式，在提高、增强工程总承包能力的同时，加快经营结构、经营布局调整、逐步形成了以工程总承包为龙头，以相关高效益产业为延伸的一业为主、多业并存、全方位开拓市场、多渠道创收盈利的经营新格局。

目前，该公司年占有任务保持 120 万平方米左右；年产值突破 8 亿元；拥有跨行业、多门类的房地产业、装饰业、服务业 5 大门类、38 家的经营实体；副业职工年收入达到近万元。

天津三建公司在两个经营上下功夫。一是完善公司整体功能，强化总承包能力，逐步形成了公司决策层、分公司经营管理层、项目工程部经营核算三个层次的经营体系和职能，通过对项目管理用工制度、资金管理、第三产业、固定资产管理和供应方式的不断改进，使企业人、财、物在一定环境下得到合理配置。二是强化对高回报、高效益且与施工相关产业的管理，加快资本积累速度。特别是通过先后独资和外界合作开发了宜昌工程项目，使投资回报率达到 30％以上。在经营布局和经营结构调整中，他们从原来只有 9 个土建分公司、只搞劳务密集的土建施工单一经营企业逐步发展到 23 个分公司或子公司，从而使企业的总承包既有了资质的提高，又有了能力的飞跃。

天津三建公司对外瞄准市场的同时，狠抓内部潜力，积极盘活资产存量，重组生产要素，努力培育新的效益增长点。他们把原构件三厂通过调整变一个厂为四个厂，新组建了预拌混凝土供应、空心砖砌块生产、砂石料供应、仓储服务等四大经营部门，并对全厂 1000

多名在岗员工进行重新转岗就业。目前，这块近 300 亩的土地上焕发出新的生机，1996 年总计创利 600 万元。三建公司注重体制上的创新，大力推行股份合作制，实施两个"转"，即：土建施工人员向劳务层转移。劳务层向独立经营的实业公司转移。在多元化经营的实业公司范围内广泛推行股份合作制，吸引员工投资参股，自主经营，独立核算，真正实现劳务、管理两分离。目前，三建公司下属的 6 个实业公司基本完成了股份合作制改造，一分公司津祥装饰实业公司、三分公司达标安全网厂都已先后挂牌运作。

乘十五大东风，天津三建将加快改革加快发展。

【例文四】　　　　　　　　述 评 新 闻 二 则

阅读提示：这是篇社会述评，后面一篇是工作述评。述评新闻的特点是有叙述有评议、边述边评、评述结合，并带有指示性和方向性，请在阅读时体会。另外，这二篇述评辞采丰富，文采熠然，且第一篇委婉含蓄，第二篇锋利深刻，值得我们效仿。

公厕"藏"起来

临近回归去了趟香港，给我的印象很深。干净繁华的街道，管理得有条不紊的各行各业，文明礼貌的香港人，就连公厕亦与其他城市迥然不同……

在港逗留期间，逛大街、走小巷，几乎没见过独建的公厕，洗手间一般都设在公共建筑——酒店、茶楼、商厦中，路人（特别是外地游客）进去解决"燃眉之急"，既觉方便干净，又感高档舒适，完全没有我们这里上公厕的那种难找、距离远、又不太卫生的感觉。这令我产生一种想法：其他城市何不也学一学？

优点一：省。采取像香港公厕设在公共建筑物里的做法，一则省地：城市的不断发展，人口的逐渐增加，城市用地寸土寸金，这种兼容并包的方法，有助于提高土地利用率；二则省钱：据了解，我国城市公厕一般都由政府拨款建造，加上征地费、拆迁费等等，将是一笔庞大的开支，如果改由商家负责建在商厦中，政府在政策方面给予适当优惠作补偿，可达到相得益彰的效果。

优点二：雅。最近几年，虽然新建或改建的公司已比较注重外型美，但受资金、空间因素的限制，就算设计师有妙笔生花之才，亦会黔驴技穷，加上独立街旁闹市的公厕，怎么看都感觉不雅。不如学香港，与商家共建，将公厕巧妙融于外型美观、风格各异的大商厦中，使城市更美、更协调，环境更优雅。

优点三：洁。公厕保洁是我国环卫工作一大难题，如果像香港公厕在茶楼、酒店、商厦中，为了生意的兴隆、形象的良好，就算再懒的商家也不会忽略公厕卫生，而损自家门面。所以，全天候保洁在这里得到保证。

这只是笔者个人旅游观感，我想要做到这些，除了政府、管理部门和商家要达成共识，打破传统观念、做法制定一系列措施来保障实施外，还需提高公民的卫生意识、社会公德与文明程度。

血写教训　再敲警钟

近年来，因建筑产品质量低劣而引发的重特大伤亡事故屡有发生，既造成国家财产的巨大损失，也导致特大的人员伤亡。请看 1995 年 12

阅读训练
1. 该述评是何类型述评？

月 8 日四川省德阳市棉麻公司综合楼工地，即将完工的大楼倾刻间坍塌为一片废墟，造成 17 人死亡，3 人重伤的血案；今年 3 月 25 日福建省莆田县新光电子有限公司集体宿舍半夜垮塌，一百多名工人被压埋底下，造成 31 人死亡、79 人受伤的重大惨案；7 月 12 日浙江省衢州市常山县棉纺织厂一幢五层住宅楼訇然倒塌，36 条生龙活虎的生命瞬间命殒黄泉。这一桩桩、一件件，在天地间凭添了许多无辜的怨魂。作为生者，又应该怎样反省，才能告慰这些难发安宁的亡魂！

2. 述评新闻必须以事实报道为基础，请找出该文中的事实。

我国的经济建设，借改革开放的东风，取得了举世公认的成就，国民经济以每年十几个百分点的增长率高速增长，建筑业也得以迅猛发展。但是由于历史的原因和现时的条件，建筑业的法制建设和市场的规范管理还很不完善。建筑市场混乱，工程项目不按正常程序进行招标投标，拉关系、走后门，私下发包，层层转包的现象十分普遍。往往导致许多本不具备资质等级要求的施工队伍越级承揽工程，这本身就潜伏着不安全的隐患。施工队伍管理混乱，一些工程项目的承包人，缺乏必要的专业基础，不能按规定正常地指挥生产，盲目瞎干；施工作业人员缺乏基本操作技能，特殊工种人员不进行专业培训，无证上岗；更有甚者，少数人置国家政策法令于不顾，偷工减料，在工程中使用不合格的假冒伪劣产品，给工程质量留下危险的隐患，祸及他人。事故的警钟，一再敲响。

3. 述评新闻都是有述有评的，请找到该段的叙述部分和评议部分。

建筑业加强法制建设，建筑市场强化规范管理刻不容缓，今年 4 月 10 日侯捷部长在"全国建筑工程项目执法监察工作电视电话会"上强调，要切实加强领导，加大力度，保质保量地打好建设工程项目执法监督第三阶段的攻坚战。在执法监察中，加大办案力度，突破一批严重侵害国家和人民利益的违纪违法工作，同时我们呼唤"建筑法"、"建筑安全生产管理条例"早日出台，颁布实施，以法律的威慑力，去规范建筑市场，争取早日实现"三治一求"的目标。

4. 请找出带有指示性和方向性的句子。

第二节 通 讯

一、通讯的性质与特点

通讯又称"通信"，有时也称为通讯报道。它是一种以及时、真实、具体而形象地报道现实生活中的典型人物和事件为主要内容的新闻体裁。

通讯也是新闻，具有新闻应有"新"、"快"两个基本特性。有时有的通讯反映的是若干年前的往事，但会由于报道的角度比较新颖，而体现其新闻价值。

狭义新闻和通讯都属新闻，都具有"新"、"快"的特性，但也有不同的地方，我们可以从它们之间的区别看到它们各自的特点。

1. 从选材、立意上看：狭义新闻主要写事情；通讯则偏重于写人，尤其是人物通讯，更是以表现人的精神面貌、思想境界为主。狭义新闻写事的主要目的是让读者知道事实的产生及结果，客观性很强，通讯写人写事的主要目的是让读者知道人和事的社会影响及意义。

2. 从表达方式上看：狭义新闻是运用概括介绍和举例相结合的方法，把新闻事件准确百及时地告诉读者，表达方式以说明、叙述为主，几乎没有描写。通讯则要对新闻事件中的具体情节充分展开，在细节或背景、材料上进行刻划和渲染，较狭义新闻要具体和生动得多，表达方式是交错灵活地把叙述、描写、抒情、议论等结合起来使用。

3. 从篇幅容量上看：一条狭义新闻一般只写一件事；通讯往往在一个主题下容纳更加丰富的材料，写较多的人和事。

4. 从结构形式上看：狭义新闻的结构形式比较定型，一般由导语、主体、背景、结尾组成；通讯的形式则比较灵活，可以因对象或表达效果的需要而采取不同的组织形式。

下面就具体的一个事件报道看一下狭义新闻与通讯的特点。

一幢楼房倒塌，使数十人丧生，数百人负伤，狭义新闻在第二天的报刊上报道：

×校教学楼倒塌，伤亡惨重

11月11日上午10时21分，处于××市××路的×校一幢能容纳800多名学生的三层教学楼突然倒塌，到发稿时为止，死亡41人，重伤86人，轻伤200多人，失踪8人。事故原因正在调查之中。

几天后，通讯在报刊上报道：（开头）

用生命呼唤质量

一群显然是从废墟中冲出来的女生，伸出带着伤痕的血迹的手，死死地拖住那拼命向摇摇欲堕的楼房里冲的女教师。这位30岁的女教师用那干哑的声音嘶喊着：还有十几个人没有出教室呀！眼中的泪水与额上的血混在一起……。

在狭义新闻中，人们所蒙受的苦难和死亡，被归纳成几个统计数字；而通讯则把灾难的严重后果和人联系起来，使读者能从场面的渲染、人物的刻画中体会到人们所蒙受的痛苦，从而产生感情上的共鸣。

二、通讯的分类

通讯一般分为：人物通讯、事件通讯、工作通讯、概貌通讯、新闻小故事等。

1. 人物通讯：是以刻划人物、描绘人物为主的通讯，一般报道先进人物的事迹和成长过程，先进集体的群体事迹；有时也对反面典型进行报道，揭露他们的丑恶行径。

2. 事件通讯：是以记叙有典型意义事件为主的通讯。这种通讯也有人物出现，但多半是群像，它侧重于报道新闻事件的发展过程以及给现实生活与工作带来的影响。这类通讯中，有部分是揭露现实生活中的腐败现象的，写作时，政策性较强，要求较严。

3. 工作通讯：是报道实际工作中的做法、经验和教训的通讯，一般都有较强的针对性与导向性。这类通讯有些近于经验介绍、调查报告，但它往往表述得更加具体详细，更生动形象。

4. 概貌通讯：是反映某地的变化，风土人情和建设状况的通讯。一般是反映一个地区、单位、部门的全貌，也有的从片断入手，以局部显整体，以小见大。报刊上常见的"巡礼"、"散记"、"见闻录"、"纪行"、"侧行"等种种形式均属这类通讯。

5. 新闻小故事：亦称小通讯，是以一人一事为主，篇幅短小、内容单一的通讯。特点是以小见大。写作上故事性较强，要求有完整的情节，富有生活情趣及较好的寓意。

三、通讯的写法

通讯没有固定的格式，且标题也以单标题为主，偶而有副题。由于通讯的文体大多是记叙文，故写法要求与记叙文相似，但新闻的一些特殊要求，又是记叙文写法所不能包容的。通讯的写作主要要做到：

1. 提炼主题　剪裁材料

在基层工作，由于直接接触第一线，材料掌握了不少，但由于不重视或不善于提炼主题，往往就象有了珍珠没有线，串联不起来；有了燃料没有火，发不出光和热。能否提炼出好的主题，对于一篇通讯的得失成败，往往具有关键性的作用。主题的提炼，主要从三个方面进行。

（1）体现时代精神

通讯的主题，是报道者对其所要反映的客观事物的性质和意义认识的结果。主题存在于客观事物之中（即材料之中），思想及其方法陈旧的人，因循守旧的人从同一事物中提炼出来的主题就会带有旧的痕迹；而掌握马克思列宁主义的立场、观点、方法的人，熟知党的现行方针政策的人，就会以敏锐的眼光，从同一事物中提炼出具有典型意义的，体现时代精神的主题。

体现时代精神的主题具体要求是，对于新闻人物或新闻事件的报道，既要是某种客观规律的反映或历史经验的深刻总结，又要具有鲜明的时代气息和重大的社会意义。

（2）反映群众愿望

主题的提炼和确立，还要注意和体现广大人民群众的要求和愿望，要合乎民心。只有充分体现群众的意愿，积极反映涉及群众切身利益的热点、焦点问题。把话说到群众的心坎里，才能引起群众的共鸣，从而起到更大的宣传教育作用。

（3）符合对象实际

前面所说，主题存在于客观事物之中，主题的提炼受到客观事物本身的制约，提炼主题，不能突破客观事物所给定的范围，这就是新闻的真实性原则，也是记叙文体写法所不能包容的。如果违背了这个原则，就要失实。对于"坐在家里通路子，跑到下面找例子，关起门来写稿子"，不做认真的调查研究工作，而是用主观主义的框子去削足适履地曲解、阉割事实的；对于认为自己"笔头子硬"，了解了一星半点，就闭门搞起"笔下生花"来的；对于为了追求所谓思想高度，生拉硬扯，随意拔高夸大的；对于让报道对象说从来没有说过的豪言壮语，做根本没有做过的丰功伟绩的，都是不可取的，都是提炼主题的误区。

主题提炼出来并选定后，就要着力选择典型材料来深刻、充分地去表现它。通常我们说的文章写得有详有略，详略得当、中心突出等，指的就是材料的选择和剪裁问题。对于一篇通讯来说，如果中心不突出，就说明有游离于主题之外的材料在文章中，这是选择材料不严的结果；如果详略不得当，该详的未详，该略的未略，这就是剪裁材料不当的结果。材料要针对主题的需要选择，不能表现主题的材料，不管如何生动，都要毫不可惜地割掉；最能表现主题的材料，要浓墨重彩地把它写好；一般性材料，则应点到为止，要用最经济的笔墨交代清楚。写人物通讯，不能眉毛胡子一把抓，事无巨细；写概貌通讯，也不能有闻必录，平均用墨。

2. 善于开掘，因事见人

写事件通讯，不能就事论事，见事不见人；写人物通讯，也不是在报刊上张贴光荣榜，一味地只是好人好事的堆砌。通讯写作的"因事见人"，就是要善于从典型事件中抓住富有现实意义的矛盾冲突，在矛盾冲突中展开故事，描述人物，努力揭示人物的精神面貌和思想动力，实现新闻人物、新闻事件的真实性和典型性的统一。

3. 选材精当，布局灵巧

通讯也是要靠"事实"说话的。当很多事实都能说明主题时，就要求选材和剪裁了。菁芜不分地堆砌材料，或是由于材料的"精采"而不忍割爱，都会给作品造成累赘，甚至使主题和人物淹没在冗杂的材料之中。选材，从"质"的要求说，就是材料要典型，要有代表性；从"量"的要求说，就是要精炼。要达到材料的精炼，就要求剪裁，该详的地方要详，该略的地方要略。

材料选好后，还有个安排材料的问题。要善于谋篇布局。通讯往往是有情节的，人物的成长过程，事件的前因后果不论多么曲折复杂，在谋篇布局上都要求把该情节的发展过程说清楚，让读者感觉到整体的形象。与人物、事件有关的时间、地点、原因、结果等基本情况更应有明确的交待。善于谋篇布局还体现在，从特定人物、事件的实际内容出发，选择一条最为恰当的叙事线索。可以按照时间、空间顺序进行，也可以按照事件的逻辑关系、事物的发展过程安排，还可以按照人的认识规律或多头并进的方法；可以顺叙，也可以倒叙，还可以补叙和插叙等。

4. 描述具体，细节传神

通讯既然是写人记事，就不能只停留在概括性的叙述上，而要善于通过具体而富有典型意义的细节描写，勾勒出人物的性格特征和事件的典型意义，以增强整篇通讯的形象性和真实感。任何一个简洁而生动的细节描述，都要比复杂而单调的概述给人留下的印象更为深刻。

5. 议论恰当，抒情适度

在通讯中，可以在叙述描写中，广泛灵活地穿插议论和抒情，这是通讯区别狭义新闻的一大特点。

但议论要恰当。通讯中的议论应缘事而发，主要应用来表现报道者对所报道的人与事的主观感受，以加深读者对人物和事实的正确认识。因此，议论必须是事实的引申，切忌在事实不足的情况下空发议论。议论在文中不宜过多，应该言辞简洁，犀利有力。议论要恰到好处，应是报道者对所报道的事件的本质、意义、内在规律以及与其它事物的联系等，从理论原则、政策思想上作出的揭示、说明或发挥。议论在通讯中的作用是画龙点睛，而不是画蛇添足。我们要坚决避免那种兜圈子、敲边鼓式的议论，尤其要反对不着边际的议论。

抒情也应适度。通讯不是抒情散文，即使在有些通讯形式中（如概貌通讯），抒情成分可以多一些，但也不宜没有节制。不论何种通讯，都要坚持以事实说话的原则。报道者本人的主观感情无论多么强烈，也要服从新闻事实的需要。在这样的前提条件下，自然而真挚的抒情，作为报道者亲身感受和思想情绪的直接抒发与表达，才可能在通讯中发挥它的作用，激发读者的感情，唤起读者的共鸣。

议论和抒情的运用，在通讯中主要是两种方法：一种是作者直接站出来发表自己的看法，通过触景生情的或画龙点睛的文字，起到深化主题或丰富形象的作用。另一种是通过作品中其他人物之口来对所要表现的先进人物进行评价，通过形象语言的评论，促使情节的特点和意义更加鲜明、动人。

【例文一】

人 物 通 讯 二 则

但愿苍生俱欢颜

——记省劳模、排水疏浚工龚腊根

6月2日上午，在省"学劳模，树形象报告会"上，一位胸戴大红花的中年汉子，在略感腼腆之余，还兼带着少许局促不安神情的事迹报告中，人们报以雷鸣般的掌声，继而泛起强烈的共鸣。

他叫龚腊根，是一名1969年参加工作，一干就是27年的排水疏浚工。他和他的伙伴们担负着市百余条主要街道的排除路面积水、疏通排水管道、美化城市环境的任务。所从事的排水疏浚工作，是一件既脏又累，特别辛苦的工作。长期的本职工作，使他养成了职业习惯，不论是上班还是业余，只要路面发生积水、堵塞，他便会停下来琢磨；不论是白天还是晚上，只要遇上天下雨，他就会心系他所谙熟且情有独钟的道路并心急火燎地去察看、诊治一番，这不，报告会安排在雨天开，他就有些坐立不安。身在会场心在路啊。

去年的一天傍晚，龚腊根正在下班途中，当发现八一大道与南京西路口交界处路面出现大面积积水时，他二话没说，旋即跑回家拉上妻子和儿子，说干就干了起来。排水清掏一干就是七八个小时，清掏出的污泥足有四五立方米之多，终于降伏了积水，一看手表已是凌晨两点多钟，但他一家三口疲惫不堪的脸上却绽出了欣慰的笑容。

今年的雨季来得早，无疑增加了排水疏浚工人的工作难度。一季度末，老福山立交桥附近一窨井堵塞，此井又恰好连接着毗邻居民的化粪池。由于出水口井壁坍塌，致使粪便外溢。闻讯赶来的龚腊根目堵溢满井口的污泥、粪便、杂物，挽起袖子就干。高压冲洗车无效；勺子、铲子、钩子也无济于事。他首先想到这是地处人流量、车流量均密匝的闹市区，如不及时排除堵塞，势必影响城市形象和市民生活。事不宜迟，土法上马，他脱去了鞋袜，涉足冰冷刺骨、臭气熏天的污水中，用手把堵塞的井盖、石块、砖头一一取了出来；铁屑、玻璃等杂物划破了手脚，他全然不顾；污水溅脏了内外衣物，他不去理会。当他和他的同事们修补好出水口，清除完周围的污泥和粪便时，在当时许多驻足围观者中有人脱口而出问起他："你这么拼命地干能拿多少钱？"他莞尔一笑地作答："钱并非能买到一切。"

是啊！劳模的默默奉献是不能用钱来衡量的。他告诉记者，他现在基本工资仅392元，加上奖金、补贴也不过400多元，他活着并不是为钱干。"我每次看到积水被排除干净，心里就会有一种满足感"。多么朴素无华的语言，这是他心迹的表露。长期低温、潮湿、污染的工作环境使龚腊根染上了关节炎、支气管炎，他也曾萌动过跳槽、换岗的念头，但他又质朴地想到，这项工作总得要人去做，自己是一名党员，恶劣的环境，正是对自己最好的考验。近6年来，他利用业余时间排除路面积水数百次，为群众做好事近百件；他还进行革新，对设备进行维护改进，制定出防止窨井盖被盗新工艺，经试制使用，取得良好的效果，为国家节约开支数万元。

龚腊根的辛勤劳动和默默奉献，赢得了党和人民的赞誉。他多年被评为优秀共产党员和省市劳动模范，组织上对他的住房、妻子和两个孩子的工作都给予了安排照顾。他激动地告诉记者，他将一如既往地为市民排忧解难，在有限的工作年限内，再为人民为社会作出贡献。

气 象 书 记

每天早晨，在国家重点工程马钢/H型钢、全连铸棒材、三钢异型连铸工地上，只要你稍加留心，就能看到参战的马钢第一建筑安装工程公司各施工队的支书们都喜欢收听收音机，他们那么聚精会神是在听什么呢？

知道内情的告诉我其中秘密；他们在听天气预报。原来该公司为确保三大工程年内建成投产，公司上下拧成一股绳，不分昼夜、不分晴雨天奋战在建设工地。自3月份三大工程全面进入大干阶段以来，由于阴雨天较多，加上施工中超深坑作业和高空作业居多，天气好坏直接影响安全施工。为此，各施工队支部书记意识到随时掌握天气预报，不仅能指导施工，而且还能为队长、工段、班组指挥组织施工提供依据。于是，他们纷纷自掏腰包，买上一台小收音机，随身携带，每天用来收听天气预报，为随时调整施工部署提供气象信息。职工们都亲切地称他们为"气象书记"。6月中旬，担负三钢异型坯14m深的地下管廊施工的三队，在土方开挖完后，计划第二天组织施工。当支部书记史传富从收音机中得知第二天将有大雨的消息后，立即将这一信息通知给工段。工段连夜抽人加固深坑，组织力量抢在夜里浇注完底板垫层混凝土，不仅避免了塌方的发生和坑槽被雨水浸泡，还为下道工序创造了条件。

现在，"气象书记"成了工地上的一道新风景。

阅读训练

1. 标题有何特点？

2. 本文开头一段是叙述式开头，还是描述式开头？如果都不是，哪是什么式开头？

3. 本文采取的是（　　）

A. 倒叙

B. 顺叙

C. 插叙

D. 补叙

4. 该文的主题是什么？材料与主题的关系密切吗？

5. 请划出背景材料

6. 人物通讯有两种，该文属何种？

7. 有抒情和议论吗？

【例文二】 **事 件 通 讯 二 则**

阅读提示：该文是一篇反映庐山酒厂拆除事件的通讯报道，具有典型意义，它对事件的发生及其给现实的影响，作了生动、清晰、富有立体感的报道。阅读时请加以体会。

为了忘却的纪念

为保护人类珍贵的自然遗产，位于庐山天池峰下的庐山酒厂被拆除了。5000平方米的厂房，1000万元的固定资产，几十户职工宿舍，一举化成了千百车碎石，运往山麓偏远的地方。想起"高山美酒"的辉煌与它的永逝，谁都有满眶欲出的泪。

曾几何时，厂区的筹建者们，肩负新时期发展经济的重任，描绘"实现现代化"的蓝图，在那方第四纪冰川遗存的古老净土上，呕心沥血盖起了机声隆隆、蒸气腾腾的车间。行车、抓斗、活动甄、机械化晾场、不锈钢冷却器、两层楼高的分凝塔、1800斤装的桑皮酒瓮、6吨容量的水泥酒池……每一项现代设备的引进或制造,无不是这些人穷竭心计的得意之作。

水质纯净的庐山甘泉,加上美誉江南的鄱湖好米,在迥崖叠嶂的深窖中发酵,又在高山仙境的清凉气候中蒸酿,再封缸于云涛雾海,吸日月之精华,取山川之灵气。阅尽人间酒文酒艺,此乃堪称一绝乎?

庐山酒是万千游客争相抢购的特产,庐山酒厂是庐山首屈一指的创税大户。是什么样的利益驱动,使庐山人在新世纪蓝图的规划中,亲手将酒厂毁为废墟?

天池峰下,返朴归真,又成了植物王国的部落。俯瞰那方渗透了回忆的废墟:清泉欢跃着流进了那里,象峰乳的乳汁,哺育那片新植的绿苗。那里不再会有糟糠,不再会有煤碴,不再会有振兴经济的钻营,不再会有现代化的企盼。那儿将溶进一个世界的自然基因库,繁衍苍松翠柏、荆棘野藤,成为野生动物的乐园。

此时此刻,东坡居士那两句充满哲理的千古咏叹:"不识庐山真面目,只缘身在此山中,"是何其凝重地涌塞在多少人心头。我们这些庐山人,跋涉了多少意识误区,经历了多少思辩迷惘:兴业办厂、开发拍卖、楼堂馆所、追逐豪华,云里雾里,自鸣得意间却屡屡酿成悖谬。庐山的真正价值取向在哪里?看来,的确应该站在一个超拔自我的全新高度来审视。

世界"环境发展战略"已将"生态化"视为人类的第三次产业革命。国际自然资源保护联盟和国际古迹遗址理事会的专家们对庐山崇敬的评价,正昭示着在未来发展中,庐山自然与文化遗产价值将是对人类文明醇化的实验室,是子孙万代景仰祖先福地洞天的博物馆。

庐山需要国际一流水平的保护和永续利用。但愿,庐山不要再建酒厂,后来者不要重蹈我们的误区,无论新世纪的诱惑如何天花乱坠,生在此山中的主人,永识此山真面目:

面对着酒厂废墟上新植的绿树,我们要默默祈祷:愿山灵忘却这儿的过去。

"吃富"也是一种腐败

时下,在一些效益好的建筑单位,出现了各种各样的"吃富"现象,从而把效益好的企业吃成亏损企业。这些"吃富"现象是一种变相的腐败现象,主要表现是:

明吃:一些领导机关的人借检查、视察之名,频频到效益好的企业"吃、喝、拿、要",或携妻带子一大家子到附近的旅游景点去游玩,费用自然由企业"报销"。

白吃:有些人利用手中的特权把自己的子女、亲属优先安排到效益好的企业,拿高薪,吃香的,喝辣的。当效益不好时,他们拍拍屁股跑到另一个效益好的企业接着去吃。

黑吃:有的项目经理用公款消费,为自己购买小汽车、手机、BP机。自己的"吃、喝、玩、乐、游"一切费用全由单位"内部报销"。有的用公款送礼,名义上是为单位办事,实际上是建立自己的"关系网",让对方为自己办事,搞"权钱交易",使单位的资金从黑道中流失。

暗吃:有的领导在采购工程材料、购买机器设备时,采购一些质劣价高的材料或性能差的机器、自己从中吃"回扣"。结果是单位花大价买次品,设备三天两头出故障。这种吃"回扣"的方式把单位的钱变相装入自己的腰包。

阅读训练

1. 从题目可以看出它属于什么性质的事件通讯吗?

2. 该文的新闻事件是什么?

3. 揭露了一些什么问题?给工作和生活带来什么影响?

4. 它是如何促使问题的解决和矛盾的转化的?

"吃富"现象是一种恶劣行为,它败坏了党在群众中的形象和威信,严重危害了企业的经济发展,各级党委和纪检部门应对"吃富"人员严厉查处,让"吃富"现象尽快绝迹。

阅读训练
5. 指出观点与材料。

【例文三】

工 作 通 讯
从一组令人深省的数字看建筑市场亟待规范

最近省招标办根据建设部建监招字〔1995〕第 37 号文的要求,对 500 万元以上的在建工程派专人进行了一次专项检查,下面是检查后统计的一组数字:

受检项目 69 项 125.61 万平方米,合同造价 100048 万元,其中公开或邀请招标标的 14 项,占 20.28%,多家议标 16 项,占 23.18%,一对一议标 39 项,占 56,54%;工程肢解多头发包 14 项,占 20.28%,压级、压价,"优惠让利"在总造价 3% 以上的 34 项,占 49.27%,压价最高达 8%;直接垫资或变相垫资 21 项,占 30.43%,垫资额达 6550 万元,占工程造价的 18.74%,因资金不到位拖欠工程款的 19 项,拖欠额 5330 万元,占应付工程额 17.81%;因资金缺口无法履行合同处于停工或半停工状态的 14 项,占 20.28%。

所列这组数字,不是一个简单的百分比组合,它具体的反映了当前我国建筑市场带普遍性的一些问题:

1. 公开或邀请招标面过小,而一对一的议标却占大多数,与推行公开、公正的招投标竞争形成不规范的反差。

2. 工程压价让利已成为多数建设单位选定施工队伍的必备条件,建筑产品的价格规律已被人为地扭曲。

3. 工程肢解,多头发包已被相当一部份建设单位所热衷,工程建设的整体性,单一性特点被长官意志所瓦解,给工程质量留下种种后患。

4. 建设资金不到位,有的缺口在 50% 以上,垫资、欠资现象日趋加剧,施工企业苦不堪言,既无法承受,却又无法抗拒,从而工期一拖再拖。

上述这些问题在当前的建筑市场中带有相当的共性,这一组经调查统计的数字不能不给人带来深深的思考:市场主体的行为不是主与次的从属关系,它必须是双方法人之间等价有偿的平等交易,加强对建筑单位的管理已势在必行;建筑产品的价值有它自身的规律,不能人为的扭曲,任意的凭主观改变;加强对工程造价的管理,顺应市场的动态变化,求得工程造价的正确、合理,必须为社会所理解、遵循;建设资金的缺口不能借发包转嫁到施工企业,不能靠垫、贷、欠的办法来完成本不应该完成的项目,缺乏建设资金的项目不应该进入建筑市场……。所有这一切都强烈地呼唤,建筑市场的主体行为亟待规范,建筑市场的混乱状况亟待整治,建筑市场必须尽快立法并加大执法力度,公开、公正的招投标在市场经济中绝不能淡化而必须强化,省政府的第 31 号,必须政令畅通,全面贯彻执行。反之,这组百分比的数字将无法改变,甚至更为严重,各类问题亦将乘机而入,整个建筑市场势必陷入更为混乱的无序状态。

【例文四】　　　　　　　　**概貌通讯**

阅读提示:本通讯主要是反映县城的变化,展示了城市建设的日新月异。用事实说话,是通讯报导的基本原则。请注意文中材料的数字，它是真实性的具体表现。

剪裁用尽春工意　但求文明千古流

三年前，赣西边陲睡着这样一个古老的小镇，那条仅有的破旧小街上，街道窄小，房屋破旧，不时还散发出难闻的粪味，老墙上布满灰色，本来就模糊不清的门牌字号被躲躲藏藏的灯光弄得更加模糊……。不知从何时开始，人们惊奇地发现，昔日熟悉的街道已不再熟悉，不少老朋友找不到老朋友的家，老关系认不出老关系的门，就连一些土生土长的乡里人隔长时间不上城走亲戚，下一次走亲戚恐怕就会转错了方向。这就是县城，它犹如一朵绽开的鲜花，正向世人展示它独有的魅力。

应当承认，为了县城的未来，多少人不懈地奋斗过，努力过。但由于诸多方面的原因，县城的建设始终是步履蹒跚、停滞不前，直到 1992 年，县城面积仍只有 1.9 平方公里，人们只消一袋烟的功夫便可把全城阅览无余。1992 年 8 月，新一届县委，县政府没有因循守旧，抱残守缺，而是把城市建设列入"一把手工程"，并把它作为改变老面貌，塑造老区形象的"第一窗口"来抓。县委，县政府主要领导既当指挥官，又当战斗员，从来不当"甩手官"。他们不仅直接组织参与城市规划总体设计，而且对实现过程中每一张图纸，每一个项目，及至每一条下水道，每一条绿化带都亲自过问，一一过细，严格把关。为筹集基础设施建设资金 8960 万元。

这些年来，县城的城市建设工作始终坚持把好三关。一是拆迁安置关。县里专门成立了工程建设总指挥部，并配有专人负责工程评估，拆迁，征地和安置工作。在街心广场，新建街改造和金城大道建设中，因工程拆迁面积大，涉及面广，安置任务重，工作十分艰巨。但由于县里及时制订了"当年抓，当年建，当年受益"的合理措施，最终得到广大拆迁户的理解。仅新建街改造一年内拆除私房 40 栋，门面 52 个，单位 13 家；且当年拆迁当年建成。二是把好建设质量关。每一个基建工程，施工前一律实行公开招标，决不搞什么"关系工程"。在建设过程中，经常派质量检查队伍跟踪督查，工程竣工后，实行严格的验收质检机制。三年中，全县城所建项目质量合格率每年都在 100%。三是市容管理关。城管部门专门制定了一系列市容市貌整治方案，大街小巷实行全天候保洁，街道上乱扔乱贴，乱堆乱放，乱占乱停，乱搭乱建等现象，一经发现，及时处理。

城建部门全体干部职工更是敢为人先，勇挑重担，大家几乎没有星期天和节假日，每逢施工紧张关头，他们总是不分昼夜地战斗在各个工地上，用他们自己的话说，只要一下床，两条腿就是公家的，正是这样，城市建设才能保证高起点，高速度，高水平地进行，这座千年古镇才能够象今天这样英姿勃发，光彩照人。

当人们探寻的目光又一次转向县城全景时，已再也找不回旧时的沧桑，昔日，"伸手措到屋檐瓦，并排难行两匹马"的老脸谱早已了无踪迹，取而代之的是一幢幢新楼，一条条新街和一处处新景。三年来，县城共完成大型工程项目 22 个，新建面积 25.3 万平方公里，全县一共新修了 4 条新街，12 余条绿化带，改造了两条老街，13 条大道正在修建之中，数十栋高楼大厦拔地而起，三星级宾馆今年可望投入使用，霓虹一条街，仿古一条街，无杆化一条街和卫生文明一条街指日可待，一个占地一百亩的街心广场第一期工程（占地 60 亩）正在抓紧建设，一座以"莲花仙子"命名的大型花岗岩雕将在不远的将来矗立在街心广场中心，向世人展示全县 23 万人民的风采。

新闻小故事二则

阅读提示：以下二则小故事的人物一反一正，相映成趣，由此可知，褒扬和批评形式在新闻小故事处于并存的。故事情节都有，但有强弱的区别，结构尤其是开头、结尾各有特点，在阅读中加以体会。

罚 款 救 命

安全员关芯一登上三层脚手架，看见青工阿建没系上安全带，蹲在窗台上刷油漆。他忙把阿建叫下来，用责备的语气问："为何不系安全带？"

"又不演杂技、系根带子干活不方便。"

"不方便就违章作业？"

两人唇枪舌剑斗了一翻，关芯见阿建无动于衷，顿时火了，大声说道："罚款20元！再见没系安全带扣当月奖金。"

"神气啥？"阿建朝怒气冲冲的关芯背影啐了一口唾沫。但转念一想：这女人是个六亲不认的"二百五"，上次她老公没带安全帽进工地被她当众罚了十元钱。再不系安全带被捉住，这月奖金肯定完蛋。

阿建急忙找来安全带系好、拴牢，开始刷漆。刷了几下，就没劲了：今天见鬼了，罚了20元，一天活白干了。阿建恨透了关芯，胡思乱想了一阵，不愿干了。他转身准备下去，谁知一脚踩空，整个人闪下窗外。吊在空中阿建手脚乱抓，一个劲叫救命。关芯领着几名工人跑上来，七手八脚把他拖上来。阿建像做了一场恶梦，半晌缓过神来，他感激地盯住关芯……

憨 哥

提起六建八分公司的混凝土工丁阔成，大伙都喜欢叫他"憨哥"。那年冬天，正是某工程的施工困难期，致使施工进度缓慢，以致于建设单位下了最后通牒：20天内必须完成底板混凝土浇筑，否则施工单位无条件退场。就在这个关口，分公司派憨哥来到工地，担任混凝土浇筑工。混凝土工种是决定工程进度的关键，也是困难最大的工种，按工程量计算，每人每天要干四天的活！憨哥脸红红的，简短地说："知名企业，让人赶出现场，丢份！"活他接了！活是提前五天完成了，憨哥的肉掉了几公斤。有人说："憨哥在犯傻。"他满脸委屈与困惑："我是干这一行的！"

曾经，他率领18人的青年突击队，三天三夜完成$1200m^3$混凝土的浇筑量，创出300％的效率。累是可想而知的，但偶尔有空闲，憨哥却坐不住，那次，他在某工地基坑挖土时，发现下面含有大量砂石，"好东西！"于是他主动请战，带着工人把这些砂石过筛使用，为企业省了7759.21元砂石料费而沾沾自喜。

有一回，爱人叫他回家忙秋收，他说工地忙，不回去。十几天后，当他匆匆忙忙赶回家忙秋收，见妻子正在生闷气，他大感不解。"我这不回来吗？"周围的人都乐于同他交往：甲方、监理更是坦言：只要憨哥在，此项工程质量便有保证，甚至可以免检。

也许，这就是生活吧！

第三节 简 报

一、简报的性质和作用

简报是党政机关、社会团体、企事业单位内部用来汇报工作、交流情况、反映问题、通报信息的一种带有新闻报道性质的常用文体，是具有汇报性、交流性和指导性的书面材料。

简报作为一种单位内部的报道工具，其主要作用是：

第一、使下情上达，便于上级领导能及时了解下情，掌握可靠的决策依据；

第二、使上情下达，便于下级单位领会上级的有关指示和工作意图，及时得到指导和帮助；

第三、还便于平级单位之间沟通情况、交流经验、彼此协调、互相配合。

简报与同样具有传递信息功能的新闻和公文相比，还有其独到的长处：

1. 从信息来源看，简报提供的是第一手材料，简报作者都是有关单位的人员，是事件的参与者或见证人，不是靠采访而得到的材料，因而信息更快、更直接、更可靠。

2. 从传播途径看，简报自由、灵活。因它不是正式公文，不必受公文制发程序及范围的制约，上对下必要时可不逐级下发而"一竿子到底"，下对上如果"越级"也不是过错。这样，信息渠道拓宽，传播速度加快，对上对下都有好处。

二、简报的特点

简报作为一种内部刊物，是一种信息载体，主要刊载报道文章，所以，简报文章具有与新简报道类似的特点。

1. 真实性

这是简报文章的主要特点，丧失这一特点，就意味着丧失简报存在的价值，可以说，简报的真实性是办报机关权威和信誉的保证，是对人民对事业负责的表现。真实性有"真"和"实"两个含义。"真"，是指所报道的必须是确有其事，不是虚构的，也不是"大体如此"，是准确可靠的，既不夸大，也不缩小；"实"，是指必须用事实说话，而不是靠作者的旁征博引，推理证明，把确凿的典型的事实表达清楚了，读者自然会从事实中得出结论。

2. 新闻性

简报的新闻性特点有两个含意：一是新鲜，撰写的事实是人们欲知而不知的，如新的情况，新的事物，新的问题，新的动向，新的成就，新的经验等等，不是人们已知信息的重复，众所周知的事就不能算新鲜。二是新闻价值，新鲜的事不一定都值得上简报，只有具备一定社会意义的才值得报道。对于简报这种内部新闻来说，它必须服从和服务于办报单位，对本单位的工作起积极作用，这是信息需求的功利性所决定的。对于"新"也不要误解为前所未有、闻所未闻的事物，新事物都是在旧事物的基础上转化演变而来的，对现有的或原有的事物不深入研究，新的事物是很难进入报道者视野的。因此，表现"新"，一要善于开掘，注意观察，发现旧事物所蕴含的新萌芽、新趋向、新特点；二要善于选择新的表现角度，在原有事物中挖掘别人未曾挖掘出来的新价值。

3. 时效性

时效性包括快和短两个方面。

快，是指反映情况和传递信息迅速及时。快，和新相关，从事实的发生或发现到作出报道，其间的时间差越小就越新，而越新的事实报道其新闻价值就越大。但"快"是相对的，快是手段不是目的，要防止片面追求"捷足先登"而粗制滥造，或影响报道的真实性。

短，是报道文章的信息功能决定的。文章的长短是与耗时的多少成正比的，只有短才能少耗时而尽快地把信息传播出去。同时，短文章有利于简报扩大信息量，多载文章。在高速度、快节奏的现代社会里，也要求文章简捷务实，内容简明扼要，语言简练精干，以提高生活质量和社会效益。但短不等于空泛浅显，而是要求文短事不单，字少味不淡，言简理不薄。

4. 指导性

这是和新闻的价值紧密联系的，报道中凡有新闻价值的，即对本单位的工作具有积极作用的都具有指导性；凡无指导性的报道，本身就不具有价值，没有上简报的必要。如"人咬狗"之类的趣闻，可在报刊上登载，但在简报上就不适宜，原因就是这类趣闻不具备指导性，不能服从和服务于办报单位，解决工作生活中迫切需要解决的问题。另外，简报的指导性还有舆论导向的含义。即是说，简报理所当然地必须正确反映和宣传党和国家的路线、方针、政策，正确反映单位内发展变化，引导员工以积极的态度对待社会的阴暗面，以使简报真正成为各级机关的"耳目"和"喉舌"。

5. 机要性

简报有一定程度的机密性，简报的机密程度决定传阅的范围。一般说来，机密程度越低，传阅范围越广，反之亦然，并且，会议的层次越高，机密程度越高。简报的内容，不管是情况的反映，还是经验的介绍，一般是不公开发表的，如要发表，须经过法人批准或集体讨论决定，并应在文字及内容上作必要的审查和修改。

三、简报的种类

简报的种类较多，除《××简报》这种形式外，《情况交流》、《××动态》、《内部参考》、《××工作通讯》等都属于简报的范畴。根据简报反映的内容和表现形式，大体可分为三种：

1. 工作简报

这是一种反映各行各业工作过程、方法、经验、成绩、问题等情况的简报，根据其内容，又可分为综合性工作简报和专题性工作简报。

综合性工作简报的内容十分广泛，包括对上级制订的方针政策、发布的决议、指示等领会贯彻的情况；生产、经营等方面工作任务的进展情况；典型调查的成绩经验、问题教训情况；表扬和批评情况等。这类简报是各企事业单位、部门用以交流工作、学习、生产等情况的主要工具。

专题性工作简报是指在集中开展某项活动时，根据需要，把活动过程中的成绩、典型经验、存在问题和教训等情况，向上级主管部门汇报和向有关部门反映的简报，如果活动停止，简报也就停发。如《质量月活动简报》、《企业整顿验收简报》等。

根据实际情况，工作简报都可办成定期或不定期的。

2. 会议简报

为了总结会议情况，组织和引导会议，同与会者互通情况或向上级机关有关部门、有关人员报告会议情况而编制的简报。

会议简报的内容应包括会议概况、议程、议题及会上研究及讨论的问题、与会人员的发言摘要、会上决议的事项等。

会议简报有小型会议一次性简报和大型会议连续性简报两种。

小型会议一次性简报用于会议结束后，作为会议记要和会议新闻报道的替代形式。

大型会议连续性简报则是作为开会期间交流情况，指导会议的辅助工具。此类简报，第一期是只通报预备会议或开幕情况，主要介绍开会时间、地点、参加对象和人数、主持人和报告人、会议召开的背景、目的、议题和日程等，以便上级及有关部门及时了解会议的大致情况，也让与会者了解会议的大体安排，及时做好准备工作；接着则根据需要对会议的具体内容分期加以通报；最后一期一般是闭幕和结束的情况，包括结束时间、出席人员、主持者、会上审议通过的决议、拟定的文件及与会者对会议的反映、评价等。

会议简报的编制者可因会议的规模、层次的不同而不同，如果是大型的会议，如"党代会"、"人代会"、"工代会"等，往往由大会秘书处制发，小型会议一般由会议主持者本人或委托专人撰写。

3. 动态简报

这是一种专门为传递本单位、本部门信息或某个工作领域动态的简报，如以单位、部门命名的《××动态》、其它有《理论动态》、《科技简讯》、《体改简报》等就是这种性质的简报。这类简报多数保密性强，一般在内部使用，主要为有关人员研究问题、决定方针及制订具体措施作参考。

四、简报的格式和写法

简报的结构由三部分组成：报头、报核、报尾。

1. 报头

报头约占一页纸的三分之一，包括：

（1）简报名称　位置居中，用大号字体套红印刷。

（2）编号　在名称的正下方标明期数，有一年一编号，第二年则另行编号，也有按总期数编号的。

（3）编发单位　在编号下面左起顶格写明编发单位的全称。

（4）印发日期　在编发单位平行对称的右侧写明年、月、日。

一般简报报头样式如下：

内部资料
注意保存

××××工作简报
（第×期）

××办公室编　　　　　　　　　　　×年×月×日

会议简报报头样式如下：

```
机密




        ××××会议简报
          （第×期）






××会议秘书处                    ×年×月×日
```

2. 报核

即主体部分，指刊登的文章，少则一篇，多则几篇。

简报的文章形式常见的有四种：

（1）动态性简报文章　它及时准确地报道本单位及与本单位有关的部门新近发生的、有意义的各种事实。有的反映已经发生的事实，有的对将要发生的事实发出预告，有的传播与单位有关的新的信息，有的对人们提出或关心的热点、焦点问题加以探讨和解释。报道的对象一般只涉及一个主要个体：一桩事、一个人、一个部门、一样东西、一种现象等。它只反映客观存在的情况，作者不直接加以评论。这类文章占简报文章的大部分。动态性简报文章常常是报纸、广播新闻的线索，有的稍加修改就可见报。

（2）经验性简报文章　它是指单位在某项具体工作中取得明显效果和成功经验的报道。它是从实际工作中孕育而生的，对于同类单位或同类工作有现实的指导和启发作用，具有典型意义，又称"典型报道"。

这种经验性的简报文章与另外一些写经验的应用文体，如经验性总结、调查报告等有共同性又有不同点。最重要的区别在于简报具有新闻性，在写作上也较扼要，作为一种信息源，主要任务是提出"什么"，不必要也不可能十分全面、细致地说明"为什么"。

（3）综合性简报文章　它是在一个主题统师下，综合反映某个时期、某个部门、某个事项的情况、动向、成就或问题。有的是写"一地数事"，有的是写"数地一事"。可以是已经结束的，也可以是正在进行的，还可以是将要做的事情的安排。这种报道反映的面广，材料充实，说明力强。在写法上最多的是"横向综合"的方法反映，也有从"纵向综合"的角度去写，还有用"点面结合"的方法反映，用统计数字说明"面"的情况，用个别典型作为此类情况的代表。

（4）转引性简报文章　这是一种"借嘴发言"的方式，即转引他人的文章或讲话以表达自己的观点。全文引用，或部分引用，通过所加的标题、按语和精心的取舍，表达自己赞成和倡导的某种事物。这种以转代著的文章是简报这种"准公文"、无稿酬的内刊特有的文章样式。

报核结构一般包括：

1）标题 简报文章标题的拟制方法一般有两种：一是揭示主题式，二是提问式。揭示主题式要求准确、恰当地概括出文章的中心内容或主题思想；提问式要求能唤起人们重视，引起读者注意。不论以什么方式拟题，都要求做到醒目、确切、简短、新颖。

简报文章的标题也可象新闻标题一样，由正题、引题、副题构成。

2）导语 导语一般是总括提示，即要求准确地概括全文的主旨和主要内容，包括时间、地点、人物、事件、结果、意义等，给人一个总的印象。

3）主体 主体是简报的主干，集中地反映简报质量的高低优劣。它要求用翔实、典型、有说服力的事例和数据把导语中的总括内容具体化，诸如做法、收获、问题、原因等。写好主体要求注意：

一是围绕主题，精心安排层次。

（A）按时间或事物发展的顺序安排层次。这为会议简报所常用。

（B）按事物间的逻辑发展关系安排层次。所谓逻辑关系指的是事物间的内在联系，包括"因果、递进、条件、顺承"等关系。这种方法常为经验性简报所采用。

（C）既按时间顺序，又体现逻辑关系的方法来安排层次。这种方法常为专题性简报所采用。

（D）按材料的性质或观点安排层次，即把相同性质的材料或观点，逐条加以排列。这种方法常为动态简报所采用。

二是做到观点统率材料，材料说明观点。基本方法有两种：一种先阐述观点，后列举事实，要求观点明确，事实充分；另一种是先叙事实，后归纳观点，要求观点在事实基础上自然地得出，防止牵强附会，生拼硬凑，更不能南辕北辙，风马牛不相及。

4）结尾 简报的最后一句话或一段话即为结尾。结尾有的作一小结，指出事情发展的趋势；有的提出希望、要求与号召；有的说明今后努力的方向和打算。若主体部分已交代清楚，结尾就可省略。

5）背景材料 即事物、人物赖以生存发展的环境和客观条件，背景一般不单独写，而是根据实际需要穿插在全文的各个部分。

6）按语 有的简报需要有个按语，对简报的内容加以提示、说明或评注。需加按语的简报文章一般以转引性简报文章和经验性简报文章为主。

按语一般放在正文的前面。由于按语是代表发文机关意见，或转达有关领导的看法和意图的，所以，按语起着了解材料来源、转发目的、范围和帮助理解内容等方面的作用，应当引起重视。

3.报尾

在简报最后一页下部，用两条平行横线与报核分开，并在其内写明简报的发送对象和印数，并在发送对象前写上"报"（对上级单位或某领导人）、"送"（对平级）、"发"（对下级）等

报尾的格式如下：

```
报：××单位或××同志
送：××单位或××同志
发：××单位或部门



                                （共印××份）
```

五、简报写作的基本要求

1. 要正确反映，实事求是

简报多数是写给上级领导机关、领导同志看的，有一些也给下级领导机关、领导同志和有关干部参考。特别是那些机密程度较高的简报，常常影响领导机关的决策，即便下发的简报对有关工作的影响也是很大的。因此，简报主要是靠事实说话。事实不真，不但没有说服力，甚至会产生不堪设想的后果。作为一级组织，在安排简报时，要坚持其内容必须完全真实，事情的前因后果、引用的数据等都要反复核实，准确无误；对基本情况作出评估时要客观、恰当，符合实际；既不夸大，也不缩小；既不能报喜不报忧，又不能报忧不报喜。

2. 要深入实际，熟悉情况

简报的写作者、制发人基本都是本单位内的人，较记者更熟悉情况，更能掌握第一手资料，但要保证材料的真实可靠，仍需要走向基层，深入实际。也只有这样，简报内容才能经得起实践的检验。

3. 要抓准问题、切中要害

要善于敏锐地抓住领导和群众关心与职工亟待解决的问题予以及时反映，对于热点和焦点问题及时给予报道，如企业的生产状况与福利情况，上级的工作部署，带有方向性及典型意义的活动和工作经验、政策、措施的反馈信息等，以充分发挥简报的作用。

4. 要重视修改，细心推敲

简报草稿拟定后，主要从四个方面进行修改。

一是查对内容是否真实典型。即先认真查对所引用的材料是否准确，避免凭"记忆"、"想象"、"大概"等造成错觉，而后尽可能把不典型的事例换成典型的事例。

二是看用语是否准确恰当和简洁。提法要求全面准确，避免片面性；行文要求避免累赘唠叨，竭力将可有可无的字、句、段删去。

三是检查逻辑与结构是否严密清楚。结构布局、层次安排要求合理，前后照应要妥贴，不能出现前后意思脱节，层次不清，详略不当，或前后矛盾的现象。

四是审核格式是否符合要求。按简报的格式进行检查，无论是报头、报核、报尾，都要求规范化，使人一目了然。

内部资料
注意保存

简　报

第五期

××市建委编　　　　　　　　　　　　　　　　　　　　　　　×年×月×日

××市1～4月份工伤事故通报

据资料统计，截止4月30日止，全市建筑行业（指在本市施工的建筑企业）共发生因工死亡事故22起，死亡29人，死亡率为0.12%，占全年控制指标的16.7%。从发生因工死亡事故企业经济类型看，国有企业15起，死亡18人，占因工死亡人数的62%；乡村集体企业6起，死亡7人，占因工死亡人数的24%。从死亡人员的成分看，农民死亡人数占首位，共死亡23人，占因工死亡人数的79%。从导致事故的主要原因看，由于"违反操作规程或劳动纪律"及"对现场工作缺乏检查或指挥错误"造成事故共死亡17人，占因工死亡人数的58.6%；由于"安全设施缺少或有缺陷"，"设备，设施，工具，附件有缺陷"及"生产场地环境不良"造成的事故共死亡9人，占因工死亡人数的31%。

【例文二】　　　　　　　　**会议简报**（报尾省略）

市容整治工作简报
第×期

会议秘书组整理　　　　　　　　　　　　　　　　　　　　　　×年×月×日

题目：市容整治工作会议在公司召开

5月5日，市政公司所属部门负责人及骨干共132人参加了由市政公司召开的关于综合整治市容环境的工作会议。会议由公司副总经理胡来旺主持，公司总经理施永仁作题目为《加速创建文明城市进程》的工作报告。

报告指出，今年是综合整治环境的第二年，是攻坚年。市政公司在完成整治市容环境任务上是否有突破性进展，关键在今年。因此，一要总结经验，奋力再战；二要强化组织领导，形成领导抓，抓领导，层层抓落实的局面；三要通力配合，争起率先示范排头兵作用。

报告提出"公司领头、部门负责、落实到人、齐抓共管"的管理体制，以及"上下联动、各方协调；广泛发动、全员参与；建管并举、标本兼治；健全法制、教育为本；强化监督、严管重罚；典型示范、事例整体推进"的整治思路。

报告强调，市政公司肩负综合整治市容环境的重任，各级领导一定要反复强调、层层动员、精心组织，彻底改变"多数人制造脏乱差，少数人治理脏乱差"的反差现象。

随后，分组讨论工作报告。大家一致认为，工作报告从实际出发，总结了在过去一年中公司在市容环境的整治中的成绩和不足，提出了今年整治市容的任务和举措，是今年整治市容工作的指南。大家还对从上到下签订责任状并与工作管理目标考核挂钩的措施进行了具体的修改、补充和完善。

会议结束时，主持人胡来旺根据部分人的要求，提出将施永仁工作报告的"任务和举措"部分，以会议纪要的形式下发到各部门，得到与会者鼓掌通过。

第九章 学业类应用文

第一节 实验报告

一、实验报告的性质、种类和作用

实验报告是按照一定的格式和要求，反映实验的目的、原理、过程和结果的文字材料。是实验全过程的总结。

实验报告包括教学实验类报告和测试实验类报告。

建筑专业的学生在学习化学、物理、电工等课程时都要做验证某一科学定律或结论的实验，并撰写教学实验类报告。通过实验报告的书写，有利于掌握有关学科的基本概念、原理，理解和巩固基础知识；有利于掌握实验的基本方法和技能；有利于培养观察、思维、操作能力。

测试实验类报告是指在模拟条件下，对建筑构件的强度、硬度、弹性、韧度、耐低温或高温、抗震动等等方面进行测试，然后将有关数据予以总结归纳分析，用书面形式表达出来的文书。测试实验是在建筑业中所必需的，是建筑质量的试金石，质监部门一般把它作为把好质量关的主要手段。测试实验还是测试建筑物抵御灾难性环境的基本手段，在多震、多飓风地区的建筑就离不开测试实验，写好测试实验报告，对于提高工程质量，消除质量隐患，为多灾地区提供建筑物抗灾的基本数据等都有极重要的现实意义。

二、实验报告的格式和写法

1. 标题

标题也就是实验报告的名称，应写在报告的最前面，使人一看便知道该报告写的内容。实验报告标题应简洁、鲜明、准确。简洁，就是数字要尽量少；鲜明，就是让人一目了然；准确，就是恰当地反映实验内容。如"验证牛顿第二定律实验报告"，一看就知其内容。

2. 前言

前言主要是写实验的目的，指明为什么要进行本实验，要求写得简明扼要，常以条文形式列出。

3. 主体

主体内容包括：

①实验仪器、设备、材料、试剂。要求列出实验所需的仪器、设备、实验材料及试剂的名称。仪器设备还应写出规格型号，最好能标出简易示意图，配以相应的文字，用以说明实验的基本原理。对于所需试剂，还应写出浓度、化学成份、形态等。

②实验原理、方法及步骤。实验原理主要说明实验的理论依据，包括公式、图解等，要求正确明白。实验方法是实验过程中具体的做法，可按做法的先后顺序分条写出。实验步骤是实验进行的程序。一般按操作的时间先后划分为几步，并编排序号。方法和步骤要求

条理清楚，说明简单明了。

③实验结果。将实验数据代入计算公式，求出结果。一般来说结果包括测量值、绝对误差相对误差三部分。当实验数据较多时应单独用表格来表示。对于非测量性实验，其结果主要是描述实验中所发生的现象。

④结论或讨论。结论产生于实验之后，它是实验人员根据所观察到的实验现象及测知的数据，加以整理、分析和计算，再经过研究提炼作出的。讨论是对实验结果进行分析或对异常现象、数据予以解释，或对实验方法及设备装置提出改进意见。

4. 附注

这部分主要写出指导教师、由几人完成该项实验，还可以注明试剂和材料的替换品或等级等，以及测试报告中的参考文献。

教学实验类报告和部分测试实验类报告一般都印成表格，供实验人员在实验后填写。

三、写实验报告的基本要求

（一）要有严肃认真的科学态度

实验是验证定理、定律的实践活动，也是对人在生产活动中实践过程正确与否的检测，应该以严肃认真的态度来对待。观察要认真细致，记录要客观如实，分析要周到详尽，结论要实事求是。实验中产生的现象、得到的数据都应一丝不苟地记录下来，不能遗漏和任意涂改，更不能虚构和捏造。

（二）要用说明这一表达方式解说实验的全过程

实验报告重在说明实验的器材、装置、原理、步骤、结果及论证等，不必细致的描写。说明实验器材，只需列出其名称和数量，不用叙述筹备情况。说明步骤，按照操作顺序来写。

（三）要采用图表说明这一辅助表达方式

测试实验中常常有复杂的设备和大量的数据，只用文字来表述，有时就难以做到清楚明白，而且报告也会显得冗长。图表说明能起到文字说明所起不到的作用。画出仪器装置图，给人的印象就十分直观、深刻，有利于读者清楚明白地了解实验仪器设备的结构和原理。

（四）要合乎实验报告的特定格式，根据不同的内容，采用相应的说明顺序

实验报告有自己特定的格式，报告的作者应按其格式要求撰写。有些实验报告是用表格的形式铅印好了，只要根据实验记录，按表中规定的项目如实填写就行了。

实验报告也有一定的说明顺序，如实验器材，需按器材的性质分类说明；实验装置宜按空间顺序来叙述；实验步骤一般按时间顺序来表述；而实验结果和归纳结论，一般按实验结果之间的内在逻辑联系来说明。这样的说明顺序，符合实验实际，表达也清楚明白。

（五）要采用专业用语

各门学科都有反映本学科特有概念的专业用语，撰写实验报告时要尽量采用符合实验实际，语言也简洁明白。如说明"难溶物质沉到溶液底层"就用"沉淀"一词。说明"物体通过一个中心位置，不停地来回运动"就用"振荡"一词。

（六）实验报告中的外文、符号和公式一定要正确，并填写清楚。

【例文一】   **铁金属的电镀与钝化实验报告**

实验名称	电　　镀	年　级	×××	姓　名	×××

实验目的	①巩固对电镀原理的认识。　②了解无氰镀锌的简单操作。

实验器材	铁制镀件、砂纸、烧杯若干、玻璃棒、导线、6V 直流电源。1NHaOH 溶液、锌片、电镀液、钝化液、20％HCl 溶液。

实验装置与步骤	1. 铁制镀件的除油、除锈。把铁制镀件用砂纸打磨干净，放入盛有碱液（1NNaOH 溶液）的烧杯中，除去油污，然后取出，用清水洗净。再放入 20％HCl 溶液中除锈，几分钟取出，采用清水洗净。 2. 电镀。用导线连接镀件和 6V 直流电源的负极，并用另一根导线连接锌片和电源的正极。将镀件和锌片平行浸入盛有镀液的烧杯中，5～10min 后取出。电镀反应过程：通电前 $ZnCl_2＝Zn^{2+}＋2Cl$ 通电后　阴极 $Zn^{2+}＋2e＝Zn$（还原反应） 阳极 $Zn－2e＝Zn^{2+}$（氧化反应） 3. 钝化。将镀有锌的铁制镀件取出，用清水洗净，再放入钝化液中钝化，5～10min 后取出。

实验结果	1. 铁制镀件浸入电镀液，5～10min 后，镀件表面镀上了一层锌，锌片有腐蚀痕迹。 2. 镀锌后的镀件经钝化，其表层出现彩色花纹。

结　　论	通过后的锌片和铁片浸入电镀液中，经过锌的氧化还原反应，能在铁片上镀上一层锌，而使锌片部分消耗。 镀锌的铁片经钝化，出现一层彩色的保护膜，使之更具有耐腐蚀能力。

备　　注	电镀液（主要成分是 $ZnCl_2$）钝化液需先另行配制

××年×月×日　　室温 20℃　　指导教师：×××

【例文二】　　　　　　　　　普通混凝土试验

试验日期：××年×月×日

一、混凝土配合比设计要求和试拌材料性质

<table>
<tr><td rowspan="2">配合比设计要求</td><td colspan="3">混凝土强度等级</td><td>C25</td></tr>
<tr><td colspan="3">坍落度（cm）</td><td>1～3</td></tr>
<tr><td rowspan="9">试拌材料性质</td><td rowspan="2">水泥</td><td>品　种</td><td>普通硅酸盐水泥</td><td>出　厂　日　期</td><td>83.6.28</td></tr>
<tr><td>标　号</td><td>449</td><td>比重（g/cm³）</td><td>3.1</td></tr>
<tr><td rowspan="7">砂子</td><td>细度模数 Mx</td><td>2.67</td><td rowspan="7">石　子</td><td>最大粒径（mm）</td><td>40</td></tr>
<tr><td>级配情况</td><td>2 区</td><td>级配情况</td><td></td></tr>
<tr><td>比重（g/cm³）</td><td>2.625</td><td>比重（g/cm³）</td><td>2.61</td></tr>
<tr><td>容重（kg/L）</td><td>1.551</td><td>容重（kg/L）</td><td>1.605</td></tr>
<tr><td>空隙率（％）</td><td>40.9</td><td>空隙率（％）</td><td>38.5</td></tr>
<tr><td>含水率（％）</td><td></td><td>含水率（％）</td><td></td></tr>
</table>

二、试验记录

1. 混凝土试拌材料用量

<table>
<tr><td colspan="3">项　目</td><td>水泥</td><td>水</td><td>砂</td><td>石</td><td colspan="3">坍落度（cm）</td></tr>
<tr><td rowspan="2">设计用量</td><td colspan="2">每 m³ 用量（kg）</td><td>311</td><td>165</td><td>635</td><td>128.9</td><td>第一次</td><td>第二次</td><td>平均值</td></tr>
<tr><td colspan="2">24L
试拌材料用量（kg）</td><td>7.46</td><td>3.96</td><td>15.24</td><td>30.94</td><td>1.7</td><td>2.6</td><td>2.15</td></tr>
<tr><td rowspan="6">增加用量</td><td rowspan="2">1</td><td>％</td><td></td><td></td><td></td><td></td><td colspan="3"></td></tr>
<tr><td>kg</td><td></td><td></td><td></td><td></td><td colspan="3"></td></tr>
<tr><td rowspan="2">2</td><td>％</td><td></td><td></td><td></td><td></td><td colspan="3"></td></tr>
<tr><td>kg</td><td></td><td></td><td></td><td></td><td colspan="3"></td></tr>
<tr><td rowspan="2">3</td><td>％</td><td></td><td></td><td></td><td></td><td colspan="3"></td></tr>
<tr><td>kg</td><td></td><td></td><td></td><td></td><td colspan="3"></td></tr>
<tr><td rowspan="3">符合要求时用量</td><td colspan="2">增加总体积（L）</td><td></td><td></td><td></td><td></td><td colspan="3">混凝土容重＝24.95×1000</td></tr>
<tr><td colspan="2">试拌用量（kg）</td><td>7.68</td><td>4.08</td><td>15.7</td><td>31.87</td><td colspan="3" rowspan="2">0.15×0.15×0.15×3
＝2464</td></tr>
<tr><td colspan="2">每 m³ 用量（kg）</td><td>320</td><td>170</td><td>645</td><td>1327</td></tr>
<tr><td colspan="3">计算配合比</td><td colspan="4">水泥：砂：石＝1：2.04：4.14</td><td colspan="2">水灰比＝0.53</td><td>砂率＝33％</td></tr>
<tr><td colspan="3">试验室配合比</td><td colspan="4">水泥：砂：石＝1：2.04：4.14</td><td colspan="2">水灰比＝0.53</td><td>砂率＝33％</td></tr>
<tr><td colspan="3">备　注</td><td colspan="7"></td></tr>
</table>

2. 混凝土抗压强度试验

测强日期：××年×月×日

计算加荷速度：2～3kg/s

试件成型日期	××年×月×日	试件养护龄期	17d	
试 件 编 号		1	2	3
受压面积 F（cm²）		225		
破坏荷载 P（kg）		52200	50000	44500
抗压强度 R压（kg/cm²）		232	222	198
抗压强度平均值（kg/cm²）		217		
换算成28d令期时的强度（kg/cm²）		255		
换算成标准尺寸时的强度（kg/cm²）		242		
混凝土评定		C20		
备注	$R_{28}=\dfrac{Rulg28}{lgn}=\dfrac{217\times1.447}{1.23}=255$			

3. 混凝土抗拉强度试验（劈裂法）

测强日期：××年×月×日

加荷速度：200kg/s

试件成型日期	××年×月×日	试件养护龄期	17d	
试 件 编 号		1	2	3
试件尺寸（cm）		15×15×15		
破坏荷载 P（kg）		5700	4200	
抗拉强度 R拉（kg/cm²）		16.0	11.8	
抗拉强度平均值（kg/cm²）		14.0		
备注	$R_{拉}=0.63\times\dfrac{P}{a^2}=\dfrac{0.63}{15^2}\times P=0.00289$			

【例文三】 钻孔灌注桩桩底注浆试验报告

陆××
陈××

一、试验目的：

测试桩基注浆后承载力和沉降量。

二、试验原理：

桩底注浆的原理即利用预先装设于钢筋笼底部的注浆系统和延伸至桩顶或地面的高压注浆管进行高压注浆，通过高压注浆填塞桩底松软地层，从而达到固结底泥和挤压土层的目的；同时浆液扩散沿侧向上泛浆，起到接触灌浆的作用，加强土层与桩体的侧摩阻力，促使桩的磨擦力和桩底承载力的提高，相应减少桩基的沉降。

三、试验设备、材料：

1. 二根 U 型注浆管、钢筋笼、多孔管、橡皮套、多孔钢板。

2. 注浆材料为水泥浆液。

四、试验的方法及步骤：

1. 设计采用 U 型管注浆法，采用二根 U 型注浆管随钢筋笼一起放入钻孔中，直至孔底将注浆管固定在钢筋笼对称的内侧，注浆管材料选用能承受高压的钢管，为防止钢管在安装过程中发生扭曲，应与钢筋笼主筋和箍筋连接固定。注浆管需满足承受 6MPa 的压力，注浆管选用 ϕ54mm 无缝钢管，壁厚 4mm。对接管采用 ϕ63.5mm 无缝钢管，壁厚也是 4mm 作为套管，用电焊连接，每节分段长度视材料而定，以便于吊装。U 型注浆管底部为压浆的出口，采用多孔管加橡皮套。为避免 U 型注浆管被混凝土包裹，在 U 型管底部设置接近钻孔桩直径的多孔钢板，使钻孔灌注桩在灌注混凝土时能正常泛出泥浆，同时减轻混凝土对注浆管口的包裹堵塞，提高注浆的成功率，（详见图1）。

2. 注浆前先进行试通，用水压压通橡皮套，然后再进行注浆。注浆压力一般使用 2~5MPa，视桩基承载力而定，以使桩底土层紧密压实并受到预压作用，减小日后桩基受力后的沉降。

3. 桩底注浆的时机，一般选择在桩基混凝土浇筑后达到足够承受注浆压力时进行。本试验系在成桩 2 个月后进行的。注浆材料为水泥浆液，使用 425 号普通硅酸盐水泥，水灰比 0.65，实际注浆压力为 0.5~2.0MPa，单孔共注入水泥约 2.0t。

五、试桩试验结果和分析

场地工程地质依次为黄色粉粘土，灰色砂粉土……直至桩底的灰色粉质粘土，试验加载方式采用慢速法，试验最大荷载为 7100kN。PS—1、PS—2 桩现场试验的荷载和相应的沉降观测值汇总见表1，其 $P{\sim}S$ 曲线、$S{\sim}\lg P$ 曲线和 $S{\sim}\lg t$ 曲线分别见图 2~5。

阅读训练

1. 桩底注浆的原理是什么？

2. 第四点是按什么顺序来组织材料的？主要运用了何种表达方式？

3. 标出专业用语。

4. 试桩试验的结果如何？

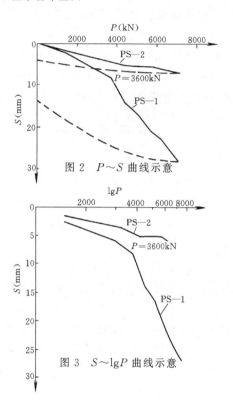

图 1　注浆管布置图

5. 这些图表在报告中起何作用？

PS—1、PS—2 试桩垂直静荷载试验结果

PS—1、PS—2 试桩垂直静荷载试验结果汇总表

序号	荷载 (kN)	PS—1 桩沉降 (mm)		PS—2 桩沉降 (mm)	
		本级	累计	本级	累计
1	0	0	0	0	0
2	1450	2.47	2.47	1.42	1.42
3	2900	3.47	5.94	1.01	3.33
4	3600	2.00	7.94	1.09	4.42
5	4300	5.71	13.65	0.83	5.25
6	5000	2.95	16.60	0.06	5.31
7	5700	4.41	21.01	0.25	5.56
8	6400	2.89	23.90	1.01	6.57
9	7100	3.44	27.34	0.44	7.01
10	5700	-0.03	27.31	-0.26	6.75
11	4300	-1.87	25.44	-0.30	6.45
12	2900	-3.02	22.42	-0.54	5.91
13	1450	-3.98	18.44	-0.61	5.30
14	0	-4.99	13.45	-0.98	4.32

图 2　$P \sim S$ 曲线示意

图 3　$S \sim \lg P$ 曲线示意

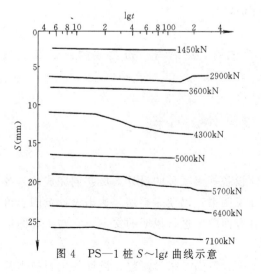

图 4　PS—1 桩 $S \sim \lg t$ 曲线示意

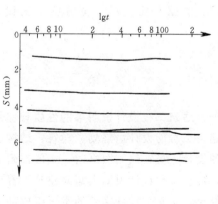

图 5　PS—2 桩 $S \sim \lg t$ 曲线示意

237

由实测结果可知，试验最大荷载时 PS—1、PS—2 桩和地基均未达到破坏状态。PS—1 桩最大沉降为 27.34mm，回弹 13.84mm，残余沉降 13.5mm；PS—2 桩最大沉降为 7.01mm，回弹 2.81mm，残余沉降 4.2mm。PS—2 桩的沉降远小于 PS—1 桩，约相当于 PS—1 桩沉降量的四分之一，沉降值约相当于桩身混凝土压缩模量变形值，情况优良。在相同的沉降值桩的承载力作用下，PS—2 桩均大于 PS—1 桩。

从图 2、图 3 反映 PS—2 桩沉降随荷的变化无明显转折，具有很好的线性关系，基本符合弹性阶段变形特征。PS—1 桩则在 3600kN 荷载下出现拐点进入弹塑性阶段，相应沉降值 $S=8$mm。在相同条件下两者荷载相差近一半，说明 PS—2 桩的允许承载力比 PS—1 桩大一倍左右。

从图 4 同样看到 PS—1 桩在 3600kN 荷载之后各级荷载，沉降率加快，S～lgt 曲线尾部明显向下弯曲。而图 5 显示 PS—2 桩 S～lgt 曲线各级荷载下均为均匀直线分布，无曲线尾部弯曲。说明 PS—2 桩未达极限荷载，承载力大于 PS—1 桩。

思 考 与 练 习

一、填空题

1. 实验报告是按照一定的格式和要求，反映实验的_____、_____、_____和_____的文字材料，是实验_____的总结。实验报告包括_____类报告和_____类报告。

2. 测试实验类报告是在模拟条件下，对建筑构件的_____、_____、_____、_____、耐低温或高温等方面进行测试，然后将有关数据予以_____，用书面形式表达出来的文书。

3. 实验报告有一定的说明顺序，实验器材要按_____分类说明；实验装置要按_____说明；实验步骤要按_____说明；实验结果和归纳结论要按_____说明。

二、简答题

1. 实验报告的主体部分包含哪四个方面的内容？

2. 写实验报告时有些什么基本要求？

三、根据专业性质，模仿例文三设制一个试验，然后写一份类似的测试实验报告。

第二节　建筑工程设计说明书

一、建筑工程设计说明书的性质与作用

建筑工程的设计由规划、建筑、结构、建筑设备等多工种的设计人员共同完成的。各工种的设计人员在绘制图纸时，一般都附有设计说明书，以便完整地表达出设计意图。可以说，建筑工程设计说明书是对建筑工程设计各方面图纸进行说明的文书，它与工程图纸互为补充，是整个设计文件的重要组成部分。

通过阅读设计说明书，人们可以对设计的依据、范围、指导思想、设计的主要技术经济指标，施工中应注意的问题等情况，有个整体的综合性的了解。

二、建筑工程设计说明书的特点

建筑工程设计说明书主要有以下特点：

1. 整体性。设计图纸与说明文字是密不可分的，设计图纸如没有说明文字，则很难表现设计人员或建设单位的制作意图；说明文字离开了设计图纸，则说明文字就成了无本之木，施工人员很难从整体把握建筑工程的各个环节和细节。说明文字是依附于设计图纸的。所以，在写作设计说明书时，要求以设计图纸的数据利用、制作目的、关键环节、注意事项为说明中心，注意设计说明书的整体性。

2. 实用性。设计说明书的实用性极强。每一张图纸的设计都或是下一道图纸设计工序的基础，或是建筑施工工序的依据，对于下一道工序的工作或施工具有指导意义。所以，在写作设计说明书时，要注重说明性，综合运用多种（除比喻说明以外）的说明方法，以确保绘图人员正确使用各种设计数据，施工人员正确使用设计图纸。

3. 客观性。设计图纸来源于客观勘察的各种数据及已经实践检验的科学数据，尽管设计图样是主观的，但其根据是客观的，设计说明书反映了图纸的这种客观性。所以在写作设计说明书时，首先要做到全面，要反映该项目设计的全貌，即设计的长处与不足均应写出；其次要做到用语准确，不采用不规范的术语，忌模棱两可，含糊不清。

三、建筑工程设计说明书的格式与写法

建筑工程设计说明书一般采用条文式，有的内容可以列成表格。由于图纸的用途不同，各种说明书的写法也略有不同，但一般来说，建筑工程设计说明书包括以下内容：

（一）设计的依据范围和指导思想；

（二）设计的主要技术经济指标（也可列成表格）；

（三）设计图的补充说明，如某种构造设计适用于哪些部位，装修材料的色彩的质地要求等；

（四）施工中应注意的问题，如工种如何配合，设备选择应注意哪些问题等；

（五）阅读本套图纸应注意的问题，如本图采用的尺寸单位，标音系统，设计中引用的标准图集种类等。

四、建筑工程设计说明书的写作要求

写作建筑工程设计说明书有如下要求：

（一）要熟悉业务。建筑工程设计说明书的专业性很强。撰写者必须对设计对象的各方面知识了如指掌，使说明书能表达得更为全面、准确。

（二）内容全面具体，数据确凿，专门术语的含意精确单一，语言简明扼要。

（三）条理清楚，字体清晰工整，最好写仿宋字。

【例文一】　　　　　　　　　　　　建筑设计总说明

1. 本工程系根据有关规划部门批准之方案进行设计的。

2. 本工程为某企业职工宿舍楼，总建筑面积为 600m²。

3. 本工程 ±0.000 标高相当于绝对标高 152.45m。

4. 墙体：本工程采用混合结构。墙体采用 MU10 粘土砖，M7.5 混合砂浆砌筑。

a. 外墙厚度 370mm，内墙厚度 240mm，非承重内墙厚度 120mm。

b. 墙体防潮层位于标高－0.060m 和－0.510m 处。在两道防潮层变化交换处，墙身与填土接触一面均需做防水砂浆防潮，与墙身水平防潮层交圈。防潮层采用 20 厚防水砂浆（1：2 水泥砂浆加 5％防水剂）。

c. 基础及砖墙上，穿墙管线之预留洞在管线安装完毕后，用 C15 细石混凝土填实。砖墙上小于 200mm×200mm 的孔洞不预留。

d. 砖墙的门窗洞口或较大的预留洞，洞顶标高与圈梁底标高重合时以圈梁代替过梁，不重合时采用预制钢筋混凝土过梁，详见过梁表。

e. 玻璃幕墙：屋顶日光室采用玻璃幕墙较多，幕墙的设计及制作安装由生产制造厂商承担，土建设计和安装部门配合设计施工。颜色同门窗。

f. 女儿墙墙身压顶采用 C15 混凝土，压顶高度 180mm，配筋 ϕ6@150 双向。

5. 室外装修：室外装修材料做法采用华北标准"建筑构造通用图集"88J1《工程做法》。

a. 外墙面：采用喷涂料墙面，外墙 42（涂料选用丙烯酸高级涂料），白色，施工前由厂家、施工单位现场做样板后由甲方及设计单位现场商定。

b. 勒脚：在－0.500m 和－0.950m 标高以下选用粗凿蘑菇石勒脚。两道标高之间应均匀过渡。分格现场商定。

c. 散水：采用散 4，宽为 800mm，每 5m 左右留缝，缝宽 10mm，沥青砂子嵌缝。

d. 平台及台阶：采用铺砌石料。

e. 屋面：采用屋 35 上人屋面（保温层 45mm 厚，三元乙丙卷材防水）。面层采用 15mm×150mm×150mm 红色地砖，嵌缝 8～12mm。

f. 檐口及墙头局部采用泰山瓦（喷黄色涂料，具体颜色现场确定）。做法参见建施 9 的补充外装修做法。

6. 门窗：详见施工图。

a. 门窗立樘：外门窗除注明外一律立樘于墙厚居中。内门一般立樘于与开启方向平。一般在开启一侧留有门垛，尺寸为 240mm。

b. 铝合金门窗为茶色，外门窗玻璃亦为茶色。

7. 室内装修：详见房间用料表。

a. 室内装修工程凡有水的房间（卫生间、厕所及淋浴）地面、楼面施工必须注意做好排水坡。不得出现倒坡或局部积水，泛水坡度不小于 1％，坡向，一般从门口坡向地漏。

b. 内装修的选材，颜色均需现场做出样板或色样后再定。

c. 室内吊顶的选材和颜色参照本企业综合楼之室内吊顶做法。

8. 其他未详事宜施工中均应遵照现行的有关施工验收规范进行施工。

【例文二】　　　　　　　　　　结构设计总说明

一、自然条件

1. 地震设计烈度为 7 度。

2. 场地处的标准冻土深度为 1m。

3. 工程地质与水文地质条件：

根据某工程地质勘察院 1993 年 8 月 26 日提供的某企业职工宿舍楼工程地质勘察报告确定工程地质情况如下：

自然地面至 0.5～0.8m 为耕植土。

0.5～4.3m 为粘质粉土（未穿透土层）。

本工程持力土层为粘质粉土，其容许承载力为［R］＝160kPa（16t/m²）。基础埋置深度为自然地面下 1.0m。基槽开挖后应全面钎探，并组织验槽，如发现与设计不符，应通知有关部门协商解决。

C15 素混凝土

图 1

钻孔内未发现地下水，不考虑地下水的影响。

本工程±0.000 相当于绝对标高 152.45m。

二、基础

本工程承重墙采用条形基础，局部为扩大基础（配筋）。非承重墙（120）采用元宝基础，见图 1。

三、本工程应遵守有关的国家现行施工验收规范和规程进行施工。

四、设计活荷载标准值。

1. 屋面：1.5kN/m²（上人）。

2. 宿舍：2.0kN/m²；走廊、楼梯间：2.0kN/m²；卫生间：2.0kN/m²。

五、材料

1. 混凝土：基础垫层及素混凝土：C10、C15。

　　　　　基础：C20

　　　　　除注明外，构造柱及圈梁、梁、楼板、楼梯均为：C25。

2. 钢筋：ϕ12 以下为 I 级钢，ϕ12 及以上为 II 级钢。

　　　焊条采用 T42（焊 I 级钢），T50（焊 II 级钢）。

3. 砖砌体：实心粘土砖为 MU10，砂浆为 M7.5 混合砂浆。

六、构造措施

1. 构件主筋混凝土净保护层厚度：

基础：35mm；梁：25mm；板：10mm（板厚 100）；15mm（板厚 150）。

2. 楼板：板的分布筋除注明者外均为 ϕ6@200，板上孔洞应预留，孔洞≤300mm×300mm 时板的主筋绕过洞边，不要切断。设备管板后浇，板筋不断。施工图中＜ϕ200 的孔洞均未表示，施工时应与其他工种密切配合，认真核对，以免遗漏。板底部钢筋为 I 级钢应加弯钩。板边支座负筋深入支座长度，I 级钢时 30d，II 级钢时≥35d。板上后砌非承重隔墙（120 厚）时应按建施图所示位置砌筑，墙下板内设 3ϕ14 加筋，两端应伸入支座 150mm。

3. 梁：梁内钢筋采用封闭式。梁上集中荷载处加附加箍筋的形状及支数，均与梁内箍筋相同，未注明时，在次梁每侧另加二组。主、次梁高度相同时，次梁底钢筋应置于主梁主钢筋之上。梁净跨度≥4m 时，模板应按跨度的 3‰ 起拱，悬臂构件均应按跨度的 5‰ 起拱，且起拱高度不少于 20mm。

4. 构造柱、圈梁与墙体：构造柱的施工应先砌墙预留马牙搓，后浇混凝土。圈梁兼过梁使用时，梁下主筋不得在洞口处截断，且两端伸过支座≥35d。承重墙厚为 360mm 和 240mm，除墙体的门窗洞口外，不得随意开洞。

5. 女儿墙构造柱：女儿墙应设构造柱并与女儿墙的钢筋混凝土压顶连接，女儿墙构造柱除从底层构造柱生起外，应每隔不大于 4m 设置构造柱，其主筋可在屋面圈梁中预留。

七、回填土应分层夯实，夯实后的干密度不少于 1.6t/m³ 填土内有机物含量不超过 5%。

八、本施工图所注尺寸以毫米（mm）计，标高以米（m）计。

【例文三】　　　　　　　　给排水设计说明

一、设计范围

根据建筑提供的作业图。本设计包括给水系统、排水系统、消火栓系统。由于业主没有提供室外给水及排水的有关资料。本设计给水管道作到室外水表井处，水表井由业主负责。排水管道作到室外 1m 处，今后作室外总图时，室外市政给水水压、管径应满足本楼的给水水压及管径要求。供给消防管道的给水管应满足本楼的消防水压 3.5MPa 及消防水量 10L/s 要求，如果室外给水管压力及水量不能满足室内消防要求，室外应设增压泵房。室外消防由甲方负责，并且按消防规范设置室外消火栓。

二、设计说明和图纸

本说明和设计图纸有同等效力，凡载于此而未载于彼者，均应遵照执行。若两者有矛盾时，应以设计人解释为准。

三、设计选用的设备和材料均为全新产品，并应有符合国家或部颁现行标准的技术质量鉴定文件或产品合格证。消火栓采用飞达金属制品厂产品，消火栓箱内配备有 D65mm、L＝25m 水龙带一条，D65mm×19mm 水枪一支。

四、管材与接口

1. 给水管、消火栓均采用镀锌钢管、丝扣连接。

2. 排水管：室内 DN＜50mm 者，采用镀锌钢管，丝扣连接；DN≥50mm 者，采用排水铸铁管，石棉水泥捻口。

五、阀门：DN≤50mm 者为截止阀，DN＞50mm 者采用闸阀。

六、管道防腐

1. 给水管外刷银粉二道，埋地管外刷热沥青二道。

2. 消火栓管先刷樟丹二道，再刷调合漆二道（红色）。埋地管外刷热沥青二道。

3. 排水铸铁管外刷樟丹一道，银粉二道。埋地管外刷热沥青二道。

4. 所有管道在进行防腐前均应进行除锈。

七、尺寸和标高

1. 所注尺寸除标高和管长以 m 计外，其余均以 mm 计。

附：【例文三】图示

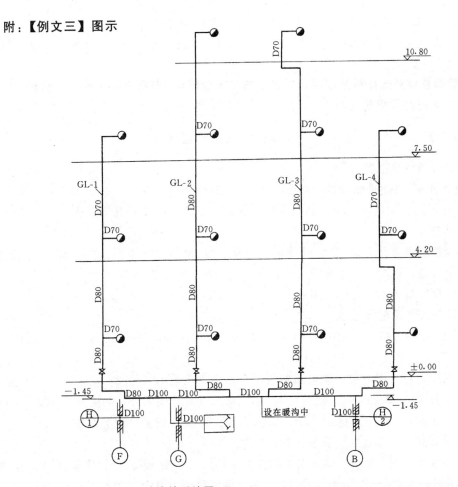

消火栓系统图

××建筑设计院	工程名称		××办公大楼		
	项　　目		办公楼		
审　定		设计主持人		设计号	93-031
审　核		工种负责人	说明、图例、图纸目录 及消火栓系统图	图　号	水施1
校　对		设计制图		日　期	93.4

图　　例

名　称	符　号	名　称	符　号
给水管		消火栓给水管	
排水管		给水立管及编号	GL
排水立管及编号	WL	地漏	
消火栓立管及编号	HL	通气箱	
消防水泵接合器		普通龙头	
S、P型存水弯		止回阀	
闸阀		检查口	
截止阀		清扫口	
拖布池		八字阀	
消火栓		蹲式大便器	
给水出户管编号	G	小便器	
排水出户管编号	W	洗脸盆	
消火栓出户管编号	H	坐式大便器	

使用《国标》目录

1	拖布池安装图（甲型）	90S34227	供参考
2	洗脸盆安装图	90S34235	供参考
3	管道支架及吊架	S119	供参考
4	坐式大便器安装图	S9034264	供参考
5	小便器安装图	S9034278	供参考
6	蹲式大便器安装图	S9034264	供参考
7	消火栓安装图	91SB/107	供参考

2. 管道标高：给水、消火栓均指管中心，污水管指管内底。

八、除本说明外均应遵照《采暖与卫生工程施工及验收规范》（GBJ242—82）（以下简称"规范"）要求施工。

九、管道穿混凝土楼板及墙时应在浇筑前与土建配合，留出必要的孔洞以利管道安装，尽可能避免事后打洞损伤钢筋。

【例文四】 电 气 设 计 说 明

一、设计依据及范围

1. 设计依据：《建筑电气设计技术规程》JGJ16—83。

2. 设计范围：配电、照明、共用电视天线系统、防雷接地、电话系统。

二、供电电源

本工程按三级负荷考虑，由室外交电所引来一路 380/220V 电源，在一层配电室设电容器柜做集中补偿。在大堂、走廊及主要出入口设充电式应急照明灯。

设备容量：$Pe=37.08kW$；补偿容量：24VAR；功率因数 $\cos\phi\geqslant0.9$。

三、设备安装及电缆敷设

1. 配电室选用 PGL—1 型配电柜及 PGJ1 补偿柜，下设电缆沟 500mm×600mm（宽×深）。

2. 照明配电箱、事故照明配电箱均为暗装，底边距地 1.4m。

3. 照明开关、插座选用"奇胜"牌 E 系列产品，除注明者外，列关选用 10A、250V，暗装，中心距地 1.4m，距门框 0.2m；插座 10A、250V，暗装，中心距地 0.3m。

4. 照明灯具由甲方自定，安装方式按注明定。

5. 电源进线选用 VV29—1kV 电力电缆埋地引入，一般电线选用 BV—500V，除注明者外，照明回路为 BV—1.5mm²，SC15，PA；插座回路为 BV—2.5mm²；SC15，DA，所有管线均穿钢管暗敷设。

6. 穿管规格参见《建筑电气安装工程图集》JD50—606。

7. 管线凡遇建筑伸缩缝、沉降缝、变形缝时应按《图集》JD6—420 施工。

四、共用电视天线系统

本工程设独立的共用电视天线系统，能接收 2、6、8、15、17、21 等频道电视节目，用户电平要求 73±5DB，电视电缆为 SBYFV—75—9，SC25，暗敷，电视前端箱暗装，底边距地 1.4m，电视出线口中心距地 0.3m，暗装。

五、电话系统

1. 由市电话局直接引来 20 对电话电缆进入一层电话机房，机房内设电话交换机，型号由甲方自定，然后由配线架至各层电话分线箱。

2. 电话电缆为 HYV—20（2mm×0.5mm），SC40，分支线为 RVB—2×0.2 穿钢管暗敷，1～5 对 SC15，6～10 对 SC20。

3. 电话分线箱为暗装，底边距地 0.3m，电话出线口暗装，中心距地 0.3m。

4. 电话机房接地装置采用 40mm×4mm 镀锌扁钢沿机房四周明敷，凡遇门口等处无法明敷，则埋地敷设，安装高度 0.3m，接地装置作法参见《图集》JD—124。室外单独设接地板，接地电阻小于 4Ω，在图示两处与室外接地板焊接。

六、防雷接地系统

1. 本工程防雷接地等级为三级。电源进线处做重复接地，接地电阻≤4Ω。

2. 在屋顶女儿墙上用 $\phi10$ 镀锌圆钢作避雷带，与柱内两根 $\phi20$ 以下钢筋通长焊接作防雷引下线，并利用基础梁内两根 $\phi20$ 以上钢筋通长焊接作接地用，形成环形接地网。

3. 接地电阻要求小于 4Ω，当实测结果不满足要求时，增设接地板，在引下线＋1.8m 处预留测试卡子，－0.8m 处预留镀锌 40mm×4mm 扁钢。

4. 凡突出屋面的金属管道、构件等均应与避雷带可靠焊接。

5. 本工程为接零保护，凡正常不带电而当绝缘损坏有可能带电的金属管材，各箱体外壳均应可靠接地。

七、其他

其他未尽事宜，请参见《建筑电气安装工程图集》进行施工与交验。

【例文五】 　　　　　　　　　**×工厂板金车间设计总说明**

一、设计概况

1. 本工程系根据规划局批准之方案进行设计的。

2. 本工程为北京市××××厂的板金车间。

3. 本工程的±0.000 标高相当绝对标高 39.80m。

4. 工程的结构方案为钢筋混凝土排架结构，跨度18m，柱距6m。抗震设计烈度为 8 度。根据××勘察设计院提供的"93 技 17 工程地质勘察报告"，基础持力层为轻亚砂土，地耐力取110kN/m²。车间内设 10t 吊车 1 台，型号由甲方选用。车间工艺设计和设备均由甲方自行设计或选用。

二、建筑设计

1. 车间外型尺寸：长为 48.74m、宽为 18.74m，檐高 8.915m。

2. 外墙 370mm 厚，建筑内外装修材料做法见建施 5 的工程做法表。

3. 门窗：窗采用钢窗，外门采用钢木大门，采用的标准图见建施 3 的门窗表。门窗钢材刷一道防锈底漆，两道调和漆，外刷墨绿色，内刷米黄色。

4. 采用不上人屋顶，女儿墙外排水，屋顶有保温层，防水层可采用三毡四油一砂习惯做法；如果采用高分子类卷材，应按市建委有关文件要求，选择质量好的厂家，并严格按其要求施工。

三、结构设计

1. 柱基为钢筋混凝土杯型基础，基底标高－1.8m，基础高 H 为1.2m。基础梁为普通标准基础梁，可预制。A 轴、B 轴的⑨—⑩柱间基础梁采用现浇，以便预埋门框柱的插筋。

2. 上部结构：钢筋混凝土柱为预制构件，牛腿标高 4.01m；屋面结构体系采用预应力钢筋混凝土 I 字形薄腹梁、大型屋面板及其支撑

阅读训练

1. 该说明书设计的依据是什么？

2. 该说明书主要运用了何种表达方式？

3. 该说明书在内容上、语言上有何特点？在组织材料上有何特点？

245

体系。屋面梁、屋面板、吊车梁及支撑的制作、安装见标准图；围护墙采用 370 厚砖墙，设三道圈梁，并兼窗过梁。

四、材料

混凝土：C10 用于基础垫层；C15 用于杯形基础及暖气地沟；C20 用于基础梁、门槛及其他；C30 用于钢筋混凝土柱。

砌体：砖采用标号 MU7.5 粘土砖。

砂浆：±0.000 以下用 M5 水泥砂浆；±0.000 以上用 M5 混合砂浆。

钢材：ϕ —— I 级钢 A3；

$\quad\quad\quad \phi$ —— Ⅱ 级钢 $20MnS_1$ 或 $20MnNb(b)$；

$\quad\quad\quad$ 焊条 —— I 级钢采用 T40；Ⅱ 级钢采用 T506 或 T507。

屋面梁、屋面板、吊车梁等工厂制作的材料见有关标准图。

五、其他

未及事项均应遵照现行的设计与施工验收规范。

思 考 与 练 习

一、填空题

1. 建筑工程设计说明书是＿＿＿＿＿＿＿＿＿的文书，它与工程图纸互为补充，是整个＿＿＿＿＿的重要组成部分。

2. 建筑工程设计说明书有＿＿＿＿＿＿性、＿＿＿＿＿＿性、＿＿＿＿＿＿性的特点。

3. 通过阅读设计说明书，人们可以对设计的＿＿＿＿＿＿＿、＿＿＿＿＿＿＿、＿＿＿＿＿＿＿、设计的＿＿＿＿＿＿＿＿＿＿，施工中＿＿＿＿＿＿＿＿＿等情况，有个整体的综合性了解。

4. 设计图纸与说明文字是密不可分的，设计图纸如没有说明文字，则很难表现＿＿＿＿＿＿；说明文字离开了设计图纸，则＿＿＿＿＿＿＿＿，施工人员很难以整体把握＿＿＿＿＿＿＿＿＿。

二、简答题

1. 建筑工程设计说明书有何特点？这些特点对写作设计说明书作何要求？

2. 建筑工程设计说明书包括哪些内容？

3. 建筑工程设计说明书有何写作要求？

三、结合自己的专业设计，拟写一份设计说明书。

第三节 经济活动分析

一、经济活动分析的性质和作用

经济活动分析是依据党和国家的方针政策，利用计划指标、会计核算、统计资料以及调查了解的实际情况，对企业的生产、流通、分配和资金使用等经济活动过程及其结果进行比较、分析和研究的一种陈述性的书面报告。是建筑企业常用的应用文体。

经济活动分析，它的书面形式常称为"经济活动分析报告"、"情况汇报"、"总评"等，属于企业总结性文书，与总结的意义、作用和方法在本质上是一致的，是对企业的实际经营情况进行回顾分析和评价，肯定成绩，找出差距，查清原因，总结经验教训，为今后的工作提出措施。因为企业的经济活动，从计划的制定，实施到最后的实践效果，都主要体现在数据指标上，所以企业的经济活动分析主要是围绕数据指标来进行。通过分析来揭示数据指标的变化规律、剖析影响数据指标变化的因素以及影响程度的大小，从而总结出经济活动在企业中的发展趋势，拟订改进企业经营措施，挖掘企业潜力，全面实现企业的经营目标。

经济活动分析与调查报告、总结的所述内容，都是客观上已经发生过的行为，都是对以往的实践过程进行分析研究，并找出规律，用以指导今后的实践，这是它们的相同点。它们的不同点是：

1. 内容不同。经济活动分析只限于经济领域，而调查报告和总结，则不受领域的限制。

2. 解说方法不同。经济活动分析专业性强，有一系列科学的专门的数学分析方法，如比较分析法、因素分析法等。一般通过对大量的数字的分析，得出结论，指导以后的经济活动；而调查报告和总结，主要以事实和理论作为依据，说明某种观点，抽象出某些规律性的认识，以指导以后的工作。

3. 写作目的不同。经济活动分析在对经济活动进行分析之后，水到渠成地"建议"今后该怎样做，具有相当的预测性；而调查报告和总结则往往要从理论的高度有理有据地告诉人们为什么要这样做，为什么不能那么做。

经济活动分析是社会主义经济管理的重要方法之一，是分析研究企业经济活动，提高经济效益的必要手段。其主要作用如下：

1. 有利于制订符合客观经济规律的切实可行的计划

经济活动分析是企业制订计划的重要手段，通过经济活动分析，能考察了解经济现状，分析研究现象和本质，找出存在问题，预测未来趋势，为日后的经济发展指明方向，为制订符合经济规律的切实可行的经济计划提供可靠的依据。

2. 有利于检查和监督计划的执行

进行经济活动分析，能检查和评价计划的执行情况。能发现计划本身与客观经济规律是否相符，以便进一步修正计划，使计划日趋完善，以至达到新的高度。

3. 有利于企业端正经营思想，提高管理水平

经济活动分析是企业管理的重要组成部分，贯穿企业经济活动全过程。经济活动分析主要是分析企业经济活动是否符合方针政策的要求，是否坚持社会主义经营方向，肯定成绩，找出差距，总结经验教训，提出改进工作的最佳方案。使领导看了心中有数，及时作出指导和安排，并修正计划，改善经营管理；使群众看了明确方向，挖掘潜力，发挥最大积极性，达到提高服务质量和增加经济效益的目的。

4. 有利于了解市场动态，不失时机地采取相应的对策

经济活动分析是预测市场变化趋势的前提，通过分析，及时准确地了解和掌握市场的变化，不失时机地采取相应的对策，改变产品结构，调整市场布局，调节商品流通，保证市场的供应。

二、经济活动分析的种类

经济活动分析的种类很多。从开展经济活动分析的情况看,按照经济部门分,有工业经济活动分析、农业经济活动分析、商业经济活动分析、建筑经济活动分析等。在建筑企业里,经济活动分析的内容和形式多表现在建筑品种、产量、质量、消耗、劳动生产率、成本、利润、流动资金上。经济活动分析,按照分析目的和涉及范围的分,通常有下列三类:

1. 经济活动综合分析。这是对某一个经济部门或某一个企业的经济活动,进行全面分析后而写成的书面材料。综合分析不是各部分分析的简单汇总,而是抓住对各项主要指标完成情况的分析,查明影响指标完成的各种主观和客观原因,找出优点和缺点、有利和不利因素,全面评价经济管理工作,提出改进方案。根据分析结果写成的综合分析材料,不仅可以总结这一阶段的工作,而且还可以作为下半年或下年度改进管理的参考方案。

2. 经济活动专题分析。这是抓住经济活动中某一个专门问题,进行比较深入细致分析后而写成的书面材料。如经济管理中的决策分析、施工计划完成情况分析、工程质量分析等专题分析的特点是:主题比较突出,内容比较集中,分析比较透彻。它既适用于集中分析经济管理中带有关键性的重大问题,也可以一事一议反映经济活动过程中出现的问题;通过分析研究这些问题产生的原因、造成的影响以及发展的趋势,提出改进意见,使领导引起重视,以便及时采取对策,加强经济管理工作,提高经济效果。

3. 经济活动进度分析。这是对执行计划的进度分析进行,后而写成的分析材料。这种分析材料是通过对生产或施工进度的分析、检查计划执行情况,从中发现执行过程中的新情况、新问题,以便采取措施保证计划的完成。因此进度分析材料,具有内容鲜明、篇幅短小、时间性强的特点。

三、经济活动分析的方法

经济活动分析的一般程序是:① 确定课题,提出分析对象;② 搜集资料,掌握情况;③ 对比分析,发现问题;④ 找出原因,抓住关键;⑤ 提出措施,改进管理。

常用的经济活动分析方法有对比法,连环代替法,差额计算法、平衡法等。

1. 对比法:通过有可比性指标的对比,找出差异。进一步分析存在差异的原因,并以数字资料为依据。对比可以从以下几个方面进行:

(1) 实际完成数为计划数,实际完成定额与计划定额的对比,说明完成计划的程度和定额水平。

(2) 本期实际完成数和前期实际完成数的比较,说明发展的趋势和经营管理的情况。

(3) 单位之间的比较。包括企业内部各单位之间,本企业与外企业之间的比较,并找出差距,说明企业的管理水平和市场的竞争能力。

(4) 项目之间的比较。如企业施工的各个工程项目之间进行的对比,说明工程项目的质量、消耗、劳动效率等情况。

2. 连环代替法:又称因素分析法,它是将影响某项指标的几个相互有联系的因素进行排列并列出算式,计算式中的各项指标计划数按顺序逐个以实际数代替,然后用代替后得出的数值与代替前的数值进行比较,计算出每一因素对指标的影响程度。

3. 差额计算法:又叫价差分析法。此法是计算出各种因素的实际数和计算数之间的差额,确定其对指标影响的程度。

四、经济活动分析的格式与写法

撰写经济活动分析，由于材料各有不同的特点和要求，因此没有固定的格式。通常包括标题、正文、具名和日期这四个项目。

1. 标题。一般要写单位名称、时间和种类。如《199×年建筑二公司财务状况的分析》。

2. 正文。分三个部分：

开头部分：一般运用数据，简明地点一下形势，扼要地介绍所要分析问题的基本情况，列举各种指标。这是展开分析的依据，有提出问题，引导分析方向的作用。

中间部分：这是分析的主体。一般应从分析的目的要求出发，紧扣主题，运用资料和数据结合具体情况，进行具体分析，得出明确的结论。在分析时，既要分析经济活动的成效，总结经验，又要揭露矛盾，分析原因。当然，一篇分析材料应有所侧重，或以分析成绩为主，或以分析问题为主。

结尾部分：一般根据分析中所反映出来的问题，提出改进的意见、建议或措施。

3. 具名。单位名称如已在标题中出现，这就不要再具名；如未在标题中出现，则应在正文的右下方具名（或在标题下面具名）。

4. 日期。写在正文右下方具名的下面，要写明年月日。

五、写经济活动分析的要求

1. 要敢于揭露问题

写作分析时必须坚持原则，实事求是，肯定成绩，不回避矛盾，要有科学的态度，要全面看待，分析各种指标。掩盖差距矛盾的分析是不足取的。

2. 要突出重点

经济活动分析不能不分主次，写得面面俱到，要抓住关键问题，突出重点，深入分析，揭示潜在的问题，提出有预见性的意见。

3. 要防止单纯罗列数据

经济活动分析是用数据指标来分析问题的，数据指标十分重要，在书面材料中占有重要地位。但是数据指标分析必须与因素、情况分析相结合，才能反映经济活动过程中问题的本质。因此，要求在书面材料中切勿单纯罗列数据，使人不得要领。

4. 要加强科学性

写分析材料要客观全面，既肯定成绩，又要找出差距；既摆明有利因素，又要说清不利因素；既要分析客观因素，更要分析管理上的主观因素等等，切忌片面性。

加强科学性还要求观点和材料统一。观点是从数据材料中提炼出来的，又是分析数据材料的出发点。不能罗列现象，没有主观的分析意见。

【例文一】

某施工企业经济活动分析表

经济活动分析项目	1994	1995	1996	平均值	结　果　分　析
产值利润率（%）	8.34	6.75	3.87	6.32	收益性指标下降，表明企业经济效益逐年下降应从投入和产出两方面查找原因
资金利润率（%）	15.02	11.57	5.74	10.78	
成本降低率（%）	7.96	6.11	2.07	5.38	

经济活动分析项目	1994	1995	1996	平均值	结 果 分 析
经营安全率（%）	28.30	24.90	9.20	20.80	安全性指标下降，表明企业安全系数
流动比率（%）	108.6	101.70	82.40	97.57	在逐年下降，应引起高度注意
速动比率（%）	40.40	17.30	16.80	24.83	
总资金周转次数（次）	2.00	2.20	1.50	1.90	流动性指标下降，表明企业占用增加，
定额流动资金周转次数（次）	3.70	3.80	2.30	3.27	周转迟缓，应从减少占用，加速周转上
固定资金周转次数	4.30	5.50	4.10	4.63	下功夫
劳动生产率（元/人·年）	10419	12265	11798	11494	装备率递增，人均创利额递减，劳动
人均创利额（元/人·年）	869	752	457	693	生产率增而不稳，表明企业装备水平增长，
技术装备率（元/人）	1.85	2.13	2.15	2.04	但设备利用率、产出率不高，劳动效率潜
劳动装备率（kW/人）	3.12	2.38	3.89	3.13	力很大，可能有设备、人工的闲置，窝工浪费
产值增长率（%）	29.5	67.70	49.40	48.90	固定资金猛增，利润猛降，产值与利润
利润增长率（%）	11.90	6.50	（—）40	（—）7.2	变化趋势相反，进一步说明三者不能同
固定资产值增长率（%）	15.70	19.00	42.20	25.60	步，固定资产占用过多而作用没有发挥

【例文二】 ××市混凝土振荡机制造厂（简称××厂）
流动资金使用情况分析

××厂是生产混凝土振荡机的专业厂，近几年来，该厂生产连年发展，品种不断扩大，销量大幅度上升，为国家提供了大量的积累和外汇收入。

同199×年相比，199×年该厂工业总产值（按不变价）增长2.2倍，产量增长2.2倍，品种规格增长2.3倍，质量稳步提高，已有38%的产品达到国际标准。产品不仅畅销全国，还远销欧美和东南亚。近三年，出口振荡机共达××万台，创汇×××万美元，税利总额达×××万元。

但从资金使用分析，还存在一定的差距。定额流动资金周转天数199×年为××天，比199×年××天缓慢××天，相对多占用流动资金×××万元。

一、流动资金周转缓慢

（一）产品降价，销售收入减少，影响流动资金周转××天。

（二）产品直接对外后，资金结算方式改变，使流动资金周转缓慢×天。

该厂的出口产品原由外贸公司经销，产品完工后，工贸双方立即结算，付款周期最长×天。去年，工厂直接对外，外贸公司代理发运和外汇结算，要等商品上船6个月后，外商将贷款汇入，再由外贸公司按月结算，贷款回笼期大大延长。据统计，该厂199×年中期发出到年底没有回笼的出口产品占用资金达×××万元，影响当年销售收入×××万元，比199×年缓慢×天。

阅读训练

1. 该文标题由哪几项组成？

2. 开头部分写了什么？为什么要这样写？

3. 该文运用了何种分析方法？

4. 建议是否有价值？为什么？

二、定额资产占用额上升

（一）由于出口产品品种增加，国外进口轴承、出口包装物等储备增多，而使资金多占用××万元。

（二）库存材料结构不合理，主要材料储备偏低，辅料储备偏高，以致该厂199×年曾几度出现过停工待料现象。

（三）产品单位成本增加。以可比产品按加权平均计算，199×年单台成本平均为×××元，比199×年增加××元，199×年库存量×××台，成品资金多占用××万元。

（四）产销率降低，成品库存上升。其中A系列振荡机199×年平均产销率仅为××％，比199×年减少××％，即相对减少销售××××台，平均多占用资金××万元。B系列振荡机199×年产销率平均为××％，比199×年减少××％，即相对减少销售×××台，多占用资金××万元。

三、几点建议

为进一步挖掘资金潜力，减少资金占用，加速资金周转，提出如下设想：

（一）抓采购供应计划的管理，特别是在制订一般辅料采购计划时，优先考虑现有库存，逐步使库存偏高的材料资金压下来，可压低××万元以上。

（二）抓产销率的提高，如能使产销率提高到199×年××％的水平，则成品库存量可比199×年库存量减少三分之一，即可压缩××万元资金占用。实现这项目标，应着重抓生产均衡率，同时，抓产品验收、装箱、发运、托收、结算各道环节的协调工作。

（三）通过外销贸易谈判，争取缩短贷款回笼结算期限。以该厂与西德×××公司业务为例，产品发出后，贷款实际回笼期达8个月。如趁修订贸易协定谈判的机会，促使外商同意改为信用证结算方式，则可缩短结算在途期4个月；再与代理出口的外贸出口公司协商，贷款当月划付，则又可平均缩短半个月的结算在途期，从而加速资金周转。

思 考 与 练 习

一、填空题

1. 经济活动分析，它的书面形式常称为_____、_____、_____等，属于____ ____文书。

2. 企业的经济活动分析主要是围绕_____来进行。

3. 经济活动分析是_____的重要方法之一，是分析研究_____的必要手段。

4. 按分析目的和涉及范围分，经济活动分析可分为以下三类：_____、_____、_____。

5. 常用的经济活动分析的方法有_____、_____、_____、_____等。

二、简答题

1. 经济活动分析是何种性质的应用文体？

2. 经济活动分析与总结、调查报告有什么相同点和不同点？

3. 进行经济活动分析的主要作用有哪些？

4. 什么是经济活动综合分析？如何进行分析？

5. 进行经济活动分析时要按哪些程序？

6. 什么是对比法？从哪几个方面进行对比？

7. 写经济活动分析有何基本要求？

三、结合专业实习，拟写一份经济活动分析报告。

第四节　建　筑　论　文

一、建筑论文的性质和作用

建筑论文是研究建筑领域的理论问题和建筑实践活动的学术文章，是建筑领域理论问题和实践活动研究成果的记录和总结，可供人们学习和借鉴，对促进学术交流、考核建筑工作人员建筑研究水平、发现人才、培养人才、推动建筑事业的发展，有重要作用。

二、建筑论文的特点

（一）科学性

建筑论文要讲科学性，要求作者实事求是，正确地反映客观事物和客观规律，不得主观臆造。论据要充分确凿，论证要严谨周密。

（二）理论性

建筑论文要求运用科学的原理和方法去阐述建筑领域的问题，它要求站在一定的理论高度观察和分析问题，探讨建筑活动规律，具有较浓的理论色彩。

（三）创见性

建筑论文要求作者有自己的见解，不能人云亦云。它是作者新思想、新理论的体现，是为发表新理论、新设想、交流学术新成就而写的。新颖、独到的见解是建筑论文的主要特点，也是建筑论文的价值所在。

（四）专业性

建筑论文的材料、语言须具有专业特点。它的材料多运用数字、计算和图表，它的语言多运用建筑专业术语和专用名词。

三、建筑论文的写作

（一）选题

选题是论文撰写的起始，也是论文成败的关键。它不仅对决定论文的价值有重大意义，而且对文章的整个写作过程具有统帅作用。论题一旦确定，材料的搜集、整理、分析，论点的确立，提纲的草拟等都要围绕它来进行。论题如果选得好，那么下面一系列工作就可能进行得比较顺利，否则，下面的工作就可能受阻。

正确地选择和确定论题，一般应遵循以下原则：

1. 论题应在认真调查研究、刻苦钻研的基础上产生

建筑论文具有与建筑实践活动联系紧密的特点，所以在选题时必须对某一方面的问题

作深入细致的调查研究，查阅大量的有关资料，进行反复思考，这样才会有所发现，感到确有东西可写，论题就自然而然地产生了。

2．论题的大小要恰当，难易要适度

论文选题要充分考虑作者自身的条件，做到大小恰当，难易适度。如果选题过于宽泛，大而无当，难以深入地进行研究，结果只是在表面上作文章，写不出独到的东西，就不容易出成果。选题太小，难以展开，揭示不出带有普遍性、规律性的东西，达不到论文的要求。

3．论题要有实用价值和研究价值

所谓实用价值，即所选论题应能解决或回答建筑实践活动中或建筑理论研究中的实际问题。所谓研究价值，即所选论题应有一定的学术意义，值得探讨研究。

4．论题应有新意

文责求新。有新意是指要有新观点，有了新观点，文章就有了存在的价值。有新意，还包括对题目、内容、表现方式、语言等多方面的要求。

（二）资料的搜集、整理

占有资料是撰写建筑论文的基础，只有对大量的资料进行认真的分析、比较、研究，才有可能发现新问题，获得新观点。因此，写建筑论文，必须占有充实的资料。

搜集资料的原则：

1．全面性。全面性就是尽可能多地搜集与论题有关的各种资料。应占有与论题相关的历史和现实的资料；应占有与论题相关的正面和反面的资料；应占有与论题相关的具体与概括的资料。一句话，要广采博收。

2．指向性。指向性是指资料的搜集要紧紧围绕论题来进行，要根据选题需要搜集有用的资料。切不可盲目地搜罗。

3．求新性。求新性是指搜集的资料要尽可能反映论题涉及的学术研究领域的新动向、新信息。不然，即使所选论题是新颖的，但会因材料的陈旧而不能达到预期目的。

占有一定资料后，就应对资料进行整理、分析和选择，初步形成观点，为论文写作作好准备。

（三）建筑论文的格式及写作要求

1．标题。建筑论文的标题要求直接、明确、醒目，能给读者新鲜的感受和深刻的印象。

2．署名。论文作者的名字写在标题的正下方。

3．目录。篇幅较长，分章、节并加有小标题的建筑论文，要写出目录。

4．内容提要。较长的建筑论文一般要写内容提要。内容提要要求用高度概括的语言把论文的主要观点提示出来，以便读者在阅读正文前，从中了解论文的内容要点。

目录和提要，并非每篇建筑论文都必须具备。篇幅短小的就不必有这两项内容。

5．正文。正文包括绪论、本论、结论三个部分。

绪论是论文的开头部分，一般包括：选此论题的缘起、目的及背景；他人对这一论题的结论及看法（观点）；作者的观点及其论证的实践或理论上的意义。绪论的目的在于提出论题，引出本论。

本论是建筑论文的主体，是反映论文质量与学术水平的关键，因此，写作时，在形式上要求层次分明，脉络清晰。划分层次的方法通常是：

（1）以小标题为手段，把文章划分为几个相对独立而又有紧密联系的部分。小标题一般应该是作者围绕中心论点展开论证的分论点，或者是标明文章各部分的提要内容。

（2）以序码或空行为标记，来表示文章不同的层次部分。

（3）以醒目的字体来显示文章不同的层次部分。文章每个部分开头的第一句话，用较粗的字体印刷，这句话往往明确地显示出这一部分的主旨，亦即内容提要。

在内容上，要求逻辑严密，论证充分深刻。应做到以下几点：

1）论文的各个部分，都要分别完整地表达一个意思，要用一个中心句明确地概括出分论点。

2）论文的各个部分，都要围绕中心论点，从不同侧面、不同的角度触及文章的中心，起到说明、证明、支持中心论点的作用。

3）要恰当运用不同的论证方法，充分论证自己的观点。常用的论证方法有：例举法、引证法、对比法、反证法、归谬法、因果论证法等。

（4）材料和观点要高度统一，观点应统帅材料，材料能说明观点。

结论是论文的收尾部分，结论的内容应与绪论相关，同时又是本论部分的集中归纳。这部分可以写以下内容：

1）对所研究的课题的结论性看法；

2）对所研究的课题的探讨性意见；

3）对课题研究尚未解决的问题的展望。

以上所述，只是建筑论文的一般格式和写作要求，并不是一成不变的死板公式，作者可根据实际情况加以变通，只要能达到论文写作的目的即可。如果结论部分内容已在本论部分阐述清楚，也可没有结论。

【例文一】　　　　　　　　中国传统建筑的民族审美观

中国建筑是世界上独树一帜的建筑体系，有着悠久的民族传统。但是关于这个独特的建筑艺术体系，却很少有人从它的审美特征方面作过深入的、令人信服的分析。加以中国长期处于封建社会，官方统治者和士大夫历来视工艺为末技，尽管事实上存在着鲜明的建筑美学观点，也极少有成文的理论体系流传下来。在这里，只是提出一些值得深入探索的问题。

1. 建筑艺术的审美价值与伦理价值密切相关。建筑艺术不但要满足审美的愉悦，更要为现实的伦理秩序服务。中华民族的传统文化是建立在实践的理性的基础上的。美和善，艺术和典章，情感和理性，心理和伦理都密切相关联。郭沫若说："中国旧时的所谓'乐'，它的内容包括得很广。音乐、诗歌、舞蹈，本是三位一体可不用说，绘画、雕镂、建筑等造型艺术也被包含着，……凡是使人快乐，使人的感官可以得到享受的东西，都可以广泛地称之为乐，但它以音乐为代表，是毫无问题的。"所以，建筑的审美价值是服从于"礼"的要求的。礼乐

阅读训练

1. 绪论的目的是什么？

2. 该节的论点是什么？

3. 传统建筑的理性精神主要表现在哪些方面？

密切结合，就是中国传统理性精神的表现形态。把音乐作为艺术的总代表，是因为音乐最便于体现和谐秩序和序列关系，最便于广泛运用形式美法则，也最便于容纳众多的艺术主题。建筑在这些方面与音乐是相通的，而且与人的生活关系更加密切，它的审美价值与伦理价值更容易结合起来。传统建筑的理性精神主要表现在以下三个方面：第一，广泛运用数的等差关系。中国传统建筑从整体布局到细小的装饰，都存在着很有规律的数字等差关系。比如，间数以九间（清代扩大到十一间）为最大，依次降为七、五、三、一；进深以十三架为最高，以下递减至三架；屋角仙人走兽以十二个为最多，同样递减至二个；台座有一、二、三层的差别；斗拱按挑出的层数有三、五、七……至十一"硒"；装饰图案的用量，门窗格纹的花样，也有一些数量的等差规则。而这些规则，又多是通过朝廷的法典（如唐代的《营缮令》，宋代的《营造法式》等）固定下来，直接用这些数字的差别表示出不同等级人的建筑等级差别；同时也在艺术上形成了有规则的节奏，给人以统一的和谐的美感。第二，建筑审美所追求的境界是由空间的直观向时间的知解渗透。中国建筑的美，不在于单体的造型比例，而在于群体的序列组合；不在于局部的雕琢趣味，而在于整体的神韵气度；不在于突兀惊异，而在于节奏明晰；不在于可看，而在于可游。许多优秀作品如长安、北京、故宫、天坛、圆明园、避暑山庄和外八庙，以至万里长城等等，给予人们的感受，远远不止于愉悦快感，而是通过序列的推移展示出历史的意识，给人以哲理的启示。第三，建筑创作以现实生活为依据，以人的正常知解力为审美的标准。绝大部分的建筑形象，即使是帝王陵墓或是鬼神殿堂，都没有越出过人的正常审美习惯。它的艺术感染力主要是着眼于启示人对现实生活的反响，而不要求虚幻狂迷的宗教情绪。它要求空间比例、组合方式、装饰手法，结构机能等，都是人所能理解，所能接受的。中国的皇宫是庶民住宅的扩大，陵墓是生人堂室的再现，寺庙是世间衙署的翻版，就连牌坊、碑碣、华表等纪念建筑小品也是由生活中的实用物件蜕变而来的。无论多么华贵庄重高大的建筑，都没有高不可攀的尺度，没有逻辑不清的结构，没有节奏模糊的序列，没有不可理想的装饰，总而言之，都是以人为基本尺度而创作的。

2. 建筑艺术的感染力是在理性的基础上发挥浪漫的情调，尽量开拓审美的境界。建筑艺术和一切动人的艺术一样，仅仅靠理性是缺乏感染力的，或者说是缺乏更深更广的审美境界的。它必须同时富有浪漫情调，即必须有夸张想象，有奔放的形式。理性与浪漫交织到一起，艺术就插上了飞升的双翅，可以达到更高更美的境界。传统建筑的浪漫情调首先表现在尽量使无生命的建筑具有生命的情感。乾隆说："山无曲折不致灵，水无波澜不致清，室无高下不致情。然室不能自为高下，故因山构屋者其趣恒佳"。为什么建筑布置得高低错落就能致人以

4. 为什么说建筑艺术的审美价值与伦理价值更易结合？

5. 该节的论点是什么？用了何种论据？

6. 传统建筑的浪漫情调表现在哪些方面？请举例说明：

情呢？园林布局最能说明这个特点。中国园林讲究"巧于因借"，从而达到"步移景异"的效果。它能使人们在蜿蜒曲折的构图形式中，体会到有丰富生命的情和意。大至一个风景区，小至一座小庭园，无论是假山曲水，亭榭廊台，还是花草树木，飞鸟游鱼，都能触发人的想象力，唤起许多美好的联想，这就叫做"情景交融"。古代许多动人的诗词歌赋，往往是凭借着园林景物抒发出来的。许多景物的题名，如"坦坦荡荡"、"茹古涵今""淡泊宁静"、"香远益清"，等等，也都凝聚着人的主观情感。这种触景生情，物我合一的审美境界，正是理性与浪漫交织的结果。其次，在建筑的造型上也抒发了浓厚的浪漫情调。其中最突出的是反翘的曲线屋顶和浓重强烈的色彩。传统建筑的屋顶，说是"如鸟斯革，如翚斯飞"，把屋顶比拟为飞鸟的展翅，后来逐渐发展为凹的曲线屋面，又出现了翼角的起翘。在曲线屋顶最成熟的宋代，一个屋顶上没有一条是直线。现存实物中，如故宫的角楼，可以说是中国建筑造型美的杰作，它是以屋顶的巧妙组合取胜的。本来屋顶只是遮荫挡雨保暖防卫的构筑物，它的结构也只是符合力学原则的有规则的构件组合；但也就是在这个最实用和技术要求最高的部分，发挥了最大胆的想象力，使得中国建筑的屋顶式样，在世界上是最多的，形象也是最动人的。至于色彩，中国建筑用色的强烈大胆，在世界上也很少见，把大量的原色、互补色和金、银、黑、白等很难调和的色彩搭配到一起，给人的印象是很深的。这样大胆地用色，显然是出于某种强烈的审美欲望，表现出热切奔放的审美情绪。再次，审美的浪漫情调，必然导致建筑艺术追求象征的涵义，力求使建筑这种抽象的艺术富有具体形象的特征。如秦始皇营建咸阳，以阿房宫前殿象征太极，渭水灌都象征天河，以终南山峰象征宫阙大门，筑土为山象征蓬莱仙境；又仿造六国宫殿建在咸阳北山，象征天下一统。汉武帝造上林苑，置牵牛、织女石像，又置喷水石鲸和蓬莱三仙山于昆明池，将宫苑比拟为天上宫殿。又如清朝圆明园在正中轴线上布置水池，周设九岛，名"九洲清晏"，代表禹贡九洲。又模仿建造了江南名园、西湖十景和庐山、兰亭等名胜。这叫做"移天缩地在君怀"，是属于形式的象征。还有一种意境的象征。有些是用建筑或景物的名来启示意境的联想，如临水庭园多取《桃花园记》的情思，曲水茅亭多取兰亭流觞的佳话，等等。还有一些是通过环境序列和造型的处理，给人造成实在的感觉，使人从无生命的木瓦砖石中感觉到具体的事物。如北京的故宫，从正阳门到景山，通过一系列长宽不同，高低有序的空间处理，事实上给人构成了一个皇权的形象概念。天坛的大片林海，圆形的祈年殿、皇穹宇和圜丘，以及它们之间的比例处理，也给人构成了皇天至上的概念。这都是属于象征手法。再有一些是运用古典诗词中的比、兴手法，由一种形象联想起另一种事物，使象征涵义的深度和广度都远远超过原来形象的美学价值。见到松竹就想到要保持节操，临近清流就想到要

7. 该节在组织材料时用了哪些提示词语，使材料条理清楚？

提倡廉洁，而看到杂草就想到要鄙视贪婪。又比如四合院式住宅采用对称布局，中间高两侧底，内院大外院小，门窗向内，外墙封闭，这就能使人联想起封建社会中所谓长幼有序，内外有别，尊卑有定的伦理秩序，以及内向的家族观念和内省的修身标准。这些是需要丰富的想象力才能取得的，也是需要浓烈的浪漫情调才能造成的。

3. 建筑艺术的形式美法则直接来源于建筑工程的实践。优秀的传统建筑所以能给人以美感，是因为它们的造型都符合形式美的法则。但是传统建筑在空间关系、结构方式和装饰手法等方面所表现的形式美，都是直接来源于实用和技术，也就是建筑工程的实践。比如：建筑物之间的和建筑与环境之间的空间关系，有些是以观赏者的视觉经验为构图依据，在因视距变化而构成的不同画面中布置建筑、确定建筑的体量、轮廓和群体的疏密程度；有些从视觉的心理反应出发，运用收、放、敞、闭、开、遮、曲、转、俯、仰等手法，在变幻中使人感受到空间的美。其次，空间的组织一般都是由实用出发，因势利导构成艺术造型，从而给人以美感。比如南方紧凑的天井，北方开敞的院落，主要是出于通风和日照的实用要求；东南和西南许多民间建筑的外形错落有致，空间构图活泼美观，也主要是出于减少土方工程，尽量利用山地的要求。

8. 该节的论点是什么？在论证时运用了何种论证方法？

传统建筑结构的一个主要特征，是各个结构部分和结构构件之间有着统一的数学比例关系，即模数关系。早在春秋战国时期的工艺专著《考工记》中，关于城市建筑、道路、水渠的一些尺寸和构件尺寸，已经有了相当严密的模数关系。这种模数关系，在宋代是以"材"为基本模数。"材"的比例是宽2高3，合乎习惯上公认最美的矩形比例，也合乎一般材料力学的最佳比例。"材"分八等，每"材"的高度从九寸递减为四寸五分，又将每一"材"的高度分为15份，宽度分为10份，以6：4份为一"栔"。不同等级的"材"适用于不同等级的建筑，而每一座建筑的各部分都可以按规定用"材"和"栔"加以组合计算。一直到清代，虽然各时期的具体规则有些变化，但运用"模数"设计建筑的原则是一致的。

9. 传统建筑结构的一个主要特征是什么？

在中国传统建筑中，可以说没有纯粹为了装饰而出现的艺术构件和艺术手法。白石台座就是房屋的基础，雕花石础是出于木柱的防潮要求，菱花窗格是为也便于夹绢糊纸，油漆彩画是保护木材的必要措施，屋顶上的仙人走兽是固定屋瓦的铁钉套子。凡是一般归于装饰方面的东西，都有它们的实际用途，去掉了装饰物，也就损害了坚固和实用。中国古代的匠师们，就是凭借着这些实用所必需的手段，在建筑艺术舞台上驰骋美的想象，创造出了许多美的装饰构图和装饰技巧。

10. 传统建筑所表现的形式美如何通过建筑工程的实践来体现的？

建筑美学涉及的范围很广阔，理论派别也很多，任何简单化的论断都难以全面准确地说明建筑的审美特征。人类的物质生活越丰富，科学技术越先进，必然导致提出更高的精神享受，要求更多的艺术品类。作为人们生活须臾不可或缺的建筑，人们对它的艺术要求只会越来越多，建筑审美的境界只会越来越高。那种既不承认历史规律，又不正视现实生活，就主观地断定现代建筑无艺术可言论点，是没有什么根据的。

【例文二】　　　　　民居与城镇建设风貌

城镇是建筑的载体，它的建设和发展与社会生活的提高和经济发展同步，是一个动态过程城镇建设风貌，标志着国民经济建设的发展、人民生活的改善、思想意识的更新和精神面貌的体现。

传统民居与古村老寨，是城镇风貌的重要源泉。城镇作为城市建设与农村建设的中介，对城市建设的繁荣、农村建设发展都有不同程度的反映。既要体现城市化的基本要求，又要反映各地农村建设的情调，这种亦城亦乡的结合构成了城镇的特有个性与风貌。城镇建设中，根据自然的地势，道路的走向，把公共建筑与居住建筑有机地结合在一起，间插以绿化、广场、耕地，这种将建筑与自然揉合为一体，富有田园的情趣，体现着城镇两个文明建设的精神面貌。然而，由于种种原因，城镇建设并不尽如人意。有些问题得进一步反思，使城镇建设能以更多的吸收固有的文脉、反映出不同的特色。结合当前城镇建设中的主要问题，如城镇建设面临的矛盾、城镇建设应立足改造、城镇建筑应尊重固有文脉、强化城镇建设的风貌等，加以扼要的分析，以祈在体现城镇个性、改变城镇面貌方面有所启迪。

一、城镇建设面临的矛盾

随着社会建设的发展，城镇建设面临着许多新的挑战带来的一些新的矛盾。诸如生态失调，基础设施不足，城镇性质变更，文化设施欠缺，固有景观破坏，新旧建筑冲突等等，都是城镇建设与发展中亟待解决的问题。

城镇建设与用地的矛盾，来源于人口的增长和用地的局限，特别是对于山地、丘陵地带的城镇更加突出，给城镇发展带来制约。建设中不得不加大建筑密度，侵占原有广场、绿化、水面等。使原来山清水秀的城镇环境逐渐恶化，改变固有的幽美情调。

城镇在历史上由于各种特殊条件，有的形成于水陆码头、交通要道，有的形成于生产中心集散枢纽，而有的则系风景名胜、历史重镇……等等。它们都有各自的特点与个性，是人们聚集、交易、交往、停驻的所在，若发挥它自身的固有特点进行必要的扩建与补充，产生的矛盾并不十分显著。但当前有一种倾向，似乎所有城镇都要进行综合性发展，充斥了许多不密切相关的项目，改变着固有城镇性质，增加了城镇容量。

城镇中急待解决的商店、医院、学校、文化设施、活动中心、文

阅读训练
1. 城镇特有的个性与风貌是什么？

2. "然而，由于种种原因，城镇建设并不尽如人意。"一句在文中起何作用？

3. 该文采用的结构形式是什么？

258

化休息公园等的欠帐没有引起足够的重视。目前最为突出的是摆摊设点特多，若城镇凭临主要交通，每逢集日则水泄不通。文化生活考虑欠缺，老人、儿童游戏场所也非常不足。

城镇建设中对固有景观没有引起足够重视，旧有建筑、古老大树、岩坡、山峰、小桥、怪石等没加保护，热衷于一般建筑模式的抄袭，不加改变的引进，使城镇固有特色消失殆尽。

作为一个城镇，既有保护的任务，又有开发的必需。这一问题各执己见争论不休。城镇建筑过程中，如何更好地吸取当地建筑的符号与信码，通过提炼与升华呈现一种新的势态，应当引起人们的正视，全盘地拆了重建，似无必要，经济上也不能承受。在这种旧建筑与新建筑消长过程中，有一个新旧建筑的调和与对话问题，建设过程中应尽量避免形成彼此不相容的两张皮。

二、城镇建设应立足于改造

根据城镇的属性的和城镇的物力、人力、财力，不同于城市，在建设过程中避免大拆建而立足于改造。所以应重视环境、重视地方文脉、尊重固有框架，具有一定的自由度。

一座城镇，要注意大环境、中环境、小环境的统一，在改造过程中才能把握大的原则。所谓大环境，系指一个地区的整体环境，如涪函地区，川西平原，攀西地带，城镇的处理都应具有同一的格调；中环境系指城镇与其四周山脉、河流、林木、植被的关系；小环境系指城镇依山傍水而形成的气势。如大理的水，丽江的渠，都为城镇增添了生气和特色。

原有的城镇具有很多特点，其发展应以旧的骨架为依托，重视各城镇在历史上形成的文脉，进行适当地扩建、充实，方能保持它固有的特色。只有个别新兴企业才另开辟新点（不是新区），以满足现实的需求。例如丽江旧城的水是一大特点，虽小而别有情趣，在扩建中如果失去这一特点，就感到乏味。当然，在尊重地方文脉中也要回顾过去，立足现在，放眼未来，有一定的超前思想，方能取得惬意的效果。其中特别指出，有些典型的宅第、民居应加保留；有些新建筑的作法，其细部、处理手法，以及传统的符号信码，也应有所呼应以使彼此相互协调。

在保留原有城镇固有骨架基础上，有必要加强城镇基础设施的改造，向城市化过渡，这是当前总的趋势。因而，个别街道的截弯取直，广场拓宽、沟通交通也是必要的，但这仅是局部。在实践中往往出现城镇的一条街完全拆了重建，虽然城市化加快了，而就整个城镇来说，无论是空间、尺度、建筑格调都显得脱节，失却了固有的特色，在改造过程中应加审慎。

城镇建设既有统一格调，又有多样性的发展，具有一定的自由度。它的基调主要是空间、尺度和环境关系。城镇空间对人们的生活、休息、交往的场所应特别注意在尺度上紧凑合宜，给人以亲切感。对建

4. 城镇建设面临的矛盾有哪些？除了该文提出的还有其他的吗？

5. 城镇建设如何立足现实，放眼未来进行改造？

6. 城镇建设如何发挥它的自由？

259

筑尺度应加精心的研究，不能失之过大。同时，建筑的高底搭配，街道的凹进凸出以及建筑的疏密关系，都有一定的自由度。空间偶尔也应有较大的宅第，成组的绿化，个别的大树，较宽的街面，随意的坡道加以穿插，不必过于强求化一。故一座城镇面积不大，而其内部组织给人的印象也丰富多姿。

三、城镇建筑应尊重固有的文脉

基于城镇面临的种种矛盾，以及立足于改造的要求，不是大拆大建（个别地方由于社会的发展另建新的城镇除外）。建设过程中宜在宏观上把握以下几个问题，有助于使城镇向城市化过渡，适合时代生产、生活以及经济的发展要求。

脉络通畅。城镇脉络通畅，主要反映四个方面，道路、水系、运输和通讯，视城镇性质而各有侧重。

城镇骨架取决于自然的地形、水系和道路，它对于活化城镇空间、决定城市布局起着重要作用。水系的走向、汇流对于城镇的排洪防灾有重要调节作用。四川威州地处三江汇流之交，四川五通桥沿江而构成城镇主要交通，决定城镇的骨架，宏观上应将不同的区域加以沟通，互相呼应，形成整体。

城镇道路宽窄曲直随势而异。由于生活的需要与社会交往的原因，建筑前面空间与道路大多合为一体，出现凹凸不平的街面，变化丰富，若非主要交通道路宜维持原状保留它的原貌。几条道路的交叉点，形成了不定形的广场，体现着城镇的风土人情，是城镇重点所在。加上道路的纵坡，增加了城镇的空间层次，重庆的磁器口、贵阳的周村、丽江的阳城，都体现了这种特色。

城镇的人口及其聚居程度，决定了道路的负荷与货物、生活物质的吞吐量，除了有车进入主要广场、中心地带外，不一定都要贯穿整个城镇，这样有利于保持城镇固有的宁静气氛。四川雅安上里开发，其对外交通于一侧，十分理想。但是，随着城镇的发展，车辆的增加，应考虑有足够的停车场，否则亦不能适应。

通讯，是现代信息传递与文明重要标志之一，在改造过程中应把它放在重要地位。

经纬分明，城镇中主次道应有区别。对于强化城镇骨架时应着重考虑，进入不同区域和联系街坊的小道，与一般街道应有区别。当前城镇改造，首先应强化"经"的作用，是城市化的重要步骤，但这不是指的修建"一条街"城镇的骨架，从经来看，通常有一字经，十字经、三叉经、工字经几种，几个经的结合就形成城镇中心。城镇综合开发应与经和广场的形成紧密相联，经道与镇外过境交通相衔接，就活化了城市的交通。而联接经路的纬，它既标志了街道性质，也丰富了建筑的层次。凡是次要的部分及一般居住建筑都可用次要的道路相联系。

主要街道形成的交叉点，无论是人际的交往，广场的处理，建筑

7. 划分第三点的层次，并归纳每层层意。

260

的规模都有别其他地方，是城镇的聚集中心。根据性质不同，可以是商业中心、文化中心或交通中心，构成城镇的节点，是城镇的重要转换场所，是一个综合的有机体，是城镇历史文明、精神文明、物质文明的集中体现。所以，它的建设要有虚、有实；有封闭、有开敞；有对比、有呼应，不能互不相属，各自争胜。必要时，也可以充实一些碑、坊、楼、阁之类，加以强化和点缀。总之，这种节点，是人流集中所在，建筑要别致新颖，不但注意城镇景观，也要考虑夜间的灯光照明，体现城镇的人文景观。

城镇虽然不大，但对于人流的定向、导流、也应加以注意。过去城镇，大者以钟楼、鼓楼、文庙、武庙、城隍庙为中心，都处在城镇的要津，小的则以署衙、府第、祠堂为中心而发展，构成了不同的建筑簇群，都标志着城镇中重要的场所。广西侗族村寨的鼓楼，除了宗教、纪念意义之外，在总体上起着标志、导向、建筑重点、人流聚集中心的作用，若一座城镇有两三幢引人注目的建筑，在城镇面貌上将起着画龙点睛作用。除了重点建筑之外，其它如门、坊、桥、碑、楼、拱、塔、台之属，也可以起到这一作用，若没有这些建筑为之强化和点缀，空间上收是混合的，性质上是模糊的，城镇也缺乏一定的生气。有时，即或没有重点的建筑，"风致楼"的点缀，各地也有不同的风致树为之提示，如四川的黄桶树，云南的榕树，甘肃的"左公柳"（传为清左宗棠进军新疆时沿途栽的柳树），咸阳的古渡……，都能勾画出城镇的特色。

城镇分区，自来都较清晰，无论是商业、住宅、菜场、公共建筑、服务行业、文化设施都各有不同的区划，重点与一般的关系异常鲜明。生活区淡雅安静，尺度宜人，处理灵活，环境丰富；商业区车水马龙，人头攒动，熙熙攘攘，又是一派繁忙景象；服务行业又是另一种情调。当前这一情况，由于城镇的不断扩大，出现了各区的相互间插，造成了一定紊乱，城镇改造中在宏观上应给予足够的注意。

绿化烘托。绿化可以说是城镇的背景，城镇地处自然环境中，依山傍水，相互渗透，对于改善城镇环境、调节气候具有积极的作用。历史上城镇那种点、线、面绿化相结合的体系，滨河街的处理，水体充实各个空间的作法，加之住宅庭院的补充，构成了一个完整的体系，给城镇带来了生机。例如康定的水，雅安的河，承德的湖，丽江的渠，都为城镇增色不少。

随着社会人口老龄化，人们需要更多的休息活动环境，由于城市建筑的密集与环境的喧嚣，人们向往城镇较为宽松的环境是一种必然的趋势，如果没有足够的绿化山水作为背景，就丧失了它对城市调节的功能。

四、强化城镇建设的风貌

五通桥的水、乐山的佛、阆中的城、泸定索桥、苏州水苍、大理古城等等，这是历史的积淀，大的环境所决定，在城镇中如何发挥它的优势，丰富环境，强化风貌，是人们最关心的问题，四川南江有一"张飞古道"，依山面水，两旁柏木参天，粗达数围，古根盘错，虬枝插云，构成了美丽的自然景色，描绘了南江古城的特色。这里说明，任何城镇原有的骨架都有所依托。凡是奇、险、雄、孤、幽、怪、异的景色应加以保护；江、海、湖、河、塘、池、沟、渠的水体应加以充分的利用，它对于一座城镇的特有风貌的形成都是重要的条件。

固有建筑的保护和利用，是体现城镇风貌的重要方面。若不采取有力的措施，一座城镇的文脉就会由于时间的推移而湮灭。很可能有不少城镇中的庙宇、祠堂、宅第、宅居、大院，有的已作了粮库、车间，有的已经有过不同的改造，有的干脆拆了重建。当然，不是说所有的都加以保护，但是有些典型的、较完整的加以保留利用，作为民俗博物馆、民族博物馆以及群众文化活动场所，未尝不可。只有在全国具有重要意义的典型城镇，如山西平遥，云南丽江，才进行成片的保护，一般的城镇亦没有这种必要。

既然对固有建筑进行必要的利用与保护，新建的建筑如何在固有的建筑模式上提高一步，是广大建筑工作者最为关心的问题。笔者认为应从下列几点把握总的态度，庶几能够体现城镇各自的个性。

首先在尺度上，尽量把环境，建筑和人三者作统一的考虑，使建筑与空间给人以亲切感，尽量避免宏观的尺度和超常尺度。既或是多层建筑，尺度上也不宜过于夸张。

其次，适当地吸取固有建筑某些常见的符号信码，施用于入口、檐口和某些重点的装饰部分，使它与固有建筑在形象上有所呼应。

再者，建筑的层次要丰富多变。曲中有直，敞中有隐，高低错落，纵横驰骋，切忌沿街建筑平面上压红线和层数上等高的一刀切。这种作法，在任何城镇固有建筑中是少有的现象。

另外，城镇风貌要反映街景的处理，要引人、迎人、具有特色、耐人寻味。既要考虑建筑质量，也要注意整体效果，注意景点的建筑表现。

现代气息，在新的建筑上主要应体现标准化、工业化、平面组织与空间的表现。绝不能形成各种内容杂陈，装饰的"五花八门"，要提高建筑的文化素质。

最后，谈谈人行道与地坪问题，新建过程中目前多以水泥地面为尚，如有可能，局部亦可汲收各地的碎石地面、石地面与砖地面。人行道的绿化也不仅是一排行道树，可以成组成团、高低结合，向纵深渗透，打破原先的机械模式，以增加自然情趣。

8. "积淀"一词在文中是什么意思？

9. "文脉"一词在文中是什么意思？

10. 标出使该段材料组织得条理清楚的提示词语。

【例文三】 　　　　　　　　　浅谈建筑企业利润滑坡的原因及对策

　　利润是反映企业经营成果和管理水平的一项综合性指标。目前，我国建筑企业仍属微利企业，其利润主要包括施工利润和法定利润（或计划利润）两部分。近年来，为贯彻"治理经济环境，整顿经济秩序，全面深化改革"的方针，国家采取了压缩基本建筑投资规模、紧缩银根等一系列措施，使建筑施工企业面临任务不足和流动资金紧缺的严重局面，企业的生存和发展受到了严峻的考验。全国大部分建筑企业的利润出现了滑坡现象，近一半的施工企业出现了亏损，亏损面达到了 42.7%。我省一家较早进入省级先进企业的施工单位近几年来产值利润率从 83 年前的 8.03% 逐渐降为 87 年的 6.21%、88 年的 5% 和 89 年的 3.53%、90 年的 3.01%。虽然产值逐年上升，可利润却徘徊在 200 万元左右。利润滑坡不仅影响国家的利益，而且直接影响了企业及职工的利益。如何解决建筑企业利润滑坡的问题。已成为建筑企业今后生存与发展的一项关键性的任务。

一、建筑企业利润滑坡的主要原因

　　当前建筑施工企业利润滑坡的现象十分严重，造成利润滑坡的原因是多方面的，既有内部的原因，也有外部的原因，而主要是外部原因。归结起来，主要有以下几个方面：

　　1. 国家紧缩银根，施工任务严重不足。1990 年全国固定资产投资规模虽然与上年基本持平，但是由于投资结构的调整，资金较多的向能源交通基础工业及农业等方面投入。这样，地方施工企业任务不足便更加明显地表现出来。假若同以往计算口径一致，1990 年我省施工任务比往年减少 5% 左右，而施工企业却逐年增多，人中逐年增加，"僧多粥少"的现象较普遍。我省大部分建筑企业职工处于窝工、半窝工的状态。仅省建系统一家较大的施工企业就有 10% 的职工处于窝工半窝工状态。

　　2. 资金紧缺，企业难以维持正常的运转。由于有些建设单位在投资未落实，财力不足的情况下，便匆忙上项目，造成拖欠工程款的现象。全省施工企业拖欠工程款早已突破一亿元，占施工企业流动资金的 65%，严重地影响了企业的资金周转。国营大中型企业为了维持生产的正常进行，只得依靠银行增加超定额贷款。利息支出相应增加，必然增大企业的成本，影响经济效益。譬如，1990 年底，我省有家施工企业已向银行贷款 1950 万元，年付利息 150 万元以上。1986 年以前，该公司银行贷款（包括拨改贷款数额）还不足 900 万元，年利息支出还不足 60 万元。

　　3. 因施工任务严重不足，建筑企业之间竞争非常激烈。施工企业为了承接工程任务，相互间竞相杀价，让利施工，让利幅度逐年增大，1988 年我省建筑行业让利超过 1000 万元，1990 年突破了 2000 万元，相当于一个大中型施工企业的全部资金。施工企业承建的绝大部分工程不能按正常的取费标准收取独立费和间接费。

　　4. 长期以来，建筑产品价格背离价值，低于价值的偏向较为严重。作为建筑产品价格制定者预算定额部门设有及时调整因物价上涨而造成高于预算定额的费用，也是建筑企业利润滑坡的一个重要原因。我省建筑工程预算定额除少部分变动外，仍然执行 1988 年版的《建筑工程预算定额》，人工费、材料费、机械费的调增没有得到及时补偿。① 职工工资的增长，物价副食品补贴的政策性调增，大大地加重了企业的负担。比如，省建系统一家企业 1990 年与 1987 年相比，职工工资及副食物物价补贴增加了 190 多万元，而定额调增部分只相当于增加额的 52％。不难看出，该公司 1990 年的成本费用开支相比增大了 90 多万元，也就是说利润相应地减少了 90 多万元。② 建筑材料涨价幅度过大。以三材为例，钢材每吨 900 元上涨到 1800 元；水泥由每吨不到 100 元上涨到 200 多元；木材由每立方米 400多元上涨到 900 多元。虽然定额已相应地调增了一部分，但由于不计间接费等，企业在这方面无形中让价了 15％ 以上的间接费。③ 机械使用费。由于单机价格的猛涨，企业的机械折旧率仍维持原来的水平，表面看虽然成本费用增支不多，但要使机械设备保持规定的使用年限，就必须增大经常维修费，如不能达到规定的使用年限，就必须增加折旧金额（即提前报废，补提折旧等费用）。以上几个方面，因定额调整不够及时、全面，也加大了施工企业的成本，降低了利润收入。

5．企业内部管理不得力，缺乏发展后劲。近几年来，推行经营承包责任制，在管理和经济核算等方面，由于承包者的短期行为，普遍存在包而不管、以包代管的现象。许多行之有效的基础工作被忽视，企业的原始记录、会计台帐、核算体系等被废弃或名存实亡，"橡皮成本"、"领导成本" 处处可见，核算严重失真。有的企业领导为完成上交财政利润计划，欺上瞒下，假帐真算，甚至出现漏交或少交国家税收的现象。有的企业施工质量差，返工率增大，重复花费人力和物力。施工现场管理混乱，主要材料浪费较大，有的周转材料丢失非常严重。企业普遍存在设备、人员老化的现象。有的单位机械设备维修不够，带病作业时有发生，严重束缚了生产效率的提高。离、退休队伍加大。我省国营大中型施工企业退休劳保人员已近职工的五分之一，有的企业超过职工的四分之一，劳保基金的严重超支也必须由企业的利润来弥补。

此外，由于主观及客观原因，施工企业还出现了隐性亏损。主要表现在：① 拖欠工程款越来越多，隐藏着部分坏帐损失；② 库存积压物资特别是过时的机械配件。实际上已经没有多少使用价值，但仍然挂在物资帐上；③ 多种经营投资较多，有的项目投资难以收回；④ 一些确已无法收回的应收及予付款仍长期挂帐，未作销帐处理；⑤ 现行固定资产折旧率普遍偏低，平日所提的折旧远远不能补偿固定资产使用过程的损耗价值，不能满足更新、改造、重置固定资产资金的需要。近年来，全省建筑行业共发生隐性亏损至少在 1000 万元以上，仅省直一定施工企业 1990 年处理的隐性亏损就达 50 多万元。

二、解决利润滑坡的对策

建筑施工企业利润滑坡的原因是多方面因素造成的。要解决这个问题，必须从内外两方面着手，双管齐下，才能克服当前困难，达到提高经济效益的目的。

1．国家必须重视建筑业的发展，使建筑业成为真正独立的国民经济的一大支柱。按照计划经济和市场调节相结合的原则，在任务分配上对国营大中型企业实行倾斜政策，在计划施工产值方面可以适当考虑按资质条件和企业的生产能力核定其工作量。由行业主管部门采取议标或意向招标方式多给国营大中型施工企业一些任务。国家、省重点大型建设项目可以采取直接分配的方式指定给某些骨干施工企业，使其能有用武之地。

2．加强领导、上下配合，建立由政府、银行和企业组成的专门"清欠"机构，帮助企业解决拖欠工程款的问题。对一些拒不付拖欠款的单位，银行可以直接划拨；对暂时无钱支付的单位，可以协商承付利息或滞纳金；对某些无偿还能力的单位可实行破产还债，将其产品、机械设备、房地产等变价拍卖，强制归还欠款。

另外，国家要委托有关部门重新合理地核定建筑施工企业流动资金的贷款额度。建行或主管部门必须认真调查企业资金在各阶段的流动情况,重新核定企业的流动资金基数,在新的基础上再来确定贷款计划。

3. 切实做好投标招标的管理工作。目前我省招标工程建设有的存在着严重的舞弊行为,贪污受贿屡见不鲜。乡镇企业、农村建筑队决标时能中标,国营大中型企业却往往失标。由此,建议主管部门要加强对投标、招标工作检查、监督,利用法律手段制止某些违法行为。投标、招标管理机构及建设银行应公正合理地进行评标定标,防止某些建设单位盲目压价。

4. 严格执行基建程序,合理地确定建筑产品的价格。建设单位在项目审批时必须提供由建行出具履约资金的保函,对资金不足的项目建行不得随便签证。主管部门必须充分发挥其监督职能,认真审批基建投资情况,对资金有缺口又无法弥补的项目,必须责成基建单位压缩规模或削减项目。

鉴于目前预算定额普遍偏低的情况。定额主管部门必须认真调查研究,做一定量的细致工作,切实做到每两年调整一次预算定额,每一年调整两次材料预算价格,只有这样才能使建筑产品价格与价值基本相符。

5. 加强企业内部管理,强化经营承包责任制。首先,必须加强资金管理,严格划分固定资金、流动资金和专项资金的界限,采取各种有效的资金管理办法,如实行企业内部银行管理等,努力把有限的资金用好用活。流动资金只能用于生产周转,不能挪作他用。第二、提高产品质量,加强成本管理,特别是物耗管理。尽力降低物化劳动和活劳动的消耗,减少不必要的损耗,提高劳动生产率和机械利用率。第三、加强基础管理工作,建立必要的岗位责任制。基础工作是经营管理的首要任务,企业必须建立和完善必要的原始记录、会计台帐及正确的核算体系,发挥其应有的作用。第四、发展横向联合,积极开展多种经营,积极承揽国外工程建设,合理输出劳务,为企业多增效益,为国家多创外汇。第五、加强内部审计监督,促使企业的经济活力正常进行。

总之,只有内外结合,上下努力,同抓共管,调动一切积极因素,建筑企业利润滑坡的现象才会得到控制,经济效益才会得到提高。

思 考 与 练 习

一、填空题

1. 建筑论文是研究_____和_____的学术文章,具有_____性、_____性、_____性、_____性等特点。

2. 建筑论文须具有专业特点,它的材料多运用_____、_____和_____,它的语言多运用_____和_____。

3. 选题是_____的起始,也是_____的关键,对文章的整个写作过程具有_____。论题一旦确定,材料的_____、_____、_____,论点的_____,提纲的_____等都要围绕它来进行。

4. 占有资料是撰写建筑论文的_____,只有对大量的资料进行认真的_____、_____、_____,才有可能_____、_____。

5. 建筑论文的格式由_____、_____、_____、内容提要、_____等五部分组成。内容提要要求用_____的语言把论文的_____提示出来。

二、简答题

1. 建筑论文的科学性和创见性各有什么具体内容？

2. 正确地选择和确定论题，一般应遵循哪些原则？

3. 搜集资料有何具体要求？

4. 建筑论文的正文包括哪三个部分？各部分对写作作何要求？

三、在你专业范围内，就你所熟悉的情况写一篇有关急待解决问题的论文。

第五节 毕 业 论 文

一、毕业论文的性质和作用

中专毕业论文是中等专业学校在完成教学大纲规定的全部专业课程的基础上，由学校统一组织、教师具体指导、学生独立完成的一种应用文体。毕业论文从资料准备到选题撰写是集实习、论文写作和答辩于一体，三者相辅相成的教学过程，是以学生为主体的实践性极强的教学环节。现代社会需要的中等专业人才，所具有的科研、创新、管理、公关等多种能力，都能从毕业论文撰写过程中得到训练和提高。毕业论文的作用表现为：

（一）是教学目标完善和深化的必要环节

一切知识和经验，都是在"实践——认识——再实践——再认识"的多次反复过程中得到验证和应用的。毕业论文通过实习、写作和答辩而最终形成，使学生得到知、能、行三者的锻炼。对学生来说，虽然已经过中专课程的系统学习，但学习是在课堂中分门别类进行的，因而毕业论文的撰写对专业课程是一个重温、整理、巩固和深化过程。从学校角度说，毕业论文则是对专业人才进行完善和深化的过程。在客观上保证了人才培养与社会需要相适应。因此，可以说，毕业论文是中专教学目标完善和深化的必要环节。

（二）是人才素质结构中知识和技能相长的重要因素

现代知识总量的激增和知识更新的迅速，要求人们掌握和运用知识的能力必须强化。毕业论文写作的全过程就孕育着上述要求，成为知识和技能结构相辅相成的重要手段。在专业理论教学中，学生在知识掌握和技能运用之间往往缺乏结合点，毕业论文与实验室、实习工厂一样，在一定程度上架起了知识和技能相互沟通的桥梁。由于毕业论文主要是针对专业中某一专题进行观察、分析，作出针对性论述的，其中必然面临如何选择论题、提出论点、考证考据、解答问题，以及作出设想等一系列兼具摹拟和实效两种作用的自我锻炼，而这决非课堂教学所能替代的。另外，学校要实现培养有较强实际工作能力的中专专业人才的教学目标，已不是单纯的应知应会运作，而是要强化学生进行调查研究、编拟计划、组织施工和社交往来等实际工作的多项能力。毕业论文的写作过程就是为教学目标的实现提供超前设想和超前举措的实践场合。可以说，毕业论文的撰写是促进知识和技能相长的重要因素。

（三）是教学质量综合评价的有效手段

毕业论文是知识和技能综合性训练和运用，其中既有反映学校专业教学的基本要求和内容，又有显示学生掌握知识的深度和驾驭知识能力的自我评价；既有体现学校培养目标的全面考核内容，又有表明学生社会实践效果的社会反馈信息。总之，学生学得怎样，教师教得怎样，学校教学目标和培养目标实现程度如何，在毕业论文中都有所体现。因此，在教学管理中，往往将毕业论文作为考评教师的教学质量，学生的学习质量、教学管理水平的有效手段和重要参数。

二、毕业论文撰写的特点

（一）完成论文的独立性

毕业论文是学生论证所学理论知识并培养分析和解决问题能力的过程。坚持独立思考和自己动手是贯穿于毕业论文全过程的首要前提。学生完成毕业论文的独立性大致表现为：

1. 独立地调研、整理、消化和运用所学的理论和实践知识；

2. 独立地在统一课程中选定课题、搜集和利用有关材料，进行独立性的立论、构思、拟纲；

3. 独立地起草、修改、定稿，并做好答辩准备。

（二）运用知识的综合性

毕业论文选定课题后虽然不可能将所学理论知识全部用上，更不可能分析和解决该专业在实践中的全部问题，就毕业论文撰写过程和内容而言，必然体现一定程度上知识和能力的组合。其综合性大致表现为：

1. 在撰写过程中，在运用论据论证论点时需要综合运用分析归纳、论述表达等能力，需要综合应用所学专业的理论知识。

2. 在毕业论文的内容里，必须综合反映学生本人认识客观事物，改造客观事物的能力，综合反映运用专业知识解决实际问题的能力，综合反映学校教学的基本要求和学生本人学习的水平。

（三）讲求论文的价值性

同学们在撰写毕业论文时，都有一定的价值取向，即在论文中表现什么、反映什么、解决什么、说明什么等方面有自己的思想倾向。这些思想倾向表现在论文中，就形成了论文的价值性。我们讲求论文的价值性主要指：

1. 讲求论文内容的价值性。毕业论文的内容首先要反映出具有符合市场需求，能为经济建设服务的价值；其次在中专学生中要有一定的学术价值，给人以知识性。

2. 讲求反映教师教学的价值性。一篇毕业论文所反映出的学业水平，本身就是学生主观努力与教师心血汗水的结晶，在论文中，运用或涵盖教师的教学成果是十分必要的，教师教学的价值也能得以体现。

3. 讲求促进教育教学的价值性。在学校组织的毕业答辩的过程中，就是毕业论文发挥其提高教育教学价值的过程。一篇好的毕业论文，往往能综合反映社会对学校教育教学的需求，往往能从市场、实习单位等方面提供学校在专业设置、知识结构、教学质量等对人才培养作用的信息反馈，从而使论文具有促进学校教育教学的价值。

三、毕业论文的写作

完成毕业论文具体分为选题、准备和撰写三个步骤。

（一）毕业论文的选题

一般来说，选择论题有全面性课题选题，局部性课题选题，具体性课题选题和争议性课题选题四种类型。根据中专学生的特点，选择论题主要以局部课题和具体性课题为宜。选择论题的具体要求是：

1. 选题要有意义。要求所选论题有实用价值和学术价值，要能反映社会发展和市场经济的需求，反映专业性和知识性。

2. 选题要有新意。要求所选论题在一定范围内具有典型性，代表性和新颖性。一方面要求能够反映事物的发展趋势，要有时代气息；另一方面要求解放思想，具有一定的开拓求实精神，论述别人没有论述或不愿论述的新的课题。

3. 选题要切实可行。要求选择论题时，从实际出发，量力而行。具体为：

第一，紧扣专业，学用结合，选题要在本专业知识的范围内进行。由于要求联系实际，故选题还要求在实习过程中所接触的专业实践经验的范围内进行，只有这样，才能学用结合，达到提高解决实际问题的能力的目的。

第二，宁小勿大，宁专勿泛。选题既要符合教学要求，又要考虑自身的知识水平，还要考虑学校教学条件的限制（主要指资料与实习设备的缺乏与否），所以论题涉及范围过大，往往会因能力或条件的制约，致使论据缺乏，论证无力而难以落到实处。

（二）毕业论文写作的准备

1. 有针对性搜集材料。搜集资料不是博览群书，而是在有限时间内有针对性、有重点地重温已经学过的专业理论知识，查阅与论题有关的资料，掌握实习或调研单位的有关情况。

2. 有目的地加工材料。论文材料的加工，指在资料收集整理分类后，根据论文的主题，对材料进行综合分析和归纳比较，从中选出带有典型意义并具有说服力的材料作为毕业论文的论据。

3. 材料准备的基本要求：

① 真实性。是指毕业论文中理论和事实材料的真实，主要包括：材料确实可靠无误；材料反映问题本质；材料经过认真考证，无逻辑错误。

② 具体性。毕业论文所引材料，要具体、充分、完整，太简单太笼统就缺乏说服力。要求学用结合，材料须是具体实践具体分析的结果。

③ 新颖性。材料是一定的，只有经过创造性思维才能有独到的见解，材料才能有其新颖性。

（三）毕业论文的撰写

1. 毕业论文的组成要素

① 论点。论点是写作者确定论题后所需论证的观点和主张。论点又分中心论点和分论点。中心论点就是毕业论文的根本论点，是全文的主旨。分论点是从不同角度、层次来论证中心论点的小观点，受中心论点的限制，为中心论点服务。论点必须正确、鲜明、集中、新颖和深刻。

② 论据。论据是证明论点的理由和依据，也就是经过分析整理过的材料。论据必须真实、可靠、准确和典型，一般要求是：论据不能游离论点，两者必须统一；事实论据要集中和浓缩；理论论据要精炼扼要，起画龙点睛的作用。

③ 论证。论证是指分析、论述、说明论点和论据二者间内在联系的方法和过程。毕业论文的论点和论据的有机结合有赖于论证方法的正确运用，论文的说服力也来源于论证过程中的逻辑力量。

2. 毕业论文的格式和写法

毕业论文的条理一般采用提出问题——分析问题——解决问题的方式。其文章的格式没有一定规定，但一般要求包括标题、导言、正文和结尾四个部分。

① 标题。标题是论文重要的、具有特定内容的逻辑组合，一定要醒目。字数以不超过20字为宜，必要时可加副标题。

② 导言。导言主要是明确、具体地提出问题，介绍论题内容、理由和意义，揭示主要观点，以引领全文。

③ 正文。正文主要是对中心论点展开分析论证，是分析问题的过程。这是论文的主体，决定着论文的成败。

④ 结尾。结尾是解决问题的过程，或经验体会，或建议意见。结论要求顺理成章，首尾一致。

总之，要求全文环绕主题，观点明确，论证有据，层次分明。

【例文一】　　　　　　　　　**怎样消除标高差错**

本人在××建筑公司实习期间，在某通讯楼扩建工程中，遇到这样一件事：新建筑部分的±0.000从老楼引侧确定后，为使施工期间不干扰正常通讯，采取现场封闭施工。于是，处于新、老楼连接处的墙体本应拆除而施工中保留未动，待到扩建竣工贯通新老楼通道时发现，新老楼除底层外，各层楼面均有高差，给通讯设备的安装调试以及日后的使用维修带来诸多不便。究其原因，扩建部分图纸上各层所注标高与老楼图纸所注标高完全一致，而且，新楼施工的标高控制经质检站检测也十分精确，问题出在老楼的施工当时未按图纸进行上。

当前，建筑领域一片繁荣兴旺景象，一幢幢大厦拔地而起，外装修华丽高档，然而登堂入室，只要留意观察，不难发现在"高差"问题上，往往给人留下一些遗憾。

本人曾在一高级宾馆仔细观察过，其卫生间的积水渗湿了客房的地毯；外与阳台、内与客厅相接的厨房因积水倒灌不得不将地面面层敲掉重做；楼梯的踏面在地面处的第一步与楼面处的第一步高度相差甚远……。

造成上述弊端的原因，不外乎设计、施工两方面。

在设计方面，一般是建筑设计在先，结构设计在后；建筑师侧重于功能布局、立面造型，而结构工程师则注重安全可靠，受力合理。建筑、结构一旦配合不默契，或协调不及时，就容易在标高上各搞一套。

当前，饰面材料品种繁多（厚薄不一），有时设计者本人心中无数，在面层做法没有详图的情况下，标高问题在出图阶段会暂时被掩盖起来。

再则，同一楼层面所用圈梁、过梁一般在同一标高上，然而，所用构件有现浇、有预制，或空心板、或平板、其厚度不一；而相邻房间因使用性质不同有时需要有一定的高差，对此，如不精心设计，必然留下"标高"后患。

在施工方面，工序上结构施工在先，（建筑）装饰施工在后，如前期的结构工种不考虑面层材料厚度，但当地（楼）面面层材料（如铺贴大理石）与踏步面层材料（如现制水磨石）厚度不同时，则必然给后续的装饰施工带来麻烦，不是敲凿就是填补，既费工又费料，甚至还会留下高度仍不一致的永久遗憾。

为保证建筑物有必要的高差（如厨、厕、阳台需排水），避免不应有的高差，本人认为采取如下的措施：

一是在设计阶段，不同专业的设计人员及时协商、协调。除了建筑、结构专业的协调外，还需与设备（水、暖、电）设计人员协调。如某计算中心机房设计，要求管线在地面暗敷，由于线多管粗，不得不加厚面层，设计时因协调及时，避免了图纸上房间与走道不应有的高差。因此，在技术设计阶段，严格按有关建筑结构设计规范，加强审核、校对，做到建筑与结构一致，土建与设备一致，平面、立面、剖面一致，主图和大样一致，把标高差错消除在正式出图之前。

另外在图纸上，次要部位不必数处注写标高，尽量减少出错的机率，进而减少修改图纸的麻烦。

二是在图纸会审时搞好技术交底。在图纸会审时，设计单位、施工单位、建筑单位、监理部门等工程技术人员济聚一堂，此时应充分发挥集体的智慧，把"标高"交底作为一个专项进行。此时即使提出局部修改，由此而引起的高差变化就能得到及时、全面的调整。

三是在施工阶段要精心操作，适时检测。在施工组织设计方案中，充分考虑"标高"对施工的影响。一方面向工地班组交待清楚，责任到人，强化质量意识；另一方面，充分利用先进的测量仪器和一些行之有效的传统方法，加强控制检测，提高操作技术水平，确保"标高"精度。

【例文二】 异形立面女儿墙裂缝预防

阅读训练

我所在实习单位××建筑公司承建××综合开发区两幢办公综合楼，是作为南北街主轴线城市发展的延伸、两楼面街相向而建的。工程竣工半年后，1号楼无异样，2号楼圆弧处女儿墙根部产生水平裂缝，中段自楼角处呈45°角裂缝延伸，天长日久逐渐增大，拉裂马赛克外墙饰面。

那么，原因究竟是什么呢？

1. 导言写了什么？

一、三个方面分析

1. 结构分析：1号楼底层为框架结构，上部各层均为砖混结构，女儿墙砌筑在圈梁上；2号楼为框架结构，女儿墙砌在框架梁上，因此，两楼的整体刚度不一。1号楼上部结构刚度小，女儿墙体与砖混墙体弹性模量一致，形变一致；2号楼框架刚度大，而女儿墙的刚度相对小，两者弹性模量不一，不能共同进行形变。

2. 正文写了什么？

2. 屋面做法分析：1号楼为钢筋网片加二毡三油防水，砖礅架空隔热板，局部上人屋面；2号楼为二布六胶柔性防水，用珍珠岩找坡，上抹20mm厚水泥砂浆保护层屋面。在炎热的夏季，两楼屋面表温经测定温差为3℃左右。在冬寒夏热的循环温差变化中，屋面热胀冷缩，1号楼能通过刚性屋面每间的伸缩得以调整。2号楼由于屋面一致，特别是当珍珠岩上保护层有细缝后，雨水渗入，在阳光曝晒下，大量水蒸汽剧烈膨胀，引起综合应力，横推女儿墙，在女儿墙转角处又产生

3. 结尾写了什么？

集中应力，因而导致 45°的剪切裂缝。

3. 细部设计处理分析：1 号楼在施工阶段吸收 2 号楼的教训，变更了圆弧处女儿墙设计，改砖砌女儿墙为悬挑翻檐现浇混凝土女儿墙，防止了圆弧处女儿墙根部裂缝的产生。

二、预防及处理措施

沿街女儿墙裂缝的产生，严重影响了建筑物的美观。处理起来复杂，只有拆除重砌。但做饰面必须重搭架子，也不能得到彻底根除，因此，本着治病治本的原则，从设计中先行考虑：

1. 在圆弧、三角形、梯形、锯齿形立面女儿墙设计中，全框架结构女儿墙宜采用现浇钢筑混凝土板墙或外挑式檐构，并根据房屋的长度设置缩缝。如为砖混结构，宜在转角处或开间轴线处设钢筋混凝土立柱，用拉结筋与女儿墙连结。

2. 设计中应注明女儿墙砌筑砂浆强度等级。一般设计中都标明基础、主体结构用砂浆强度等级，而忽略了女儿墙。因此，施工中往往会套用最低的砌筑强度等级。本人认为，女儿墙砂浆强度等级应与基础砂浆强度等级相同，因为女儿墙还需具有防冻、抗渗功能。

3. 屋面设计不要一味追求新材料。如采用珍珠岩隔热，应在屋脊上设立排汽导管，上人屋面处理好整体刚性屋面与女儿墙交接，并设置伸缩缝。

三、施工注意事项

1. 女儿墙是最后的砌体，施工人员往往不够重视，砌前墙根不清理，不找平，把用不完的断砖集中用上，也不做加强处理，更有甚者把厚 240mm 墙砌成 120mm 墙，严重影响了女儿墙的刚度。因此，必须加强对女儿墙施工的管理。

2. 忽视女儿墙压顶的作用，往往用砂浆一拍完事。事实上压顶要用 C20 细石混凝土浇灌，且表面应压光，做向内倾斜的滴水。不然，女儿墙产生的屋面渗漏，很难处理。

【例文三】　　　　项目成本管理循环初探

项目管理是把项目必需的生产诸要素（人、财、物）和管理优化组合在施工现场，由项目经理负责，对工程项目进行计划、组织、协调和控制的系统管理方法。在建立项目核算体系的基础上，运用和操作好成本管理循环是十分重要的。

成本管理循环是对项目生产经营活动过程中所发生的工程成本进行预测与计划、记录与核算、分析与考核、借以达到在保证建筑产品质量的前提下控制和降低成本。实现以最少的生产耗费，取得最大经济成本的目的。

项目、成本管理循环具体包括以下三个环节：

4. 本文采用了何种结构形式？

阅读训练
1. 什么是项目管理？

2. 什么是成本管理循环？

1. 成本预测与计划：成本预测是在充分分析内部条件和外部环境的基础上，对未来的一定时期的成本水平及其变动趋势作出科学的估计。我们在项目上利用微机的先进手段，"量、本、利"分析的科学预测方法，进行两算分析，根据预测结果，即各项措施，确定成本目标，编制成本计划。成本计划是以货币形式反映的计划期的建筑产品的料工费耗费和各种产品的成本水平，这一环节属于"事前控制"。

2. 成本记录与核算：是对生产过程中料工费的发生和产品成本形成的记录和核算，这是具体执行成本计划的过程，属于"事中控制"。在此过程中，为了更好地发挥控制作用，要求做到以下几点：

(1) 做好各项基础工作。主要包括制定各项消耗定额，严格计量，建立健全原始记录等项工作。为此我们在项目上设立了"单位工程逐月耗用人工费台帐"、"单位工程逐月机械费台帐"、"单位工程临时设施摊销台帐"、"单位工程逐月间接费用台帐"、"外包单位工程款往来台帐"和"工程成本分析记录"以及十二本辅助记录。以便随时掌握施工中动态变化、及时发现问题、解决问题。

(2) 正确划分各种费用的界限，以保证成本的正确性。包括：划分应计入成本和不应计入成本的费用界限；按照权责发生制的要求，划分属于不同成本计算期的费用界限；划分应属于不同产品成本的费用界限；划分完工产品和产品的费用界限，等等。

3. 成本分析与考核：对实际形成的产品成本进行分析。① 分析实际成本与计划成本之间的差异和发生差异的原因，借以正确认识和掌握成本变动的规律性，提高成本预测和成本计划的准确性。由于有了台帐和各类原始数据的记录和整理，给成本分析带来了极大的好处。② 通过分析与考核，明确责任，严明奖罚，巩固成绩，纠正缺点，为改进生产经营管理，节约消耗，降低成本，提高经济效益创造条件。这一环节属于"事后控制"。

总之。实现责任会计应按照企业的组织机构，具体规定各组织层次与部门和个人的责任范围。责任会计的要点在于：按照规定的责任范围，归集成本，以便在成本偏离标准或目标时，考查形成的因素，明确有关组织层次与部门以至个人的责任，并便与考核经济效果。可以这样归纳，通过成本预测与计划，确定项目的目标成本，然后通过成本的记录和核算，不断来修正和完善目标成本，最后通过分析与考核，明确目标成本制订的准确性及各部门和个人业绩的优劣，提出改进意见，从而积累了数据和经验。通过这样一个循环，为下轮新的循环提供了更有力的理论依据。就以质量成本为例。质量成本包含两项主要内容，即一是为了保证和提供产品质量而支付的一切制造费用；二是由于产品质量不够标准而产生的一切费用的损失（如返修费用等）。这两项之和构成质量成本。前者是正常因素。因为假定其他条件不变，则

3. 项目、成本管理循环具体包括哪三个环节？

4. 责任会计的要点是什么？

5. 项目成本管理如何步入良性循环？

产品的质量水平正常是同所付出的成本水平相适应的；后者则是不正常因素，随着产品质量的提高而下降。要做到这些就不仅是财务部门一家独揽。这里就涉及到材料供应，施工、质量和安全的监理，新工艺、新流程的应用等。在事前明确质量成本计划和措施，通过记录和核算，包括事前措施落实，减少以至消灭由于质量问题而产生的返修等费用，并通过分析和考核，明确各部门和个人的责任，进一步提出合理措施，从而是为新的项目降低单位建筑产品的质量成本含量，保证并不断提高产品质量，周而复始地循环流转，促使产品质量步入良性循环轨道。同时我们也认为，传统的成本核算，按产品分别计算产品成本，同实行责任会计按组织层次与部门以至个人明确成本责任，是并行不悖和相辅相成的。前者是将全部制造成本分配到具体产品单位，后者则是将全部制造成本按规定的责任范围分配到组织群体或个人，数据资料是一样的。不同的在于组织核算与考核的方式。

有效的成本控制是与贯彻实行责任会计制度分不开的，责任会计是实行成本控制的保证。在项目施工中推行责任会计制度，将更有利于成本控制，使成本管理循环更完善，使项目的经济效益和管理水平跃上一个新的台阶。

思 考 与 练 习

一、填空题

1. 中专毕业论文是中等专业学校在完成教学大纲规定的_____的基础上，由学校_____、教师_____、学生_____的一种应用文体。

2. 毕业论文是集_____、_____和答辩于一体，三者相辅相成的教学过程，是以学生为_____的_____的教学环节。

3. 毕业论文的撰写表现为完成论文的_____、运用知识的_____讲求论文的____的特点。

4. 毕业论文的选题有_____选题、_____选题、_____选题、_____选题四种类型。根据中专学生的特点，选择论题主要以_____和_____为宜。

5. 毕业论文材料的准备，其基本要求有_____性、_____性、__性。

6. 毕业论文的条理一般采用_____、_____、_____的方式。

二、简答题

1. 毕业论文主要作用表现在哪些方面？

2. 为什么说毕业论文的写作是人才素质结构中知识和技能相长的重要因素？

3. 完成毕业论文的独立性主要指什么？

4. 撰写毕业论文时，运用知识的综合性大致表现为哪两个方面？

5. 讲求论文的价值性的特点有何具体内容？

6. 选择论题有何具体要求？

7. 如何做好毕业论文写作的准备？

三、根据专业实习情况，写一篇运用所学理论知识解决实习中问题的论文。